浙江智库
ZHEJIANG
THINK TANK

浙江师范大学非洲研究院

Springer

非洲区域国别学系列丛书
总主编 / 刘鸿武

非洲法律翻译及研究丛书
主 编 / 吴 卡

非洲采掘业法

[尼日利] 达米罗拉·S.奥拉乌依/著

李雪冬 刘明萍/译

Extractives Industry Law
in Africa

Damilola · S. Olawuyi

法律出版社 LAW PRESS
北京

著作权合同登记号
图字：01-2021-0210

国家社科基金重大项目《“五位一体”构建中非命运共同体的战略路径探索与实践创新研究》
（21ZDA129）

非洲区域国别学系列丛书编委会

非洲法律翻译及研究丛书编委会

非洲区域国别学系列丛书总序*

一、编纂非洲区域国别学系列丛书的缘起

在“区域国别学”从学术边缘走向学术前沿的历史进程中，浙江师范大学非洲研究学术团队，一直发挥着某种特殊而关键的前沿探索、基础搭建、体系建构等开拓、引领作用。多年来，我们以非洲大陆及其上的54个国家为对象，进行重要的“区域国别”研究，扎根于斯、行走于斯、创作于斯，逐渐在实践中探索出了一条具有知识原创性、学理建构性、实践指导性的区域国别学建设之路，形成了“学科建设为本体、智库服务为功用、媒体传播为手段、扎根非洲为前提、中非合作为路径、协同创新以赋能”的“六位一体”的实践路径，以及中非学者紧密合作、双向推进“中国非洲学”和“非洲中国学”的发展模式。

2021年，国务院学位委员会发出《关于对〈博士、硕士学位授予和人才培养学科专业目录〉及其管理办法征求意见的函》，将“区域国别学”列为新增“交叉学科”门类首批6个一级学科之一，这是中国高校学科建设的一个具有方向性启示意义的重要调整变化，表明国家与时代对“区域国别学”之重要性有了更高的认可与期待。在此背景下，以创新举措与务实方式建设好“区域国别学”，既是时代赋予中国学人的新使命，也是中国高校

---

* 本序原为刘鸿武的《中国特色区域国别学的建设目标与推进路径》一文，载《大学与学科》2022年第3期，此处有改动。

学科创新建设的重大前沿领域，在此方面尚有许多重大的实践与理论问题有待中国学人去探索，去实践。

中国古人治学，常说“著书立说”，当“有典有册”，将多年积累的学术成果编辑成册并结集出版，将无形的知识与思想用图书形式固定下来，以便跨越时空的保存、收藏与传播，正是所谓“文献名邦”以书香浸润天下、感化后人、泽被万世。可见著书立说实为学术传承与发展的基础，虽然今日电子信息时代，图书也非学术传承之唯一形态，但从学术发展的长远考虑，重视专业学科建设中的系列图书出版，依然是学术累积、学派形成、品牌建构的不可或缺的途径。

不过，成书并累积成系列、成文库、成大典，实非易事，当有专人作规划、推动，举凡经费之筹措、编纂之实施、校编之完善，环环相扣，缺一不可。事实上，早在2007年9月浙江师范大学非洲研究院创立之初，我们就在《光明日报》首次发布了面向海内外的《浙江师范大学非洲研究文库》编纂通告，一时响者甚众，那以后的十五六年，我们这一非洲研究文库坚持高起点、国际化原则，汇集海内外中非学者资源，先后推出“非洲当代发展研究”“非洲重点区域与领域研究”“非洲通史与国别史研究”“非洲教育与中非教育合作”“非洲经济与中非经贸合作”“非洲艺术与文化研究”“面向非洲国家的中国改革开放与发展实践研究”等系列，其中有的系列还获得国家出版基金的立项资助，保证了图书的顺利出版。此外，过去10多年，通过协同创新的方式，浙江师范大学校内其他相关学院如经济与管理学院、外国语学院、法学院、国际文化与社会发展学院等，也陆续编纂出版了各自学科领域涉非著(译)作数十种。这样，截至2023年，浙江师范大学学术团队组织编纂出版的聚焦非洲的各学科领域著(译)作，累计已超过200部，成为进入21世纪以来全国编纂出版的规模最大的非洲研究成果集成。

为更好推动非洲区域国别学学科建设与人才培养事业的发展，2023

年年初,经多方论证,浙江师范大学决定在过往基础上,启动新一轮更加专门化的"非洲区域国别学系列丛书"大型编纂工程,以求进一步拓展研究领域,增加系列类型,提升成果的学科化和专门化水平,并在《光明日报》再次推出《非洲区域国别学系列丛书》编纂征聘通告,面向海内外征聘遴选非洲区域国别学著作,以非洲区域、非洲国别、非洲专题的形式,再次集结为非洲区域国别学研究的新十大系列丛书,以形成既具备学科覆盖面与系统性,又各具特色、重点突出的非洲区域国别研究成果,打造非洲区域国别学知识群落,为中国区域国别学建设探索新路径,提供新模式,树立新标杆。

"著书不为稻粱谋,惠及民生方为高。"一时代有一时代之学术,学术作为时代的窗口,往往与时代演化交互作用。纵观当今之世界,多元文化碰撞激荡,各种思潮往来竞逐,世界百年未有之大变局使人类面临的问题和挑战越来越复杂,世界比以往任何时候都更迫切地需要建构起一种人类共建、共通、共享的知识、思想与文化体系,从而让人类以更加理性、主动、积极的方式,携手相向而行,采取共同行动,塑造共同利益,担当共同命运。在构建这样一种人类共享知识体系的过程中,中国可以也应该发挥更多建设性作用。有中国特色和精神气度的新兴交叉学科"区域国别学"作为一门行走世界、认识寰宇、服务天下的学科,自当在当今世界复杂背景下发挥积极作用,以学术服务于中国之治和世界之治,进而推进人类命运共同体之建构。我们当由此背景和高度上来理解"中国特色区域国别学"建构的时代意义,并寻求开阔通达的前行目标与推进路径。

从战略层面上看,中国特色区域国别学是助力建设和谐美好世界的"人类命运共同体建构之学",是对冲、消解、替换维护西方特权霸权"冷战知识体系"的"人类共建共通共享知识体系建构之学"。从学科层面上看,建构区域国别学对中国高校创新发展也有特殊意义:一是有助打破学科壁垒,破解"内卷"困局,推动高校学科建设的融合发展;二是有助搭建对外桥梁通道，推动中国高校学科建设的国际化进程，提升中国高校的国际影响力；三是有助延伸大学知识的价值链，使一流学科兼具特色智库功能。

概言之，中国特色区域国别学的逻辑起点、推进路径和最终归属，都必须努力融入国家与时代的发展大潮。在此方面，浙江师范大学非洲区域国别学"'六位一体'集成建设"的实践探索，或许可为全国高校区域国别学建设提供某种路径参考。

二、区域国别学的概念阐释与内涵解读

作为一门新兴的、建设中的实践性学科，我们对"区域国别学"的基本定义做这样的表述："区域国别学是一门聚焦于特定的地域性问题的综合性、交叉性、实践性的新兴学科，它重视自身创造知识与思想形态的地域适应性和时空关联性，重视从特定地域时空结构上来开展适宜性研究，通过建构综合性与适地性的知识体系，努力形成对这一特定区域的一般性、普遍性、特殊性问题具有解释力、运用性、操作性的集成化的区域国别学学科群落与知识体系，以为天下治理之大用。"①

这里，我们对上述定义做一些分析解释。

第一，我们说区域国别学"聚焦于特定的地域性问题"，这是相对于以往那些"聚焦于领域"或"聚焦于专业"的学问而言的。所谓"聚焦于领域与专业"的学问，包含了诸如聚焦于经济问题的经济学、聚焦于政治问题的政治学等；而"聚焦于某个特定的区域、地域、地区、地方，并对这个区域作整体性综合性专门化研究"的区域国别学，则包含如"聚焦于非洲问题的非洲学""聚焦于中东问题的中东学"等。至于"被聚焦的地域"，则可以依研究之需要而有大有小，大者如洲际规模的"非洲""亚洲""拉丁美洲"，小者如次区域的"非洲大湖地区""中南半岛""巴尔干半岛""加勒比海地区"等。这些或大或小的"区域""次区域"往往都具有问题的区域关

① 刘鸿武：《中国区域国别之学的历史溯源与现实趋向》，载《国际观察》2020 年第 5 期。

联性与整体性，可以作为具有内在联动性的“单位”进行综合观察、专门分析与系统研究。从这个意义上说，所谓的“国家”，也是一个“区域”，一个“地方”，如中国这个区域、印度这个地方，我们可以把国家作为一个“整体”来研究观察，形成关于中国、关于印度的知识体系与理论成果。总体上说，区域国别学是聚焦于某个特定地域上的学问。

第二，区域国别学是一种新时代中国学术与思想发展的策略路径，通过它的创新发展与实践，并交叉整合于其他学科，必将大大有助推动今日中国之学术发展与学科建设更多地传播到世界上不同区域、不同国家，从而使传统的“聚焦于领域专业之学”（如经济学、政治学、历史学）与新兴的“聚焦于地域国别之学”（如非洲学、中东学、拉美学、南亚学）两大知识领域，得以相辅相成，进而让我们对今日之大千世界的各个区域、各个国家、各个民族，看得更清楚，说得更明白，解释得更完整，合作得更有效。

第三，所谓“重视自身创造知识与思想形态的地域适应性和时空关联性，重视从特定地域时空结构上来开展适宜性研究”，是指通过“聚焦于特定区域的知识与学问”而形成的种种知识体系与思想形态有一个突出特点，即这些知识与思想必定与其研究的特定区域相关联、相适应，这些知识与思想只能产生于对这一特定区域的长期观察、体验、分析、思考和研究的过程中，而不是产生在其他地方，更不是产生在长期远离研究对象之时空的学者的“沙发”上。区域国别学不是在远离研究对象区域、远离研究对象具体时空环境的“真空”中作抽象概念推演而形成的各种空泛假说与虚浮臆想。区域国别研究者所形成的知识与思想，必须产生并适应于这一特定区域、地方和地域的鲜活实际情况，经得起在这一特定区域的实践查证、检验和追问。

第四，通过上述努力，“形成对这一特定区域的一般性、普遍性、特殊性问题具有解释力、运用性、操作性的集成化的区域国别学学科群落与知识体系”，这里包含三层意义：一是学者的知识创造与思想探索，可以用来很好地解释、解答其所研究的特定区域、特定国家、特定地方的一般性、普遍性、特殊性问题；二是这样的知识与思想不是分散的、局部的、零落的，而是集成化的、整体的、系统的，是一个关于特定区域、特定国家、特定地方的集成化的知识群落与知识体系；三是人们也可以运用这些知识与思想来指导、支撑、帮助他们去认识和解决特定地方的各种复杂问题，即所谓“学可以用，智可以启”。

第五，“一方水土养一方人”，一方水土也养一方学人，成一方学问。比如研究贫困问题，一般性的经济学家可能更多是从普遍的、抽象的、理念的层面，来分析贫困的原因，解释贫困的根源，但区域国别学研究者则有所不同，其针对具体的地区、国别实际做出的具体研究，当特别呈现知识与思想的可操作性、可运用性和可实践性，凸显与研究对象特殊形态相关联的知识针对性。贫困是人类社会的“顽疾”，但贫困的发生与解决，在不同的区域、国别、地方会有不同的根源和表现，也需要不同的对策和举措。现实生活中，非洲的贫困与中东的贫困，尼日利亚的贫困与坦桑尼亚的贫困，一定有所不同，呈现地方特殊性。如果要用知识去帮助解决不同地方的具有特殊根源与表现的贫困问题，我们就必须深入这些不同的国家、不同的区域、不同的地方，去真实地、具体地、全面地研究当地贫困的实际情况，方可从空洞的概念推演落地到真实的生活大地上来并付诸实践，避免犯纸上谈兵、本本主义、教条主义的错误。如此，知识才会是有用的、能用的、管用的。

第六，区域国别学是一个集成化的学科群落与知识体系，是一个用于国家治理、天下治理的实践知识体系。在某种意义上，区域国别学既可以称为“交叉学科”，亦可以称为“博物学科”，因其“集成化”的知识体系与知识群落，我们说区域国别学本是一个“博学”的知识形态，它需要将研究对象的各类知识统筹、汇聚起来，形成纵横交错、层叠相加、相互印证的集成化知识群落，方可获得对于特定区域国别的系统化、整体化、通识化的把握，求得对一区域国别复杂问题的统筹通揽，即所谓“认得大体、辨得大局、把得大势、成得大业”。

第七，从实践的角度看，区域国别学是一个实践的过程，是一门实践性、操作性突出的新兴学科。它既是综合交叉、跨学科的，又是个体经验、个体实践的。我们经常讲，区域国别学是培养研究对象的“国别通”“区域通”。“通”者，通古今之变、通天人之际、通史地之源、通中外之交，打通知识体系，方可纲举目张、把握潮流、辨识大局，从而顺势而为，因势利导。从实践操作角度上看，这个“区域国别”无论是大是小，我们都可以把它作为一个特定的“区域”来作整体性研究，通而观之，集化成识。就此来说，“学科交叉”之起步只是初始形态，“交叉学科”之建成才是完成形态。也就是说，通过学科之交叉而形成交叉之学科，集众学科之大成而深度融合，汇通众人之博识而得“集成化的学科群落”，方是作为“交叉学科”的区域国别学之真正完成。

第八，区域国别学之研究路径方法有两个重要维度，就是需作时间和空间的综合把握与宏观认识并落地生根。从事区域国别研究，一定要到对象国去，扎根于对象国特定的环境、时间和空间，重视研究对象特定的历史进程与时间关系，重视研究对象的环境背景、基础动力和演进过程。先说事、后论理，论由史出，因事求理。简言之，区域国别学要能把对象的事情说得很清楚、讲得很明白，每当世界上某个地方发生事件时，我们的区域国别研究者能够“摸得到路，找得到人，说得上话，办得成事”，在相关研究成果与专业人才方面确保“国家用得上、部委离不开、队伍靠得住、建议可信赖”。作为一门接地气、能运用、可操作的“行动之实学”，区域国别学要从“概念之虚学”里走出来，脱虚向实。总体而言，区域国别学是一门“研实际、求实理、重实践、做实事、育实才、务实效、得实功”的“七实之学”。

第九，区域国别学并非新事物，也非舶来品，“周虽旧邦，其命维新”。中国有深厚的区域国别的学术传统与实践积累，历史上的中国不仅要处理好国内东西南北间复杂多元的民族、种族与文化关系，而且作为一个周边国家、民族和文化极其复杂多样的洲际规模的大国，中国自上古之时起就特别重视对中原与边疆、华夏与四夷、本国本族与他国他族之复杂关系的认知，从而形成了丰富而久远的中国区域、地理、环境、民族和文化等不同维度的知识传统和治理经验。中国最早一部有关区域研究的经典之作是孔子整理的《诗经》。《诗经》之十五国风，就是当时通过田野调查、民间采访所获得的国情、区情或民情。按孔子的理解，这些资料可观民情、听民声，从而美教化、移风俗、施良策、治天下。汉代以后，中国知识思想体系渐趋成熟，班固撰《汉书》，专门设《地理志》之部，承继《诗经》十五国风的传统，推论自黄帝以来至汉初的国家疆域沿革变迁、政区设置和治理特点。这一传统后世连绵传承，促成中国古代史上形成了发达的具有资政治国意义的“疆域地理学”或“政区地理学”。除正史外，发达的方志学、郡国志、地理志也是中国“区域研究”重要的知识传统。国家治理、社会协调和区域管理都强调“入乡随俗”，要“因地制宜”“到什么山唱什么歌”，这些思想传统都十分重要且有价值。

第十，从“分散的、个体的、分割的区域国别研究”提升到“集成化的、学科化的、体系化的区域国别学”，这是区域国别学作为一门新文科建设成长的基本方向和应有之义。一般来说，“区域国别研究”与“区域国别学”两个概念在许多时候是可以换用的，“区域国别研究”这一概念的内涵十分明确，无须特别解释，凡一切与区域国别有关的研究活动、研究领域和研究内容都可总归其门下，而“区域国别学”则有所提升，它更加突出了学科主体性、学理建构性、知识系统性和理论专业性，更多地关注区域国别研究的理论旨趣、学科路径、体系建构和方法创新，重在探索学科表现形态的某些普遍性、基础性问题。

三、世界百年未有之大变局下中国学术的志向担当

当前，国家重视中国特色区域国别学的学科建设。近年来，党中央提

出对内要铸牢中华民族共同体意识,对外要推动构建人类命运共同体、建构新型国际关系。为此,必须要有能支撑、解释和服务这一命运共同体和新型国际关系的人类共建、共通、共享的知识体系、思想理念与行动智慧。但是,这一知识体系不会凭空而降,也不能由某一区域、某一国家的知识来充当普遍性的人类知识。过去百年,尤其是冷战结束以来,西方的本土知识逐渐传播于全球,包括西方对于非西方世界的认知与研究所形成的知识形态,一度被冠以所谓"普世主义"的光环,并在相当大的程度上主导或支配了人类的知识形态,给世界的知识创造和人类的相互关系带来许多矛盾和冲突。这是今日世界动荡不安、冲突迭起的一个非常重要的思想与知识根源。②

然而,人类社会面临的问题和挑战越来越复杂,没有任何一个国家的区域国别知识可以应对全球挑战。中国特色区域国别学,是中国学者与世界各国学者通过共同合作、平等对话、海纳百川而成之学,并非中国一家所独建独占,更不是要用中国的区域国别知识去替代西方的区域国别知识而成为另一个自封的"放之四海而皆准"的知识。中国特色区域国别学建设的出发点与目标宗旨是,通过推进开放包容、兼收并蓄的世界各个地区、各个国家、各个民族的共建、共通、共享的人类知识体系的努力过程,来与世界人民一道共同创造一个真正具有全球性包容吸纳特征的人类新知识体系。

就此来说,今日中国特色区域国别学建设中要做的一件事情就是,把西方世界近代以来创造的所谓的"普世知识",总体上重新"还原"为"欧美的区域国别知识"或"美西方的区域国别学",从而让我们得以历史地、理性地看待其成就与不足,取其精华,去其糟粕,而这正是今日中国学术思想界"重新认识欧美"的另一次思想解放与学术自觉过程的开始。

---

② 参见刘鸿武:《中国区域国别之学的历史溯源与现实趋向》,载《国际观察》2020年第5期。

长远来看,中国特色区域国别学之建设必须花大力气来广泛而充分地汲取、开发、继承、扬弃古往今来世界各个国家、各个民族、各个区域的传统知识和现代智慧。在这个基础上,通过平等对话、多元交流,如江河入海,综合创造出超越个别区域、个别国家范畴的人类共建、共通、共享的知识体系,从而让人类以更加理性、主动、积极的方式,相向而行,采取共同行动,塑造共同利益,担当共同命运。

从这个意义上来说,中国特色区域国别学是建设和谐美好世界、构建人类命运共同体之学,它也必须是应对中国与世界所需的"问题导向之学",而不是"对标西方理论之学"。中国特色区域国别学需要正本清源、校正前行方向,从过往的西方概念、理念、模型导向的研究,转向服务时代、服务国家,解决现实问题的自主创新研究,从"用中国和发展中国家材料去印证阐释西方理论的依附研究"转向"基于自身实践考察而建构自主理论知识体系的创新研究",从书斋论道、自说自话的"闭门书生"式的研究转向扎根大地、起而立行、知行合一的开放研究。

我们知道,当今世界正处在南北力量、东西力量对比转换前的复杂相持阶段。在这个阶段,一是美西方维持其全球霸权和特权的决心与力度不断增大;二是当前南方国家和亚非拉国家总体上尚未形成合力,且被分化的趋势还在加强。但无论如何,整个非西方世界的崛起和南方国家的发展是世界历史之大势。在这种情况下,中国的战略思想和知识创造需要有超越美西方的更高远的追求,需要统筹好中华民族伟大复兴战略全局和世界百年未有之大变局,开展协同研究,从知识层面上为对内铸牢中华民族共同体意识、对外构建人类命运共同体作出特殊贡献。

为此,今天中国战略思想知识界必须要"有破有立":"破"者,破"美西方冷战知识体系"之高墙深壕;"立"者,立构建人类命运共同体知识体系之开阔平台。简言之,就是要从过去几十年美西方主导的冷战知识体系肆虐传播的旧形态,过渡到人类命运共同体知识体系建构传播的新形态,这是当前中国哲学社会科学努力发展的重大方向，更是区域国别学这一新兴学科首先应该着力的方向。今日中国的知识创新在世界范围内的一个时代任务，就是要破除这个笼罩在世界知识界、学术界、理论界、话语界的陈旧僵化的“美西方冷战知识体系”，而以一种崭新的、开放的、包容的人类命运共同体知识体系来创造人类共同的未来。

我们认为，自20世纪80年代末以来，经过三四十年的演化交手，目前关于人类命运共同体知识体系和“美西方冷战知识体系”的基本内容已然清晰可辨。首先，关于建设合作共赢美好世界的人类命运共同体知识体系，我们已经有一系列相对完整的理念概念的知识表述与实际的行动方式，有了诸多关于人类命运共同体知识体系的理念和原则，如合作共赢、平等相待、相互尊重、和合共生、同舟共济、文明互鉴、多边主义、共同安全等。在这些理念和原则的基础上，我们也提出了很多具体概念并付诸行动，如独立自主、主权安全、政治稳定、发展权、生存权、经济增长、民生改善、基础设施建设、脱贫减贫、绿色发展、国家建构、政府能力、有效市场、有为政府等。

以上这些中国知识体系的积累与提炼过程，体现在当代中国区域国别学科建设实践的不同层面。例如，自2011年以来中非双方已在中国和非洲召开了“中非智库论坛”12届会议，中非双方学术智库界通过对中非全方位合作发展的直接观察与深入研究，及对构成这种发展的基础与背景的世界史、现代性和全球化现象的重新思考，日益有了自己的问题意识与自主意识，并逐渐开始“生成”自己独立的话语形态与理论面相，逐渐有了属于自己的知识基础、理念特色乃至话语概念。③ 可以说，“中非智库论坛”十余年的发展正是围绕上述这些理念、概念、知识与实践创造而不断推进的。

同样，多年来美西方维护其特权霸权的“冷战知识体系”也是清晰可辨的，比如这样一些耳熟能详的语词：唯我独尊、零和游戏、相互对抗、信奉

---

③ 参见刘鸿武：《非洲学发凡：实践与思考六十问》，人民出版社2019年版，第132页。

霸权、维护强权、支配全球、遏制战略、领导世界等。在这些理念和原则的引导下,美西方也创造出了很多具体的概念标签并且付诸全球行动,比如民主国家、专制国家、选举自由、价值观外交、历史终结、威权体制、庇护主义、家长制、资源诅咒、债务陷阱、制裁干涉、保护责任、转型国家、结构调整等。这些概念与行动具有突出的实用主义与双重标准的特点,本质上都是维护美西方利益的工具手段。

因此,中国特色区域国别学,不是西式的殖民帝国之学、霸权强权之学,而是融汇人类各区域、各国家、各民族文明成果的人类共建、共通、共享知识体系,是"人类命运共同体建构之学",用让世界相向而行、合作共赢、相互欣赏、美美与共的"人类命运共同体知识体系",去对冲、消解、替换让世界撕裂、对抗并维护美西方霸权特权的陈旧的"冷战知识体系"。这是当代中国学术的历史使命与时代责任,也是开放包容的"中国特色区域国别学"的学术志向与学术担当。

四、区域国别学建设的内生动因与目标

高校是国家科技竞争力的战略平台,未来中国在全球的科技发展、学术发展、思想文化发展的实力与竞争力,很大程度上取决于中国高校的人才培养和知识创造。"十三五"以来,中国高等教育取得了快速发展,目前中国已成为世界上高等教育大国,建成了世界上规模最大的高等教育体系,每年培养一大批高素质专门人才。党的十八大以来,中国特色社会主义进入新时代,哲学社会科学和高校学科建设迈上了一个新的台阶,国家的发展越来越需要高等教育和哲学社会科学提供战略性支撑,提供新的学术思想和知识创造,培养创新型人才。国家对高等教育和哲学社会科学的期待是过去从未有过的,尤其是"一带一路"倡议启动以来,高校在"一带一路"倡议中的支撑作用越来越明显。可以说,中国高校比以往任何一个时候都更加深入地参与到了国家的发展战略中,这给中国高等教育的发展

带来了前所未有的机遇。④

但当前高校不能适应国家经济社会和对外交往合作快速发展的缺点还是十分明显,2016 年 5 月 17 日,习近平总书记在哲学社会科学工作座谈会上指出,"面对新形势新要求,我国哲学社会科学领域还存在一些亟待解决的问题。比如,哲学社会科学发展战略还不十分明确,学科体系、学术体系、话语体系建设水平总体不高,学术原创能力还不强……"⑤"中国特色哲学社会科学应该涵盖历史、经济、政治、文化、社会、生态、军事、党建等各领域,囊括传统学科、新兴学科、前沿学科、交叉学科、冷门学科等诸多学科,不断推进学科体系、学术体系、话语体系建设和创新,努力构建一个全方位、全领域、全要素的哲学社会科学体系"。⑥

区域国别学对中国高校学科的新型发展,以及对建设世界一流大学有什么特殊意义?笔者认为,可以从三个方面来理解。

第一,打破学科壁垒,破解"内卷"困局,拆除过往人为建构起来的一些学科界限,尤其是阻碍学科融合创新发展的知识樊篱,推进高校内各学院各学科的交叉融合。区域国别学的建设目标是要形成有关研究对象区域国别的集成化知识群落,这离不开高校内部学科建设的协同化、集成化发展。今天的中国,是一个有 14 亿多人口,经济总量位居世界第二的巨型国家,无论是中国自身的事情,还是中国与外部世界的关系问题,往往都是极其复杂的。所谓"大国之事""大国之治",都必须由"大国之学"来解决,须有"集大成之学"来应对。实际上,自以"2011 计划"为核心内容的高校推进协同创新工程实施以来,一些传统的学科隔膜、人为制造的障碍已经逐渐被打破,一些新兴的研究领域与知识体系正在被建构起来,集成化和系统化的学科平台与知识高地也在探索中呈现。现在通过建立体制

④ 参见张平文:《关于〈大学与学科〉的若干思考》,载《大学与学科》2020 年第 1 期。

⑤ 习近平:《在哲学社会科学工作座谈会上的讲话》,人民出版社 2016 年版,第 7 页。

⑥ 习近平:《在哲学社会科学工作座谈会上的讲话》,人民出版社 2016 年版,第 22 页。

化的一级交叉学科区域国别学,通过形成相应的学科平台和学位体制,就可实现从"协同创新的行动实践"到"交叉学科的体制构建"的重大飞跃,把多年推进协同创新的成果规范化、体制化、学科化。在这方面,国家自然科学基金委员会已经做了比较重要的先行先试,2020年国家自然科学基金委员会在以往的七大学部之外,新成立了"交叉科学部",其目标就是以重大基础科学问题为导向,以交叉科学研究为特征,统筹和部署面向国家重大战略需求和新兴科学前沿交叉领域的研究,建立健全学科交叉融合资助机制,促进复杂科学技术问题的多学科协同攻关,推动形成新的学科增长点和科技突破口,探索建立交叉科学研究范式,培养交叉科学人才,营造交叉科学文化,从而建设集成化的、综合化的知识体系与人才队伍,去攻克那些事关今日中国国家建设发展的重大"卡脖子"的难题,如集成电路科学与工程。就此来说,人文社会科学、管理科学也需要跟上时代的变化,有力推进学科的交叉与创新。区域国别学应是一个具有开放视野的,整合文理工各学科领域的集成知识领域,它对于今日中国高校的学科创新发展具有重要的推进引领意义。

第二,高校开展区域国别学科建设,可有效推动高校学科建设的国际化进程,提升中国高校在对象区域、对象国家的影响力。中国高校的各专业各学科的科研人员与教师,通过与研究对象区域国别的学术机构和科研人员的深度合作或无缝对接,在合作研究的过程中,向对象区域国别派遣访问学者、联合培养学生,将有效提升中国高校在研究对象区域国家的综合影响力。我们认为,区域国别学科的建设,不是中国学者"关起门来"在国内"沙发"上做学问,而是要走到研究对象区域国别去,与对象区域、对象国家的知识思想界无缝对接,与研究对象区域国家学者一道构建原创性的合作建构的知识与话语体系。比如,过去十多年,浙江师范大学通过开展全方位的对非教育合作与建构非洲区域国别学科,全校各学院各专业都启动了基于自身学科特色和地方发展需要的多学科跨学科的对非合作,在这个过程中,不仅浙江师范大学在非洲国家的影响力获得了快速而意义广泛的提升,而且也大大推进了整个浙江省各行各业的对非合作,浙江省对非人文交流、教育合作、智库对话和民间交往也取得重大进展。由此,浙江省尤其是金华市已经成为中国对非合作的"全国高地",形成"对非合作,全国看浙江,浙江看金华"的区域对非合作新现象。

第三,区域国别学的学科特征使其天然具有特色智库的功能,可服务于国家重大战略需求,是实现当代中国国家治理和全球治理专业化、科学化和民主化的重要路径之一。区域国别学围绕国家发展重大领域和前沿问题,努力延伸大学知识价值链,让大学的一流学科兼具特色智库功能,助推了国家治理和全球治理的专业化、科学化和民主化。总体而言,中国特色区域国别学是一个内外跨学科赋能的过程,它赋予高校各传统学科以新的能力。从这个意义上来理解,区域国别学的建设,对高校来说并不是多一门学科、少一门学科的问题,而是要通过建设这样一个新型的特色交叉学科,创造一种当代中国高校办学模式、学术创新和思想变革的新工具、新方法与新路径。通过这样一种学科的创新建设和特色发展,优化提升中国高校学科建设与人才培养的新方向,让中国高校更加主动地融入国家的发展战略,更加主动地服务国家的发展战略,推动中国学术更多地落到今天中国和世界的现实大地上。

中国人素来讲究"天时地利人和",这一思想传统对于今日构建中国特色的区域国别研究学科依然具有整体上的启示滋养意义。所谓"天时",是指人类普遍性的文明精神与规则原理,是人类共享共用的自然规则和社会规律,天道、法则、天理,大致如此。所谓"地利",则是指因为人类生存的地域空间与生态环境上的多样性而形成的区域、国别和民族的文化个性与文明特点,它具有依时空变化而形成的差异性与多样性,而这种区域上的差异性和多样性的存在,正是国别与区域研究学科建立的基础所在。所谓"人和",主要是指通过人类自身的主观努力,通过主动的知识交流与思想沟通，在平等对话、相互学习、共享共建的基础上，将不同国别与地域的人类知识体系与思想智慧一步步沟通和连接起来，让具有地域性和国别性的文化知识汇入具有普遍性的人类知识思想的洪流中去，从而成为全世界可以相互理解、沟通共享的知识与思想，最终成为具有普遍性的人类思想财富。⑦

五、“六位一体”集成建设的实践探索与案例路径

浙江师范大学非洲研究院作为国内高校首个综合性、实体性的非洲研究院，经过16年学科建设创新性实践，已经开辟了一条有中国特色、原创性的区域国别学学科建设之路，形成了“学科建设为本体、智库服务为功用、媒体传播为手段、扎根非洲为前提、中非合作为路径、协同创新以赋能”的“六位一体”集成建设路径，以及中非学者双向建构“中国非洲学”和“非洲中国学”的集成知识体系与丰富经验，为中国特色区域国别学学科发展做出了系统化、专门化的创新探索。

2012年3月，全国高校区域和国别研究培育基地第一次工作会议在浙江师范大学成功召开，数百位专家学者参观考察了浙江师范大学非洲学的建设经验，从那时起教育部已有规划地推动区域国别学学科发展。⑧ 在2017年5月国务院新闻办公室举行的“一带一路”沿线国家民心相通情况发布会上，时任教育部副部长田学军称赞浙江师范大学非洲研究建设成果是中国高校服务国家“一带一路”民心相通工程的典范，相关实践成果“具有代表性、示范性、推广性”⑨。下面，我们具体介绍一下浙江师范大学非

---

⑦ 参见刘鸿武：《中国区域国别之学的历史溯源与现实趋向》，载《国际观察》2020年第5期。

⑧ 参见教育部办公厅：《区域和国别研究培育基地第一次工作会议成功召开》，载中华人民共和国教育部网，http://www.moe.gov.cn/jyb_sjzl/s3165/201204/t20120417_134244.html。

⑨ 《国新办举行“一带一路”沿线国家民心相通情况发布会》，载中华人民共和国国务院新闻办公室网，http://www.scio.gov.cn/xwfb/gwyxwbgsxwfbh/wqfbh_2284/2017n_8019/2017n05y11rxw/。

洲学“六位一体”集成建设实践取得的成效与面临的问题,并在此基础上提出若干对策建议。

第一,学科建设为本体:必须花大力气把学科建设基础工作做起来。学科是高校演化的“基础细胞”,也是人类认识世界、把握世界的工具和手段,同时也是知识转化为实践的桥梁。学科的形成与演进是一个历史的过程,需要根据人类认识世界进展和从事科学研究而不断调整、丰富和完善。区域国别学作为新的一级交叉学科,首先要把学科的基本建制与平台建设起来,并逐步完善提升。学科建设,包括专门化的学术、学位、学者和学生的形成,也包括专门化的课程体系、教材体系和师资体系的建设,以及相应的考核标准、评价体系等环节的形成。这需要在吸收其他学科理论与方法、知识与思想的基础上,一步步地探索自身成长的道路,建构起自主性的学科体系,完成“由学科交叉的努力到交叉学科的形成”的创新建构过程,从过去的“聚焦抽象化的领域专业之学”转化为一门“聚焦具体化的区域国别之学”。

在从“学科交叉”到“交叉学科”这一过程中,区域国别学涉及的学科大体上可分为核心学科、支撑学科和相关学科三个层次。总体上看,区域国别学的基础性核心学科有三个:一是历史学;二是地理学;三是外国语言学。历史学和地理学分别支撑了研究对象纵横交错的历史时间意识与环境空间意识,乃一切研究的基础。所谓“历史时间意识”,是指研究者当重视事物发生、发展、演变的历史进程与时间关系,重视事物的背景、基础、动力与演进,先说事,后论理,论由史出。而“环境空间意识”则指重视事物生存发展的空间环境的差异与多元,各区域之环境不同,地理相异,就需因地制宜,因时而变,入乡随俗,分类施治。从学科交叉的角度来看,“历史时间意识”主要指向历史学,涉及文化、民族、宗教等;“环境空间意识”主要指向地理学,涉及地理、环境、生态等。史地之外,则为工具之学外国语言学,它涉及通用语、非通用语、文字、口传、翻译等。因而我们说,历史学、地理学、外国语言学是区域国别学的三大基础性核心学科。

在此基础上,则需根据重点方向及领域之不同而与政治学、经济学、法学、社会学、教育学、自然科学与技术科学作交叉融合,从而形成层次不同、取向有异的跨学科交叉借用形态,最终支撑建立起一个相对独立的区域国别学。[10]

就浙江师范大学而言,它一直以来建设的核心目标就是把有中国特色的“非洲区域国别学”建设好,这“是一门专以非洲大陆的人文与自然现象为研究对象、探究非洲文明历史进程及其当代政治经济与社会发展问题的各类研究活动,以及由这些研究活动所累积而成的有关非洲的各种知识成果汇集而成的一门综合性国际性交叉学科。换句话说,这是一门在特定时空维度上将研究目光聚焦于非洲大陆这一空间区域,对这块大陆的自然与人文现象进行综合性、专门化研究的新兴学科。这门学科对创造中非共享知识,完善当代中国学术体系,助推中非命运共同体建构,都有重要的意义”。[11]

那么,区域国别学作为一门面向新时代与国家重大需求的“新文科”,它“新”在哪些方面呢?从我们这些年建设有特色的“非洲区域国别学”实践来看,建设单位或依托平台必须有一些“标准配件与门槛”,应该有如下方面的持续努力:其一,有一个实体化长期稳定存在的专门机构;其二,有一支高水平能力强的科研与管理队伍;其三,有特色鲜明品牌化的重点领域优势方向;其四,有多元多维的财政来源与足够经费投入;其五,有设施齐备运作有效的现代化办公环境;其六,有在对象区域国别的紧密合作伙伴平台。

除此之外,还应该有一些建设学科的必备平台与软硬要件:一是有专门化的博物馆、翻译馆、影像馆、资料馆、数据库和接待馆;二是有专门的出

---

⑩ 参见刘鸿武:《非洲学发凡:实践与思考六十问》,人民出版社 2019 年版,第 4 页。

⑪ 刘鸿武:《非洲学发凡:实践与思考六十问》,人民出版社 2019 年版,第 6 页。

版文库、期刊杂志、档案中心、多语种开放网站和运营的品牌；三是有在对象区域对象国的前方研究基地、有在对象区域对象国的国际化合作队伍、有研究成果的转化途径、有相应的媒体发布平台等。

这些所谓的“标准配件与门槛”，并非一日建成，规模与层次也可因地制宜，但总的原则就是能用、管用、可用，这些都是需要花大力气并且具有专业化的人才来建设和管理的。以往那种“一张纸一支笔，一篇文章一辈子”的传统手工作坊式的国际问题研究，作为个体的科研人员与教师，当然还可以继续延续下去，保持学术研究的个体自由空间，但对一个学科的建设而言，对一个服务国家发展战略的新兴学科建设而言，就需要在上述方面作出持续的努力，形成共同的知识平台与创新空间，方可取得实质性、根本性的突破。

形象地说，只有具备了坚实有力的“一流人脉、一线体验、一手资料”的平台支撑与资源滋养，当国家和社会提出需求的时候，我们的区域国别研究机构与学者们，才能够在对象区域对象国别“摸得到路，找得到人，说得上话，办得成事”，是“可信赖、靠得住、能管用”的，是“政府信得过、部委离不开、企业愿合作”的学术机构与人才培养机构。这些，都是这门新文科之“新”的学科特征所在，也是其建议内容所在。

第二，智库服务为功用：济世之学当有新气象、新格局、新作为。学术当为天下用，惠及民生方为高。今后我们评价中国的区域国别研究学科建设得好不好，是不是一流的，标准是什么，一个重要方面就是看它能不能解决中国现实中的问题，能不能解决中国与世界各区域各国家合作中面临的问题，这是区域国别学作为新增交叉学科的一大特征和重要使命。因此，提供广义上的智库服务是区域国别学的题中之义。我们说“学科建设为本体”，但不是“本位”，不是自己为自己服务，这个“体”要能为天下所用，为天下人服务。目前，区域国别学建设存在的一个明显短板是普遍缺乏政、企、社、学、商之间的整体协同与统筹安排来提升成果的实际效用。

经世致用是中国传统地理学、区政学的核心精神,今日中国区域国别学科建设也应该紧密围绕“国家关心、企业关心、社会关注、百姓关心”的主线来开展研究、评价成果、奖励贡献,目前国内许多区域国别研究还是停留在自己体制内作学者间的微循环,自说自话,所谓的“影响因子”其实只是学者小圈子的相互引用,对国家、社会、大众能产生的影响或关联很小,在对象国的影响就更小了,这种自我封闭的状态需要做出实质性的调整改变。

笔者认为,区域国别学建设其实是给高校提供了一个机会,即由专业学科拓展为特色智库,将一流学科与高端智库的建设结合起来,借此推进高校的供给侧结构性改革,从而延伸大学的知识、思想、人才的价值链,努力让智库的“想法”变为领导的“说法”,让智库的“文章”变为上级的“文件”,让智库的“谋划”变为组织的“规划”,让智库的“言论”变为社会的“舆论”,让智库的“对策”变为政府的“决策”,这一智库服务国家、服务天下、服务人民的过程,其实也是当代中国国家治理的专业化、科学化和民主化的过程。

第三,媒体传播为手段:建构起当代中国知识的全球战略传播新渠道。区域国别学建设是一个与国家对外合作密切相关的领域,它不应再是学者们坐在书斋里喝茶聊天的文人自赏,它的建设过程与建设成果,一开始就面临一个如何有效地推进与对象区域对象国家进行紧密沟通、独立自主的国际传播的问题,学科建设与智库功能的发挥都必须在对外交往的平台上来实现,对外传播就成了区域国别学建设的题中应有之义。区域国别学开展的媒体传播就是国际传播,由于区域国别学本身包含了对不同地域、不同国家、不同群体受众的研究,有助于提升国际传播的区域化表达、分众化表达,有助于探索更为精准的传播方式,增加国际传播的有效性和影响力。

“学而不传则怠,传而不远则虚。”对外传播之所以重要且特殊,与中国学术和中华文化的传统特点有关。我们知道,中国学术是一个由汉语汉字建构起来的特殊体系，进行国际传播首先要突破汉语汉字的“瓶颈”，因而需要借助外语学科尤其是翻译学科来推进中外知识的内外转换，于是国际翻译学对中国区域国别学之发展就起着特殊的支撑桥梁作用，这正是区域国别学一开始设置在外国语言文学一级学科下的原因。

第四，扎根非洲为前提：将新学科建设根基深深扎在对象区域大地上。区域国别学是对象国家的学问，无论是做学科、建智库还是做传播，要想做得真、建得实、传得开，就不能坐在“沙发”上，守在“书斋”中，只在“象牙塔”里做研究，而必须扎根于研究对象区域与国家。具体而言，区域国别学不是从书本到书本、从概念到概念的研究，而是要做成扎根中国大地、扎根对象区域国别大地的研究；不是拾人牙慧、照搬照抄、小圈子自说自话的研究，而是起而立行、知行合一、脚踏实地、解决实际问题的研究；不是要做接轨西方、依附跟随、学人言语的模仿抄袭研究，而是要做自尊自立、自主创新的开拓性研究。因此，在建设非洲学科和培养人才的过程中，我们特别强调中国的非洲研究者在去欧美留学前，最好能先去非洲对象区域和对象国家留学、调研、考察，获得“一手体验、一线资料、一流人脉”以后，再去欧美国家交流学习。事实上，重视调查研究、扎根田野、实事求是，重视文明发生发展的地域制约性和时间影响力的观察认知思维，本是中国学术的传统，中国区域国别学应继承这一传统并发扬光大，走扎根对象区域国别生活大地之路。

区域国别研究，往往具有冷门、绝学的特点，在这样的研究领域，人才的成长、成果的积累、学科的建设，是需要日积月累的，赶时髦、追热点、急功近利，不可能成得大事。在我看来，大体上 10 年是一个基本的区域国别学科建设的基础单位。这些年，根据培养非洲区域国别研究人才的经验，我们提出了区域国别研究人才成长的“十年十个‘一’计划”。第一个“一”，去一个非洲国家留学、进修、调研 1 年以上，而且最好是反复去，长期跟踪一国一地。只有长期扎根对象区域对象国，去除偏见而对非洲历史文化怀有赏析关爱之情,以自己的经历去观察研究非洲,知己知彼,才能开展客观公正的研究。第二个"一",翻译出版一本研究对象的经典性、代表性著作。这本著作最好是请对象国的一流学者来推荐,最好是对象国本土的学者所撰写的著作,能原汁原味地反映对象区域国别的真实情况的。在翻译这本著作的过程中,自然需要广泛查找相关的背景资料、熟悉专业词汇与特殊知识,理解感受研究对象的精神特质,积累起最基本的也是比较全面的研究对象的基础知识。一般来说,最好是研究对象的历史地理方面的通史性著作,以求得对研究对象的登高远望的宏观把握。在此基础上,以后可以根据研究的实际需要选择翻译第二本、第三本著作,领域也可以适当扩大。翻译的目标是了解研究对象的基本情况,对前人他人的研究有辨识能力,知道自己应该从哪里起步,方向大致如何。第三个"一",建立一个自己的专题数据库。第四个"一",组建一个自己的小学术团队。第五个"一",在非洲拥有一个学术合作朋友圈。第六个"一",主持完成一个国家社科基金项目。第七个"一",发表一组论文及一部代表性的著作。第八个"一",为国家提供一份管用的咨询报告。第九个"一",搭建一个自己的学术创新平台。第十个"一",成为一个优秀的非洲研究学者。

第五,中非合作为路径:以人为师,双向建构,形成知识共生形态。今天中国的区域国别学还有一个特殊使命和时代担当,就是要与研究对象区域对象国家进行知识与思想、学科与学术的双向建构。这种双向建构进程需要中非学者的相互合作和共同努力来完成:一方面,中国学者在非洲学者帮助下开展中国的非洲研究,建立"中国的非洲学";另一方面,中国学者也应到非洲去,帮助非洲国家的学者开展基于非洲视角、非洲需要、非洲特色的非洲的中国研究,建立"非洲的中国学"。通过中非学者紧密合作和双向建构来创造中非共享的新知识,形成中非共通的新话语形态和概念体系,改变以往通过美西方文献观察描述非洲和中国的偏颇局面。

笔者一直认为,就对非洲的了解来说,没有谁比非洲人自己更了解非洲,我们做非洲研究,就要拜非洲人为师,向非洲人学习,非洲人就是我们的"先生"。离开了非洲学者的帮助,离开了非洲人民的支持,我们不可能真正懂得非洲。中国的非洲研究要真正成长起来,一个关键前提是今后我们必须有一批年轻学子直接到非洲的大学去留学,在非洲导师的指导下开展研究,读非洲人自己撰写的著作,倾听非洲人民自己的心声,中国学者也应该经常去非洲的高校和科研机构进行长期的驻点研究、合作研究。

第六,协同创新以赋能:政、学、研、商、企、智、媒需多方合作,集成而建。区域国别学作为交叉集成化学科,能不能交叉得起来,如何集成化,很大程度上取决于我们从事学科建设的人是否具有开阔心胸与气量基础上的协同协调能力、沟通互动能力,及相应的动用各种资源、动员各种人才的组织才干。中国古人常讲,做学问需"才、学、识、德"融一体方可成大事、成大识。跨学科交叉学科的本质就是协同基础上的创新、合作基础上的共赢。近代以来,学科建设总体上是依对象而立的,大学分专业而建,学者依学科而行,大学之墙也越建越高,形成相对封闭内环的所谓"学术共同体"。应该说,高校学科"分科而治",有其精深之优势,但若要实现"综合而立",尤其是在交叉融合中实现突破,则必须推动各学科各要素相互协同,形成概念互补、资料互补、方法互补、平台互补、人才互补的聚合网络,方能塑造新结构、发挥新功能、产生新效用,更好地聚焦和解决当今时代面临的重大问题。

协同创新与集成化说起来简单,但做起来不易,因为涉及复杂的体制机制上的创新变革,更需有开阔心胸、高远视野、包容情怀,能"各美其美,美人之美,成人之美,美美与共",方可协同、融合、共享、共建、共赢。我们需要把高校内部的学科建设和人才培养工作,放置在中非合作的时代大潮中,努力打破行业壁垒,通过资源共享、优势互补,增强协同效应,实现学科内外、学校内外、领域内外、国内国外的"大循环""大协同",将学术研究、人才培养、资政服务、舆论引导、公共外交等集成起来而融合推进,以取得明显的成效。

最后,我们对推进中国区域国别学建设,提几条操作性的建议。

第一,把“区域国别学”提升到服务国家发展重大战略的支撑学科的高度,作为“特色学科”列入新一轮国家“双一流”大学和学科建设体系中,给予专门化支持。以切实举措加强专业学科基础建设,形成专门化的“区域国别学”的学科、学位、师资、课程、教材建设平台。建议尽早出台政策,使“区域国别学一级学科”可以直接授予博士硕士学位,其下设二级学科,建立专门化的教学指导委员会、学位学科评审组,努力培养专门化师资,编撰专门化教材,建设专门化课程,培养专门化人才。

第二,大力推进专业化的区域国别学的科研条件建设,包括专业数据库开发,世界各大区综合博物馆、专题博物馆、特色语言文字和文献档案馆建设。区域国别研究是具有古典气质的基础研究,许多专题领域研究具有冷门、绝活、秘传的特点,没有专业化、系统化的知识积累和基础条件建设将很难实质性地推进。建议各高校和科研机构努力建设非洲博物馆、亚洲博物馆、拉美博物馆、中东博物馆,以及专题领域如古典文明博物馆、东方语言文字博物馆、丝绸之路博物馆、亚非人类学博物馆等。目前在培养相关专业的硕士博士方面,一些特色工具手段不足,应努力补上短板。

第三,采取切实可行而特殊的举措,制定一个系统推进中国区域国别研究人才培养的国家方案与国家标准,努力培养复合型、跨学科、专业化和外语能力通用型区域国别人才。制定基本的目标与方向、原则与框架,由各高校和科研机构根据自己的区域国别研究对象特点来细化方案,包括在本科、硕士、博士、博士后阶段的对于不同专业的阶梯式人才培养方案。本科阶段采用通识型的人才培养方案,从世界文明史与古典学术层面系统学习“文史哲 + 外语”通识型专业,获得广博知识积累;硕士生和博士生阶段,则偏向于区域国别专业化的深化学习,如非洲研究、拉美研究、亚洲研究、欧洲研究、美洲研究、亚太研究等,毕业时分别授予区域国别学专业的学士、硕士、博士学位。

第四,审慎而积极地引进研究对象国家的高级专业人才,尤其是需要启动一个专门面向非洲、拉美、亚太国家的各类区域国别专业研究人才与师资队伍的培育引进专项,实现我国区域国别研究人才队伍的国际化改造,逐渐形成中国学者与对象国学者紧密合作、相互学习、共同创造知识的局面。建议启动"国家社会科学基金外国学者特殊专项",主要为非洲、亚洲、拉美、亚太地区的发展中国家学者申报,也可面向在中国学习的相关国家留学硕士生和博士生。启动诸如"非洲学者论非洲""拉美学者论拉美"丛书撰写项目,由亚非拉和中国学者合作重新撰写世界与本国的著作,改变以往通过欧美西方学者著作来看世界的缺陷。

第五,重视跨学科跨领域的专业人才整合,建立一批具有综合实验、数据处理、信息加工、智能服务的文理工交叉的"区域国别学综合实验室",开发编辑相关专题数据库,制定人才培养与成果转化的指南,形成以我为主的话语形态与概念体系。分区域、分地域、分主要国家和组织推进相关专业数据库、信息库、实验室、文献收藏室的建设,并且通过与研究对象国的国家档案馆、博物馆合作,双向培养中方人才与对象国人才,支持研究对象国也相应地建设中国博物馆、中国研究中心等机构,形成诸如"中国的非洲学"与"非洲的中国学"的双向建构与知识共享,最终建立起中外共建、共通、共享的知识体系,为建设人类命运共同体提供知识与思想准备。

六、结语

"读书不作儒生酸,跃马西入金城关。"习近平总书记指出,"历史表明,社会大变革的时代,一定是哲学社会科学大发展的时代。当代中国正经历着我国历史上最为广泛而深刻的社会变革,也正在进行着人类历史上最为宏大而独特的实践创新。这种前无古人的伟大实践,必将给理论创造、学术繁荣提供强大动力和广阔空间。这是一个需要理论而且一定能够产生理论的时代,这是一个需要思想而且一定能够产生思想的时代”。⑫当今世界正经历百年未有之大变局,国内正处于实现中华民族伟大复兴的关键时期,国际力量对比深刻调整,单边主义、保护主义、霸权主义、强权政治对世界和平与发展的威胁上升,逆全球化思潮上升,世界进入动荡变革期。面对复杂严峻的国际形势和前所未有的外部风险挑战,我们必须牢牢把握新时代工作大局,紧扣服务民族复兴、促进人类进步这条主线,高举和平、发展、合作、共赢的旗帜,一如既往地以世界眼光关注人类前途命运,从人类发展大潮流、世界变化大格局、中国发展大历史正确认识和处理同外部世界的关系。⑬

“文章千古事,得失寸心知。”书生自古以天下为己任。中国特色区域国别学是应时代之需而推动建立的一门“经国济世之实学”,一门行走世界、认识寰宇、服务天下的大学问,也是一门实践性、操作性突出的新兴学科,它既是综合的、跨学科的,又是个体的、经验的、实践的,其建设路径尚有赖今日中国学界根据自身实际及研究对象特点而做多元化、多方位的探索,有赖于中国学术思想界努力形成自尊、自信、自立的治学精神去实践,并在努力走向外部世界的过程中,与世界各国家各区域各民族的学者一起,共同创造人类共建、共通、共享的知识体系。

举高慕远,躬身力行,求实创新,见远行更远,中国特色区域国别学必能走上开阔大道!期待我们编纂的这套领域广泛的非洲区域国别学系列丛书,为此大道之推进起到铺设砖瓦、架桥砌基之作用。

刘鸿武

---

⑫ 习近平:《在哲学社会科学工作座谈会上的讲话》,人民出版社 2016 年版,第 8 页。

⑬ 参见《中共中央关于党的百年奋斗重大成就和历史经验的决议》,载新华网,http://www.news.cn/2021-11/16/c_1128069706.htm。

非洲法律翻译及研究丛书总序*

发展同非洲的友好合作关系，是我国一以贯之的基本政策和坚定不移的战略选择。① 自20世纪中叶中华人民共和国成立和大批非洲国家纷纷独立以来，中非双方在半个多世纪的治国理政实践中都积累了丰富经验；自1978年中国改革开放，尤其是2000年中非合作论坛成立以来，中非双方在近几十年的互利合作实践中也积累了丰富经验。这两方面的丰富实践经验，在中非共建"一带一路"携手打造更紧密命运共同体的当下，需要我国学术界作出理论上的回应，从而为中非更好开展治国理政经验的交流互鉴和更好发展各领域的互利合作提供更具解释力和前瞻性的思想智慧与知识工具。②

在此背景下，近年来，非洲研究在国内逐渐得到重视和加强，其研究领域和方向不断拓展和延伸，日益成为当代我国学术研究的"新边疆"。③ 不仅如此，2020年8月27日，以浙江师范大学非洲研究院为建设主体的"非洲学"等交叉学科经教育部认可和批准设立，这是全国高校第一次直接冠

---

* 本序原为陈钊、吴卡的《中国非洲法研究的时代意义与推进建议》一文，载《外国法制史研究》2021年，此处有改动。

① 参见《杨洁篪在结束访问非洲三国之际接受新华社书面采访》，载新华网，http://www.xinhuanet.com/world/2019-12/21/c_1125373359.htm。

② 参见刘鸿武：《论中非关系三十年的经验累积与理论回应》，载《西亚非洲》2008年第11期。

③ 参见刘鸿武：《非洲研究：中国学术的"新边疆"》，载《光明日报》2009年11月9日，第8版。

以“非洲”名称的学科,这一“正名”为我国非洲研究学科建设与人才培养开创了新历史。2022年9月13日,国务院学位委员会、教育部发布新版《研究生教育学科专业目录(2022年)》,“交叉学科”正式成为新设的第14个学科门类,“区域国别学”(编号1407)则成为“交叉学科”下设的9个一级学科之一,并明确“可授经济学、法学、文学、历史学学位”,我国非洲学在内的区域国别学被国务院学位委员会、教育部正式确认。

在我国对非洲的研究中,非洲法研究是不可分割的组成部分。“法律是治国理政最大最重要的规矩”④,非洲国家自独立以来如何推进法治建设以实现治国理政目标?“国际合作,法律先行”,中非各领域合作自开展以来如何运行在法治轨道上以行稳致远?这两大方面的法律问题,即“当代非洲法律发展”与“新时期中非合作法律问题”,随着中非共建“一带一路”以构筑更紧密命运共同体不断拓展广度与深度,也需要我国法学界作出理论上的回应,从而为非洲国家治国理政和中非各领域互利合作提供中国法律智慧与法律方案。

一、非洲法研究的时代意义

基于上述时代背景和重大需求,非洲法研究在当下已经日益凸显其重要的时代意义,这体现在学术和实践两个方面。

就学术意义而言,首先,学术具有时代性与中国性。在中非共建“一带一路”以构筑更紧密命运共同体的当下,法律是助推这一策略行稳致远的重要利器。“文章合为时而著,诗歌合为事而作。”开展非洲法研究,有助于拓展我国对非洲法律的认知从而完善中国的法学学术体系,在此基础上推动构建中国的非洲法学术理论、提炼中国的非洲法学术话语、产生中国的非洲法学术影响。其次,学术具有共享性与互鉴性。构建中非命运共

---

④ 中共中央文献研究室编:《习近平关于协调推进“四个全面”战略布局论述摘编》,中央文献出版社2015年版,第100页。

同体,应有支撑、解释和服务这一命运共同体的中非共建共享共通的知识体系。开展非洲法研究,有助于夯实中国的非洲法律知识基础,拓展中国法学的学术视野,并积累中非共享知识,为中非治国理政法治经验的交流互鉴提供学术保障和智力支持,助推中非命运共同体建设。再次,学术具有专业性与交叉性。2020 年 8 月,“非洲学”交叉学科已被教育部认可和批准设立。我国对非洲法律问题的研究,既涉及法学的专业性研究,又可结合“非洲学”的交叉性研究,从而使研究既更具动力与活力,又可增添特色与优势。最后,学术也强调实践性与参与性。法学是实践知识、实践学问,它总是通过实践来获取知识,并把法学知识应用于解决法律实践问题,为此提供答案。⑤ 开展非洲法研究,既有助于我国学者进一步开展对非洲法律的理论研究,又可推动其深入非洲社会生活和中非各领域合作的具体实践开展调研,进行应用研究。

就实践意义而言,首先,开展非洲法研究,有利于推动形成中非间以法治为核心的营商环境。“水深则鱼悦,城强则贾兴。”好的营商环境犹如阳光和空气,可促进中非经贸关系健康成长,而“法治是最好的营商环境”⑥。开展非洲法研究,可以更畅通地获取对非合作法律信息,推动中非法治化营商环境的形成,进一步提升中非企业在对方经商投资中的信心。其次,有助于防控对非经贸投资法律风险与纠纷。大量实践案例表明,中国企业在非洲遭遇法律风险和法律纠纷,在很大程度上是因为对非洲当地法律不了解。开展非洲法研究,提供及时准确有效的非洲国家法律信息,有利于我国企业了解非洲国家的宏观与微观法律环境,从而使其有效防控和解决相关法律风险与纠纷。最后,有助于推动中非法律外交,推进中非法律共享互鉴以更好开展治国理政经验交流。法律外交,是以法律为基础、形式、

---

⑤ 舒国滢:《并非有一种值得期待的宣言——我们时代的法学为什么需要重视方法》,载《现代法学》2006 年第 5 期。

⑥ 2019 年 2 月 25 日,习近平总书记主持召开的中央全面依法治国委员会第二次会议深刻阐述了这一重要论断。

内容、目的或手段的外交。[7] 在深入研究非洲法的基础上,可以夯实、丰富、增强中非法律外交的基础、内涵和特色,增进中非以法治为核心的治国理政经验的交流。

二、我国非洲法研究的概况

我国对涉非法律问题的研究,主要聚焦于两个方面:一是非洲法律的历史与现状;二是中非关系尤其是经贸关系中的法律问题。

对非洲法律历史与现状的研究,肇始于20世纪90年代末。当时,湘潭大学在国内最早成立了非洲法研究所,组建了非洲法相关研究团队,开始了非洲法律的翻译与研究工作。20多年来,以洪永红教授为主要负责人的该团队相继出版了《非洲法导论》(2000年)、《非洲法律发达史》(2006年)、《非洲投资法概览》(2012年)、《作为一门独立学科的非洲法》(2017年)、《埃及法专题研究》(2019年)、《非洲实用商事法教程》(2023年)等力作。这些成果聚焦非洲法律的历史积累尤其是当代发展,并注重与区域国别研究紧密结合,既开了我国非洲法律研究之先河,又为我国开展非洲法研究奠定了良好基础。此外,夏新华的《非洲法律文化史论》(2013年)、孙谦和韩大元的《非洲十国宪法》(2013年)、韩良的《非洲商事法律制度精析》(2015年),以及朱伟东的《非洲经济一体化的法律问题》(2018年)、《非洲商法协调组织》(2018年)、《非洲大陆自由贸易区法律文件汇编》(2020年)等专著、译著,对非洲宪法、法律文化、商事法律制度等做了梳理与分析,这些成果也都属于对非洲法的基础性研究。

对中非关系尤其是经贸关系中法律问题的研究,主要是随着近10多年中非经贸关系的发展而开展的。这方面的专著或译著主要有:朱伟东的《非洲涉外民商事纠纷的多元化解决机制研究》(2013年)、《中非争议解决:仲裁的法律、经济和文化分析》(2017年)和《中非双边法制合作》

---

⑦ 谷昭民:《法律外交》,中国法制出版社2018年版,第45~50页。

(2019年),张泽忠的《新时期中非经贸合作机制研究》(2013年),吴卡的《中非产能合作国际法律保障机制研究》(2019年)等。此外,韩秀丽、胡充寒、刘阳、郭彤荔、赵文杰、乔慧娟等学者在其著述中也就中非经贸关系所涉各领域法律风险防控和争议解决等问题做了研究。这些研究,旨在为我国提供非洲法律尤其是经贸领域法律发展现状的最新资料,并试图为中非经贸关系中的前沿性法律问题提供对策建议。

虽然我国的非洲法研究随着近年来中非各领域合作关系的发展而大有勃兴之势,但总体而言,我国的非洲法研究仍然处于初步探索阶段,还存在几个方面的明显短板:一是研究机构和人员偏少,成规模的研究团队则更少;二是研究成果偏少,非洲国别法与非洲区域组织法等研究成果更是缺乏;三是国内协同、中外协同尤其是中非协同研究较少,跨国内外高校的有组织性的科研力量极其薄弱;四是研究成果的影响力尤其是国际影响力偏小。总之,相较于非洲在政治、经济与外交等方面对我国的重要性,我国的非洲法研究现状与之不甚相称,有待提升。

三、我国非洲法研究的实践进路

鉴于上述研究现状与短板,需从研究思路与原则、研究机构和团队建设、研究内容、研究方式方法和研究目标等方面,进一步廓清我国非洲法研究的实践进路。

(一)研究思路与原则

1. 研究思路

以"当代非洲法律发展"与"新时期中非合作法律问题"两大研究主题为导向,以理论与实践两方面目标为引领,坚持国际化、协同化和交叉性等原则,进一步加强中非协同创新团队建设,采用社会调查、历史分析、比较研究、跨学科等多元研究方法,依循翻译—解读—研究—建议—数据库建设的路径，扎实推进非洲法研究，为中非各领域合作和中非法治经验交流提供既有理论深度又切合实需的意见建议。

2. 主要原则

一是国际化与协同化相支持原则。研究非洲法，既不能闭门造车、自说自话，又不能故步自封、妄自尊大，中非双方应互以平等开放的心态，组建以中非法学学者为主体、其他领域学者为补充的国际化研究团队，对非洲法开展协同研究。

二是基础性与前沿性相结合原则。聚焦"当代非洲法律发展"与"新时期中非合作法律问题"两大主题，前者主要就非洲国家和国际组织法律的历史沿革、当代发展及其在非洲治国理政中的效能等基础性问题进行研究；后者重点对中非合作尤其是经贸合作中的前沿法律问题进行研究。

三是理论性与应用性相促进原则。与非洲法研究两大主题相对应，在研究方法上应实现理论性与应用性相互促进。就"当代非洲法律发展"，需要对非洲法律开展系统化的翻译与研究，因此以理论研究为主；就"新时期中非合作法律问题"，需要在翻译与研究非洲法律的基础上，具体对中非关系中的法律问题进行调研与分析，因此以应用研究为主。

四是专业性与交叉性相协调原则。开展非洲法研究，既要重视对非洲法自身的研究，也不能脱离非洲特殊的政治、经济、文化、传统和历史等因素以及中非之间独特的政治、外交、经济等各领域合作关系，因此开展跨学科研究实属必要。

（二）研究机构和团队建设

目前，我国从事非洲法研究的机构和团队还很少，这既对我国非洲法研究成果的数量与质量造成了严重制约，又不利于在国内外开展非洲法的协同研究。鉴于此，中国法学会、最高人民法院等我国法学法律界的权威机构可根据中非合作战略需要,选择有条件的法科院校或涉非科研院所,合作设立非洲法研究机构,组建非洲法研究团队。我国有条件的法科院校或涉非科研院所也可根据实际需要,自行设立非洲法研究机构,打造非洲法研究团队。设立非洲法研究机构可以采用两种形式:一是设立非洲法学术研究机构;二是设立非洲法查明研究机构。这两种机构在功能上有所侧重,前者偏向对非洲法的学术研究,后者偏向对非洲法的社会服务。但总体上,任何一个非洲法研究机构,无论其名称如何,都应兼具科学研究和社会服务等功能。

鉴于我国没有专门的非洲法人才培养机制,所以非洲法研究团队的建设,首先,可以吸纳国内从事法学研究尤其是国际法研究的人员参加。这是因为,非洲法研究,特别是中非关系中的法律问题研究,大量涉及国际法问题。但是,非洲法研究也必须吸纳国内法研究人员,因为非洲法研究涉及对非洲各国各领域国内法的研究。其次,由于非洲法研究既不能脱离非洲特殊的政治、经济、文化、传统和历史等因素,又需要结合中非之间独特的政治、外交、经济等合作关系,所以非洲法研究还可以吸收上述领域的中外研究人员,这不仅有助于在中外开展非洲法的协同研究,也有利于形成跨学科研究的特色与优势。最后,非洲法研究团队建设,不能没有来自我国涉非实务部门人员的参与。涉非实务部门,如我国驻非使领馆、涉非企业、法院、律所等,是开展非洲法研究的我国自己的“一流人脉”资源,可以为我国非洲法研究提供必要的课题、案例或资料,从而使我国的非洲法研究更“接地气”、更具实用性。

特别值得一提的是,非洲法研究机构和团队的建设,离不开和非洲机构与人员的合作。在首届中非法学院院长论坛上,尼日利亚大学法学院院长伊费奥马·埃纳莫(Ifeoma Enemo)教授发言指出,中非法学院校间的交流尚未开展,中非在经济、政治、贸易、金融、文化等领域的合作都需要有法律的支持,中非法学院校间的合作有利于促进这些领域的进一步合作。[8] 鉴于此，当前亟须加强中非法学院校间的交流合作，特别是建立中非法学院校间的师生交流学习机制，不仅支持非洲国家法学院校师生来华访学交流，而且更重要的是，中国法学院校应积极引导和支持师生到非洲开展访学、交换、攻读学位等活动。[9] 在此交流合作基础上，将非洲法学院校及其人员吸收进我国的非洲法研究机构和团队，从而搭建我国非洲法研究在非洲的“一流人脉”资源，进而形成更紧密和有效的合作关系。为加强中非间协同研究，还可与非洲知名高校法学院校合作，在非洲设立非洲法研究机构。[10]

总之，我国的非洲法研究首先应加强机构建设，在此基础上形成一支以我国法学研究人员为主体，各涉非领域的中非研究人员为重要补充，我国各涉非实务部门人员为基本依托的研究队伍。

（三）研究内容

“当代非洲法律发展”与“新时期中非合作法律问题”是开展非洲法研究的两大主题。前一主题，主要涉及如何提升当代非洲法律在治国理政中的效能问题。亦即法律作为“治国理政最大最重要的规矩”，在非洲国家半个多世纪的治国理政中究竟发挥了怎样的作用？影响和制约非洲国家法律的治国理政效能的历史与现实、国内与国际、主观与客观等方面的因素是什么？中国如何与非洲国家开展法治经验交流互鉴以共同提高治国理政能力和水平？因此，“当代非洲法律发展”这个主题要解决的是，在非洲这样一个发展中国家最集中的大陆，法律如何才能成为推进非洲各国主

---

⑧ 《中国法学院院长代表团赴南非开普敦参加“首届中非法学院院长论坛”》，载中国法学创新网2013年4月7日，http://www.fxcxw.org.cn/dyna/content.php?id=3129。

⑨ 吴卡、田峰：《中非产能合作国际法律保障机制研究》，社会科学文献出版社2019年版，第73～74页。

⑩ 例如，2019年5月，浙江师范大学法政学院与达累斯萨拉姆大学法学院合作共建的“中非法律研究中心”在达累斯萨拉姆大学孔子学院进行了揭牌仪式，这是目前为止，国内高校与非洲知名大学共建的为数不多的几个法律研究中心之一。

权安全、政局稳定、政府有效、经济发展、社会进步、民族融合和民生改善的基本工具。后一主题，涉及法律如何为中非合作保驾护航问题。亦即既然“国际合作，法律先行”，那么如何让中非各领域合作运行在法治轨道上？第三方介入中非关系，会产生哪些法律问题？应如何解决？因此，这个重要命题要解决的是，中国这个最大的发展中国家和非洲这个发展中国家最集中的大陆，法律如何成为助推双方互利合作关系行稳致远的利器。

这两个主题中，前一个更多的是基础理论研究，后一个则以应用对策研究为主。中国非洲研究的前途在于深耕基础理论研究，如果基础理论研究“立不住”，那么应用对策研究难能“用得上”。⑪ 据此，中国的非洲法研究，首先应更多重视和开展对前一个主题的研究，才能为后一个主题的研究提供坚实的理论支撑。但从现有非洲法研究实践来看，对前一个主题的研究显然不够。

围绕这两大主题，中国的非洲法研究可具体开展以下工作。

1. 非洲国家法律文本的翻译

这是最基础的工作。根据中非共建“一带一路”和产能合作布局需要，可以首先在非洲各区域各选取几个重点国家，就这些国家的贸易、投资、金融、税收、劳工、环保等领域的法律文本开展区域性、国别性与专题性翻译，在此基础上，翻译这些国家的其他相关法律文本，并逐步将范围扩大到所有非洲国家。须注意的是，这里所指的翻译，并非目前常见的对非洲法律的“走马观花”式的零散粗浅的翻译，而应是旨在产出翻译精准且成体系法律文本的“下马观花”式的翻译。

2. 非洲法律发展与中非法律比较研究

在对非洲法律进行精准和成体系翻译的基础上，可重点开展三方面研究：一是对非洲法律进行历时性研究，考察其产生、发展与规律。二是对非洲法律进行共时性研究，比较研究非洲各国不同的法律制度，分析它们的

⑪ 张宏明：《中国的非洲研究70年述评》，载《中国非洲学刊》2020年第1期。

性质、特点以及相互关系。[12] 三是中非法律的比较研究，通过比较研究中非法律，可发现其差异，对此提出协调方案，从而构建中非法律协调机制。通过这三个方面的研究，可为中非间开展治国理政法治经验交流和非洲国家法治建设提供建议。目前，我国对非洲法律文本的翻译成果已有一些，但对非洲法律发展和中非法律比较研究的成果还不多，而且这方面的研究属于基础理论研究，因此这方面的研究亟待加强，从而为应用对策研究提供更好的理论支撑。

3. 中非合作法律问题研究

这主要属于应用对策研究。这方面的研究内容也主要有三：一是研究中非经贸关系法律问题，这是当前研究的重点。对此，可与我国涉非实务部门尤其是在非中资企业合作，深入非洲，“驻马种花”，开展实地调研，获取一手资料，并结合非洲国家的法律文本，就非洲国家的经贸投资法律环境进行全面深入地解读与分析，为在非中资企业预防和解决经贸投资的法律风险与争议提供建议。二是研究中非其他合作领域中的法律问题，如政治、外交、军事、科技、人文等领域。三是对第三方介入中非合作关系时所涉法律问题的研究。

4. 非洲国际组织法律文本的翻译与研究

这也属于基础理论研究。鉴于非洲国际组织在非洲各领域的作用日益凸显，也需要对其相关法律开展研究。首先可选取非洲联盟、非洲经济共同体、非洲商法协调组织等非洲区域性国际组织，其次选取东非共同体、西非国家经济共同体、南部非洲发展共同体等非洲次区域性国际组织，就其相关法律文本进行翻译研究。在此基础上，逐步将范围扩大至非洲所有国际组织。在对非洲国际组织法律文本翻译研究的基础上，可进一步开展应用对策研究，为我国深化与这些组织的合作提供针对性的建议。

---

[12] 张文显主编：《法理学》（第5版），高等教育出版社2018年版，第5页。

5. 非洲国家与地区法律文本的数据库建设

就上述非洲国家与地区的法律文本，可以逐步分地区、分国家、分领域、分主题地开展数据库建设，该数据库不仅储存并及时更新法律文本及其译文，而且附以相应介绍或解释。鉴于非洲国家和法律的数量众多，且数据库建设需要长期、持续、大量的投入，这将是一项长期的工作。

(四)研究方式方法

根据非洲法研究的上述原则和内容，我国开展非洲法研究应采用国际化、协同化、应用性和交叉性等方式方法。一方面，开展非洲法研究，宜采用国际化和协同化的方式，即在中外尤其是中非间开展协同研究。对此，可将翻译“一带一路”重点非洲国家的重要法律文本作为起点，由我国涉非机构尤其是驻非使馆和在非中资企业委托我国法科院校组成中非联合课题组开展协同翻译。另一方面，非洲法研究在方法上应把理论研究与应用研究结合起来，既要“下马观花”，对非洲国家和国际组织的法律文本进行精准且成体系的翻译与研究；又要“驻马种花”，深入非洲一线进行调研，拿到一手资料，拿出一流成果。为此，可由驻非使馆或在非中资企业提供必要的协助，并与中非法科院校开展协同研究。为形成我国的非洲法研究特色与优势，在方法上还可融合领域学、区域学、国别学和专题学，并结合非洲独特的政治、经济、文化、传统和历史等开展跨学科研究。

(五)研究目标

非洲法研究的目标有四个方面：一是从“小船出海”到“集群共生”，这是研究队伍方面的目标；二是从“个小体弱”到“量多质优”，这是研究成果方面的目标；三是从“低端集成”到“智能制造”，这是研究创新方面的目标；四是从“本土品牌”到“国际品牌”，这是研究影响方面的目标。

具体而言，这四个方面的目标可以投射到学术和实践两个维度上。一方面,在学术上,通过对非洲国家和国际组织的法律文本协同开展分领域、分区域、分国家、分主题的系统化的翻译研究和相应数据库建设,我国的非洲法研究机构与团队得以发展壮大,中外协同研究能力得以提升,我国非洲法研究成果的数量和质量得以提高,我国非洲法研究的理论基础得以夯实,我国法学界对非洲法律的认知得以拓展。在此基础上,我国的非洲法学术体系得以构建,我国的非洲法学术话语得以提升,我国的非洲法学术影响得以扩大。另一方面,在实践上,我国对相关非洲国家和地区法律文本的翻译成果与研究成果真实可靠、切合实需,我国对非合作法律信息获得途径基本通畅,对非法治化营商环境得以优化,我国企业预防和解决对非经贸投资法律风险与争议的能力得到提升,中非官方与民间尤其是法学院校间的法律交流合作实现常态化,中非间以法治为核心的治国理政经验的交流互鉴得以广泛深入开展。

四、结语

我国的非洲法研究,历经 20 余年的发展,随着中非共建"一带一路"以构筑更紧密命运共同体的日益推进,已进入提质增效的新阶段。如今,"非洲学"作为交叉学科已被教育部正式确认,这也将为我国的非洲法研究注入新动力、激发新活力。我国法学界尤其是非洲法学界,理应顺势而为,奋发有为,扎实推进非洲法研究,为中非合作和非洲发展提供中国法律智慧与法律方案。

2023 年 7 月修订于金华芙蓉峰下

致奥卢瓦布恩米(Oluwabunmi)、蒂蒂拉约(Titilayo)、奥卢瓦托尼(Oluwatoni)和奥拉乌依(Olawuyi),感谢他们的鼓励和支持。

前　言

几十年来，非洲大陆的石油、天然气和固体矿产的产量和供应量在全球总量上占有相当大的比重。例如，尼日利亚、利比亚、阿尔及利亚、埃及和安哥拉长期是非洲的石油生产大国，而肯尼亚、津巴布韦、南非、加纳、南苏丹、纳米比亚、加蓬、喀麦隆、突尼斯、赤道几内亚、刚果民主共和国和科特迪瓦的黄金、铝土矿、钴、工业钻石、磷酸盐、铂族金属、蛭石和锆等矿产资源则吸引了大量投资，且获得了颇丰收入。

尽管物产丰富，但资源的开采和生产并没有促进非洲相应的经济、社会和环境发展。许多资源丰富的非洲国家陷入了“资源诅咒”牺牲品的困境，即非洲丰富的资源财富与人民无法从中受益之间的矛盾。资源管理不善、透明性和问责制缺失、资源遭窃、政府腐败、环境污染、人民因土地遭到强占而被迫背井离乡、劳动条件恶劣以及利益相关者无法参与等，共同使整个非洲大陆陷入贫困与冲突的恶性循环。

为了解决这些问题，整个非洲各地区、各国、各省市均设计或出台了诸多路线图、行动计划、宣言和法律，规范石油和固体矿产的生产、销售和分配。其结果是，非洲采掘领域的法律法规浩如烟海，投资该地区开采项目的人，需要一份穿越法律迷宫的“路线图”。了解这些浩如烟海的法律文件的内容、范围和后续措施，即使对于最热心的投资者、学生、律师、行政人员或政策制定者，无不是一项艰巨甚至无法完成的任务。

此外，一些非洲国家还针对石油和固体矿产分别立法，而且有时是重叠的，使人们全面而系统地了解这两个领域在采掘业产业链中的关系、机遇、波动与挑战困难重重。在国际商法与人权法准则层出不穷的今天，尚无一部篇幅详尽且阐述与分析严谨的著作，对非洲的采掘业法与财政制度做比较分析与评价。早期的学术著作主要关注适用于石油、矿业或环境的法律制度，但对于更广泛的采掘业却少有甚或没有关注，而在规制采掘业价值链机制性一体化与监管一致性的全球规范不断出现的情势下，研究这些法律制度尤为重要。本书即试图填补这一空白。

本书对与非洲石油与矿产资源的商业开发有关的法律、财政制度和监管机构作了权威的阐述。它探讨了采掘业的价值、开采条件和指导原则，以及如何解决或更好解决资源所有权和控制权、降低人权风险、责任性、企业社会责任、环境正义和参与性发展等问题。

总的来说，本书的写作目的是加强对非洲采掘业性质与范围的理解；评价规制非洲采掘业的一般法律和财政制度；探索解决非洲采掘业中的天然气燃除、泄漏、污染、废物管理和环境卫生等具体而常见问题的法律和制度；促进对非洲采掘业所面临的独特的法律、政策、治理风险和挑战等问题的理解；为投资非洲采掘业的企业认识、降低与预防人权风险提供实际讨论；介绍非洲采掘业实现可持续、权利本位发展所需要的法律改革过程。此外，本书还对影响与规制采掘业的各组织机构予以讨论。

这本书是以受众友好的风格编写的，以增强对受众的实用性，受众即学生、企业、投资者、环境和人权管理者、倡导者、决策者、法官、国际谈判代表和政府官员。本书将现存与非洲采掘业法律法规状况有关的描述性材料，与对非洲采掘业中的法律和财政制度有影响及启示作用的国际法的分析性评价放在一起，以使这些法律与制度更具实用性、可持续性，更可以保护人民的权利。

达米罗拉·S. 奥拉乌依

（Damilola S. Olawuyi）

卡塔尔，多哈

2018 年 6 月 30 日

致　谢

我要向众多伸出援助之手的人表示深切的谢意，没有你们，这本书的出版实无可能。首先，我很感激亚非·巴巴罗拉大学校长、创办者，（尼日利亚）联邦共和国司令勋章与尼日尔官佐勋章获得者，尼日利亚高级律师，尼日利亚高级法律研究所研究员，英国皇家御准仲裁员协会（皇家特许仲裁员协会）会员，法学博士阿瑞·亚非·巴巴罗拉（Aare Afe Babalola），感谢他对我本人和我的家庭的坚定支持。阿瑞·亚非·巴巴罗拉的经历与在全球的建树为他人奠定了坚实基础、铺就了光明之路，令人望尘莫及。

此外，我特别感谢卡塔尔基金会和卡塔尔多哈的哈马德·本·哈利法大学的每个人，感谢他们在过去几年里对我付出了非凡的爱和支持。卡塔尔国家研究基金的研究资助和支持，为本书的初步成型提供了重要帮助，对此，我甚为感激。我还要对乌马伊尔·多加尔（Umair Dogar）、博拉吉·阿金托耶（Bolaji Akintoye）和艾琳·艾克维奥祖赫（Irene Ekweozoh）对我所做的卓越而深入的研究帮助表达特别的感激之情；我的助手柯蒂斯·斯诺、莫隆基·科拉沃勒和托辛从·阿德温米也为本书的成功写就付出了不懈努力，感谢你们。

最后，我要感谢我亲爱的妻子奥卢瓦布恩米、我们可爱的双胞胎女儿蒂蒂拉约和奥卢瓦托尼，感谢她们对我的爱、支持与鼓励。我还要感谢我的优秀学生们的课堂贡献和观点，它们都是为本书“开花绽放”而早期播下的“种子”，感谢你们所有人的支持和善良，谨以此书献给你们的学术思想。

我努力对截至2018年6月30日的法律做了阐释，以后在个别情况下也会追踪一些后续发展。

目录

第一部分　写作背景与原则

第三部分 非洲采掘投资的法律和商业风险

第一部分　写作背景与原则

第一章　引　　言

摘要:本章简要回顾了非洲采掘业的发展,首先介绍了采掘业的关键工序与重要主体的基本概念与信息,然后论述了需要不断通过法律手段解决的非洲采掘业所面临的许多重大挑战,包括基础设施不足、促进商业发展、保障人权以及维护环境的可持续性。本章还概述了本书的总体目标与结构安排。

1.1　背景

本书简述了规制非洲石油、天然气和固体矿物商业开发的立法主体、监管制度、管理机构、行业指引、合同制度及习惯做法,并对整个非洲大陆规制商业性开发石油、天然气及矿产资源的法律和制度进行了全面而系统的考察。

虽然非洲并非单一的地理单位,但该地区各国石油、天然气和矿产的商业开发历史、进程、波动与管理问题大体是一致的。[①] 本书考察了非洲各国如何规制这些关键的过程和阶段,详尽阐述了在非洲开展采掘业的投资与开发活动所面临的监管缺口和挑战,讨论了可以解决这些挑战和缺口的现代手段与规范。

---

①　非洲有44(此处应为作者笔误,实际数字为54。——译者注)个国家,是世界上面积与人口均排名第二的大陆,面积超过3000万平方公里,是美国国土面积的3倍多,2013年的人口总数约为11亿,非洲人口数量占世界人口比重约为15%。见国家地理(2013年)。

与采掘业有关的主体包括个人、公司、金融机构、贸易组织及国家机关,主要涉及将原材料、金属、煤、石油、矿物和自然资源从地球采掘出来供最终消费者使用。② 采掘业包括两个主要子产业:石油业与固体矿物业。③

采掘过程的例子包括油气勘探、固体矿物开采、疏浚和采石等。④ 石油和天然气子产业包括脱除原油(或任何相关碳氢化合物)或天然气的作业,因为它们以天然状态存在于地球的地层中。固体矿产领域的采掘作业主要是将天然形成的金属与非金属矿物从地球移除的活动,包括煤、盐、石料和露天物质,以及所有珍稀矿物和金属。整个采掘业价值链涉及多个相互补充的环节、活动和利益相关者,促进将石油、金属、矿物等自然资源从地球中提取出来,最终将它们处理并运送给最终用户。⑤

因此,采掘业法就是一系列规制石油、天然气及矿产的商业开发的法律、法规和财政制度。这包括与如下内容有关的规则和程序:石油、天然气或矿物的勘探或开采;取得或持有许可证、牌照、租约或其他任何进行石油、天然气、矿产勘探、开采的授权;在国家、区域和超国家层面建立监管石油、天然气和矿产商业勘探的机构。⑥

本章对非洲的采掘业作了总体概述。首先提供了关于非洲矿业的基础信息和定义,帮助读者牢牢掌握与采掘业有关的基本概念和术语。本章第

---

② See Sigam and Garcia (2012), pp. 3 – 4. 另参见 s. 21 of *The Nigeria Extractive Industries Transparency Initiative* (*NEITI*) *Act* 2007,该法将采掘业公司定义为"任何在尼日利亚从事石油、黄金、锡、沥青、钻石、宝石等矿产和天然气勘探、开采、提取、加工和分销业务的公司,以及负责向联邦政府或其法定授权部门支付采掘业收益的任何机构或组织"。另参见 Kenya(2016),该文件将采掘业定义为"将原材料从地球中开采出来供消费者使用的过程。包括把金属、矿物及聚合物从地球中开采出来的作业,以及石油与天然气开采、采矿、疏浚和采石"。肯尼亚的采掘业包括石油和天然气的开采、采矿、疏浚和采石。

③ Sigam and Garcia (2012), pp. 3 – 4. Also Extractive Industries Transparency Initiative, EITI Glossary.

④ Sigam and Garcia (2012), pp. 3 – 4.

⑤ Ibid. See also Alba (2009), pp. 1 – 2.

⑥ 与石油、天然气或矿产的商业开采有关的全价值链问题,参见加拿大的 Extractive Sector Transparency Measures Act (S. C. 2014, c. 39, s. 376)。

1.2 节列出了需要通过法律途径解决的非洲采掘业所面临的诸多重大挑战，尤其是与营商、人权和环境可持续性相关的法律问题，为本书后面对采掘业的详细讨论奠定了基础。第 1.3 节列出了本书的写作目的、研究范围与框架。

1.2 非洲采掘业：法律环境与评述

采掘业是许多非洲国家的主要经济支柱。⑦ 对许多非洲国家来说，国内生产总值（Gross Domestic Product, GDP）的很大一部分源自采掘业。例如，尼日利亚、利比亚、阿尔及利亚、埃及、安哥拉长期是非洲的石油生产大国，⑧而南非、津巴布韦、博茨瓦纳、刚果民主共和国、加纳、塞拉利昂、利比里亚、纳米比亚、安哥拉、喀麦隆、突尼斯、赤道几内亚、摩洛哥、肯尼亚以及科特迪瓦的矿产则吸引了大量投资，收入颇丰，这些矿产资源包括：金、锂、铑、钻石、纯碱、铝土矿、铁矿石、钴、工业钻石、磷矿、铂类金属、蛭石、锆等。⑨ 值得注意的是，非洲大陆一直以来都是全球资源生产与供应的重要来源，为非洲很多中低收入国家通过采掘业刺激经济发展创造了广阔空间。⑩ 采掘业收入一直是整个非洲公共基础设施建设、教育与卫生领域人力资本投资及其他经济部门发展的重要资金来源。

尽管如上所述，但许多非洲国家的资源开采和生产并没有促进人民相应的经济、社会和环境水平的发展与提高。⑪ 与其他任何地区相比，非洲

---

⑦ See United States Energy Information Administration (2013). See also KPMG (2007); National Geographic (2015).

⑧ 根据 2017 年《BP 世界能源统计年鉴》，截至 2016 年年底，非洲已探明的石油储量为 1284.38 亿桶，占世界总储量的 8.01%，以目前的开采量计算，可开采 41.2 年。此外，2016 年，非洲原油日平均开采量为 789.2 万桶，占世界日均开采量的 8.6%。See British Petroleum (2017), see also African Development Bank (2017). See also UN Economic Commission for Africa (UNECA) (2011), pp. 10–12.

⑨ UNECA (2011), pp. 10–12.

⑩ 2008 年，非洲的黄金开采量为 483 吨，占世界总开采量的 22%。See UNECA (2011), pp. 10–12.

⑪ See Sigam and Garcia (2012), p. 14. 文章认为，尽管采掘活动可能对经济产生积极影响，但由此产生的环境问题急需解决。

国家的资源开采与资源管理不善、冲突、破坏环境以及侵犯人权的关系更为密切。[12] 例如，据估计，自1960年独立以来，尼日利亚被盗用或滥用的石油收入至少达4000亿美元。[13] 除了对资源财富的管理缺乏透明度这一问题外，许多非洲国家未能颁行与建立解决资源开采项目对环境的负面影响问题所需的健全的法律和治理框架。例如，肯尼亚西部米戈里金矿带的金矿开采已经对该地区的环境和人类健康产生了严重的负面影响。研究结果表明，金矿中的汞、铅和砷等主要重金属的浓度已超过了可接受的水平。[14] 同样，肯尼亚基里菲县的马加里尼地区的盐矿开采也引发了无数人权问题，包括：环境污染和退化、强行驱逐当地居民背井离乡、健康危害、无法忍受的劳动条件、警察的恐吓和利益相关者缺乏参与。[15] 这些问题不仅未能使当地居民从资源开采中受益，反而导致他们的生活质量整体下降。

这些问题并非肯尼亚独有。2017年的资源治理指数显示，几乎所有非洲国家采掘业法律和治理结构在促进透明度、问责制和资源最大化方面的得分都很低。[16] 根据该指数，诸如挪威、英国、加拿大和美国等资源丰富国家均名列前茅，因为它们已经制定了确保资源开采可以造福人民的法律并付诸实施。对比而言，一些非洲国家的排名则垫底。加纳是排名最靠前的非洲国家，却也只位于"令人满意"类别，需要在一些关键领域进行改革和改进。其他非洲国家，如南非、布基纳法索、喀麦隆、马里、摩洛哥、坦桑尼亚、赞比亚和莫桑比克则位于"差"之列。安哥拉、阿尔及利亚、马达加斯加、尼日利亚、埃塞俄比亚、埃及、加蓬、几内亚位于"较差"的类别中。位于"失败"之列的是刚果民主共和国、厄立特里亚、利比亚、苏丹、赤道几内亚和津巴布韦，几乎没有任何制度可以确保资源的开发具有可持续性、

---

⑫ 例如，塞拉利昂、利比里亚等很多非洲国家的战争与冲突均与非法采钻有关。Le Billon (2008). See also Elba (2017), pp. 18 – 25; Sigam and Garcia (2012), p. vii.

⑬ Annan (2012).

⑭ See Ogola et al. (2002), p. 141.

⑮ Ocholla et al. (2013), p. 213.

⑯ Natural Resource Governance Institute (2017).

透明性和公平性。该指数准确描绘了整个非洲的资源治理为何仍然落后，将资源收益公平而最大化地分配给人民的可能性微乎其微。

尼日利亚的资源开采情况尤其令人担忧，如果不加以适当的监管，可能引发严重的人权问题。尼日利亚尼日尔河三角洲的石油泄漏、废气燃烧和废水排放严重破坏了该地区的生态系统和环境。[17] 石油生产还导致尼日尔河三角洲地区的环境严重恶化、任意没收传统和土著土地而不作补偿、资源处理项目选址多位于贫穷落后地区而当地居民缺乏参与决策过程的机会、犯罪多发、权利倡导者和反对派运动遭受迫害与镇压（通常是被贴上经济破坏者的标签）、政府腐败、缺乏对资源利用的问责制，且缺乏针对受害者就上述问题的司法和准司法补救措施。[18] 由于人民的预期寿命不足47岁、各家庭平均每天的收入只有1美元，以及百姓因石油泄漏而无法获得洁净用水，[19]尼日利亚在很多研究中被作为资源诅咒国家的典型案例使用。[20] 一般来说，与非洲其他国家相比，生活在资源丰富国家的成人识字率要低3%，预期寿命短4.5年，且妇女和儿童营养不良的比率较高。[21] 因此，资源诅咒难题是非洲所有资源丰富国家存在的复杂且反复的现象。[22]

---

⑰ 联合国2011年的一份报告指出，改变石油泄漏对尼日尔河三角洲的环境与社会的影响是可能的，但需要25年至30年。UN Environment Programme (2011).

⑱ 参见 generally Oluduro (2014), p. 165（阐述了所讨论问题的性质与范围）；另参见 Human Rights Watch (1999), p. 47，讨论了尼日利亚政府腐败对资源可持续管理的影响，腐败形式包括签订合同后收受回扣，总统设立特别银行账户，出于政治宠信而不公分配石油或精炼石油产品。

⑲ See UNICEF (2013).

⑳ Sala-i-Martin and Subramanian (2003), p. 570; Mahler (2010), p. 25; van der Ploeg (2011), p. 366.

㉑ Chuhan-Pole et al. (2017), p. xvii.

㉒ 联合国前秘书长科菲·安南先生恰当总结了非洲的资源诅咒问题，他指出："如使用得当，这些自然资源收益可实现可持续经济增长、创造新就业岗位、提高卫生、教育及基础设施等领域的投资水平。但不幸的是，历史表明，我们走的是一条破坏性道路：冲突、螺旋式上升的不平等、腐败、环境灾难等是丰富资源所引发的常见后果。这一陈词滥调今天仍不过时：开采石油既是福也是祸。"Annan (2012). Also van der Ploeg (2011), pp. 366－420.

此外,整个非洲的采掘业都面临严重的基础设施不足和老化问题。[23]由于多年的腐败、破坏、忽视和缺乏适当的维护,一些重要的基础设施,如管道、驳船、货船、精炼厂和道路网等运输、提炼、储存及处理资源所必需的基础设施或不存在(特别是整个西非地区),或性能低于最佳水平。[24] 例如,在尼日利亚,采掘业的投资者面临电力供应不足、炼油厂老化、管道设施陈旧、缺乏通往矿床的可行驶道路等诸多后勤问题。[25] 除南非外,[26]这些问题在整个非洲都十分严重,尤以刚果民主共和国、肯尼亚、加纳、坦桑尼亚和津巴布韦为甚。[27] 随着发电、输电和配电领域新投资的进入,非洲的电能将得到增加,这些挑战本身可以为投资者提供重建基础设施的机会,而这些设施正是将开采的资源与炼油厂、加工厂以及最终用户连接起来所必需的。[28] 如果法律与治理制度不断健全,投资流程得以简化,潜在投资者受到鼓励,非洲采掘业特别是中游行业的潜力就可以得到进一步挖掘。

另一个关键问题是,一些非洲国家长期过度依赖石油和天然气资源,尽管有切实证据表明整个非洲大陆蕴藏着大量的固矿资源。[29] 尽管几十年来石油行业在经济与监管方面一直受到重视,但很多非洲国家却未能使固体矿产的经济、社会与可持续发展的潜力得以充分释放。[30] 除南非、津巴布韦、肯尼亚和加纳等国拥有健全和成熟的固体矿产工业和法规,很多非洲国家现在才意识到固体矿产对于非洲消除贫困、解决欠发展问题具有潜在经济重要性。[31] 例如,仅仅因为没有开采黄金,尼日利亚每年的损失

㉓ 基础设施包括硬件设施(铁路、公路、港口、桥梁、能源、管道、炼油厂)与软件设施(电信、电力、物流以及维护硬件设施正常运行所需的制度)。See Ramdoo (2015).

㉔ Collier (2011); also, Escribano et al. (2008).

㉕ See KPMG (2017).

㉖ According to the International Energy Agency (2014).

㉗ See Ramdoo (2015), pp. 1 – 2. Also, Fister and Briceno-Garmendia (2010).

㉘ OECD (2012).

㉙ Sigam and Garcia (2012), pp. 10 – 11; also Banerjee et al. (2014).

㉚ Ayodele et al. (2013) and David et al. (2016).

㉛ Fayemi (2016).

就高达约400亿美元。[32] 其结果是非法采矿活动的增加。尽管非洲大陆物产丰富,但发展不足。像尼日利亚这样的国家,尽管固体矿产资源丰富,却未得到开采,因此连年贫困、就业水平低下。[33] 例如,据估计,尼日利亚75%的采矿活动是非法行为。[34] 如果整个采掘业能得到良好的治理,政策具有连贯性与透明性,资源所在地区的人权、环境与传统知识能得到充分尊重,那么采掘业的收入对于非洲的减贫、促进经济的多样性与繁荣会产生重大影响。[35]

此外,技术和财政资源缺乏也阻碍了已被发现的具有商业前景和开发可行性的自然资源的快速商业开发。[36] 以南非为例,勘探人员在西卡鲁、中卡鲁和东卡鲁盆地的页岩地层中发现了大量的天然气。[37] 然而,由于该国缺乏利用水力压裂技术所需的经验和技术能力,页岩气开发项目未能如期进行。同样的挑战也阻碍了尼日利亚页岩气项目的开发,尽管不同的探索性研究也显示该国的页岩气项目具有经济潜力。[38] 因此,非洲国家欲求实现能源的多样性、开发未开发的采掘资源,必须认识到优先进行技术拓展和能力发展的紧迫性。非洲寻求经济多样化发展与低碳能源转型,必须适时修改法律,从而有利于吸引与利用相应技术。[39]

同样,非洲采掘业全面发展所面临的法律障碍,也为适用于该行业的监管制度、管理机构与法律措施人为地设置了阻碍。[40] 几乎在所有被调查

---

[32] See Nigerian Investment Promotion Council, solid Minerals.

[33] Ibid. 该文献认为,尼日利亚的矿业发展不足,目前产值仅占尼日利亚GDP的0.5%,且导致本可自己生产的商品却需要进口。

[34] Lwanda (2017).

[35] Sigam and Garcia (2012), pp. 1 – 10.

[36] 对此精彩而详尽的分析,参见 van den Berg and Moster (2018), pp. 257 – 260。

[37] See PASA Reference No. 12/3/219; PASA Reference No. 12/3/220; PASA Reference No. 12/3/221.

[38] See Olawuyi (2014).

[39] See van den Berg and Moster (2018); also Olawuyi (2017).

[40] See Alba (2009), p. 2. 作者呼吁采取综合措施管理采掘业全价值链,包括石油、天然气与矿业开发与消除影响应采取的所有措施。

的非洲国家,都分别存在与石油和固体矿产部门有关的独立的立法、制度及知识。在整个非洲,至少有100个不同的委员会、部门和各级政府机关,分别负责监督和协调石油业务、监督固体矿产开发、保护环境。[41] 有些机构有权处理采掘业各方面的问题,但这存在一个致命问题:各机构任意制定采掘业发展方案。[42] 缺乏连贯和整体的方法,加上治理制度频繁变化,往往意味着不同的机构执行的程序有时相同有时却是相互冲突的,没有全面考虑人权、环境、问责制和透明度问题对采掘业的挑战。[43] 而非洲对于石油与矿产法的调研与学术研究(包括相关法律课程的讲授)多与这两个领域相互独立、毫不相关,从而使上述问题进一步加剧。[44]

过去十余年中,国际法越来越认识到连贯、协调、可持续利用与开发自然资源的重要性,尤其是将透明度、问责制和尊重人权纳入资源利用的政策框架中,以避免资源开发的意想不到的负面后果。[45] 这是国际法为促进人权的制度一体化与可持续发展目标的协调发展而做的更广泛的理论论争与努力,以确保制度互动与政策协调。[46] 国际法不断推动着人们对以权

---

[41] 非洲有许多案例。例如,根据1999年第8号法案《肯尼亚环境管理与协调法案》成立的肯尼亚能源与石油部、肯尼亚国家石油公司、肯尼亚国家环境署、肯尼亚国家环境管理局;又如,南非石油署、南非国家石油公司、非洲矿产勘探与金融公司、南非环境事务部。尼日利亚有尼日利亚石油资源部、固体矿产开发部、尼日利亚国家石油公司、根据《国家环境标准管理局法案》设立的国家环境标准管理局、根据2017年《尼日尔河三角洲发展委员会法案》(修正案)设立的尼日尔河三角洲发展委员会、尼日利亚能源委员会、尼日利亚石油泄漏监察与反应机构、国家水资源研究所、尼日利亚旅游发展公司。最近,尼日利亚政府启动了油气污染修复工程,以调查、评估尼日利亚的尼日尔河三角洲地区的油气污染情况,并就清理污染点提出建议。

[42] See Murombo (2015), p. 323; also Roberts (2014), pp. 1 – 4.

[43] See van den Berg and Moster (2018), pp. 254 – 256; Drohan (2012); Halvor et al. (2006), pp. 1 – 20.

[44] 为了解能源法研究与教学的整体情况,可参见Heffron et al. (2016), pp. 346 – 356。

[45] 参见Alba (2009), p. 2, 作者呼吁采取综合措施管理采掘业全价值链,包括石油、天然气与矿业开发与消除影响应采取的所有措施;另参见Ruggie (2011); United Nations Common Understanding, HRBA Portal; 另参见Dashwood (2012)。

[46] Mining Working Group at the United Nations (2014); Macias (2010), pp. 10 – 12; MacKay (2004), p. 43; Petersmann (2002), p. 626. See also Petersmann (2004); International Law Commission (2006), pp. 11 – 17; Mclachlan (2005); Tzevelekos (2010), p. 631.

利为本的企业责任概念与风险管理的理解。[47] 这需要私营部门和商业企业不仅要对其经营活动所产生的商业或经济后果负一定程度的责任,还要重视这些活动对社会与环境的影响。[48] 国际法强调将人权准则纳入资源开采项目的设计、审批、资助及实施以避免其对人权产生负面影响具有重要意义。[49] 将企业社会责任与风险管理理念交织在一起是一种可持续发展思想,强调投资与资源利用对于满足人类需要的重要性,即在满足自身需要的同时为子孙后代“留路”。[50]

尽管全球越来越重视资源利用,尤其是采矿和油气生产活动对环境和人权产生了巨大影响,但非洲直到最近才明确将人权纳入法律制度及资源管理与治理中。2006 年以来,非洲领导人越来越多地将以权利为本的治理模式与用语引入石油生产与矿产开采的政策与制度中。[51] 最近的一个案例当属非洲人权和民族权利委员会 2012 年通过的《以人权为本治理自然资源办法的决议》(Resolution on a Human Rights-Based Approach to Natural Resources Governance)(以下简称《2012 年决议》)。[52]

2012 年非洲决议和非洲大陆在最近加强采掘业中企业社会责任与保障人权方面所做的其他努力证明,国际石油公司在非洲开采资源时所负的重视与防止开采活动对环境、人权及社会产生影响的责任,越来越受到重

---

[47] 关于这些工作的概要,参见 Lindsay (2013); United Nations Conference on Trade and Development (2009); 另参见 Frey (1997)。

[48] Saether and Aguilera (2008).

[49] See Olawuyi (2016), pp. 1 – 25.

[50] The Brundtland Report (1987).

[51] 2006 年,南部非洲发展共同体制定了《协调矿业政策标准与监管政策的框架》,为治理、环境管理、公众参与等重要领域提供政策指导。2007 年,联合国非洲经济委员会召开了主题为“利用自然资源促进非洲发展”的大型圆桌会议。会议提出了《采掘业透明度倡议》等倡议,并提议成立考查非洲矿业制度的国际研究小组,以实现在资源采掘项目中对人权的保护。See United Nations Economic Commission for Africa, Africa Review: Report on Mining (Executive Summary) at 7 – 12.

[52] Resolution on a Human Rights-Based Approach to Natural Resources Governance (2012).

视。[53] 在过去十余年中,为了响应国际社会关于采取行动的一致呼吁,非洲各国已逐步颁布了诸多法律,旨在提高采掘业的可行性、透明性、责任性,以及保护环境和尊重人权的水平。[54] 其中一些要求分散在各类法律法规中,即使最尽责的投资者也很难清楚了解石油和采矿业的关键要求。因此,有必要为有意参与非洲采掘市场的人士编制一本涵盖投资成本、潜力、效率的实用性商业案例集,使他们掌握如何参与非洲采掘业并遵守相关规定的详细信息,认清石油与矿业的异同及可能的投资风险。

本书深入介绍了提高采掘业中的责任性、可持续性与效率的法律、制度和财政框架与体制。全书从系统和多学科的角度出发,强调(为规制)非洲大陆的石油、天然气和矿物开采活动,必须不断创新立法,解决营商、人权及环境等问题。

1.3 本书的写作目的、研究范围与框架

如前所述,大多数现有关于非洲采掘业的法律研究,重点关注的是该工业的具体和部分问题(如石油、采矿、人权、环境或基础设施)和/或具体国家,因此没有对投资整个非洲采掘业所需的法律、制度和实践等交叉问题做比较和分析。[55] 这种分析性分歧与相应的监管脱节,无法对重要地区、国家、地方组织及机关做系统、多部门的分析,而这些主体在促进非洲整体采掘业的透明性、责任性与效率方面发挥着关键作用。[56] 鉴于整个非洲的石油与固体矿业都存在法律不健全、治理不善、责任不明晰及侵犯人权等多方面问题,有必要对包括多部门合作机会在内的治理与制度安排做系统而明确的考察。本书即填补了这个空白,它从历史视角详尽介绍了非

---

[53] See Olawuyi (2015); also Ogola et al. (2002), p. 141; UN Environment Programme (2011), p. 12.

[54] Olawuyi (2015).

[55] See Elbra (2017), Zillman et al. (2002), Franklin and Kaplan (1982), Atsegbua (2004), Dale et al. (2005), Badenhorst and Mostert (2005), Mostert (2012) and Usa (2009).

[56] 关于系统性创新的重要性,参见 Godden et al. (2018), pp. 13 – 15。

洲采掘业的法律制度与投资风险,这是现有研究所没有做的。本书从系统和多部门的角度考察了非洲采掘业,并讨论了投资非洲石油和固体矿产项目的机会、法律要求、指导方针与风险。

本书在概述非洲采掘业法的渊源与基本原则的同时明确承认,各实质性章节无法详述与分析所有非洲国家每一部适用的法律和制度。因此,本书的核心原则与宗旨在于增进人们对规制非洲采掘业的法律、适用程序、财政制度与机构的指导原则的理解,分析非洲采掘业的性质和范围;探究非洲采掘业面临的具体常见问题,如气体爆炸、泄漏、污染、水污染、废物管理、采掘业透明度及基础设施建设;全面分析非洲采掘业面临的独特的法律、政策与治理风险与挑战;为企业提出投资非洲采掘业时如何认识、减轻与预防人权风险的实际建议;论述非洲采掘业实现可持续、以人权为本的发展所需的法律保障的性质。

1.4 结构

本书分为三个部分,显示了从概念和理论问题到实际和实质问题的过渡。第一部分共分三章,介绍非洲采掘业的意义、性质、范围和参与要求。第二章考察了非洲采掘业中的石油和固矿产业的意义、性质和主要活动。第三章分析了适用于石油和矿产资源运输的法律制度。生产与运输石油和矿产资源的主要法律要求将从以下两方面展开讨论:硬件设施和相关基础设施。

除了所有权制度和结构外,投资者和利益相关者也应掌握适用投资非洲采掘业的法律,避免遇到法律风险和障碍。尤其应了解规定从事采掘业要求的具体法律,以避免违法行为的发生。这是第二部分的重点。第二部分由六章组成,详细分析和评价了获取在非洲从事采掘业的授权、许可与收益的法律、法规与法学理论。第四章考查了与非洲采掘业有关的所有权理论与制度。

第五章介绍了与投资非洲采掘业有关的法律、法规和治理机制的来源;讨论了与非洲采掘活动及投资有关的各类人群与法律主体。第六章调查与评价了与监管非洲采掘业有关的治理与制度安排,概述了监督、负责和批准参与非洲采掘业许可和合同的主要制度、部门、机构和政府实体。

第七章探讨了非洲石油、采矿和冶金业制度在产权类型方面的主要区别。主要分析的是永久业权、租赁权、矿业权、地表权和矿区使用费权益。第八章讨论了转让权利与利益的重要合同制度与财政制度。该章将探讨特许权的性质和范围、合营合同、生产共享合同、服务合同、外包合同、合营协议、统一协议、石油销售合同和采矿开发协议。第九章评估了非洲采掘业法律与制度中的当地成分、采购和产品授权,调查了非洲采掘业法中的重要主体、实践与地方要素政策。

贯穿本书的一个理论线索是避免在非洲采掘投资中污染环境、破坏社会和侵犯人权。鉴于查明和降低采掘业中人权风险具有重要意义,分析和讨论此类风险的性质并予以规避和应对十分必要。这是第三部分的重点。

第三部分共分两章,重点讨论与投资非洲采掘业有关的环境、社会和营商风险。第十章全面介绍了在投资非洲采掘业有关的环境影响和风险。重点讨论瓦斯爆炸、溢油、排污、露天开采、地下开采与煤矿开采对生物多样性、空气质量、水资源及人权的影响。第十一章讨论了投资非洲采掘业中常见的商业、人权和腐败风险,讨论了企业如何避免与采掘项目有关的监管罚款和声誉受损,包括将对人权方面的尽职调查纳入公司风险管理中。该章提供了有力的商业案例,介绍如何做成本管理、维护声誉和提供投资有效性。该章考察了合同谈判、人权尽职调查和一般公司风险管理问题,投资者据此可以增进对非洲开展采掘业项目的认识、减少风险。

1.5 小结

从事非洲采掘业中的石油与固矿产业的主要行为体、机构与利益相关者之间在相互融合与交流最佳实践方面有很多机会。例如，对于尼日利亚、利比亚和阿尔及利亚等拥有强大而成熟的石油产业的国家，固体矿产行业是新兴领域，学习如何提高固体矿物开发的治理与监管水平、避免陷入石油业管理中多年存在的困境至关重要。这也同样适用于南非、刚果民主共和国、加纳、肯尼亚、利比里亚和津巴布韦等拥有重要和成熟的固体矿物产业但石油行业亦不断发展的国家。加强采掘业领域的整体联系、相关部门之间的联系，可以确保该领域的监管、治理和能力建设可以转换，具有整体性与协调性、信息可以共享且有效，并能够从现有的治理安排中吸取教训。

下一章将概述非洲采掘业中的重要活动、参与者和机会。

参考文献

African Commission on Human and Peoples' Rights（2012）Resolution on a human rights-based approach to natural resources governance. 2012. 51st Sess. http://www. achpr. org/sessions/51st/resolutions/224. Accessed 9 June 2018

African Development Bank（2017）African Economic Outlook 2017. https://www. afdb. org/filead-min/uploads/afdb/Documents/Publications/AEO_2017_Report_Full_English. pdf. Accessed 13 June 2018

Alba E（2009）Extractives industry value chain: a comprehensive integrated approach to developing extractive industries. World Bank: Extractives Industries for Development Series #3

Annan K（2012）Momentum rises to lift Africa's resource curse. https://www. nytimes. com/2012/09/14/opinion/kofi-annan-momentum-rises-to-lift-africas-resource-curse. html. 4 September 2012

Atsegbua L（2004）Oil and gas law in Nigeria, theory and practice, 2nd edn. New Era Publishers, Lagos

Ayodele O, Akongwale S, Nnadozie U (2013) Economic diversification in Nigeria: any role for solid mineral. Mediterranean J Soc Sci 4(6):691

Badenhorst PJ, Mostert H (2005) Mineral and petroleum law of South Africa. Juta and Company (Pty) Press, Sandton

Banerjee S, Romo Z, McMahon G, Toledano P, Robinson P, Arroyo I (2014) The power of the mine: a transformative opportunity for Sub-Saharan Africa. World Bank, Washington, DC

BP Statistical Review of World Energy (2017) https://www.bp.com/content/dam/bp/en/corpo-rate/pdf/energy-economics/statistical-review-2017/bp-statisticalreview-of-world-energy-2017-full-report.pdf. Accessed 13 June 2018

Canada's Extractive Sector Transparency Measures Act (S.C. 2014, c. 39, s. 376)

Chuhan-Pole P, Dabalen A, Christopher Land B (2017) Mining in Africa: are local communities better off. World Bank, Washington, DC

Collier P (2011) Building an African infrastructure. Finance Dev 48(4):18-21

Dale M, Bekker MO, Bashall LFJ, Chaskalson M, Dixon C, Grobler GL, Loxton CDA (2005) South African mineral and petroleum law. LexisNexis Butterworths, Durban

Dashwood H (2012) The rise of global corporate social responsibility: mining and the spread of global norms. Cambridge University Press, Cambridge

David O, Noah O, Agbalajobi S (2016) An empirical analysis of the contribution of mining sector to economic development in Nigeria. Khazar J Humanit Soc Sci 19(1):88-104

Drohan M (2012) The 9 habits of highly effective resource economies: lessons for Canada. Canadian International Council, Toronto

Elbra PA (2017) Governing African gold mining: private governance and the resource curse. Springer, Berlin

Escribano A, Guasch J, Pena J (2008) Assessing the impact of infrastructure quality on firm productivity in Africa: cross country comparisons based on investment climate surveys from 1999 to 2005. Policy Research Working Paper 5191. World Bank, Washington, DC

Extractive Industries Transparency Initiative, EITI Glossary. https://eiti.org/glossary. Accessed 9 June 2018

Fayemi K (2016) Nigeria's solid minerals sector: alternative investment opportunities. Chatham House, London. https://www.chathamhouse.org/sites/files/chathamhouse/events/2016-05-19-Nigeria-solid-minerals-appg-transcript.pdf. Accessed 9 June 2018

Fister V, Briceno-Garmendia (2010) Africa's infrastructure: a time for transformation. World Bank, Washington, DC

Franklin BLS, Kaplan M (1982) The mining and mineral laws of South Africa. Butterworths, Durban

Frey B (1997) The legal and ethical responsibilities of transnational corporations in the protection of international human rights. Minnesota J Glob Trade 6:153

Godden L, Paddock L, Roggenkamp M (2018) Introduction. In: Zillman D, Godden L, Paddock LR, Roggenkamp M (eds) Innovation in energy law and technology: dynamic solutions for energy transitions. Oxford University Press, Oxford

Halvor M, Moene K, Torvik R (2006) Institutions and the resource curse. Econ J 116(508):1 -20

Heffron RJ, Roberts P, Cameron P, Johnston A (2016) A review of energy law education in the UK. J World Energy Law Bus 9(5):346 -356

Human Rights Watch (1999) The price of oil: corporate responsibility and human rights violations in Nigeria's oil producing communities. Human Rights Watch, Washington, DC http://hrw.org/reports/1999/nigeria/nigeria0199.pdf. Accessed 9 June 2018

International Energy Agency (IEA) (2014) World Energy Outlook 2014 special report: African Energy Outlook

International Law Commission (2006) Fragmentation of international law: difficulties arising from the diversification and expansion of international law, 58th General Assembly Session. UN Doc A/CN.4/L.682

Kenya's Environmental Management and Coordination Act No. 8 of 1999

Kenya (2016) Ministry of Mining, Draft National Extractive Policy. http://www.ke.undp.org/content/dam/kenya/docs/IEG/National%20Extractives%20Policy%20(draft).pdf. Accessed 12 Aug. 2018

KPMG (2007) Nigerian mining sector brief. https://assets.kpmg.com/content/dam/kpmg/ng/pdf/advisory/ng-Nigerian-Mining-Sector.pdf. Accessed 9 June 2018

KPMG (2017) Oil and gas in Africa: Africa's reserves, potentials and prospects. https://www.resourcedata.org/hr/document/rgi-oil-and-gas-in-africa-africa-s-reserves-potential-and-prospects. Accessed 23 Sept. 2017

Le Billon P (2008) Diamond wars? Conflict diamonds and geographies of resource wars. Ann Assoc Am Geogr 98(2):345 -372

Lindsay R et al. (2013) Human rights responsibilities in the oil and gas sector: applying the UN guiding principles. J World Energy Law Bus 6(1):13

Lwanda GC (2017) Can the Nigeria solid minerals development fund deliver? World Policy

Macias R (2010) Public participation in energy and natural resources development: a theory and criteria for evaluation. Canadian Institute of Resources Law Occasional Paper No. 34

MacKay F (2004) Indigenous peoples' right to free, prior and informed consent and theWorld Bank's extractive industries review. Sustain Dev Law Policy 4(2):43

Mahler A (2010) Nigeria: a prime example of the resource curse? Revisiting the oil-violence link in the Niger Delta. German Institute of Global and Area Studies 25

Mclachlan C (2005) The principle of systemic integration and Article 31 (3)(C) of the Vienna Convention. Int Comp Law Q 54:279

Mining Working Group at the United Nations (2014) A rights-based approach to resource extraction in the pursuit of sustainable development. Advocacy brief. https://miningwg.com. Accessed 9 June 2018

Mostert H (2012) Mineral law: principles and policies in perspective. Juta and Company (Pty) Press, Sandton

Murombo T (2015) Regulating energy in South Africa: enabling sustainable energy by integrating energy and environmental legislation. J Energy Nat Resour Law 33(4):320 – 348

National Environmental Standards and Regulations Enforcement Agency Act (NESREA) Act

National Geographic (2013) Getting to know Africa: 50 interesting facts. http://voices.nationalgeographic.com/2013/10/31/getting-to-know-africa-50-facts/. Accessed 9 June 2018

National Geographic (2015) Africa: resources. https://www.national-geographic.org/encyclopedia/africaresources/. Accessed 23 Sept. 2017

Natural Resource Governance Institute (NRGI) (2017) 2017 Resource governance index. https://resourcegovernance.org/sites/default/files/documents/2017-resource-governance-index.pdf. Accessed 9 June 2018

Nigeria Extractive Industries Transparency Initiative (NEITI) Act 2007

Nigeria's Niger Delta Development Commission (Amendment) Act of 2017

Nigerian Investment Promotion Council. Solid Minerals. https://www.nipc.gov.ng/? wpfb_dl = 11. Accessed 4 June 2018

Ocholla G, Bunyas M, Asoka G, Pacha O, Mbugua H, Mbuthi P, Mbiti S, Wendo H, Kamau P (2013) Environmental issues and socio-economic problems emanating from salt Mining in Kenya; a case study of Magarini District. Int J Humanit Soc Sci 3(3):213 – 223

Ogola J, Mitullah W, Omulo M (2002) Impact of gold mining on the environment and human health: a case study in the Migori Gold Belt, Kenya. Environ Geochem Health 24:141 – 158

Olawuyi D (2014) Hydraulic fracturing technology and shale gas production in Nigeria: legal and sustainability assessment. Petr Technol Dev J 4(2):38 – 40

Olawuyi D (2015) Increasing relevance of right-based approaches to resource governance in Africa: shifting from regional aspiration to local realization. McGill Int J Sustain Dev Law Policy 11(2):113 – 158

Olawuyi D (2016) The human rights based approach to carbon finance. Cambridge University Press, Cambridge

Olawuyi D (2017) From technology transfer to technology absorption:

addressing climate technology gaps in Africa. J Energy Nat Resour Law 36:1

Oluduro O (2014) Oil exploitation and human rights violations in Nigeria's oil producing communities. Afrika Focus 25(2):160

Organisation for Economic Co-operation and Development (2012) Mapping support for Africa's infrastructure investment. OECD, Paris

Petersmann E (2002) Time for a United Nations "Global Compact" for integrating human rights into the law of worldwide organizations: lessons from European integration. Eur J Int Law 13(3):621

Petersmann E (2004) The human rights approach advocated by the UN high commissioner for human rights and by the International Labour Organization: is it relevant for WTO law and policy? J Int Econ Law 7(3): 605

Ramdoo I (2015) Synergising and optimising mineral infrastructure in regional development strategies. E15 Expert group on trade and investment in extractive industries

Roberts CWJ (2014) Extractive sector regulations and policy in Africa: old practices and new models for change. North-South Institute, Davie

Ruggie J (2011) United Nations guiding principles on business and human rights: implementing the United Nations 'Protect, Respect and Remedy' framework. UN Document A/HRC/17/31

Saether K, Aguilera R (2008) Corporate social responsibility in a comparative perspective. In: Crane A (ed) The Oxford handbook of corporate social responsibility. Oxford University Press, Oxford

Sala-i-Martin X, Subramanian A (2003) Addressing the natural resource curse: an illustration from Nigeria. J Afr Econ 22(4):570

Sigam C, Garcia L (2012) Extractive industries: optimizing value retention in host countries. United Nations Conference on Trade and Development, Geneva

Tzevelekos V (2010) The use of article 31(3)(c) of the VCLT in the case law of the ECtHR: an effective anti-fragmentation tool or a selective loophole for the reinforcement of human rights teleology? Between evolution and systemic integration. Mich J Int Law 31:621

UN Economic Commission for Africa (2011) Minerals and Africa's development: the international study group report on Africa's mineral regimes. UN Economic Commission for Africa, Addis Ababa

UN Environment Programme (2011) Environmental assessment of Ogoniland. UNEnvironment Programme, Nairobi https://postconflict.unep.ch/publications/OEA/UNEP_OEA.pdf. Accessed 9 June 2018

United Nations. The human rights based approach to development cooperation: towards a common understanding among UN agencies. UN practitioners' portal on human rights based approaches to programming. hrbaportal.org/the-human-rights-based-approach-to-development-cooperation-towards-a-common-understanding-among-un-agencies. Accessed 9 June 2018

United Nations Children's Fund (UNICEF) (2013) At a Glance: Nigeria. Statistics report. https://www.unicef.org/infobycountry/nigeria.html. Accessed 9 June 2018

United Nations Conference on Trade and Development (UNCTAD) (2009) The social responsibility of transnational corporations. http://unctad.org/en/Docs/poiteiitm21_en.pdf. Accessed 2 Dec 2015

United Nations Economic Commission for Africa. Africa review: report on mining (Executive summary). https://www.uneca.org/sites/default/

files/PublicationFiles/aficanreviewreport-on-miningsummary 2008. pdf. Accessed 9 June 2018

United Nations World Commission on Environment and Development Report (The Brundtland Report) (1987) Our common future. Oxford University Press, Oxford

United States Energy Information Administration (2013) Oil and natural gas in Sub-Saharan Africa. https://www. eia. gov/pressroom/presentations/howard_08012013. pdf. Accessed 9 June 2018

Usa I (2009) Kenya mining laws and regulations handbook. International Business Publications

Van den Berg H, Moster H (2018) Challenges to regulating hydraulic fracturing in South Africa: technological innovation and law making for climate change at the cross roads. In: Zillman D, Roggenkamp M, Paddock L, Godde L (eds) Innovation in energy law and technology: dynamic solutions for energy transitions. Oxford University Press, Oxford

Van der Ploeg F (2011) Natural resources: curse or blessing? J Econ Lit 49(2):366

Zillman DM, Lucas A, Pring G (eds) (2002) Human rights in natural resource development: public participation in the sustainable development of mining and energy resources. Oxford University Press, Oxford

第二章　非洲采掘业的特征与范围

摘要:本章概述了采掘业的两个子产业——石油与固体矿产的起源、特征、范围和属性。首先澄清了石油与固体矿产的意义与属性的概念;其次从整体上论述了石油和矿产的起源,以及人们在非洲大陆的早期发现;再次概述了在非洲发现与勘探石油与矿产资源的关键阶段、过程和投资机会;最后讨论了法律在监管非洲石油与固体矿产生产中的作用。

2.1　引言

尽管采掘业中的石油与固体矿产的性质、经营方式与评价方法有一定的相似性,但是这两个产业的属性、勘探方法、生产、运输、商业化与退出机制却有着各自的特点。在提供了详细的概念澄清之后关于石油和固体矿物的意义和属性,本章将揭开发现的关键阶段、过程和投资机会以及非洲石油和矿产资源的勘探。

在本章的最后,读者应该能够:明确石油和矿产的基本概念;了解石油和矿产的一般性质和来源,以及人们在非洲大陆的早期发现;了解所在国石油和矿产的物理性质;认识石油和固体矿物产业在非洲大陆的重要性;分析有关石油、天然气和固体矿产开发的阶段与流程,以及这些产业的主要部门;认识法律在监管和管理这些产业中的作用。

2.2　石油

石油是一种天然的碳氢化合物,藏于地下岩石中,呈油性,易燃。① 它是一种稠状、易燃、黄色至黑色颜色不等的气体、液体和固体碳氢化合物的混合物,在地表之下自然形成。"petroleum"一词源于拉丁语"petra",意思是"岩石","oleum"的意思是"油"。② 石油主要是由长期埋藏的植物和微生物形成的化石燃料。③ 这种化石燃料是生活于数百万年前的史前植物和动物死亡后沉积海底、埋藏在不断增多的沉积层之下所形成的。这些有机沉淀物埋于其他沉积层之下,不断受到高温与高压的作用,这些动植物遗骸在这一过程中被"烹煮",逐渐形成有机化合物。数百万年的物理条件使这种有机物发生化学反应而转化为碳氢化合物,或称含有碳氢元素的有机化合物。就结构而言,石油主要由氢元素与碳元素组成,因此它的另一个名称是"碳氢化合物"。④ 因此,石油与天然气是埋藏于地下的有机物长时间形成的。

石油的固态形式可以是页岩、焦油砂或沥青。⑤ 液态的石油被称为"石油",而气态的石油则是我们所知的天然气。⑥ 石油和天然气分为不同

---

① Martin and Kramer (2009), p. 704.

② Ibid.

③ Bazhenova (2009).

④ Ibid, see also American Association of Petroleum Geologists.

⑤ 南非法律中对石油的定义不包括页岩。该法规定,石油是指"自然存在于地壳中的任何液态、固态碳氢化合物或可燃气体,包括任何此类液态或固态碳氢化合物或可燃气体,其中的气体有35种自然形式,但是不包括煤、沥青页岩或其他可通过分解蒸馏获取石油的分层沉积物,或在沼泽或其他表层沉积中获得的气体"。See South Africa's Mineral and Petroleum Resources Development Act (MPRDA), Act 28 of 2002.

⑥ 肯尼亚《石油勘探与生产法》第1节将石油定义为"矿物油,包括原油、天然气以及可以从油页岩或焦油砂中生产出来的碳氢化合物"。肯尼亚法律认可油页岩为石油,尼日利亚法律则予以否定。尼日利亚《石油法》第15节将石油定义为"以自然状态存在于地层中的矿物油(或任何有关的碳氢化合物)或天然气,但不包括煤、沥青页岩或其他可通过分解蒸馏获取石油的分层沉积物"。尼日利亚的规定与英国1934年《石油生产法》对石油的界定一致,该法将石油定义为"以自然状态存在于地层中的任何矿物油或相关碳氢化合物与天然气,但不包括煤、沥青页岩或其他可通过分解蒸馏获取石油的分层沉积物"。

的等级或质量，通常按产地、甜度（sweetness）及重量（heaviness）划分。甜度是指石油中硫的含量。含硫量低的石油称为“甜”石油，使用前只需少量处理。含硫量较高的石油称为“酸”石油。[⑦] 石油的重量指的是它的密度。轻质原油经提炼可以生产出价值较高的产品，如车主使用的汽油。较重的原油流动缓慢，含有较多无用的化学物质，必须提炼出去。根据美国石油学会（American Petroleum Institute，API）所提出的密度矩阵（density matrix），API 度[*]高于 31.1 的原油为轻质原油，API 度低于 22.3 的原油为重质原油。[⑧] 根据气田中硫化氢的含量，也可以将天然气分为甜性天然气与酸性天然气。精炼后的天然气主要为甲烷，称为“干气”（dry gas）。天然气通常被压缩成天然气液，如丙烷和丁烷。英国热量单位（British thermal unit，BTU）是衡量天然气产能水平的单位。[⑨]

2.2.1 石油工业的历史

石油工业有着悠久的历史，可以追溯到中国于公元 347 年钻探世界上第一口油井之时。中国人利用简单的竹竿钻成这些井，其深度可达 800 英尺（240 米），开采出来的石油主要用作燃料。[⑩] 在后来的几个世纪里，人们在亚洲和欧洲都发现了石油。现代石油工业始于 19 世纪中期，埃德温·德雷克（Edwin Drake）上校于 1859 年在美国宾夕法尼亚州泰托思维尔镇（Titusville）附近发现了第一座地下油库。[⑪] 最初，埃德温上校每天可

---

⑦ See generally, American Association of Petroleum Geologists.

* API 度是 API 制订的用以表示石油及石油产品密度的一种量度。国际上把 API 度作为决定原油价格的主要标准之一。它的数值越大，表示原油越轻，价格越高。——译者注

⑧ 石油储量通常以吨数或桶数衡量。石油产量简写为“桶/天”。一吨石油为 6 桶至 8 桶。天然气储量与产量以立方米或标准立方英尺衡量。Ibid. See also Natural Resource Governance Institute (2015a, b).

⑨ Natural Resource Governance Institute (2015a, b).

⑩ Gao (1998), pp. 4 – 10.

⑪ Llewellyn et al. (2013), pp. 1 – 5.

以开采 30 桶油。[⑫] 这一成功案例引发了全世界对石油和天然气的商业价值与经济重要性的关注。随着石油商业价值的发现,人们最终利用原油生产出了各种产品,包括煤油、汽油和柴油。[⑬]

非洲自 20 世纪以来一直是全球石油资源的重要来源。然而,由于缺乏全面的历史信息和记载,人们对于这些资源的数量和勘探方面的知识和历史了解有限。[⑭] 例如,人们认为,埃及的石油生产始于时任政府于 1886 年在贾姆萨地区(Ras Gemsah)发现石油之时。[⑮] 1907 年,埃及石油信托有限公司(Egyptian Oil Trust Ltd.)注册成立,公司的宗旨是获得特许权,开发、勘探、净化、供应、储备、销售和处理石油及石油产品。[⑯] 一年后,埃及石油信托有限公司开始进行石油勘探。1909 年,该公司能够对贾姆萨地区地下 1287 英尺的石油进行商业性开采,据报道,该油井每分钟可产油两桶。[⑰] 1911 年,贾姆萨地区发现了更多可用于商业性开采的石油,埃及因此建立了第一个炼油厂。同年,壳牌公司与英国石油公司的合资公司(两公司分别持有 50% 股份)——盎格鲁埃及油田有限公司(AngloEgyptian Oilfelds Ltd.)在赫尔格达(Hurghada)地区又有重大发现。1938 年,在埃及位于赫尔格达和苏伊士湾之间的拉斯加里卜(Ras Gharib),又发现了可用于商业性开采的石油。1939 年,埃及的日石油开采量达 150 吨,达到了每年 510 万桶的峰值。[⑱] 大约在同一时期,由于在利伯维尔发现了油藏,加蓬的石油工业开始受到关注。

由于安哥拉(1955 年)、阿尔及利亚(1956 年)、尼日利亚(1956 年)和利比亚(1959 年)石油的商业性发现,20 世纪 50 年代可谓非洲大陆的黄金

---

⑫ 一桶石油相当于 159 升或 42 美制加仑。See generally, OPEC (2013), p.20.

⑬ Ibid.

⑭ See Magloire (1970), pp.489 – 501; Traut et al. (1998).

⑮ Ibid. Also Foster et al. (1991); also Egypt Oil and Gas Web Portal.

⑯ Grayson (1981).

⑰ Egypt Oil and Gas Web Portal.

⑱ Ibid.

时期。后来,喀麦隆(1972 年)、刚果民主共和国(1975 年)和赤道几内亚(1996 年)又发现了更多石油。[19] 除 20 世纪 80 年代初因油价暴跌而导致石油产量下降外,自 20 世纪 60 年代以来,随着肯尼亚、加纳、刚果共和国和坦桑尼亚发现石油,非洲的石油产量逐渐增加。[20]

总的来说,撒哈拉以南非洲的原油储量在全世界所占的比重为 1/10,且在过去 5 年中,是世界上石油增长最快的地区之一,占所有新发现石油的 30%。[21]

如表 2.1 所示,非洲大部分石油储量(和生产)位于利比亚、埃及、尼日利亚、阿尔及利亚、安哥拉和南苏丹,这些国家的石油储量在整个非洲大陆所占的比重超过 90%。利比亚与尼日利亚是(非洲)石油储量最大的两个国家,分别占世界石油储量的 3.4% 和 3.0%。[22] 石油生产方面,尼日利亚、阿尔及利亚、利比亚和安哥拉是非洲四大生产国,占非洲大陆产量的 77%,世界石油产量的 9.2%。[23] 例如,据估计,尼日利亚大约有 371 亿桶已探明的石油储量,是非洲仅次于利比亚的第二大储油国。此外,据估计,尼日利亚每天的石油产量为 250 万桶,是非洲最大的石油生产国,世界第六大石油生产国。[24] 尼日利亚已探明的石油储量多位于尼日尔河三角洲、贝宁湾海域、几内亚湾和博尼海湾。目前的勘探活动主要集中在深海和超

---

⑲ 1956 年,尼日利亚首次于巴耶尔萨州的奥罗伊比利发现有商业开采价值的石油。利比亚于 1959 年在阿迈勒与泽尔登(今天的纳赛尔)发现了第一座油田,并于 196 年(原文年份有误,经核实为 1961 年——译者注)开始出口石油。阿尔及利亚于 1956 年在埃杰莱首次发现了具有商业开采价值的石油,随后又于同年发现了哈西·迈萨乌德油田,阿尔及利亚的石油生产始于 1958 年。安哥拉于 1955 年在位于宽扎盆地的本菲卡油田开始生产石油。See OPEC, Profile of Member Countries.

⑳ 加纳自 2007 年在朱比利发现石油储量约 7 亿桶、天然气储量约 8000 亿立方英尺的近海油田以来,一跃成为商业性石油与天然气生产国。See Tullow Oil (2014); also Control Risks (2012).

㉑ See British Petroleum (2017), p. 12. See also International Energy Agency (2015), p. 48.

㉒ See U. S. Energy Information Administration (2015).

㉓ Ibid.

㉔ Ibid. Also, Yager et al. (2012).

深海域。尼日利亚主要生产轻质(低硫)原油,其中绝大多数出口到全球市场。此外,据估计,尼日利亚有188万亿立方英尺天然气,是非洲天然气储量最大的国家,在世界排名第九位。2013年,尼日利亚的干气生产量为1.35万亿立方英尺,跻身世界前30个天然气生产国之列。大部分天然气储量位于尼日利亚的尼日尔河三角洲。[25]

表2.1 非洲国家石油历史与探明储量

国家	商业性发现时间	2016年探明储量/亿桶
埃及	1938年	35
阿尔及利亚	1956年	122
安哥拉	1955年	116
尼日利亚	1956年	371
利比亚	1959年	484
加纳	1970年	66
喀麦隆	1972年	20
刚果共和国	1975年	16
科特迪瓦	1977年	10
苏丹	1979年	15
南苏丹	1979年	35
加蓬	1996年	20
毛里塔尼亚	2001年	2
乌干达	2009年	25

资料来源:2017年英国石油公司《能源统计调查》、美国能源信息署《国际能源统计》。

非洲自发现石油以来,一直是全球重要的石油产地,2006年,非洲的石油产量在全球所占的比重为12.1%。根据2017年英国石油公司能源统计调查(BP Statistical Energy Survey),截至2016年年底,非洲已探明石油储量为1284.38亿桶,按照当时的生产量计算,可以开采41.2年,占世界

㉕ U.S. Energy Information Administration (2015). Also Yager et al. (2012).

总储量的 8.01%。另外,非洲 2016 年每天的原油产量为 78.92 万桶,占世界产量的 8.6%。[26] 因此,非洲国家一直为国际油气公司发现新油气、巩固在已开采区域(尤其是边缘地区)勘探与开采油气提供重要机会。非洲的大部分原油生产主要用于出口,精炼燃料用于国内消费,一部分原油则用于石油化工产品以及相关产品的生产。同样,非洲的天然气历来也主要用于出口。不过,现在本地对天然气的需求也越来越大。非洲的天然气消费主要用于发电、生产化肥、生产甲醇、冶炼铝、生产水泥、制造钢铁和居民消费。据估计,尼日利亚约 80% 的天然气用于发电,余下的 20% 主要用于水泥、化肥、甲醇、铝和钢铁工业,极少部分用于生产液化天然气(Liquefed Propane Gas,LPG)。尼日利亚很少使用液化天然气,而只用于出口。据估计,2013 年,尼日利亚每天对天然气的需求量将达到 50 亿立方米,大部分需求源于不断发展的电力行业。另据预计,2010 年至 2020 年,尼日利亚的天然气需求量将增加 246%,而到 2020 年年底,该国的天然气产量将增至 800 亿立方米,其中的 350 亿立方米将用于出口,主要是液化天然气,余下约 450 亿立方米用于国内消费。[27]

2.2.2 油气对非洲国家的重要性

非洲许多产油国几乎完全依赖石油和天然气作为主要收入来源。比如在利比亚,石油资源(收入)约占出口收入的 95%,政府收入的 75%,为国内生产总值所做的贡献超过 50%。[28] 与利比亚相似,尼日利亚大约 80% 的政府收入、90% 至 95% 的出口收入和 90% 以上的外汇收入源于石油行业。[29] 自 1956 年在东尼日尔河三角洲(今天的巴耶尔萨州)开采出第一滴石油以来,石油和天然气一直是尼日利亚财富和收入的主要来源。2014

㉖ See BP Statistical Review of World Energy (2017).

㉗ Ibid.

㉘ World Bank, Libya's Economic Outlook (2018a).

㉙ World Bank, Nigeria's Economic Report (2018b).

年至2017年，尼日利亚石油产业的收入约为2000亿美元，相当于过去40年的1.2万亿美元。[30] 受多年资源管理不善、政府腐败、缺乏问责制等影响，尽管石油生产已经并将继续为非洲的经济发展与复苏发挥关键作用，但一些非洲国家却深陷贫困的泥潭。

除了具有经济意义外，石油还是一种具有诸多工业用途的商品。它在非洲能源生产与供应中所发挥的作用无论如何强调都不为过。交通运输是非洲石油使用量最大的领域，2015年占该地区石油消费总量的75%以上。[31] 由于人口激增、城市化进程加快、严重依赖汽车运输（特别是中产阶级消费者），非洲的运输能源需求在过去的5年里显著增加。国际能源署的数据显示，非洲轻型汽车燃料的消耗量正以每年3.9%的速度增加，占该地区运输能源消耗总量的52%。石油产品，特别是动力汽油、柴油、飞机燃料，几乎提供了交通运输所需的所有能源。[32]

工业部门是非洲第二大石油消耗领域，占非洲石油消耗量的20%左右。[33] 该领域的能源消耗包括：使用化石燃料的制造厂、加工装配、蒸汽与废热发电、过程加热与冷却、建筑照明、供暖和空调。[34] 商业和电气公用事业部门占石油消耗量余下的5%。精炼油主要用于日常生活和商业领域，动力汽油主要为汽车、卡车和飞机提供燃料。馏出燃料油，包括柴油、民用燃料油和工业油，用于为公共汽车、卡车、火车、汽车等的发动机提供动力，也用于住宅和商业建筑的加热，以及火力工业和电力产业的锅炉燃料。此外，沥青主要用于铺路；石脑油是石油化工产品的主要生产原料。液化石油气，也被称为丁烷和丙烷，是一种汽车燃料，也用于家庭供暖和烹饪。煤油广泛用于非洲许多地区的住宅烹饪和商业生产。

---

[30] See US Energy Information Administration (2016a, b).

[31] Ibid, pp. 129 – 130.

[32] Ibid. Also US Energy Information Administration (2018).

[33] US Energy Information Administration (2016a, b).

[34] Ibid, 113.

石油工业是非洲主要的、雇用劳动力最多的产业之一。2010 年,10 家最大的公司中有 6 家来自能源和采矿业。[35] 例如,在尼日利亚,仅石油工业就提供了超过 6.5 万个直接就业岗位,非直接就业岗位超过 25 万个。[36] 同样地,在利比亚、刚果共和国和安哥拉,石油部门一直是人民获得可观的家庭收入和就业机会的主要来源。石油行业也为非洲一些产油区旅游业的快速增长和发展做出了重要贡献。

鉴于石油工业对非洲许多国家政府和家庭具有重要意义,对石油资源实施有效监管,以确保其最大程度和可持续发展,再怎么强调也不为过。

2.3 油气的主要生产阶段

油气开发过程的关键阶段包括:勘探、开采、提炼、运输和销售。[37] 不过,在这些关键阶段之前,需要进行一些初步的行动与计划。开始在某一地区勘探石油之前,石油公司必须获得有关部门的许可。如第四章所述,石油勘探许可证持有人有权利用地理与物理方法,对特定区域内的油气储藏情况进行初步探测;有时甚至对探测深度也有明确规定。勘探许可证一般会颁发给拥有最佳技术条件、做出开展最优勘探工作承诺、提出最高收益回报的石油公司。这就是为什么石油公司为了取得在沉积盆地勘探石油的许可,通常必须在国际许可与招标中进行角逐。招标期间,受邀公司必须提交详细的建议及计划(标书),列出他们打算在该地区投资的总金额、计划开展的工作量,以及公司技术和财务状况的证明。公司通常承担全部的勘探费用,而且只有在该区域发现石油后才会得到补偿。

投标成功后,公司就会针对拟开发的油田做地震调查,以设计出该油田的地质构造图。在这个阶段,石油和天然气公司会进行现场勘测,以获

---

[35] Sigam and Garcia (2012), p. vii.

[36] US Energy Information Administration (2016a, b), pp. 114 – 120.

[37] See Wolf (2009).

取更多关于该地区的信息和有勘探潜力的范围,其中包括获取钻井位置周围环境的数据。现场调查后,就可以进行石油开发各主要阶段的生产活动了。接下来就简要讨论这些阶段。[38]

按时间顺序,石油供应链中的活动可分为上游、中游和下游三个关键环节。

2.3.1　上游产业

上游石油行业就是通常所知的勘探与开采活动[39],包括与勘探、恢复和评估地下或水下油田的原油和/或天然气含量等有关活动,以及后续的钻取油井及将原油与/或粗天然气开采出来。它包括不同的业务操作,比如通过航空或卫星摄影及磁力测量、地震测量(利用二维或三维技术)寻找可能存在的水下油气田,探井钻孔,以及对油井进行必要的作业,将原油或天然气开采出来。[40]

2.3.1.1　勘探

上游活动从勘探开始,包括地震调查(寻找油气、评估可开采数量等活动)及随后的勘探钻井。[41] 探索和评估过程可能需要 3 年至 10 年才能完成。在这一阶段,为了确定油气矿是否存在,以及获取更多有关地下条件的信息,必须钻取一口或多口探井,这也被称为勘探钻井。如果发现了油气层,就会对油井进行测量和测试,以明确其是否适用于开采油气。[42]这一阶段的试井,可以获得油气样品、流速、温度和压力等信息。如果没有发现油气层,但初步测试表明该地区存在油气资源,则工作人员可以进一

㊳ See generally, Cairn Energy (2010) and Oil and Gas Project Life Cycle.

㊴ Sigam and Garcia (2012).

㊵ Sigam and Garcia (2012).

㊶ Ibid, also Olawuyi (2018).

㊷ 探明储量是指石油具有商业开采价值,即石油公司至少有 90% 的把握认为石油开采与销售有利可图。若为可能储量,则石油公司开采与销售石油盈利的概率至少为 50%。未探明储量是指开采与销售石油的盈利概率为 10% ~50%。Ibid.

步钻探。如果发现探井不适合用于油气开采，则应予密封，并测试其是否完全安全，然后才能遗弃。

2.3.1.2　石油勘探

这是油藏评价阶段。石油勘探是石油地质学家和物理学家评估与确定油藏规模，并决定采取何种方法实现最优商业性开采的阶段。[43] 勘探阶段完成后，如果确定勘探点有可观规模可以开采的油气，则应考查勘探权人（石油勘探许可证持有人）是否可以开采该油藏。为确定油田是否具有商业价值，通常通过野外评价（field appraisal）明确油田规模及最合适的开采方法。如果确定开采具有技术与商业可行性，则须向有关机构提交一份开发计划，获得批准。地震测量的结果可以说明是否存在有开采潜力的储集层（储集层是含有碳氢化合物的地层）。

2.3.1.3　钻井与生产

一旦发现具有商业性开采价值的油藏，则必须保证钻探的安全性。在该项目阶段，通常利用各种方法钻取多口测试井。当今最常用的钻井方法是旋转钻井（rotary drilling），即通过钻头的连续转动钻井，这是一种重要的钻井方法。完成钻井工作，且采油量达到稳定水平后，设备即可投入使用，开始正式开采作业。

开采是把石油和天然气从地下开采出来的过程。开采可通过一次开采法、二次开采法或三次开采法完成。一次开采法是使石油在自身的压力下流出地表。油层天然驱动减弱后，需要向油藏注入水或气体来提高压力，采出石油，这种方法称为二次开采法。三次开采法也称提高原油采收率，是指利用各种技术提高油田的原油产量。提高原油采收率主要有三种技术：热注入、注气和化学注入。利用提高石油采收率技术，可以把油藏中

---

[43] Conoway (1999), pp. 10 – 25; Economides and Oligney (2002), pp. 1 – 20.

30% ~60% 的原油开采出来。[44]

利用这种开采技术后,石油产量就会逐渐提高到最大值或峰值。峰值生产可以一直保持到开始下降时,此时就要考虑其他可行性开采方法。这些可能包括向油藏中注入水或气体,以维持采油量,或在附近油藏钻取新油井,并将它们连接起来。[45]

2.3.1.4 退役

退役是石油开采活动的最后阶段,通常发生于经过长时间的开采,油井寿命殆尽之时。研究表明,平均而言,近海油田在开放勘探后的 20 年到 50 年就进入了退役阶段。[46] 在这一开采时期之后,石油的经济开采已基本达到极限,需要拆除开采设施,恢复该地区的生产生活。商业性开采结束后,就开始了开采设施的拆除工作,包括拆除建筑物和设备,将该地区的环境恢复良好,采取措施鼓励恢复当地的植被,并在开采现场关闭后继续予以监控。[47] 退役是石油开采与生产活动不可避免的最后阶段,但如果以破坏环境的方式拆除海上石油勘探设施,就会对环境产生复杂而深远的影响。[48]

2.3.2 中游产业

石油工业价值链中的第二产业是中游产业。这一领域的关键业务是石油和天然气的运输和储存。它是石油开采、加工与最终用户使用之间的中间环节。这涉及把在上游产业中开采出来的石油与天然气从开采地移

---

[44] Electric Power Research Institute, "Enhanced Oil Recovery Scoping Study" Final Report, No. TR – 113836. Palo Alto, CA (1999).

[45] See generally, Cairn Energy, Oil and Gas Project, (n. 36).

[46] See Ayoade (2002), pp. 1 – 15.

[47] See generally, Sigam and Garcia (2012), pp. 3 – 4.

[48] See *The Petroleum (Drilling and Production) Regulations to the Petroleum Act* 1969. 规则 36 规定了安全废弃与停用油井的程序。根据规则 37 的规定,经营者必须保证生产设备与用具得到良好维修、在良好的条件下保存,且所有作业须由熟练工人以适当的方式操作,以免石油泄漏至水井、泉水、溪流、河流、湖泊、水库、河湾或港湾中;努力对树木、作物、房屋、建筑等地上财产产生最小损害。

至储存设施,再到下游产业的精炼厂等加工设施中,使开采的产品可以经加工变成各种各样的成品,供消费者日常使用。[49]

2.3.2.1 储存

石油和天然气产品主要用于将来的提炼或使用。不过,石油和天然气可以储存在生产线上,也可以储存起来待价而沽。[50] 例如,自20世纪90年代初以来,储油贸易(也称期货溢价),一直是大型石油公司的一种市场策略,即在油价处于低位时立即购买与储存石油,待油价上涨即予抛售。[51]

国家也利用战略石油储备机制,保证国内用油的供应安全。例如,美国战略石油储备(Strategic Petroleum Reserve,SPR)的储量高达7.27亿桶,是世界上最大的原油储备国,且在墨西哥湾沿岸巨大的地下盐洞中储藏了大量未成品油。[52] 为减轻1973年至1974年的石油禁运**可能导致的未来石油供应中断,美国于1975年建立了石油储备制度。[53] 欧佩亚海洋工程有限公司(Offshore Pipelines & Risers,OPR)的任务是:通过收购、储存、销售与管理战略石油,保护美国经济免受严重的石油供应中断的影响。[54]

储油设施包括固定式储油装置、终端油罐、用户储油设施、水泵与排水

---

[49] See Olawuyi (2015a, b), pp. 190 – 192. See also Sigam and Garcia (2012).

[50] 石油投机是指通过预测油价变化与合适定位,储存、购买与销售石油获利。See Yglesias (2014).

[51] 期货溢价指的是商品未来价格高于现价的情形。See Commission of the European Communities, *Is there a speculative bubble in commodity markets*? [Report of the Task force on the role of speculation in agricultural commodities price movement, 2008 SEC (2008)2971].

[52] US Department of Energy, Office of Fossil Energy.

** 1973年10月,第四次中东战争爆发,阿拉伯国家纷纷要求支持以色列的西方国家改变对以色列的庇护态度,决定利用石油武器教训西方大国。1973年10月16日,石油输出国组织决定提高石油价格,第二天,中东阿拉伯产油国决定减少石油生产,并对西方发达资本主义国家实行石油禁运。因为当时,主要资本主义国家特别是西欧和日本用的石油大部分来自中东,美国用的石油也有很大一部分来自中东。石油提价和禁运立即使西方国家经济出现一片混乱。提价以前,石油价格每桶只有3.01美元。到1973年年底,石油价格达到每桶11.651美元,提价3倍至4倍。石油提价大大加大了西方大国国际收支赤字,最终引发了1973年至1975年的战后资本主义世界最大的一次经济危机。——译者注

[53] US Department of Energy, Office of Fossil Energy.

[54] Ibid.

系统，以及有空调设备的储气罐和储油罐，建设目的在于把开采出来的石油产品与通过分离与提取而将其加工成最终产品的炼油厂连接起来。一些储存设施是用来存储未经提炼的原油的，而另一些则是专门用于储存经处理的和精制石油产品。

2.3.2.2　运输

油气中游产业中的运输与配送指的是，把油气从油田运至石油精炼厂，经过精炼与加工后，再送至储存区。还包括将最终产品从精炼厂或储存区运至终端用户。将石油产品从炼油厂运至终端用户所需的物流网通常十分复杂，需要船舶、铁路、卡车、火车和管道等复杂的运输系统，各种运输方法可以把石油产品从炼油厂、港口、大型油库（large terminals）运至国内外市场，供终端用户使用。

油轮和管道主要用于运输原油。管道是目前为止在全球运输石油产品最安全、最可靠、成本最低的方式之一。中游产业经营者建设与维护着庞大的燃油储存和管道网络。例如，把石油和天然气远距离运至下游的炼油厂，需要大量密集的内联运输网。石油经过最初的管道运输后，在下游产业加工与配送之前，还需要其他运输与储存设施。完成这一任务，或通过高速路和公路，或用驳船或其他航海船，或通过铁路，将石油运至各种下游设施和加工厂。

2.3.3　下游产业

下游石油行业最接近消费者，涵盖炼油、市场宣传及销售给最终消费者等广泛的活动。[55] 该产业阶段包括加工、提炼、推广、销售石油产品，如液化石油气、汽油、航空煤油、柴油等燃油，以及沥青和石油焦。

2.3.3.1　精炼

要对最终消费者有用，必须把原油转化或提炼成石油消费品。炼油是

---

[55] Olawuyi (2018), pp. 1 – 2.

利用物理、加热及化学方法把原油裂解为组分精馏(distillation components)或馏分(fractions)。[56] 利用分馏与转化法,可以把这些馏分进一步加工成最终使用的石油产品。炼油在炼油厂进行,通过蒸馏与分离,把石油加工成汽车、家庭和工业用的不同最终产品。炼油过程涉及很多步骤,包括蒸馏与分离,转换或升级,脱硫或增甜,在某些情况下,还包括添加添加剂以改善和提高燃料性能。[57]

在蒸馏、分离和转换过程中,在高温高压的作用下,辅以催化剂,可以将原油分解成馏分,或通过脱硫或去除其他杂质,净化原油。第一步是常压蒸馏,即当原油蒸汽在蒸馏塔中上升时,最重的分子留在蒸馏塔底部。分子分离后,第二步就是转化,包括"裂解"过程,裂解仍然很重的分子,然后生产出天然气、汽油和柴油。此外,硫等具有腐蚀性或造成空气污染的分子可以被清除。

2.3.3.2 促销与零售

炼油加工后的油品销售包括通过批发、直接工业销售及在加油站零售等方式向终端消费者销售精制石油产品。下游产业通过汽油、柴油、航空煤油、民用燃料油、沥青、润滑油、合成橡胶、塑料、化肥、防冻剂、农药、药品、天然气、丙烷等上千种产品与消费者接触。

下游行业的关键参与者包括炼油厂、石化厂经营者、石油产品分销商、零售网点和天然气分销公司。其还包括通过石化过程所生产的混合产品、润滑油的包装和销售,以及分销石油产品、把这些产品销往各种消费市场。[58]

2.4 固体矿产

根据我们对采掘业基本概念的讨论,本节主要考察固体矿产的含义、

---

[56] Ibid.

[57] See generally, Environment Canada, Petroleum Refining.

[58] See generally, Bhardwaj (2013).

种类、性质和产地。还将对非洲大陆的固体矿产作简要概述，并考察尼日利亚的固体矿产的发现与发展，重点是几种已鉴定探明的矿物。最后，本节将讨论固体矿产的重要性、勘探和开采。

2.4.1　固体矿产的含义、性质和种类

矿产通常是天然金属或非金属物质，在生物地球化学过程中形成，包括煤、盐、石矿、矿坑材料，以及所有稀有和珍贵的矿物和金属。[59] 根据国家的不同，矿产的确切法律内涵可以扩大到包括各种形式的自然矿物资源，可以是固体、液体或气体。例如，尼日利亚规制勘探与开采固体物质的法律——尼日利亚《矿产与矿业法》(Nigerian Minerals and Mining Act)中，对矿产的定义是：

> 在地质变化过程中或受地质变化影响，形成于地球中或地表的任何固体、液体或气体形式的物质，包括沉积岩、煤、煤层气、沥青页岩、焦油砂，以及任何可以从煤、页岩或焦油砂、矿泉水以及尾矿与废石堆中的矿物成分提取的物质，但不包括石油和不含矿物成分的水。[60]

这个广义的定义包括除石油和水以外的所有自然资源。南非的《矿产资源和石油开发法》(Mineral and Petroleum Resources Development Act)

---

[59] Canada's *Extractive Sector Transparency Measures Act* (S. C. 2014, c. 39, s. 376) s. 2. 另参见 Section 1 of the Alberta Mines and Minerals Act Chapter M – 17，该法将"矿产"定义为"所有自然产生的矿物，包括但不限于：(1)金、银、铀、铂金、沥青铀矿、镭、宝石、铜、铁、锡、锌、石棉、盐、硫、石油、油、沥青、沥青砂、油砂、天然气、煤炭、硬石膏、重晶石、铝土矿、膨润土、硅藻土、白云石、泻盐、花岗岩、石膏、石灰石、大理石、云母、芒硝、钾肥、石英岩、磷酸岩、砂岩、蛇纹岩、页岩、板岩、滑石、无水芒硝、天然碱、火山灰、沙子、砾石、黏土和泥灰岩。(2)但不包括：依《财产法》第 57 节属于地表所有者的砂砾石；依《财产法》第 57 节属于地表所有者的黏土与泥灰岩；地表泥煤、通过剥离覆盖层、挖掘地表等地表作业获得的泥煤"。

[60] Nigerian Minerals and Mining Act No. 20 of 2007.

也对“矿产”作了类似的界定：

在地质变化过程中或受地质变化影响，形成于土壤中或地表、水中或水下的固体、液体或气体物质，包括沙子、石头、岩石、砾石、黏土、土壤和任何存在于尾矿与废石堆中的矿物，但不包括：(1)水，除非是从土壤或海洋中获得的用于提取矿物的水；(2)石油；(3)泥炭。[61]

此外，肯尼亚《矿业法》(Kenya's Mining Act)所规定的矿产包括：

除矿物油以外的所有矿物，可以是贵金属、宝石或非贵重矿物，但不包括黏土、红土、石灰石、砂岩或其他石头，或(矿业)部长以公告的形式宣布的非本法所规定的矿物的普通矿物，通常因为这些矿物不含任何具有可开发价值的贵金属。[62]

通过上述定义，可以对其他一些非洲国家法律中的矿产种类有所了解，即一般认为矿产是可以开采、利用的天然物质(石油、水或泥炭除外)，以固体、液体或气体形式存在于地下或地表。[63] 矿产通常是固体和无机物，有晶体结构。它不同于岩石，岩石可以是矿物或非矿物的聚合物，没有特定的化学组成。岩石是由不同的矿物和其他物质组成的固体物质。[64]

概括地说，矿产是一种天然的固体物质；在室温下具有稳定性；通常是

---

[61] South African Mineral and Petroleum Resources Development Act No. 28 of 2002.

[62] The Republic of Kenya, Mining Act, Chapter 306.

[63] 泥炭是存在于沼泽或潮湿地区的植物(腐殖质)经一定程度分解的高度有机混合物，切碎并干燥后可用作燃料。See International Peatland Society (2015).

[64] 含有一种或多种有商业价值矿物(尤其是金属)的岩石称为矿石。矿石中剩下的、毫无价值的岩石物质称为脉石。矿石成分，即开采出的矿物的单位重量成本，以等级衡量。See Natural Resource Governance Institute (2015a, b).

非生物;原子排列规则。第一个标准意味着矿产必须是自然形成的,而非人为的化合物。从最简单的意义上来说,"在室温下具有稳定性"是"固体矿产"的同义词。真正的矿物必须是非生物的,意味着它是由无机物质(而不是有机物分解生成)。最后,有序的原子排列意味着矿物是晶体(具有晶体结构,以晶体的形式存在,非常透明或闪闪发光)。[65]

已知的矿产有5300多种。[66] 矿产因不同的化学性质和物理性质而有所不同。化学成分与晶体结构的差异可以把矿产种类区分开,而这些性质又会受到形成矿物的地质环境的影响。温度、压力或岩石成分的变化都会引起矿物的变化。各种物理性质也可以用来描述矿产,这些性质与矿产的化学结构和成分有关。

矿产的品质通常用称为四"C"的标准来分级,即颜色(color)、切割(cut)、净度(clarity)和克拉重(carat weight)。[67] 其他常见区分性特征包括晶体结构和结晶习性、硬度、光泽、透明度、纹路、韧性、解理、断裂、裂理(parting)和比重。针对矿产更具体的测试方法包括磁性测试、味道或气味、放射性和在酸中的反应。固体矿产通常也按其主要化学成分予以分类。[68]

通常根据其货币价值和实用价值对矿产分类。[69] 基本金属为非贵重金属,如铅、锌、铜、镍和钨等,而贵重金属包括金、银、铂族金属。[70] 宝石包括钻石、翡翠、猫眼石、红宝石、蓝宝石、绿松石和任何

---

[65] See generally, CM Enterprises, Minerals.

[66] Ibid.

[67] See American Gem Society, 4 Cs of Diamonds; also Nassau (1978).

[68] See generally, The Visual MD, Minerals.

[69] 例如,尼日利亚矿业和钢铁发展部将尼日利亚的矿产资源分为以下类别:(1)世界级矿产,包括金、煤、沥青、宝石、铁矿石、锡石、金红石、钽石、钶、锰、方铅矿和闪锌矿;(2)工业级矿产,包括石灰石、重晶石、大理石、黏土、云母、长石、硅砂、硅藻土、石膏、高岭土、滑石、菱镁石、蓝玄岩、磷矿、膨润土和萤石;(3)新发现矿产,包括铬铁矿、硅锰矿、铀矿、珍珠岩、钒钛矿、钴矿、黄铜矿、镧、辉锑矿和镍黄铁矿;(4)世界低需求矿产,包括黑钨矿、铋、银云母、辉钼矿、钛铁矿和锂。See Nigerian Investment Promotion Council, Solid Minerals.

[70] The Republic of Kenya, Mining Act, Chapter 306, s. 2.

其他具有重要货币价值的石头。总体来说，世界上最有价值的10种矿产包括：锂、[71]蓝色石榴石、[72]翡翠、[73]红宝石、[74]黄金、[75]铂金、[76]黑蛋白

---

[71] 锂的价值很高，是世界上最重要的矿物之一。1817年，瑞典化学家约翰·奥古斯特·阿韦德松在斯德哥尔摩首次发现了锂，锂是生产充电电池的重要成分。锂离子电池主要用于便携式电子设备、电动工具、电动汽车中。津巴布韦是世界最大的锂生产国之一，该国的私营企业比基塔矿物有限公司几乎控制了全国所有的锂矿，更坐拥世界已知的最大锂矿，储量超过11吨。由于能源金属与锂离子电池日趋重要，确保锂的持续供应成为世界科技公司的头等大事，锂因此成为未来数年最受欢迎的金属之一。See Zimbabwe Herald (2016).

[72] 石榴石作为宝石已经有数千年历史。石榴石的颜色多种多样，如棕色、绿色、橙色、粉色、紫色、红色和黄色等。在所有这些颜色中，红色和蓝色的石榴石通常被认为是最有价值的。这种矿物最早于20世纪90年代在马达加斯加被发现，此后在俄罗斯、土耳其和美国都有开采。目前，蓝色石榴石的价值是每克拉150万美元。See Mining Greece, Ten Most Expensive Minerals in the world.

[73] 翡翠是世界上最稀有、最珍贵的宝石之一，常用于制作珠宝、工具、武器等。翡翠的颜色一般从白色到浅绿、苹果绿，再到深绿，另有蓝绿色、粉色、淡紫色，以及其他许多罕见的颜色。翡翠是一种稀有矿物，主要产于美国加利福尼亚州、缅甸、新西兰、危地马拉、日本系鱼川、哈萨克斯坦、俄罗斯、加拿大不列颠哥伦比亚省和意大利等地。翡翠目前的价值约为每克拉300万美元。See Mining Greece, Ibid.

[74] 红宝石是世界上最昂贵的有色宝石，世界上最稀有和最昂贵的红宝石是日出红宝石，目前最贵的一块价值3000万美元（合1910万英镑）。这种矿物的最大生产国是缅甸，被称为红宝石的麦加。发现红宝石的非洲国家包括肯尼亚、马达加斯加、马拉维、尼日利亚、卢旺达、塞拉利昂、坦桑尼亚和莫桑比克。See Shor and Weldon (2009). See also BBC News (2015).

[75] 黄金是非洲开采最多的矿产资源。也许是因为拥有广泛用途和6000多年的开采历史，黄金被错误地认为是世界上最有价值和最昂贵的矿物。虽然不是最贵的，但黄金仍然非常值钱，每克大约价值56美元。金矿开采是一项全球性的业务，遍及除南极洲以外的每一个大陆。世界上大约有95个国家发现了黄金。多年来，南非一直是全球主要的黄金生产国之一。位于南非的威特沃特斯兰德盆地是迄今为止发现的储量最大的金矿。据估计，已开采的黄金中有40%来自该盆地。2017年，南非的黄金产量为140吨，约占世界黄金产量的10%。其他拥有大量金矿的非洲国家包括加纳、尼日利亚、阿尔及利亚、贝宁、博茨瓦纳、布基纳法索、喀麦隆、中非共和国、赤道几内亚、厄立特里亚、埃塞俄比亚、利比里亚、马达加斯加、马里、摩洛哥、莫桑比克、纳米比亚、卢旺达、塞内加尔、塞拉利昂、苏丹、坦桑尼亚、乌干达和津巴布韦。See US Geological Survey (2017).

[76] 铂族金属（包括铂、钯、铑、钌、铱、锇）主要用于汽车工业，作为减少汽车有害排放的催化转化器；用于玻璃工业；制作珠宝；在化学工业中，用于硝酸和其他批量化工生产的催化剂，用于炼油和实验室设备的制造；在电子工业中提高计算机硬盘存储容量或用在多层陶瓷电容器和杂交集成电路中。全球最大的铂族金属产地在南非的丛林草原。南非是世界上最大和最重要的铂生产国之一。南非占非洲大陆铂金总产量的96%，2016年产量为11万公斤。津巴布韦也是铂族金属的主要生产国。See U. S. Geological Survey (2017).

石、[77]钻石、[78]钙石、[79]铑。[80] 一般以吨为单位衡量矿产的重量,但是以克拉衡量钻石的重量(1 克拉约相当于 200 毫克)。

2.4.2 固体矿产开发历史与概况

矿业是非洲最古老的产业之一。非洲矿产资源丰富,自前殖民时期以来,非洲一直是世界最有价值矿产的重要来源。[81] 非洲大陆生产 12 种世界上最昂贵和最受欢迎的矿产资源:钴、金、锂、钻石、铂金、铜、煤、铀、铝、铝土矿、苏打灰、铁矿,[82]南非、津巴布韦、刚果民主共和国、博茨瓦纳和纳米比亚是非洲矿业史上的一些巨头。

2.4.2.1 黄金

黄金是非洲开采量最大的矿产之一。南非占世界黄金储备的 11% 。[83] 据估计,南非拥有 2.5 万亿美元的未开发矿产资源,已经成为黄金矿业的

---

⑦ 澳大利亚是世界上最大和最重要的蛋白石生产国。世界上大约 97% 的蛋白石产自澳大利亚的蛋白石矿区,因此这种矿物通常被认为是澳大利亚的国家宝石。南澳大利亚州的库伯佩迪镇是蛋白石的主要产地。埃塞俄比亚、巴西、墨西哥和美国也开采黑蛋白石。See Eckert (1997).

⑱ 钻石是商业领域最受欢迎的矿物,因为它在世界珠宝贸易中扮演着重要角色。据估计,全球有 1000 万人直接或间接从事钻石行业。钻石是已知的最坚硬的物质,是最好的导热体,在所有物质中熔点最高,是所有天然矿物中折射率最高的。非洲占世界钻石产量的很大一部分,世界 65% 的钻石来自非洲国家。See generally, Diamond Facts, Conflict Diamonds.

⑲ 钙石是"最难探得"的矿物,也是世界上最稀有的矿物之一。1950 年,英国宝石交易商亚瑟・C. D. 佩恩在缅甸首次发现了这种矿物。由于其稀有性,钙石是世界上最昂贵的矿物之一,估计每克拉价值 5 万到 6 万美元。非洲很少或根本没有钙石。See Rossman (2005).

⑳ 铑是一种铂族金属,汽车工业中高度依赖它制造三效催化剂,以减少轻型汽油汽车和摩托车的一氧化二氮排放。由于其稀有性和工业用途,这种银白色的贵金属是世界上最昂贵的矿物之一。南非和津巴布韦是世界上最大的铑生产国。See United States Department of the Interior (2015).

㉑ International Council on Mining and Metals (2014).

㉒ 例如,2015 年非洲铝土矿产量占世界产量的 9% ;铝占 5% ;铬铁矿占 38% ;钴占 60% ;铜占 10% ;黄金占 23% ;铁矿石占 2% ;钢占 1% ;铅(Pb)占 2% ;锰占 38% ;锌占 1% ;水泥占 4% ;钻石占 56% ;石墨占 2% ;磷酸盐岩占 21% ;煤占 4% ;矿物燃料(包括煤)和石油占 2% ;铀占 18% 。United States Department of the Interior (2015).

㉓ United States Department of the Interior (2015).

领军者。[84] 南非的矿产资源主要位于地质构造带与沉降带,如威特沃特斯兰德盆地(Witwatersrand Basin),黄金产量约占南非黄金总产量的93%,并有相当多的铀、银、黄铁矿和铱锇矿资源。[85] 加纳是非洲第二大、世界第九大黄金生产国,尽管产量从2010年的92吨减少2%至2011年的91吨。[86] 其他拥有大量黄金储备的非洲国家分别是阿尔及利亚、贝宁、博茨瓦纳、布基纳法索、喀麦隆、中非共和国、赤道几内亚、厄立特里亚、埃塞俄比亚、利比里亚、马达加斯加、马里、摩洛哥、莫桑比克、纳米比亚、尼日利亚、卢旺达、塞内加尔、塞拉利昂、苏丹、坦桑尼亚、乌干达和津巴布韦。[87]

2.4.2.2 钻石

非洲占世界钻石产量的65%。[88] 非洲国家每年开采的钻石价值大约为85亿美元。[89] 博茨瓦纳是世界上生产钻石价值最大的国家,也是钻石产量居第二位的国家。2013年,博茨瓦纳的钻石产量为2320万克拉,价值36.3亿美元。[90] 博茨瓦纳有七个钻石矿山,其中的奥拉帕(Orapa)与朱瓦能(Jwaneng)最为重要,是世界上产钻石矿最多的两个矿山。津巴布韦的矿产很多样,约占世界钻石产量的9%,据估计,津巴布韦铂金的产量约

---

[84] Ibid. Also US Energy Information Administration.

[85] South Africa Government, Mineral Resources.

[86] United States Department of the Interior (2015).

[87] Ibid. See Nigerian Investment Promotion Council. 尼日利亚的固体矿产中,仅未开发的黄金每年的损失就高达约400亿美元。

[88] 刚果民主共和国、博茨瓦纳、津巴布韦、安哥拉、南非、纳米比亚和塞拉利昂是世界上最大的钻石生产国。就价值而言,博茨瓦纳是世界上最大的钻石生产国;就产量而言,它是世界第二大钻石生产国。2013年,博茨瓦纳生产了2320万克拉钻石,据称价值36.3亿美元。博茨瓦纳有7个钻石矿,其中最重要的两个是奥拉帕和朱瓦能,它们是世界上最多产的钻石矿。尽管刚果民主共和国是非洲第二大钻石生产国,但该国大部分钻石产量是由非正规行业的手工钻石矿工开采的,而非矿业公司。据估计,大约有70万手工钻石矿工开采该国的冲积矿。安哥拉、塞拉利昂、利比里亚和纳米比亚等国家依赖钻石作为一种主要的自然资源来建设医院、提供教育和基础设施。钻石开采业创造了纳米比亚年度出口收入的40%以上。See United States Department of the Interior (2015).

[89] World Diamond Council, The Diamond Industry Fact Sheet.

[90] Ibid. 另参见 World Diamond Council, 据估计世界65%的钻石产自非洲国家。

占全球的6%，钯产量约占全球的4%。[91] 刚果民主共和国、安哥拉、南非、纳米比亚和塞拉利昂也在世界上最大的钻石生产国之列。[92] 尽管刚果民主共和国是非洲钻石产量最大的国家，但大多数的钻石生产都是由非正规部门手工开采，而不是由矿业公司开采。据估计，刚果民主共和国从事手工采矿的工人大约有70万人。[93] 同样，钻石采矿工业也是纳米比亚的重要收入来源，约占其年出口收入的40%。[94]

然而，不幸的是，钻石在非洲也经常被用来为暴力战争和冲突提供资金，常被称为"冲突钻石"(conflict diamond)或"血钻石"(blood diamond)。根据联合国的定义，冲突钻石是"……源自反对合法并受到国际承认的政府的军队或派别控制区域，并用于为反对上述政府的军事行动提供资金，或违反联合国安全理事会决议的钻石"。反叛者曾利用非法原钻资助塞拉利昂、安哥拉、利比里亚、科特迪瓦、刚果民主共和国和刚果共和国的冲突。[95]

2.4.2.3 铜

赞比亚是非洲最大、世界第五大铜生产国。[96] 赞比亚的铜产量占世界总产量的3.57%。刚果民主共和国每年的铜生产量超过130万吨，也是世界铜生产大国之一。尽管主要由于缺乏合适的技术，刚果民主共和国的铜生产率并非最高，但铜的储量却在世界排名第二位。非洲其他铜生产国有南非、博茨瓦纳、摩洛哥、津巴布韦和纳米比亚。在非洲，一条从赞比亚北部的西北省延伸至刚果民主共和国加丹加省的480公里的狭长地带是世界最大的铜矿区。

铜主要用于生产电线、家用屋顶材料、管道和油漆。

---

[91] Ibid.

[92] Ibid.

[93] Ibid.

[94] Ibid.

[95] See World Diamond Council, Conflict Diamonds.

[96] US Geological Survey (2017).

2.4.2.4 钴

刚果民主共和国是世界上最大的钴供应国。[97] 刚果民主共和国的钴储量也位居世界首位,全世界一半以上的钴产自刚果民主共和国。[98] 尽管如此,刚果民主共和国仍然是世界上最贫穷的国家之一,[99]这主要是因为只有6%的钴矿业收入流向了国库。[100]

钴在科技行业的需求非常高,接近50%的钴出口用于生产手机电池和无人驾驶汽车。钴还用于制造喷气发动机和燃气轮机的合金、磁钢和一些种类的不锈钢。[101]

2.4.2.5 铂族金属

南非是非洲大陆最大的铂族金属生产国。[102] 南非的布什维尔德杂岩体(Bushveld Complex)的铂族金属储量居世界首位,主要矿产包括铜、镍、钴、含铬钒钛铁成矿,以及包括富辉石和红柱石在内的工业矿物。南非和津巴布韦也是世界上最大的铑供应商。津巴布韦还是世界上最大和最重要的锂生产国之一。[103]

2.4.2.6 纯碱

纯碱是肯尼亚最著名的出口矿产,裂谷省最南端的马加迪湖(Lake Magadi)是纯碱的主产地。纯碱主要用于制造玻璃器皿、纸张和工业化学品。肯尼亚也是钛和萤石的主要出口国。[104]

---

[97] US Geological Survey (2017).

[98] Ibid.

[99] 在联合国人类发展指数的187个国家中,刚果民主共和国排名第176位。

[100] Kazeem (2017).

[101] Ibid.

[102] 南非的德兰士瓦超级复合地带也富含锰和铁矿石。卡鲁盆地贯穿普马兰加、夸祖鲁—纳塔尔省、自由州和林波波省,蕴藏大量烟煤和无烟煤资源。帕拉博鲁瓦的火成岩杂岩富含铜、磷酸盐、钛、蛭石、长石和锆矿石。金伯利的冲积层、河流和海洋中岩管也含有钻石。重矿砂中含有钛铁矿、金红石和锆石。北开普的阿格奈尼斯附近发现了大量含铜和银的铅锌矿床。See US Geological Survey (2017).

[103] Ibid.

[104] Daily Nation (2015).

2.4.2.7　铁矿石

铁是最丰富的岩石形成元素之一，而且是仅次于铝的广为开采与利用的金属。[105] 南非在非洲的铁矿石生产中占主导地位（2003 年产量为 3810 万吨，是世界第八大生产国），其次为毛里塔尼亚（每年产量为 1000 万吨）、阿尔及利亚（每年产量为 230 万吨）。[106] 尼日利亚、安哥拉、喀麦隆、中非共和国、科特迪瓦、加蓬、加纳、利比里亚、利比亚、马里、毛里塔尼亚、津巴布韦、摩洛哥、塞内加尔、塞拉利昂、乌干达和突尼斯等非洲国家的铁矿石储量也很大。虽然铁有许多特定用途（如管线、配件、发动机组），但主要用途是炼钢，钢铁在建筑、运输、机械和工具制造中是最有用的金属。

2.4.2.8　煤

非洲煤的储量很大。南非的煤储量在世界排名前十位，是非洲第一大煤炭生产国，煤炭储量约占世界总储量的 3.5%。2015 年，南非煤炭产量为 2.6 亿吨，约占全球年总产量的 3.3%，煤炭出口量占全球出口总量的 6%，是世界第六大煤炭出口国。[107] 此外，南非已探明的煤炭量为 302 亿吨，在世界排名第九位。

津巴布韦、尼日利亚、埃及、莫桑比克、马拉维、博茨瓦纳、尼日尔、斯威士兰、赞比亚和坦桑尼亚的煤炭资源储量也很大。[108] 尽管津巴布韦拥有巨大的煤炭储量，特别是在西北部和南方地区，但 2013 年的煤炭产量仅为 360 万吨，主要由于煤炭开采的技术有限。[109] 尼日利亚也被认为拥有丰富的煤炭储量，但由于只重视石油业，因此煤炭资源尚未得

---

[105] O'Brien (2009).
[106] US Geological Survey (2017).
[107] US Geological Survey (2017).
[108] Ibid.
[109] International Energy Agency (2016).

到开发。[110] 不过,由于全球油价下跌使尼日利亚开始实行经济多样化政策,而全球对煤炭需求量的增加也为尼日利亚开发煤炭等资源提供了新机遇。

多年来日益增多的地质数据显示,尼日利亚拥有丰富的工业、金属和非金属矿产。尼日利亚有40多种数量不等的固体矿产。包括黄金、重晶石粉、膨润土、石灰石、煤、沥青、钽/铌铁矿、铅/锌、重晶石、宝石、花岗岩、大理石、石膏、滑石、铁矿石、锂和银等。然而,并非所有这些固体矿产的数量都具有商业开采价值,且并非都得到了开发。实际上,尼日利亚所开采、加工和销售的固体矿产只有13种***。它们是煤、[111]沥青、[112]石灰岩、[113]

---

[110] 据估计,尼日利亚中部、中东部和东南部地区已探明的煤炭储量约为3.96亿吨,而这些地区约有11.34亿吨未探明的煤炭储量。煤炭主要分布在尼日利亚的埃努古州、伊莫州、科吉州、三角州、高原州、阿南布拉州、阿比亚州、贝努埃州、埃多州、翁多州、包奇州、阿达马瓦州和夸拉州。1906年,人们在尼日利亚东部的埃努古州首次发现了煤炭。位于埃努古的奥格贝蒂矿于1916年开始正常开采。尼日利亚煤炭公司成立于1950年,是政府机构,全权负责尼日利亚的煤炭行业。在石油和天然气繁荣之前,煤炭是一种主要的出口产品,并用于国内的许多生产生活。近年来,尼日利亚政府已认识到有必要重振该国的煤矿部门,以便将其用作发电和家庭使用的燃料。煤最主要的用途是发电、炼钢、制造水泥以及液体燃料。它还被用于造纸,以及化学和制药行业。尼日利亚的煤已被发现适合用于锅炉燃料、高热量气体的生产、家庭取暖、煤块、成型焦炭以及在制造过程中作为生产各种化学品的材料,其中包括蜡、树脂、黏合剂和染料。See KPMG (2014), p.4.

*** 后列15种,此处疑为原版有误。——编者注

[111] KPMG (2014), p.4.

[112] 沥青是一种半固体烃类产品,较重,黏度极高,在被精炼厂加工以生产可用的燃料(如汽油和柴油)之前,必须对其进行处理。尼日利亚于1900年发现沥青。尼日利亚的沥青储量估计为427亿吨,与加拿大和俄罗斯的储量相近,这两个国家拥有世界上最大的沥青储量。尼日利亚在翁多州、埃多州、拉各斯和奥贡州等地发现了沥青矿藏,其中储量最大的是西部的翁多州。在翁多州发现的沥青估计储量约为160亿桶,而焦油砂和重油的估计储量约为420亿桶。沥青既存在于地表,又存在于地下。尼日利亚使用的沥青产品由进口重质原油加工而成,进口沥青是为了补充国内消费。尼日利亚沥青有许多用途。例如,可以从焦油砂中提取重质和超重质原油,从中可以提取硫磺和苯酚。它们也适用于工业用润滑剂的生产。See Alberta Energy, What is Oil Sands; also The Citizen (2013).

[113] 石灰岩是一种沉积岩,是晶体形式的碳酸钙,主要由钙和霰石构成。大多数石灰岩沉积物是由海洋生物的骨骼遗骸形成的,如珊瑚、有孔虫和软体动物。在尼日利亚的贝努、索科托、达荷米和博尔诺盆地以及卡拉巴尔州和科吉州都发现了石灰岩矿床。尼日利亚最大和最纯净的石灰岩矿床在该国的西南部和中部地带。在尼日利亚西南部地区发现的石灰岩估计约有3100万吨。石灰岩可用于建筑用碎石,用于道路的基础和铁路的压碴。石灰岩在尼日利亚国内主要用于生产水泥。See Fatoye and Gideon (2013).

铁矿石、[114]重晶石、[115]铅锌伴生矿、[116]黄金、[117]高岭土、白云石、长石、玻璃砂、甘岩、铅锌矿、锡及其伴生矿物、石膏。尼日利亚新制定了固体矿产国家政策,目标之一就是保证国家矿产资源的有序开发。[118]

综上所述,非洲无疑是全世界矿产资源最丰富的地区之一。非洲大量土地蕴藏着具有巨大勘探与开发潜力的矿产资源。在非洲很多地区的不同历史时期,采矿一直是主要的经济活动。在全球矿产出口贡献率最高的

---

[114] 铁矿石是可以从其中提取金属铁的岩石和矿层。尼日利亚有多个铁矿矿藏,主要分布在该国中北部、东北部和东南部地区。据估计,尼日利亚的科吉州、埃努古州、扎姆法拉州和卡杜纳州蕴藏着30多亿吨铁矿石。不过,尼日利亚最纯净的矿床位于科吉州。这些矿床通常以赤铁矿、磁铁矿、变质岩、铁质带、石英岩、沉积岩、褐铁矿、赤铁矿、针铁矿和菱铁矿的形式存在。据估计,尼日利亚北部至少有超过8.825亿吨的铁矿石储量。尼日利亚国家铁矿开采公司成立于1979年,任务是勘探、开采、加工和供应铁矿石给阿乔奥古塔钢铁公司。铁矿石用于制造钢铁、变压器和汽车、硫酸亚铁、电磁设备等。See generally, Foraminifera Market Research, Iron Ore Mining in Nigeria: The Opportunities.

[115] 重晶石是自然形成的硫酸钡矿物,可在地表和地下开采。在油气勘探中,重晶石主要用作钻井液的加重剂。它还可被用于制造钻井泥浆,而钻井泥浆则用于石油勘探。重晶石的其他用途还包括生产汽车、电子、造纸和生产塑料、橡胶、玻璃、陶瓷和油漆。它还可用于辐射防护和医疗领域。尼日利亚的重晶石矿床主要分布在贝努海槽中部。尼日利亚重晶石的质量为中高等。据估计,尼日利亚在全国不同地区发现的重晶石矿石储量超过200万公吨,这些地区包括纳萨拉瓦州、高原州、贝努埃州、塔拉巴州和克罗斯河州。据估计,贝努埃州和纳萨拉瓦州已探明的重晶石储量为1110亿吨,而未探明的重晶石储量估计为2112万吨。See Foraminifera Market Research (2013).

[116] 铅锌通常共存,也常与金、银共存。铅锌的两种主要矿物是方铅矿和闪锌矿。铅呈蓝白色,密度大,熔点低。它本质上是锌矿开采的副产品,或者是铜、银或金开采的副产品。锌是一种闪亮的蓝白色金属。锌矿物通常与其他金属矿物如铅、铜或银共存。据估计,尼日利亚在贝努海槽中发现了超过1000万吨的锌矿。锌主要用于生产钢铁、建筑材料、黄铜、医药和化妆品以及汽车市场上的镀锌防腐蚀涂层。铅锌矿也用于制造电池、电缆、焊料、玻璃和其他金属的保护涂层。在尼日利亚东北部和中部地区,主要是在阿达马瓦、塔拉巴、包奇、贝努埃和埃邦尼等州,发现了大量具有商业价值的铅锌。See Foraminifera Market Research (2013), also United States Department of Energy (2002).

[117] 尼日利亚的黄金生产始于1913年,在20世纪30年代达到顶峰,20世纪80年代初成立了尼日利亚矿业公司勘探黄金。经对尼日利亚金矿的初步勘探和鉴定证实,尼日利亚东北部、中部和西南部地区至少有10个金矿点,这些地区的高质量黄金储量超过5万盎司。此外,在赞姆法拉、卡杜纳、卡齐纳、凯比、尼日尔、科吉和奥雄等州均发现了黄金。See Nigerian Investment Promotion Council, Solid Minerals.

[118] See generally, Nigerian Investment Promotion Council, Solid Minerals.

前20名国家中,非洲占了一半。[119] 对许多非洲国家来说,矿产勘探和开发是经济规划的重要组成部分和税收收入的重要来源。该行业在提高税收水平与就业水平方面具有巨大潜力,可以为非洲大陆创造更高的经济效益,改善非洲人民的生活。

2.4.3 固体矿产开发的各个阶段

本部分主要考察固体矿产开发的不同阶段。矿产开发是指"与技术性与经济性利用矿产资源有关的作业和工作,包括矿产资源的技术经济利用,包括矿山开发、矿产资源的开采、处理、加工和选矿以及销售矿产所必需或有关的活动"[120]。采矿过程中的主要活动包括:勘探、开发和采矿;处理或选矿;冶炼;精炼;交通运输;储存。[121]

综上所述,固体矿产开发的生命周期可以大致分为以下五个关键阶段:勘探;发现和开发;作业和生产;关闭和退役;关闭后的监控和现场再利用。[122] 这些矿产开发的过程和阶段与石油的开发与开采有显著相似性,下面将详细介绍。

2.4.3.1 勘探与探测

矿产勘查是矿产开发的第一阶段。矿产勘探包括通过人工挖掘、物理观测、岩石取样、地质表面分析、土壤物理测量、土壤化学测试、光地质测量、遥感技术、实验室测试与分析,或通过其他非妨碍性调查或研究地表地质等方式,寻找矿物、贵金属或矿物标本,以确定矿床的范围及经济价值。[123] 如

---

[119] Ibid.

[120] See s. 164 of the Nigerian Mineral and Mining Act.

[121] Natural Resource Governance Institute (2015a, b).

[122] See Sigam and Garcia (2012), pp. 4 – 5.

[123] See s. 1 of Kenya's Mining Act, 2016. See also s. 164, MMA (2007). 探矿与滥采有根本区别。滥采或言消遣性采矿,通常指非为商业利益的寻找矿物,通常用手或者使用手持工具挖至地下2米深采矿。这种行为主要得到澳大利亚、新西兰及附近岛国矿业法律的承认,但在非洲的矿业法律中尚未得到广泛承认。See Hsu et al. (2016).

果勘探工作表明勘探地可能存在有价值的矿产，勘探人员就会进行进一步的探索研究。

探测是指为对矿产进行商业开发而开展的确定和查明矿产的存在、质量、数量和经济价值的作业和工作。[124] 包括：开展地质学、地球物理学、地植物学与地球化学调查或钻探；以化学分析等为目的的样本采集；使用适当的仪器、设备和技术；提取；重新分析已有地震数据，制作新的地震数据或进行其他有关活动，以确定所发现的矿产的质量、特征和经济价值。

探测通常始于以确定矿产含量为目的的调查研究，这是一个连续的信息收集过程，目的在于评估某一地区是否存在矿产资源、矿产的特征以及经济价值。[125] 这一活动一般始于确定可以探测的土地的范围。[126] 探测活动包括在地面或利用飞机或直升机信息收集、测绘和测量土地，或利用特殊设备测量地表和地下岩石的磁性或电性能。探测意味着寻找矿产，包括使勘探者能够测试某一土地的含矿性质所开展的合理必要的活动和研究。[127]

矿产探测是一个复杂的过程，需要投入大量的时间和金钱，涉及地质学、地理学、化学和工程等多学科的专业知识。探测阶段的总费用少则2000 万美元，多则超过 1.5 亿美元，可能需要 3 ~ 10 年才能做出矿产开发可行性的决定。如果从调查中收集到的信息表明探测地存在异常情况，则探测队就会考察每一处异常情况，以确定是否存在矿产。为了确定探测地是否存在贵金属及其含量，探测人员需要取样进行分析。其他取样方法包括取样岩石、土壤、冰碛土、碎石、湖底数百米的沉积物。如果可以合理相信存在矿产，则可以说“有迹象表明、可能或经勘测存在矿藏”；如果分析表明很可能存在矿产，则可以说“经证实存在矿藏”；如果发现了经证实存

---

[124] See s. 164 of the Nigerian Mineral and Mining Act 2007.

[125] See s. 164 of the Nigerian Mineral and Mining Act 2007.

[126] See Government of Canada, Minerals & Petroleum Resources Directorate, Stages of Mineral Exploration and Development.

[127] See Kenya’s Mining Act, No. 12 of 2016.

在的矿藏,探测人员就会对该地点进一步取样、建模与进行开发可行性分析。[128]

2.4.3.2　发现与开发

当确定某处存在有价值的矿产时,就进入了发现和开发阶段。矿产的发现与开发涉及矿山工程的规划和建设。在这个阶段,主要开展的影响较大的活动包括进一步的地质物理勘测、河道取样、挖坑和金刚石钻井等。[129] 这项工作通常在采矿地或租赁地进行。在这一阶段,一般需要许可证、租约和授权,以及项目的环境影响评估。矿业公司在施工之前,必须取得适当的许可证、执照和必要的环境影响评估。这通常需要几个月甚至几年的时间,这取决于国家、矿藏所处的地点、监管要求等因素以及矿石加工需求等。施工可能不限于矿山本身。矿业公司经常需要在当地建造基础设施和配套设施,以满足后勤、业务、雇员和当地社会生活的需要。

发现的矿藏很少最后成为开采矿藏。矿山开发可能需要 10 年或 15 年以上的时间。在许多非洲国家,矿业作业挑战包括有限的道路和电力等基础设施,以及与之相关的燃料、运输、材料和劳动力等成本,所有这些挑战使项目很难超越这个阶段。大多数项目都无法通过这个阶段。[130]

如果从经济学的角度来看,开发具有可行性,则会进行接下来的可行性研究与动工采矿阶段。开发活动包括在矿山建设建筑物、加工工厂、铺设道路、铁路、下水道和输水管道,以及支撑作业的房屋。建设阶段需要的投资最大,也是采矿活动中成本最高的阶段,投资成本从 1 亿美元到 30 亿美元不等,可能持续 3 ~4 年时间。[131]

---

[128] See Sigam and Garcia (2012).

[129] Government of Canada, Minerals and Petroleum Resources Directorate, Stages of Mineral Exploration and Development.

[130] See Sigam and Garcia (2012).

[131] Ibid.

2.4.3.3 运营与生产

运营与生产是指对矿产的实际开采、研磨、加工。采矿作业是指矿山开发、选矿、加工、契约开采过程中的作业和工作。[132] 采矿阶段始于对矿山的商业开采,包括从母岩或脉石中的矿石提取出有价值的矿产。采矿作业有四种主要类型:露天开采(露天矿坑或露天矿场)、地下采矿、疏浚采矿和手工采矿。[133] 方法的选择主要取决于矿体的大小、形状和深度,所有的作业都涉及破矿、装矿、运矿至加工厂等基本程序。

矿产被开采出来后,就进入了相关加工活动,此类活动的起始阶段为矿产处理或选矿,包括从废物中分离矿物、除杂或为进一步精炼而准备矿石等活动。选矿活动通常在矿山完成,其目的是获取具有较高含量有价值物质的产品(精矿)。选矿后,精矿被运往冶炼厂或精炼厂,以进一步提取和/或提炼金属,使其可以被最终使用,或利用物理或化学方法制造其他产品。最后是增值活动,包括将矿产加工为纯金属,使其成为如金属锭等可以进行商业销售的形状。

采矿的时间长度(矿山寿命)主要取决于其所含矿石、金属或宝石的数量(储量)和质量(等级),以及作业活动是否仍然有利可图,采矿可以持续 100 年。正是在这个阶段,公司开始考虑投资回报(赚钱)问题。但是为了让矿井继续运转,他们仍然需要支付工资、燃料、运输、设备购置和维护等费用,即营运成本。当开采活动不再盈利,公司就会开展退役和关厂活动。关闭矿井的时间从 2 年到 5 年不等;通常,项目运营越大、越复杂,

---

[132] See s. 164 of the Nigerian Mineral and Mining Act 2007.

[133] 在地表采矿中,工人通过露天矿坑或露天铸件将矿石全部从地面移走。如果有坚硬的岩石,比如煤和钻石,采矿公司通常利用露天矿坑予以开采,而露天矿场则用于开采柔软的岩石,比如石灰石。在地下开采作业中,地表会保持完整,工人们会通过隧道或竖井来清除矿石。地下开采始于开发性开采阶段,在这个阶段中,岩石被开采出来,这样矿工们就能更接近矿石。生产性开采是指将含有所需矿物的矿石开采出来。疏浚是除去湖泊、河流、港口和其他水体底部的岩石和沉淀物。沉积物和矿石被分类,不需要的矿物被送回水中或沉积到其他地方。手工开采作业可以在地面,也可以在地下,但大多规模很小,只能维持生活,而且基本上是非正式的(如没有大公司监督开采)。See Natural Resource Governance Institute (2015a, b), pp. 1 – 2.

关厂的时间就越长。[134]

2.4.3.4 关闭和退役

矿山的寿命是有限的，这取决于正在开采的矿床的规模和质量。一旦矿山的矿产资源枯竭，或经营已不再盈利，矿山就不可避免被关闭。关闭矿山是暂时或永久停止采矿作业的过程。关闭一座矿山通常需要2~10年，但是如果需要长期的水监测或处理，则需要更长的时间。[135]

关闭一座矿山后，工作的重点是使其退役和善后。作为退役的一部分，操作人员将对采矿设施和设备进行拆除，而开采、加工、存储矿产、获取、提取或加工矿石所利用的所有建筑，包括房屋、建筑物、基础设施、水塘、尾矿、池塘、废弃物、覆盖物及其他垃圾场、在地上或地下使用的器具，都需要改为他用、拆毁或回收。[136] 全世界多数监管机构均要求矿业公司在获批采矿许可证之前，已经制定了矿山关闭和退役计划，且证明矿场将来不会对环境或社会造成威胁。取决于其所处的地点，关闭后的矿山可被人们用于其他用途，或恢复其采矿前的用途。监管机构对金融担保的要求也越来越高，以确保责任公司不能按计划完成关闭矿山时，可利用金融担保的资金实现矿山关闭。[137]

2.4.3.5 监测和复垦

矿业公司经常被要求在矿场关闭后的很长一段时间内对矿场进行监测，以确保土地的修复工作取得成功。这一阶段的活动包括对尾矿周围进行定期监测和维护，并确保适当回填土地和水道达到可接受的生产使用标准，确保所有地形与建筑物具有稳定性，任何水道的水质都是合格的。[138] 复垦是指使采矿所利用的土地恢复到自然状态。复垦通常涉及许多活动，

---

[134] Ibid, see also Sigam and Garcia (2012).

[135] See Natural Resources Canada (2013), pp. 65 – 77.

[136] See Mining Facts (2012).

[137] Ibid.

[138] Ibid, also Sigam and Garcia (2012).

如清除所有危险材料、修整土地、恢复表土、种植原生牧草、树木或地表植被。[139] 开发大多数矿山都需要制定关闭和复垦计划，且应为复垦预留一些资金。这样做的目的是从一开始就把保护环境纳入采矿作业中；确保关闭时的矿山对人和动物都是安全的。[140]

2.5　适时修改采掘业法的必要性

与石油产业一样，采掘领域中的固体矿产行业，也面临着复杂的法律和监管挑战。肯尼亚、南非、利比里亚、塞拉利昂等非洲国家的采矿活动对环境造成了很大影响。[141] 此外，腐败和管理不善、缺乏问责制和透明度、对采矿工人的劳动和人权保护不足、资源民族主义和对投资者和投资权利的法律保护不足等，都加剧了投资非洲采掘业的法律风险。[142] 其他问题还包括：缺乏问责制、任意没收传统和原住民土地而不给予补偿、将资源开发项目设在贫穷和脆弱地区、针对维权者的刑事犯罪与迫害行为、缺乏对上述问题中的受害者的司法和准司法救济制度。[143] 早在 1980 年，非洲联盟的前身——非洲统一组织就通过了促进非洲经济发展的《拉各斯行动计划》，总结了非洲在自然资源开发领域面临的如下主要问题：

> 缺乏关于广大未开发地区自然资源禀赋情况的信息……缺乏开发这些资源所需的足够能力（资本、技能和技术）；很大程度上依赖国外跨国公司，由它们选择非洲较小范围的自然资源，以

---

[139] Ibid.

[140] See Sigam and Garcia (2012). See also generally, Minerals and Petroleum Resources Directorate, Indigenous and Northern Affairs Canada.

[141] See Elbra (2017), pp. 18 – 25.

[142] Ibid.

[143] 参见 Olawuyi (2015a, b); Oluduro (2014), p. 165（介绍了所讨论问题的性质与范围）；另参见 Human Rights Watch (1999), p. 47（讨论了政府腐败对尼日利亚资源可持续治理的影响，腐败形式包括为合同当事方向政府公务人员支付回扣、为总统开立特别银行账户、欺诈性地将石油或精炼产品分配给政治势力）。

满足发达国家对原材料需求；非洲国家对自然资源开发所产生的附加值所占份额不足……原材料主要用于出口，而未用于非洲国家国民经济建设，从而阻碍了相关产业的发展；国外跨国公司对于不感兴趣的自然资源的开发与利用水平极低；自然资源禀赋对社会经济发展的贡献低得令人失望。[144]

不幸的是，上述问题在多年后的非洲仍然存在。除了环境、人权和监管方面的问题外，手工小规模采矿（artisanal and small-scale mining，ASM）的蓬勃发展及其对本来可以由政府利用的商业收益的影响，也成为很多非洲国家所面临的经济问题。尼日利亚《矿产与矿业法》把手工小规模采矿界定为：以手工或冲积等形式进行采矿作业，此类作业或利用低水平技术，或采取较小成本的方式进行小规模采矿。[145]《非洲矿业愿景》的报告（以下简称《愿景报告》）指出，世界非燃料矿产中的15%至20%、非洲黄金的18%，以及非洲除钻石外的所有宝石都是以手工小规模采矿的方式开采。在非洲，目前估计有800万人受雇于手工小规模采矿领域；相比之下，1999年的数字仅为300万～370万。[146] 整个非洲大陆参与手工小规模采矿人数的增加主要与贫困、冲突、自然灾害、政治危机、农业衰落和气候变化等因素有关。南非等国已经设法规范手工小规模采矿行为，并承认该行业对社会与经济发展发挥了重要作用，对于那些经常被排除在国家矿业经济之外的弱势群体尤其重要。[147] 尽管南非和尼日利亚已经在矿业法中承认了手工小规模采矿的合法性，但其他一些非洲国家仍在努力寻找最佳方法规制此类行为。

正如第一章所指出的，非洲采掘业总体前景所面临的另一个关键问题

---

[144] See United Nations Economic Commission for Africa (2011), p. 5.

[145] Nigerian Minerals and Mining Act No. 20 of 2007.

[146] International Labour Organisation (1999), Benkenstein (2012) and Buxton (2013).

[147] Minerals and Mining Policy for South Africa 1998.

是，一些国家几乎对矿产开发完全忽视，特别是尼日利亚等石油生产国。尽管尼日利亚、刚果民主共和国、博茨瓦纳、肯尼亚、坦桑尼亚等国的矿产资源总量很大，但随着政府耗费数百万美元进行油田勘探，矿产勘探已经退居次要地位。国内贸易逆差和固体矿产开发不足造成的外汇损失是巨大的。开发这些矿产可以为很多非洲国家创造无数的机会，包括出口创汇、用于国内工业生产提高国内收入；实现经济多样化发展；提高就业水平，特别是在发现矿藏的农村地区。开发固体矿产也可以促进技术转让和发展，以及基础设施的发展，尤其是在农村地区。非洲各国重新重视矿业，既适时又十分重要。

必须把采掘业作为一个整体性工业部门对待与发展，各子产业之间可以产生互补性经济与社会利益。为实现非洲采掘业的可持续和全面发展，非洲国家必须解决影响资源可持续管理的法律和治理问题。非洲各国迫切需要制定适当的法律，进行法律和监管改革，以解决未来非洲矿业投资者将经常遇到的一些障碍和瓶颈。有关当局目前应该做的是确保以客观、有效和透明的方式批准与管理采矿作业。

2.6　小结

非洲固体矿产行业的经济潜力巨大，如果得到持续合理的利用，完全可以改变一些非洲国家的经济命运。然而，如果非洲国家希望吸取石油开发活动中所面临的污染环境、侵犯人权、缺乏问责制等挑战的教训，必须修改现有的行业法规与制度，以使它们更加有效，且能避免投资该大陆石油与天然气中所面临的相关问题。实现非洲采掘业的全面与多元发展，必须降低对石油与天然气的投入，促进固体矿产的开发，这主要取决于非洲国家如何制定适当的法律和治理制度，从而能够有效解决腐败、窃取资源、污染环境、侵犯人权等常见问题。

为了吸引外国投资进入非洲的采掘业市场，非洲各国政府也需要培育良好的投资环境。例如,在全球化程度日益提高、竞争日趋激烈的世界,非洲国家仅凭资源优势而不发展适当的采掘业基础设施,很难吸引外国投资者参与其固体矿产和石油业。这些基础设施包括健全的管道网、安全的公路网、可正常运行的铁路系统、稳定的电力和电信设施,而这些设施目前在整个非洲大陆都不可靠。

尽管诸多国际论坛中不断提及非洲采掘业的发展潜力与投资机会,但解决该大陆目前存在的基础设施不足问题所需的法律和制度却未得到彻底的探讨和交流。设计有效的法律和制度,必须首先了解扩大与刺激投资非洲采掘业所需的各种硬件设施及相关条件。因此,下一章将详细介绍非洲采掘业基础设施的现状。

参考文献

Alberta Energy. What is Oil Sands? http://www. energy. alberta. ca. Accessed 12 Apr 2018

American Association of Petroleum Geologists. What is Petroleum. http://www. aapg. org. Accessed 10 June 2018

American Gem Society. 4 Cs of Diamonds. http://www. americangem-society. org/page/4cs. Accessed 2 May 2018

Ayoade M (2002) Disused offshore installations and pipelines: towards sustainable decommission-ing. Kluwer, Alphen aan den Rijn

Bazhenova K (2009) Evolution of oil and gas generation in the Earth's history and petroleum prediction in sedimentary basins. Russ Geol Geophys 50(4):308 – 319

BBC News (2015) World's most expensive coloured gem sells for $30m. http://www. bbc. com/news/world-europe-32717029. Accessed 2 May 2018

Benkenstein A (2012) Artisanal and small-scale mining in Africa: opportunities and challenges. SAIIA, Johannesburg. http://www.saiia.org.za/opinion-analysis/artisanal-and-small-scale-mining-in-africa-opportunities-and-challenges. Accessed 10 Oct 2015

Bhardwaj A (2013) Challenges and solutions in an upstream and downstream oil and gas operation. http://globalenergy.pr.co/65678-challenges-and-solutions-in-an-upstream-and-downstream-oil-and-gas-operation. Accessed 5 May 2018

British Petroleum (2017) BP statistical review of World Energy. https://www.bp.com/content/dam/bp/en/corporate/pdf/energy-economics/statistical-review-2017/bp-statistical-review-of-world-energy-2017-full-report.pdf. Accessed 5 May 2018

Buxton A (2013) Responding to the challenge of artisanal and small-scale mining. How can knowledge networks help? IIED, Londonhttp://pubs.iied.org/pdfs/16532IIED.pdf. Accessed 10 Oct 2017

Cairn Energy (2010) Oil and gas project life cycle. http://www.cairnenergy.com/files/reports/responsibility/cr2010/overview/oil-and-gas-project-life-cycle.html. Accessed 10 June 2018

CM Enterprises. Minerals. CM Enterprises. http://www.cm-enterprises.org. Accessed 3 May 2018 Commission of the European Communities (2008) Is there a speculative bubble in commodity markets? Report of the Task force on the role of speculation in agricultural commodities price movement. SEC (2008) 2971

Conoway C (1999) The petroleum industry: a non-technical guide. PennWell, Tulsa

Control Risks (2012) A new frontier: oil and gas in East Africa.

http://www. cailaw. org/media/files/IEL/ConferenceMaterial/2013/Oilfield Services/ASekandi-paper. pdf. Accessed 21 Apr 2018

Daily Nation (2015) Titanium earns Kenya Sh9bn, surpasses soda ash. http://www. nation. co. ke/business/Titanium-earns-Kenya-Sh9bn-surpasses-soda-ash/996-2703628-j3cp47z/index. html. Accessed 11 June 2018

Diamond Facts. An Estimated 65% of the world's diamonds come from African countries

Diamond Facts. Conflict Diamonds. http://www. diamondfacts. org/index. php? option = com_content&view = article&id = 118&Itemid = 156&lang = en. Accessed 10 June 2018

Eckert A (1997) The World of Opals. Wiley, Hoboken

Economides M, Oligney R (2002) The color of oil: the history, the money, and the politics of the World's biggest business. Round Oak, Katy

Egypt Oil and Gas Web Portal. More than A 100-year journey. http://www. egyptoil-gas. com/publications/more-than-a-100-year-journey

Elbra PA (2017) Governing African gold mining: private governance and the resource curse. Springer, Berlin

Electric Power Research Institute (1999) Enhanced oil recovery scoping study. Final Report, No. TR – 113836. Palo Alto, CA

Environment Canada. Petroleum Refining. http://www. ec. gc. ca. Accessed 5 May 2018

Extractive Sector Transparency Measures Act of Canada, S. C. 2014, c. 39, s. 376

Fatoye FB, Gideon YB (2013) Geology and occurrences of limestone and marble in Nigeria. J Nat Sci Res 3(11):60 – 65

Foraminifera Market Research (2013) Barite ore mining and milling in

Nigeria: how viable? http://www.foramfera.com. Accessed 12 Apr. 2018

Foraminifera Market Research. Iron ore mining in Nigeria: the opportunities. http://www.for-mafera.com. Accessed 12 Apr. 2018

Foster NH, Beaumont EA, Bacheller WD, Peterson RM (1991) Hassi Messaoud Field—Algeria Trias Basin, Eastern Sahara Desert. In: Foster NH, Beaumont EA (eds) Treatise of petro-leum geology Atlas of oil and gas fields, structural traps. American Association of Petroleum Geologists, Tulsa

Gao Z (1998) Environmental regulation of oil and gas. Kluwer Law International, Alphen aan den Rijn

Government of Canada, Stages of Mineral Exploration & Development in Northwest Territories. http://publications.gc.ca/collections/collection_2008/inac-ainc/R2-466-2007E.pdf. Accessed 12 Apr. 2018

Grayson LE (1981) National oil companies. John Wiley & Sons, Chichester

Hsu T, Lucas A, Pardieu V (2016) Gem fossicking: recreational mining in Australia. https://www.gia.edu/gia-news-research/gem-fossicking-recreational-mining-australia. Accessed 12 Apr. 2018

Human Rights Watch (1999) The price of oil: corporate responsibility and human rights violations in Nigeria's oil producing communities. Human Rights Watch, Washington, DC. hrw.org/reports/1999/nigeria/nigeria 0199.pdf. Accessed 12 May 2017

International Council on Mining and Metals (2014) The role of mining in national economies. ICMM, London http://www.icmm.com/romine/index. Accessed 10 June 2018

International Energy Agency (2015) Africa energy outlook special report. IEA, Paris

International Energy Agency (IEA) (2016) Medium-term coal market report. IEA, Paris

International Labour Organisation (ILO) (1999) Social and labour issues in small-scale mines. Geneva, Switzerland

International Peatland Society (2015) What is a Peat? http://www.peatsociety.org/peatlands-and-peat/what-peat. Accessed 10 June 2018

Kazeem Y (2017) Two investigations into corruption in resource-rich DR Congo show why it stays so poor. Quartz Africa. https://qz.com/1038143/two-investigations-into-corruption-in-resource-rich-dr-congo-show-why-it-stays-so-poor/. Accessed 12 Apr. 2018

KPMG (2014) Nigerian mining sector. KPMG, Lagos

Llewellyn J, Hansen B, Llewellyn P (2013) The changing face of the oil industry: White Paper Llewellyn consulting

Magloire PR (1970) Geology of giant petroleum fields, Triassic Gas Field of Hassi R'Mel. Algeria, American Association of Petroleum Geologists Memoir 14

Martin P, Kramer B (2009) Williams & Meyers manual of oil and gas terms. Lexis Nexis, New York

Mineral and Petroleum Resources Development Act No. 28 of 2002 of South Africa

Mineral Councils South Africa. http://www.chamberofmines.org.za/sa-mining/coal. Accessed 11 June 2018

Minerals and Mining Act No. 20 of 2007 of Nigeria

Minerals and Mining Policy for South Africa 1998

Mining Act of Kenya, No 12 of 2016

Mining Facts (2012) What happens to mine sites after a mine is closed?

http://www. miningfacts. org/environment/what-happens-to-mine-sites-after-a-mine-is-closed/. Accessed 12 May 2017

Mining Greece. Ten most expensive minerals in the World. http://www. miningreece. com/minin-greece-the-10-most-expensive-minerals-in-the-world/. Accessed 2 May 2018

Nassau K (1978) The origins of color in minerals. Am Mineral 63:219 – 229

Natural Resource Governance Institute (2015a) The mining industry. https://resourcegovernance. org/sites/default/files/documents/nrgi_primer_mineral-industry. pdf. Accessed 10 June 2018

Natural Resource Governance Institute (2015b) The oil and gas industry: overview and trends. https://resourcegovernance. org/sites/default/files/documents/nrgi_primer_oil-and-gas-indus-try. pdf. Accessed 10 June 2018

Natural Resources Canada (2013) Exploration and mining guide for aboriginal communities. https://www. nrcan. gc. ca/sites/www. nrcan. gc. ca/files/mineralsmetals/files/pdf/abor-auto/min-ing-guide-eng. pdf. Accessed 12 May 2018

Nigerian Investment Promotion Council. Solid minerals. https://www. nipc. gov. ng/? wpfb_dl = 11. Accessed 04 June2018

O'Brien R (2009) Australia's iron ore product quality. Geoscience Australia, Canberra

Olawuyi D (2015a) Increasing relevance of right-based approaches to resource Governance in Africa: shifting from regional aspiration to local realization. McGill Int J Sustain Dev Law Policy 11(2):113 – 158

Olawuyi D (2015b) Principles of Nigerian environmental law. Afe Babalola University Press, Ado-Ekiti

Olawuyi D (2018) Regulation of upstream oil & gas. Gulf legal advisor. Lexis Nexis, New York

Oluduro O (2014) Oil exploitation and human rights violations in Nigeria's oil producing com-munities. Afrika Focus 25:2

OPEC (2013) I need to know: an introduction to the oil industry & OPEC. http://www.opec.org/opec_web/static_files_project/media/downloads/publications/ChildrenBook2013.pdf. Accessed 21 Apr 2018

OPEC. Profile of Member Countries. http://www.opec.org/opec_web/en/about_us/25.htm. Accessed 21 Apr. 2018

Petroleum (Exploration and Production) Act of Kenya, Cap 308

Petroleum (Production) Act 1934 of the United Kingdom

Petroleum Act of Nigeria, No. 1 of 1969, Cap P10, Laws of the Federation of Nigeria (2004)

Petroleum. In: Hugh Chisholm (ed) Encyclopædia Britannica, 11th edn. Cambridge University Press

Rossman G (2005) New discoveries of Painite in Myanmar (Burma). Gems Gemol 41(4):356

Shor R, Weldon R (2009) Ruby and Sapphire production and distribution: a quarter century of change. Gems Gemol45:236 – 257

Sigam C, Garcia L (2012) United Nations Conference on Trade and development. In: Extractive industries: optimizing value retention in host Countries. UNCTAD, Geneva

Social and Economic Development Group, Middle East and North Africa Region (2006) Socialist people's Libyan Arab Jamahiriya Country Economic Report. http://siteresources.worldbank.org/INTLIBYA/Resources/libya-countryeconomicreport.pdf. Accessed 10 May 2018

South Africa Government. Mineral resources. http://www. gov. za/about-sa/minerals. Accessed 12 Apr. 2018

The Citizen (2013) Nigeria's wasting bitumen wealth

Traut MW, Boote DRD, Clark-Lowes DD (1998) Exploration history of the Palaeozoic petroleum systems of North Africa. Geol Soc 132:69 – 78

Tullow Oil (2014) Tullow in Ghana. https://www. tullowoil. com/operations/west-africa/ghana. Accessed 19 Dec 2017

United Nations Economic Commission for Africa (UNECA) (2011) Minerals and Africa's devel-opment: the international study group report on Africa's mineral regimes. UNECA, Addis Ababa

United States Department of the Interior (2015) The mineral industry of Africa: 2012 Minerals Yearbook Africa. https://minerals. usgs. gov/minerals/pubs/country/2012/myb3-sum-2012-af-rica. pdf. Accessed 10 June 2018

US Department of Energy (2002) Energy and the environmental profile of the US mining industry, lead and zinc (Chapter 6). http://www. energy. gov

US Department of Energy-Office of Fossil Energy. Petroleum reserves. https://www. energy. gov/fe/services/petroleum-reserves. Accessed 5 May 2018

US Energy Information Administration (2015) Country analysis brief: Nigeria. http://www. eia. gov/beta/international/analysis_includes/countries_long/Nigeria/nigeria. pdf. Accessed 10 June 2018

US Energy Information Administration (2016a) Transportation sector energy consumption. In: International energy outlook. US EIA, Washington, DC

US Energy Information Administration (2016b) Industrial sector energy consumption. In: International energy outlook. US EIA, Washington, DC

US Energy Information Administration (2018) What are petroleum products, and what is petro-leum used for? https://www.eia.gov/tools/faqs/faq.php?id=41&t=6. Accessed 10 June 2018

US Energy Information Administration. FAQs. https://www.eia.gov/tools/faqs/faq.php?id=41&t=6. Accessed 10 June 2018

US Geological Survey (2017) Mineral commodity summaries. https://minerals.usgs.gov/minerals/pubs/mcs/. Accessed 10 June 2018

US. Energy Information Administration. International Energy Statistics. Accessed 3 May 2018

Visual MD. Minerals. The Visual MD. http://www.thevisualmd.com. Accessed 10 June 2018

Wolf COH (2009) Petroleum sector value chain. World Bank Group, Washington, DC http://sit-eresources.worldbank.org/INTOGMC/Resources/noc_chapter_1.pdf. Accessed 10 June 2018

World Bank (2018a) Libya's economic report. https://data.worldbank.org/indicator/NY.GNP. PCAP.CD? locations=LY. Accessed 10 June 2018

World Bank (2018b) Nigeria's economic report. https://data.worldbank.org/indicator/NY.GNP. PCAP.CD? locations=NG. Accessed 10 June 2018

World Diamond Council. The Diamond Industry Fact Sheet. Diamond Facts. http://www.dia-mondfacts.org/pdfs/media/media_resources/fact_sheets/Diamond_Industry_Fact_Sheet.pdf. Accessed 12 Apr. 2018

World Gold Council. Gold mining. https://www.gold.org/about-gold/gold-supply/gold-mining. Accessed 12 Apr 2018

Yager TR, Bermúdez-Lugo O, Mobbs PM, Newman HR, Taib M, Wallace GJ, Wilburn DR (2012) The mineral industries of Africa. In:

Minerals yearbook. U. S. Geological Survey, Reston

Yglesias M (2014) Why speculators are stashing vast quantities of crude oil on tanker ships. Vox. https://www. vox. com/2014/12/25/7443569/contango-oil-storage. Accessed 5 May 2018

Zimbabwe Herald (2016) Fresh lithium deposit to transform Zimbabwe's Economy. http://www. herald. co. zw/fresh-lithium-deposits-to-transform-zim-economy/. Accessed 2 May 2018

第三章　采掘业基础设施

摘要：本章将论述的问题是，建立全面而有效的基础设施网络，是最优、最大化实现非洲丰富的采掘资源利益的基本要求。具体包括：采掘作业所需的最重要的基础设施；非洲基础设施缺口的性质和程度、投资机会；非洲国家采掘业基础设施建设、维护与运营方面的法律制度；非洲共用性跨国跨地区采掘业基础设施项目建设与融资所需的合适的法律制度。

3.1　引言

非洲石油和固体矿产资源勘探与生产活动的蓬勃发展，促进了对连接这些资源与精炼厂、加工厂及最终用户的基础设施的大量需求。[①] 因此，从现在开始到2050年的成熟期，作为非洲支柱型产业的采掘业正在进入高增长阶段，需要大量资金以满足日益增长的基础设施需求，也为国际采掘公司提供了投资机会。

采掘业基础设施是指采掘业价值链中开采、生产、精炼、运输、储存、分配采掘资源所需的硬件设施（铁路、公路、港口、桥梁、管道、炼油厂、收集系统）及相关基础设施（电讯、电力、物流和机构）。[②] 如第一章所述，很多资源丰富的非洲国家基础设施缺口严重，对采掘资源进入市场从而实现国

---

① Olawuyi (2018), pp. 1 – 2.

② Ramdoo (2015). See also the Nigerian case of *Shell Petroleum Development Company of Nigeria Ltd. vs. Abel Isaiah and Ors.* (2001) 1 N. W. L. R. Part 723 page 169. 在该案中，法庭认为安装管道、生产、加工与运输原油至储油罐，是石油矿业的基本环节。

家的长久发展构成了挑战。[③] 根据世界银行的《非洲基础设施国别诊断》估计,弥补非洲基础设施缺口所需的资金约达750亿美元,目前每年的资金缺口约为350亿美元。[④] 因此,落后的基础设施是在非洲营商的主要限制因素,并导致企业生产率下降40%左右。[⑤] 由于多年的腐败、破坏、忽视和缺乏适当的维护,有些基础设施,如管道、驳船、货船、炼油厂和公路网等用于运输、提炼、储存和加工采掘资源的基本设施要么根本不存在(尤其是在整个西非区域),要么效率低于最佳水平。[⑥] 同样,在过去十年中,管道网也面临持续加剧的破坏。[⑦] 以尼日利亚为例,2015年,尼日利亚国家石油公司记录的管道破坏事件有4000多起,而2000年只有1121起。[⑧] 对现有能源基础设施的不断破坏,进一步威胁了国家安全及发电厂所需的天然气供应。[⑨]

电力产业是非洲基础设施缺口最大的领域。根据世界银行的统计,撒哈拉以南非洲的48个国家(总人口8亿)的发电总量约相当于西班牙(人口4500万)的发电量,仅够每人每天使用一只100瓦的灯泡3小时。[⑩] 例

---

③ Ramdoo (2015).

④ Foster (2008).

⑤ Ibid, also Escribano et al. (2008).

⑥ A Escribano, Ibid. Collier (2011), p. 48.

⑦ 破坏是故意破坏、损害或妨碍石油设施和运输设施从而阻碍石油生产和运输的行为。See Section 1 of the *Nigerian Petroleum Products and Distribution* (*Anti-Sabotage*) *Act of* 1975 LFN 2004 c P12. 该法规定,在尼日利亚,故意阻碍或者阻止石油生产、运输的,为犯罪行为。该法将所有破坏石油生产和运输的行为定为犯罪行为,如破坏、炸毁管道,妨碍石油生产或运输等;妨碍石油产品的采购;或者妨碍输送石油产品的车辆,石油产品如车用汽油、汽油、柴油、汽车用油、燃料油、航空燃料、煤油、液化石油气及任何润滑油、润滑脂或其他润滑剂。根据该法,有此类破坏性犯罪的,可判处死刑或21年以下有期徒刑。该法案还规定,除主犯外,任何帮助、煽动、劝告或唆使其他人从事破坏活动的,为犯罪行为,不论他人是否实际从事了破坏行为。See also s. 7 of *The Miscellaneous Offences Act of* 1983 Cap. M17 Laws of the Federation of Nigeria, 2004. 该法规定,故意或恶意破坏、损害、阻塞、切断或影响原油或成品油在输油管道中自由流动的,为犯罪行为。犯有影响或破坏管道罪的,判处无期徒刑。

⑧ Punch Newspaper (2016).

⑨ Punch Newspaper (2018).

⑩ 该报告还指出,非洲的公司报告显示,由于频繁断电,他们的销售额下降了5%;如果对于无力购买备用发电设备的非正规企业,这一比例将上升至20%。Foster (2008), pp. 2 - 3.

如,在尼日利亚,采掘业的投资者面临着与电力供应不足有关的基础设施挑战;老龄化的炼油厂;陈旧的管道基础设施;缺乏通往矿藏地的公路。[11]除南非外,[12]这些问题在肯尼亚、加纳、坦桑尼亚、莫桑比克、津巴布韦甚至非洲大陆的整个采掘业中都很普遍。[13] 如果发电、输电与配电领域的新投资可以提高电力产业的发展能力,这些挑战本身也是投资者主动修复基础设施,增加连接采掘资源与精炼厂、加工厂及最终用户的基础设施项目的机会。[14] 如果可以得到为潜在投资者提供便利与优惠的强有力的法律与管理制度的支持,则非洲采掘工业特别是中游部门的发展潜力就可以得到释放。国际能源署(International Energy Agency)的一份最新报告指出,全世界能源基础设施所需要的投资高达 44 万亿美元,其中 60% 与发电设施有关(包括化石燃料和低碳能源基础设施,以及供家庭使用的开采能源设施)。[15] 彭博咨询社(Bloomberg)的年度报告指出,全球新建发电基础设施需要 10.2 万亿美元。[16] 为提高非洲采掘业的竞争力,这些投资中的很大一部分必须流向非洲。

本章将讨论的问题是,建立全面而有效的基础设施网络,是最优、最大化实现非洲丰富的采掘资源利益的基本要求。还将讨论非洲共用性跨国跨地区采掘业基础设施项目建设与融资所需的合适的法律制度。与建设小型发电站、使用小型发电机与单一管道网络等投资者通常做法不同,为

---

⑪ See KPMG (2017), pp. 6 – 10.

⑫ 从基础设施水平和区域内连通性的角度看,南部非洲是非洲最发达的地区之一。也许最值得注意的是南非广泛利用铁路作为主要货运方式,而撒哈拉以南非洲其他地区利用这种运输方式则不足。国际能源署指出,南非拥有撒哈拉以南非洲地区最先进的能源基础设施。See IEA (2014), pp. 30 – 34.

⑬ See Ramdoo (2015) and Foster and Briceno-Garmendia (2010). See also Natural Resource Governance Institute (2015) pp. 2 – 3. 作者讨论了将煤炭从莫桑比克的偏远地区运至市场、大量煤炭堆积在煤矿外的物流挑战如何影响了煤矿的盈利能力。

⑭ OECD (2012).

⑮ IEA (2016a, b, c).

⑯ Bloomberg (2017).

了适应目前的项目需求，必须建设模块化精炼厂等建筑设施，非洲政府可以刺激和促进新的基础设施项目，满足数代人长期共用，而不应只为了满足一个目标。[17]

学习本章后，读者应该能够了解非洲的采掘活动需要哪些主要基础设施；了解本国基础设施缺口的性质和程度以及基础设施投资机会；对建设、维护和经营采掘业基础设施的法律制度有所了解与评价；了解非洲负责批准或审查采掘业基础设施建设的主要机构。

如前所述，采掘业基础设施主要有两种形式：硬件设施（铁路、公路、港口、桥梁、管道、炼油厂、收集系统）；相关基础设施（电讯、电力、物流和机构）。接下来对其予以具体讨论。

3.2 硬件设施

硬件设施是指把石油和天然气从一个地方输送至另一个地方所需的基本建筑设施。硬件采掘设施，如铁路、公路、港口、桥梁、管道、炼油厂、集输系统都发挥着重要作用，用于石油、矿产的运输、储存和产品分配。[18] 良好的硬件设施可以使生产出来的资源产品在各固定点之间无缝流动（seamless flow），即在空间上相互分开的生产地与消费地之间流动。成本低、质量高的交通设施可以提高流入市场的产品竞争力，这些产品通常无法承受较高的运输成本。这是一个很重要的问题，尤其可以决定采掘产品的价格。[19]

由于石油和固体矿物的特性不同，因此运输它们的方式也是不同的。固体矿产通常通过铁路、港口、飞机跑道、混凝土管道、公路和传送带输送。[20] 受承载能力和运输距离的影响，每种运输方式都有其相对优势和劣

---

⑰ See Natural Resource Governance Institute (2015).

⑱ See Lucas and Thompson (2016).

⑲ Abduljabbar and Tahar (2012); also Ehimomen and Adeleke (2012).

⑳ 生产贱金属等大量产品的矿山在运输需求方面存在一定差异。

势。除了距离外,运输方式也取决于矿物的特性。对于低价值散装矿物,较高比例的运输成本会转嫁到最终消费者身上。需要长途运输的矿石一般用干散货船,短距离运输则使用河流和水道上的驳船。一些矿石如煤炭也可以通过管道输送。碎煤可以与油或水混合(这种混合物称为浆体),然后通过管道输送给工业用户。[21] 船舶和驳船可以运输不同的大宗商品,如煤炭、铁矿石和铝土矿,运费与实用性也有所不同,很大程度上取决于不同矿业市场的情况。

卡车运输是用来把矿石运送到转运机上,以便输送给水路或铁路承运人,如果是在精炼厂,则直接向客户发货。卡车运输具有路线选择灵活、运输成本适中的优势。它们主要用于较短距离的运输,因为运量较小(与铁路或驳船相比)的产品单位运输成本通常很高。在供应链中的采矿区建立若干储存点十分必要。因为矿物质主要是分批(如一列火车或一艘船)运输,而不是像天然气一样通过网络不断运输,必须不断适应起伏不定的供应需求;在起运地和收货地的码头或港口通过水路运输;或运送给终端用户,如将煤炭运至电厂。一些矿物必须小心处理,储存时必须考虑它们的具体特性,避免发生环境问题或危害矿产的质量。例如,储存不当的煤会氧化(天气),引起热含量的损失,如果热量进入煤堆中,则可能引发煤自燃(如轮船、驳船或有轨电车)。[22]

固体矿产的公路运输,即通过卡车运输固体矿产非常灵活,而且在很多国家都非常可行,尽管各国的公路质量和安全状况有所不同。另外,铁路运输成本相对较低,尽管建设成本比公路高,但维护成本较低,而且与公路运输相比,铁路运输更安全,发生事故的概率低,且具有较大的承载力。在远距离运输大量货物时,港口运输也非常实用。然而,港口的建设和维护成本更高。一般来说,固体矿产的各种运输方式在许多方面是相辅相成

---

[21] US Department of Energy.

[22] See Ehimomen and Adeleke (2012).

的,尽管在某些情况下,各种运输方式之间存在竞争关系。这些运输活动都是空气污染物的来源。公路、装卸站与转运点的建设与维护,都会破坏地面并把颗粒物排放到空气中。道路与装卸站的利用都会因破坏地面而将灰尘等颗粒物释放到空气中。用于运输矿石的卡车、火车或输送机的发动机也可产生污染物。[23]

此外,石油运输通常有四种选择:管道、铁路、卡车和船舶。长途运输石油的两种主要方式是管道和港口,只有较短距离运输时,铁路和公路才更经济。公路运输是油库与大宗消费品消费者及零售点之间的主要联系(加油站、加气站和仓库)。用公路运输产品的单位成本既取决于使用的公路油罐车,又取决于销售人员。[24] 因为卡车几乎可以在陆地上走到任何地方,所以经常被用作原油的第一程运输方式。从井里泵出的油可能直接被装上卡车,然后运送到一个中心设施,装载到管道、船只或轨道车上。当无法获得其他形式的交通工具时,可以很快安排卡车运输。[25] 然而,就安全性而言,卡车往往是最不受欢迎的方法。与其他任何一种石油运输方式相比,它们更接近人群,因此,一旦发生事故,就可能是灾难性的。[26] 在非洲的很多石油生产国,油罐车漏油也是环境污染的一个主要来源。[27] 同样,公路运输也面临遭到歹徒破坏与攻击的巨大风险,在这种情况下,石油盗窃、破坏和经济损失几乎是不可避免的。

运输大量的石油时,船舶、驳船和船只的优势十分明显。一艘驳船的载货能力约为 130 万加仑,而最大的跨洋油轮可以运载约 8400 万加仑石油。一辆卡车只能装运 9000 加仑石油,而一列 100 节车厢火车的运载量

㉓ See Olawuyi (2015a, b), pp. 28 – 30.

㉔ Ehimomen and Adeleke (2012).

㉕ Ibid.

㉖ Olawuyi (2015a, b).

㉗ Ibid. 非洲已经发生了多起油轮泄漏的重大事件。最近的一个例子是 2018 年尼日利亚拉各斯的油轮灾难。See Usman (2018).

大约为 300 万加仑。[28] 因此,一艘驳船的运载量相当于数百列火车与卡车的运载量。驳船除运载能力强外,也不像陆地运输那样面临交通和其他运输服务问题。[29] 然而,如果船只发生泄漏,对环境尤其是水体的破坏,要比其他运输方式严重得多。虽然大多数泄漏事故的漏油量很小,但是来自船只的泄漏可能是非常严重的,且是海洋污染的主要来源。

火车比其他交通工具泄漏的石油要少。国际能源署的一项研究指出,2004 年到 2012 年,铁路运输漏油事故次数是管道泄漏事故的 6 倍,但管道泄漏事故的平均水平要比铁路运输严重得多。[30] 铁路运输也更快捷。[31] 然而,铁路运输石油非常危险,一旦发生事故,就是灾难性的,尤其会对当地社区造成极其严重的影响。[32] 火车事故有可能危及生命,并造成大量财产损失。火车通常穿过很多城市的街面,与之相反,管道多位于地下,远离人口稠密的地区。因此,铁路事故可能导致爆炸,石油泄漏则会造成大量生命和财产损失。[33]

石油运输最常用的形式是石油管道。[34] 鉴于管道在石油产业价值链中具有独特的战略重要性,下面将详细讨论。

3.2.1 管道

"管道"被恰当地定义为"用于在海上或陆上的两地之间运输原油或

㉘ Molinski (2015).

㉙ Molinski (2015); also TTI (2007), pp. 1 – 10.

㉚ Tencer (2013).

㉛ Molinski (2015).

㉜ 运油列车发生重大事故由来已久。2013 年至 2015 年,美国和加拿大共发生了 31 起列车事故,其中包括运油列车。例如,2013 年 7 月 5 日,一列无人看管的火车在魁北克省拉克—梅甘蒂镇脱轨,漏油并起火。大约 160 万加仑的石油泄漏,造成 47 人死亡,30 栋建筑被烧毁。See Associated Press (2016).

㉝ Ibid, also Vertabedian (2015).

㉞ Kilbourn (1970), p. vii.

天然气的管道"。[35] 油田和天然气油田通常位于距离市场很远的地方，近则几百公里，远则1000多公里。因此，石油天然气运输系统由复杂的管道网络组成，安全、快速和有效地从产地运输石油产品到有需求的地区。管道是把原油从开采地（井口）运至集输设施与加工设施、炼油厂、油轮装载设施的必要连结点。[36] 管道也用于输送悬浮在液体中的固体，如由粉煤组成悬浮在水中的煤泥。

管道可分为州际、州内或跨境管道。州际管道用于将石油和天然气从国内的一个州或省输送到另一个州或省。一个很好的例子就是建于1989年的埃斯克拉沃斯—拉各斯（Escravos-Lagos）管道系统，该系统可以将天然气从尼日尔河三角洲的埃斯克拉沃斯地区输送到拉各斯附近的艾格宾（Egbin）发电站。[37] 州内管道则用于输送某一州或省内部的天然气。跨境管道就是把成品石油或天然气从一端的生产国运至另一端的消费国的管道。本质上而言，它们把石油从一个国家输送到另一个国家。[38] 潘德—泰玛尼天然气管道（Pande-Temane Gas Pipeline）就是一个很好的例子，这条输气管道造价7.21亿美元，全长865公里，设计目的是将天然气从莫桑比克输入南非。[39] 还有一条东非原油管道（East African Crude Oil Pipeline），这条35.5亿美元、897英里长的管道建成后，每天可以从乌干达向坦桑尼亚输送20万桶石油。[40] 乍得—喀麦隆石油管道（Chad-Cameroon Oil Pipeline）也是非洲的另一个跨境管道项目，自2003年以来，该管道已将乍得西南部三个油田的石油源源不断地输送到喀麦隆的克里比海港出口。[41]

另一个重要的例子是耗资10亿美元的西非天然气管道（West African

---

[35] Pricewaterhouse Coopers (2006), p. 60.
[36] See Lucas and Thompson (2016).
[37] Onyegbule (2012).
[38] Vinogradov (1999), pp. 75 – 80.
[39] World Bank (2015).
[40] Pipeline and Gas Journal (2017).
[41] Energy Charter Secretariat 2015.

Gas Pipeline,WAGP),管道全长421 英里,是一条区域性高压气体输送系统,用于将天然气从尼日利亚的尼日尔河三角洲地区输送到加纳、贝宁和多哥。[42] 这是撒哈拉以南非洲的第一条跨境管道,由西非天然气管道公司(West African Gas Pipeline Company)负责运营。由于存在很多国际法问题,跨境管道工程的建设与监管都非常复杂,因此管道将通过的每个国家都必须解决这些问题。[43] 例如,由于尼日利亚当地居民抱怨西非天然气管道会破坏当地的土地、影响人们的生活、污染渔业捕捞区域,项目因此搁置了很多年。[44] 工程建设与融资过程中出现的社会、经济和环境问题也多种多样,主要取决于管道输送的资源性质。在规划管道项目时,对于资源流动的特点、环境危害性、输送成本、安全风险等各种问题,必须认真考虑并尽力解决。

3.2.1.1 管道类型

石油管道 尼日利亚的《1969 年石油管道法》将石油管道定义为"用于输送矿物油、天然气及其衍生物或成分、用于或拟用于生产、炼制、输送矿物油、天然气及其衍生物或成分的任何物质(包括蒸汽和水)的管道"[45]。尽管该定义没有把用于输送石油的管道与用于输送天然气、凝析油及其他油气衍生物的管道相区别,实际情况是考虑到这些产品各有其特点,如重

---

[42] World Bank (2014), pp. 1 – 10.

[43] 例如,参见联合国欧洲经济委员会所做的重要工作以及世界银行在2003 年发表的文章《跨境油气管道:问题与展望》。该文指出,造成这种复杂性的原因包括:有关各方利益不同;缺乏监督和规范有关活动和合同事宜的法律制度;利润和租金由各方与各类机构共同分享,以激励一方或另一方寻求更大份额的利润和租金。另参见 Dulaney and Merrick (2005),作者讨论了在跨境石油与天然气管道项目中遇到的各种法律问题,以及条约、政府间协议和东道国政府协议如何有效处理其中一些问题。

[44] See Olawuyi (2015a, b).

[45] S. 11 (2) of the *Oil Pipelines Act*, Chapter 338 Laws of the Federation of Nigeria 1990. 同样,在 *Nigerian AGIP Oil Company vs. Kemmer* (2001) 8 N. W. L. R. Part 716 第506 页中,法院也考虑了石油管道的含义。法院认为:"石油管道是指输送石油矿产、天然气及其衍生产品或成分,以及用于生产、精炼或输送石油矿产、天然气及其衍生产品或成分的任何物质(包括蒸汽和水)的管道。"

量、黏度和流动性,输送这些产品需要不同的管道。这些石油和天然气在物理性质上的差异决定了需要利用不同的管道予以输送。由于石油体积较小,石油管道的输送量可以是天然气管道输送量的5倍。因此,与天然气管道相比,石油管道的建设和运营成本通常较低,风险也小。对于输油管道来说,主要的风险是输送过程中的溢油风险。不过,清理石油泄漏的过程更方便、更节省成本。[46]

管道建设产业已经从油气价值链的中游产业中的支撑性产业发展成关键性产业。美国于1834年在新泽西州米尔维尔铺设了早期的管道,向主要城市输送照明用煤气。[47] 1858年在宾夕法尼亚州发现石油之后,很快出现了一种新型管道和管线。1863年,美国首次成功将数根长2.5米、直径2英寸的石油管道铺入地下,这条管道每天可输送800桶(33,600加仑)石油。[48] 自此,石油管道制造、施工、防腐、测试与检查管道以防油气泄漏等方面取得了重大进展。一般来说,原油被提炼成石油产品后,就会通过拖车、卡车、火车等费用较低的运输方式将其输送给最终用户。不过,石油管道仍然非常重要,并经常用于输送成品油到罐区、不同的零售商和配送仓库。石油管道一般沿国家石油公司或石油监督部设定的路线铺设。[49]在尼日利亚,目前的大部分石油管道由联邦政府所有与经营,具体由国家石油公司的子公司管线和产品销售公司(petroleum pipelines and marketing company,PPMC)负责。但是,经尼日利亚国家石油公司和石油资源部批准,一些国际石油公司也拥有与经营尼日利亚的输油管道。

天然气管道　与石油一样,输送天然气的最常用方式是天然气管道。输送天然气比输送石油的成本要高得多。天然气的气态性和大体积,意味

---

[46] Olawuyi (2015a, b).

[47] Kiefner and Trench (2001).

[48] Ibid.

[49] See *Shell Petroleum Development Company vs. Burutu Local Government Council* (1998) 9 N. W. L. R. Part 565 page 318. 该案涉及的是尼日利亚国家石油公司的石油作业设施所有权问题。

着很难通过公路、铁路或其他形式予以运输,除非已经被液化。同样地,与石油管道不同,天然气管道需要在高压下运行。因此,高压输气管道是输送气态天然气的主要形式。高压燃气管道具有较高的施工成本和维护成本,压缩气体的成本也很高。

天然气的成分决定了如何将其处理后再输送。储层中发现的天然气有三种状态:非伴生气,即天然气没有接触或溶于油藏中的原油;气顶气,与石油共存于油气藏中呈游离气顶状态的天然气;伴生气,即与地下储层中的石油混合在一起的天然气。[50]

就天然气管道而言,主要的风险是爆炸,一旦发生天然气管道爆炸,就可能是灾难性的,难以处理或清理。[51] 天然气管道爆炸除了可以产生环境和健康问题外,还会因为难以控制而给天然气公司造成巨大的损失。同样,天然气管道爆裂所产生的后果可能比石油管道爆裂更加严重和复杂。甲烷是高度易燃的,未检测到的泄漏可能导致事故和爆炸。此外,天然气的主要成分是甲烷,可导致严重的温室效应。未检测出的天然气管道泄漏可能是导致气候变化的一个因素。[52] 天然气管道泄漏也会破坏其所穿过的环境敏感区的环境,如会破坏附近居民区和含水层附近的生存环境。[53]

此外,与可以用来输送不同的混杂物及各等级石油的石油管道不同,天然气管道是根据天然气的压力、波动性和输送周期专门设计的,因此不容易被改用输送其他气体产品,否则,很多设备,如泄漏检测和监控系统、泵站、压缩机车站、油库及内线检验(In-Line Inspection,ILI)下水与接收设施、流量计、过滤器、液体分离器,腐蚀控制装置、泄漏检测装置、控制阀和

---

[50] PwC (2006).

[51] Reuters (2018).

[52] Olawuyi (2015a, b), pp. 108 - 110.

[53] Ibid.

分段阀等都可能需要更换。[54]

与石油管道一样,天然气管道也要沿国家石油公司或石油监督部设定的路线铺设。在尼日利亚,目前大部分天然气管道由联邦政府通过尼日利亚液化天然气公司(Nigeria Liquefied Natural Gas Company,NLNG)所有和运营,该公司是一家有限责任公司,主要由尼日利亚国家石油公司所有,根据尼日利亚《液化天然气公司法案》设立,其宗旨是利用尼日利亚丰富的天然气资源,为出口而生产液化天然气和天然气液体。[55] 不过,经尼日利亚国家石油公司和石油资源部批准,一些国际石油公司也拥有与经营尼日利亚的天然气管道。

液化天然气输送系统 液化天然气是指为方便及安全储存或输送,已转化为液体的天然气。它是一种无色、无味、无腐蚀性、无毒性的天然气产品,以甲烷为主要成分,以接近大气压的液态形式存在。[56] 国际运输中通常首选转换为液体形式的天然气,因为液态天然气体积小,不易燃,因此更容易安全运输和储存。不能通过管道输送的天然气,可以液化后用船运。然而,液化天然气的运输需要复杂而昂贵的基础设施系统,包括管道、液化工厂、油轮、船舶和再气化工厂。[57] 液化天然气基础设施包括通往海边的天然气管道、天然气液化厂、储存设施以及液化天然气装运码头。[58]

通过把天然气的温度降低或冷却至 -162°C(-260°F)可以得到液化天然气。[59] 温度下降可以使天然气中的甲烷液化,因此,天然气的体积可

---

[54] Olawuyi (2015a, b), pp. 108 -110.

[55] The Nigeria LNG (Fiscal Incentives Guarantees and Assurances) Act Cap N87 2004.

[56] PwC (2006), p. 47.

[57] 美国能源信息署的数据显示,卡塔尔目前是世界上最大的液化天然气出口国。卡塔尔于 1997 年开始出口液化天然气,目前出口量超过 4.3 万亿立方英尺,2014 年的出口量占全球市场份额高达 31%。卡塔尔也是天然气液化生产的前沿国家,而且拥有世界上最大的天然气合成油设施。

[58] See Shell, *Liquefied Natural Gas* (*LNG*).

[59] Ibid.

以缩小600倍,从而使以液化天然气形式的常压运输成为可能。[60] 利用油轮和船只,可以把液化天然气运输到国际市场。液态天然气运输更安全,因为它不易燃。此外,与气态天然气相比,液化天然气所占的空间小得多。[61] 利用自动制冷装置,可以使液化天然气一直保持液态,从而可以将其装入专门的绝缘油轮并运往世界各地。液化天然气到达目的地后,在再气化工厂被还原为气体,供分配和销售。通过天然气管道,可以把气态天然气输送给最终用户。

液化天然气液化系统的建设和维护十分复杂,成本也极高,且可能需要几年才能完成。过去,液化天然气管道项目的成本通常高达90亿至120亿美元,包括气田开发、建设液化工厂、制造专门的液化天然气运输船以及建设再气化工厂,政府因此对其收益颇为担心。[62] 液化过程所消耗的能源量也很大,在这一过程中,会浪费15% ~18%的天然气。[63]

3.2.1.2 流程和系统

一般来说,为了把石油和天然气从生产地点输送至炼油厂再到终点用户,必须通过三大类管道系统:集输系统、州际管道系统和配送系统。

集输系统(又称采集系统或收集设施)的主要功能是,从不同的海上油气田、开采地收集原油或天然气,并将其输送到主要的储存设施、加工厂或装运点,以进行处理和/或进一步运输。[64] 该集输系统由低压、小直径管道组成,将天然气从井口输送到加工厂。大多数集输系统由采掘公司或国家石油公司所有,设计、建造、安装、将井口与主要运输公司连接起来需要多年时间。石油或天然气由集输系统输送到普通收集点后,就会被转至气体传输系统(用于天然气)和石油干线(用于石油),以进一步输送至处理

[60] Ibid.

[61] 液化天然气的体积大约是同样质量天然气体积的1/600。Ibid.

[62] See World Bank (2003).

[63] Ibid.

[64] See de Silva and Bremen (2008), p. 149.

端或存储端。

完成对天然气的加工后，天然气管道运营商就会通过大型输气系统将天然气输送到不同的交付点。天然气必须在高压下沿着管道移动。为确保天然气处于高压状态，需要沿管道间隔布置压缩机站。天然气进入压缩站后，被压缩涡轮或发动机压缩。整个管道网络还安装了计量站监控天然气的压力、流量和泄漏情况。[65] 就石油而言，由管道组成的大型管道干线用于把原油或成品油输送到国外或国内的交付点。交付点可以是用气量很大的实体，如发电站，也可以是位于州或省的配送系统，由其将天然气分配成较小数量并输送给最终用户。

因此，配送系统是一个由低压管网、储油（气）罐和燃料管道构成的网络，它们之间相互连接，以方便和监测石油和天然气从传输系统到各终端用户的流动。每个系统都在石油行业价值链中发挥重要作用，必须得到密切而妥善的维护，避免突然发生灾难性泄漏。

燃料配送系统的破裂或泄漏会对环境造成威胁，也会导致一国电力、水等基础设施供应的中断。因此，许多资源生产国已经制定了一些法律，以确保管线网络与系统的安全性和完整性。

3.2.1.3　管道的管理

管道的设计、施工、批准使用、维修、安全检测、使用收费、环保问题以及管道使用中的其他方面都受到高度的规范。为确保石油和天然气供应的安全性，石油管道往往受到资源生产国法律的监管。例如，在尼日利亚，石油管道受《石油管道法》的规制。[66] 该法规定，在尼日利亚铺设与经营输油（气）管道，必须得到石油资源部长的批准，且必须配有输油管道所必需的辅助设施，包括储罐、泵站和装卸码头。《石油与天然气管道法》《石油资源部指导方针》《石油与天然气管道施工、经营和维护程序》等详细规定

---

[65] See de Silva and Bremen (2008), p. 149.

[66] *Oil Pipelines Act of* 1956, Laws of the Federation of Nigeria 2004, c O7.

了在尼日利亚设计、铺设、经营、维护与升级改造石油管道应当遵守的标准。

根据该法案,申请人可以获得两种类型的许可证:石油管道线路勘测许可证;石油管道铺设、维护、经营许可证。[67]

石油管道线路勘测许可证 勘测许可证持有人有权进入指定的土地范围,勘测石油管道施工路线。持证人有权与官员、代理人、工人或其他受雇人,携带任何必要的设备或车辆,勘测土地的级别;挖土钻孔;砍伐与移走可能妨碍下述开采目的的树木等植被;在必要或需要进入拟铺设石油管道线路的土地的情况下,通过与该路线相邻的土地;采取一切其他必要的行动,以确定该土地是否适合铺设石油管道或附属设施。[68]

根据《石油管道法》第 3 条的规定,尼日利亚石油资源部长有权签发石油管道线路勘测许可证。该规定,石油资源部长有权签发石油管道路线勘测许可证和石油管道建设、维护与经营许可证。因此,在安装任何管道之前,必须先取得土地勘测许可证。换言之,勘测许可证的获取须先于石油管道建设、维护与经营许可证。签发每一许可证应只批准一条管道的建造、维修和经营。确定一片土地是否适合铺设石油管道,必须先对其予以勘测。

《石油与天然气管道法规》规定,只有申请人已经勘测了油气管道线路,才可以向其签发石油管道建设、维护与经营许可证或更换许可证;或者在申请更换许可证时,申请人必须已经重新勘测石油管道。此外,尚未根据该法第 4、5 节的规定获得勘测许可证的,不得开展该法第 1 节所规定的勘测或重新勘测活动。申请勘测许可证时,须同时提交拟建管道路线地形图或替代路线地形图副本 10 份。申请人根据该法第 31 节的规定支付申请费的,石油资源部长可签发勘测许可证,也可拒绝签发勘测许可证。

---

[67] Ibid, s. 4.

[68] Ibid, s. 5.

部长拒绝签发勘测许可证的,须以书面形式通知申请人,并说明拒绝的理由。

该法案还包含通知条款,规定许可证持有人获得许可证后14日内,通知拟铺设油气管道的土地所有人或合法占有人。本规定要求许可证持有人在兴建管道项目前,必须与土地所有人充分协商,从而保护现有土地所有人的财产和土地权利。此外,取得土地所有人或合法占有人的事先同意,并向其支付适当的补偿后,勘测许可证还必须采取一切合理步骤,避免对地上建筑物、庄稼或有价值的树木造成损害,造成损害的,应向土地所有人或合法占有人赔偿。[69] 成功完成勘测活动后,持证人可向部长申请石油管道建设、维护与经营许可证。

石油管道建设、维护与经营许可证(石油管道许可证) 石油管道许可证持有人通常有权在指定的管道用地上建设和运营管道。例如,在尼日利亚,根据《石油管道法》第7条的规定,勘探许可证持有人可以针对任何石油管道,向部长申请颁发石油管道许可证。申请人必须已经完成了输油管道的路线勘测。许可证申请人应当向部长提交申请书,说明管道的各端点,并对管道予以描述。申请书还应附有拟定路线的平面图,以确定哪些土地会受到影响,并就修建抽水站、水箱等附属设施提出建议。[70] 申请必须附一项声明,指明该输油管道可提供的服务、管道规格、管道输送的流体的特性、管道建设的总估算成本。

部长在收到申请后,应指定不少于6周后的一天听取反对意见,还将指定一人或多人在指定地点听取反对意见。申请人必须在联邦公报、相关各州的公报及拟建设管道途经地的主流报纸上发出公告,介绍该项目。同时,应通知专属勘探许可证、采矿证、石油勘探许可证、石油开采许可证持有人,采矿租约、临时采矿租约或石油开采租约的承租人。

---

[69] Ibid, s. 6(1) (2) (3) (4).

[70] Ibid, s. 8.

部长可因各种他/她认为的足够充分的理由批准或拒绝颁发许可证。如果部长拒绝颁发许可证,应书面通知申请人拒绝的决定及理由。[71] 如果管道满足有效运营的条件,部长应批准申请,各缔约方应约定使用管道的条件,无法达成合意的,部长可以决定使用条件。为保障申请人的管道使用权,规制使用费,部长可以提出必要要求。

除许可证持有人外,任何人不得建设、维护或经营石油管道。凡违反该法关于获得许可证的规定构成犯罪的,应单处或并处有期徒刑与罚金。部长可要求任何根据该项规定被定罪的人将管道和任何附属设施拆除。经部长要求拆除管道或附属设施的罪犯,如因拆除行为而对土地造成损害,应负赔偿责任。

根据《石油管道法》第 17 条第 1 款规定,部长可以决定许可证的有效期,最长为 20 年。除管道所有者外,任何人希望使用根据本法颁发的许可证而建设、维护与经营的管道输送石油产品,必须向部长提出申请。[72] 每项申请均须以包含规定项目的特定形式与格式作出。持有人如果希望续展现有的许可证,必须事先重新勘测现有管道并取得勘测许可证。[73] 续展期限不得少于石油开采租约的剩余期限。

石油管道许可证持有人可以在许可证有效期内的任何时间,决定关闭全部或部分管道,但应根据《石油管道法》第 17 条第 3 款的规定,至少提前 3 个月向部长报告其决定。

同样,部长可以基于三个原因终止或撤销管道许可证。第一个原因是时间的流逝,即已批准的许可证期满,以及许可证的续展申请已获批准。第二个原因是使用该管道输送石油产品的石油和天然气作业已停止。鉴于石油业务的停止对于管道许可证持有人继续保留和维护管道已毫无意

---

[71] Ibid.

[72] Ibid, s. 18 (1).

[73] See Regulation 1 of the Oil and Gas Pipelines Licence Regulations 1995.

义,因此部长可以撤销管道许可证。实际上,许可证持有人可以申请将管道转为其他用途。例如,石油管道可以转换成天然气管道,反之亦然。在这种情况下,许可证持有人应按照1995年《石油和天然气管道法》第22条的规定,向石油资源局(Department of Petroleum Resources,DPR)提出申请。第三个是撤销许可证的情况,主要原因是石油管道许可证持有人没有满足颁发许可证时所附的条件,且在收到相关书面通知后仍未能纠正违约情况。[74] 部长可借此通知持证人将被撤销许可证。部长可以准予许可证持有人以外的人使用石油管道,如果许可证持有人拒不接受,部长也可以撤销其许可证。[75] 石油管道许可证终止或者届满后3个月内,持证人应当无偿拆除管道及其附属设施,并在3周内通知部长,否则将指派他人购买全部或部分管道及其附属设施。如果买卖双方在价格上存在分歧,应通过仲裁决定。[76]

除遭受蓄意破坏情况外,许可证持有人一般有责任对他人因石油管道或其附属设施泄漏受到的损失予以赔偿。不过,如果损失或损害因蓄意破坏而产生,或由不对许可证持有人负责的人或不受许可证持有人控制的人造成,则许可证持有人不负任何责任。[77]

许多其他二级立法和规定适用于管道安装和运营。有些法规要求申请人在获得项目及后续活动的许可之前,必须做环境影响评估。例如,尼日利亚《环境影响评估法》(Nigerian EIA Act)规定,长度超过50公里的管道,须做出经环保部认可的环境影响评估。[78] 根据尼日利亚《土地使用法》,将土地用于铺设天然气管道,可视为为了最重要的公众利益,政府可

[74] Ss. 27 (1) and 27 (2) of the Oil Pipelines Act.

[75] Ibid, section 18 (9).

[76] Ibid, s. 28 (1).

[77] Ibid, s. 11 (5) c.

[78] *Environmental Impact Assessment Act of* 1992, Laws of the Federation of Nigeria 2004, c E12.

以因此强制征用土地。[79] 此外,《油港税法》(Oil Terminal Dues Act)中还包含规制出口原油的条款。该法规定,在尼日利亚油港利用船舶运走原油,须缴纳税款。[80] 该法还规定,除经石油部长书面批准外,不得建设与经营油港。[81] 利用海洋油船在尼日利亚油港运走原油,必须遵守《原油(运输和装运)条例》[Crude Oil (Transportation and Shipment) Regulations],该条例要求用船舶运输原油,必须做出经有关政府部门认证的关于船舶承载能力的声明。[82]

石油出口商出口石油或天然气,也必须取得石油资源部与联邦工业贸易和投资部签发的出口许可证。《出口货物装运前检验法》(Pre-shipment Inspection of Export Act)规定,从尼日利亚出口包括原油在内的产品,必须经过装运前检验机构的检验。[83] 该法案还要求包括石油产品在内的商品的出口商在尼日利亚开立、保有有效外币账户,所有出口收益必须以该币种支付。《沿海及内河航运法》[Coastal and Inland Shipping (Cabotage) Act]规定,禁止使用外国船只在尼日利亚沿海地区、内陆水域或任何专属

---

[79] S. 28 of the *Land Use Act of* 1979, Laws of the Federation of Nigeria 2004, c L5,该法规定,"为公共利益"可以征用土地,包括"因采矿、铺设输油管道或与其有关的任何目的需要土地"。关于该法本章节精彩而详细的评论,参见 Ako (2009)。

[80] *Oil Terminal Dues Act* 1969 No. 9 (Laws of the Federation of Nigeria 1990, Cap. 339).

[81] 同上,在 *Seleba vs. Mobil Producing (Nigeria) Unlimited* (2002) 12 N. W. L. R. Part 995 第 643 页中,在该案中,尼日利亚法院将"油港"定义为:装油码头、泵送站、增压站或其他设施(或包括储存设施在内的与码头相关的设施),但位于港口内或本港口法所指的码头除外。

[82] *Crude Oil (Transportation and Shipment) Regulations (S. I. 44 of* 1984). 该条例规定了船舶运输原油的规则。除另有规定外,该条例禁止:(1)利用指定储油罐外的储油罐装载或贮存原油;(2)在未经许可的地点装载原油;(3)运输缺少规定文件的原油;(4)对用于运输原油的船舶的容量作虚假申报。

[83] *The Pre-shipment Inspection of Export. Act*, no 10 of 1996, Cap P26 Laws of Federation of Nigeria, 2004. 该法的目的主要是解决尼日利亚石油业中普遍存在的低估出口石油价值、延迟发放发货单与支付货款、操纵原油价格、非法交易原油、故意非法超载、超过储油罐载负达 1%(国际标准为 0.1%)、石油泄漏、违约等问题。该法的宗旨在于培育石油运输业的职工正直和诚信精神,减少油港工人不端行为所造成的损失,监督合资石油公司及其代理人的出口活动,以产品数量、质量及价值为衡量标准,对尼日利亚原油与非石油出口中的装载与运输予以有效监管。

经济水域内运输货物。[84] 该法还规定,非尼日利亚公民实际拥有的船只、拖船或驳船,不得向尼日利亚的石油钻塔、平台或其他设施运输原料或提供服务,也不得从这些设施运输原料或接受服务,无论这些设施位于尼日利亚沿海、陆地还是内水港口。[85] 未获得尼日利亚石油部的许可或许可证,擅自在尼日利亚出口、进口、销售或分销原油、石油或石油产品,为犯罪行为。[86]

3.2.1.4 管道经营及输送协议

在过去,管道公司的作用是促进石油和天然气从生产者到购买者的输送。不过,在过去的十年里,随着油气生产商直接向终端用户销售产品,管道公司的角色也发生了转变。越来越多石油和天然气生产国和国际石油公司开始建设自己的管道设施、设立管道公司,从而可以直接向地方销售公司、工厂等终端用户提供天然气。因此,越来越多管道公司既是采掘产品的生产者,又是运输者。管道公司根据依管道关税签订的合同向消费者提供运输服务。这些合同以往多是长期性的,一般超过 20 年,但因管道所有者与消费者商业目的的不同,合同期限也可能是 30 天至 10 年。长期合同终止后,合同方经协商会以短期合同取而代之。运输合同会详细列明服务的种类、收货地与交货地、运输费用,以及每天最大运量、天然气的质量等内容。[87]

管道建设、经营与投资主要采用四种类型的协议:管道建设和经营协议、运输协议、经营平衡协议、托运或付款合同。

管道建设和运营协议 一方或多方当事人根据该协议的条款和条件,

---

[84] *Coastal and Inland Shipping (Cabotage) Act* 2003 (No. 5 of 2003). 该法的主要目的是维护在尼日利亚沿海和内陆水域、悬挂尼日利亚国旗以及尼日利亚公民所有的船舶运输货物和服务的商业活动,鼓励本土航运公司参与国内航运和海运贸易。

[85] See ss. 3–5, ibid.

[86] *The Miscellaneous Offences Act of* 1983 M17 Laws of the Federation of Nigeria, 2004,该法规定,未经有关国家部门许可,非法进口、出口或购买矿物为犯罪行为。第 17 条规定,禁止在尼日利亚非法进口、出口、销售或分销原油、石油或石油产品。第 18 条将石油掺假定为犯罪。

[87] Wright and Gallun (2008).

同意共同建设、投资、经营和维护管道。管道建设和运营协议是一种合资项目，通常由一个或多个生产者，或由生产者和长期消费者共同实施，使管道的联合融资和运营成为可能，并确保提供可靠的基础设施，以保证能源的稳定供应。[88] 海豚天然气管道(Dolphin Gas Pipeline)项目就是一个很好的例子，该海底管道全长 364 千米，是中东最长的天然气管道，由公共和私营部门组成的财团共同建设，用以将卡塔尔北部气田的天然气输送至阿曼和阿拉伯联合酋长国的区域市场。[89] 该管道直径 48 英寸(合 1200 毫米)，每年可输送的天然气量为 330 亿立方米(合 1.2 万亿立方英尺)。[90] 该项目表明，为了共同的长远利益，两个甚至多个法人实体可以联合起来，投资运营成本密集型管道项目。

除约定每个合资企业的角色外，管道建设和运营协议还会列明管道的技术规格和设计规划。协议还会列出合资企业在整个合资关系中的经营细则。签署管道建设和运营协议旨在维持项目的“生命”，有时可长达 30 年，除非解约、撤资、转资或违约，否则所有缔约方均会一直合作。与应用于油气开采中的合作经营协议(Joint Operation Agreement，JOA)很相似，管道建设和运营协议中会约定管道项目各缔约方的权益比例，以及各方应发挥的作用。一个或多个缔约方可以被指定为经营者。经营者负责管道的日常管理和经营。管道建设和运营协议也会成立管理委员会，监督管道的建设与运营情况。每个合伙人通常都有代表进入管理委员会，委员会以“及格分”(同意提议所需要的总权益比例)投票的方式通过决定。[91] 这些“及格分”因经营所处的阶段而有所不同，不同管道建设和运营协议中的投票方式也千差万别。解聘经营者等重大变更或决定一般

---

[88] See de Silva and Bremen (2008), p. 149.

[89] 该管道由阿联酋离岸集团公司设计，海豚能源有限公司铺设。See Dargin (2011), pp. 317 – 320.

[90] Ibid.

[91] 通常，单独或合计持有 50% 以上股份的一人或多人投赞成票，管理委员会的决议方可通过，并对合资企业产生约束力。

需要较高“分数”。

管道建设和运营协议中保护缔约方利益的其他主要条款包括转让条款(指明缔约方是否及何时可将其权益转让给新加入者);第三方使用管道,适用法律;争端解决条款;以及允许某些缔约方坚持未获得多数人同意的提议。阐明如何使项目停止的终止条款也非常重要。出现以下三种情形之一,管道建设和运营协议缔约方会解除缔约关系:(1)过错或违约;(2)各缔约方同意解除缔约关系;(3)一方决定转让其权益。一方未在限定时间内缴纳其资金份额即构成违约。根据管道建设和运营协议,违约方一般将丧失其权利,最终丧失利益;守约方须按比例缴纳相应资金,并获得违约方的利益。违约可能与缔约方企图通过逃避责任而拒不履行义务有关,也可能与管道泄漏或爆炸而对环境造成重大损害有关。

运输协议 该协议是提供石油和天然气输送服务的主要合同。协议详细列出了运输服务提供者(主要是管道所有者,即承运人)与同意代为运输石油和天然气产品的私人或商业客户(托运人)之间约定的条款和条件。[92] 在这种情况下,托运人拥有石油产品,可以是生产者、销售者、经纪人或终端用户。管道公司同意接收托运人的产品,并在管道系统沿线的指定地点交付。货物的交收地为石油与天然气管道线路上的地点,即连接管道的收货体系,以及连接管道的配送系统与终端用户。为了使风险从承运人转移至托运人,运输协议中必须载明精确的交货地点。

鉴于石油与天然气有很多不同特性,可专门针对天然气签订《天然气运输协议》,或针对石油订立《原油运输协议》。例如,国际石油公司可以和管道所有者签订一年期的原油运输协议,约定国际石油公司在合同存续期间有权使用管道所有者的管道输送石油,而管道所有者有权收取约定费用,并保证石油公司的石油可以经其管道安全输送。同样,在天然气运输协议中,经营天然气管道的公司一般会同意为国际石油公司提供天然气输

[92] See de Silva and Bremen (2008), p. 149.

送服务。

在天然气运输协议中,承运人会与托运人约定代为运输天然气的费用。运输协议中通常围绕拟提供服务的性质作出相应约定条款:输送量(经管道流动或输送的石油或天然气量),服务量,交货地点,拟定付款方式,协议的条件与期限。[93] 运输协议还会包含通知、转让、终止协议、准据法、争端解决机制等一般条款。总体而言,多数管道所有者与经营者都有提供给托运人的格式条款与条件。缔约双方就这些条件达成一致意见后,非根据运输协议进行协商,不得予以变更。例如,如果石油公司与管道公司约定使用管道 1 年进行石油输送,但实际只使用了 9 个月,石油公司仍须支付合同项下的全部费用,因为管道专门留给该公司一年用于输送其石油。

管道所有人一般负有维护、维修、更新与运营管道系统的义务。因此,托运人必须对这些义务中的部分或全部认真协商。在这种情况下,有必要明确哪些设施由客户维护,采用何种维护标准,是否可以因此减少运输服务费用,对承运人尽快进行维护或修理工作以使其对运输服务造成的影响最小,对管道进行常规维护(定期或不定期)。

经营平衡协议 经营平衡协议主要适用于天然气输送问题。它是管道所有者与(货物)交付地或接收地的当事人之间签订的协议,缔约方就平衡拟定服务水平与实际服务质量之间差异的具体程序达成合意。[94] 实际上,承运人接收与交付的天然气量无法精确控制,因为通过气量计测量的天然气量并非总能与预计的气体量相同。这种差异会造成管道所有人与客户之间的不平衡(矛盾)。经营平衡协议就是用于以特定计量仪器平衡天然气测量值与期望值之间的差异。按照承运人或其委托人的要求,天然气会被按量输送至各承运人指定的计量仪器中。然后,天然气测量值与

---

[93] See de Silva and Bremen (2008), p. 149.

[94] PwC (2006), p. 58.

期望值之间的差异就由经营平衡协议来分配。经营平衡协议可以使交付地的运营、会计与管理工作更加高效,还能够减少天然气测量与交付中的诉讼与纠纷。

运输或支付合同 运输或支付合同或条款指的是承运人与天然气生产者或托运人之间所达成的协议,要求托运人即使在石油产品未被运输的情况下仍需支付运输费用。[95] 这是一种独立合同,有时是运输合同中的独立条款,托运人可以接受与该合同相关的运输服务,也可以未接受运输服务而支付费用。[96] 总之,托运人负有支付服务费用的义务。[97] 因此,托运人可以选择履行以下两种义务:(1)托运天然气,并根据合同中约定的每年最低托运量(标准作业程式量)支付费用;(2)如果托运人在合同有效期内的年份没有托运天然气,则支付标准作业程式量的运输费。涉及该条款的目的在于保障承运人的收入来源,从而保证其拥有充足的资金从事重大项目的资本投资,以及规避投资运输基础设施中的风险。[98]

有人认为运输或支付合同作为一种惩罚措施,有悖于禁止对违约当事人予以惩罚的一般普通法规定。[99] 有一种观点比较好,即认为法院应当且能够使此类条款适用于拥有相当议价实力的理性商业当事人之间自由签订的商业合同,而且会很少出现运输或支付条款无法成为惩罚性措施的情况。[100] 英国最高法院在审理卡文迪什广场控股有限公司(Cavendish Square Holdings BV)诉塔拉勒·埃尔·马克德西(Talal El Makdessi)一案时,对

---

[95] PwC (2006), p. 68.

[96] See Holland (2016), pp. 443 – 453, See also *Total Gas Marketing Ltd. v. Arco British Ltd. and Others* [1998] 2 Lloyd's Rep 209 HL; [1998] UKHL 22; *Amoco (UK) Exploration Company v. Teesside Gas Transportation Limited and Another* [2001] 1 All ER (Comm) 865; [2001] UKHL 18.

[97] See Holland (2016), Ibid.

[98] Ibid.

[99] See *Alfred McAlpine Capital Projects Ltd. v. Tilebox Ltd.* [2005] EWHC 281 (TCC), [2005] BLR271 (QBD).

[100] See Holland (2016).

合同的基础与可执行性做了如下解释：

> 如果合同中包含一方有义务做出某一行为，并规定如果他不履行合同，须向另一方支付一笔特定金额，这里的支付一定数额的义务是一种第二性偿付责任(secondary obligation)，相当于罚金；但是，如果合同中没有明示或暗示一方当事人做出某一行为的义务，而只是约定如果一方当事人不作为，则须向另一方支付特定金额，那么这里的支付一定数额的义务是一种有条件的第一性偿付责任(primary obligation)，而并非罚金。[101]

上述讨论表明，起草运输或支付合同时必须谨慎，使其成为第一性偿付责任，而非无法被法院执行的罚金。此外，为避免因不可抗力事件导致无法运输的情况下客户仍被要求支付运输费用，运输或支付合同中应审慎地对不可抗力事件做出约定。鉴于运输或支付合同中的承运人的义务是选择性的，不可抗力的发生会成为客户未履行合同义务的理由，那么他是否有理由拒绝向管道运营者支付未实际发生的运输费？如果支付运输费用，管道运营者就会理直气壮地认为托运人可以通过支付运输或支付合同中不足的金额，完全履行其合同义务。如果不对不可抗力可以对客户的运输或支付合同义务产生何种影响作出明确而具体的约定，那么一旦发生不可抗力事件，管道运营者与客户都会对合同中的争端解决条款的有效性提出自己的理由，各方对是否应支付相关款项也有不同观点。

3.3 相关设施

相关设施是指支持硬件设施有效运行所需的系统和结构，包括电信系统、资讯及通信科技系统、电力、供水系统、物流和港口代理等机构。在采

---

[101] [2015] UKSC 67 [14] (Lord Neuberger and Lord Sumption).

掘业中，相关设施为开采、加工、存储及将采掘资源从采掘点送至终端用户的运输等提供辅助作用的系统与流程。例如，没有可靠的电力供应系统、功能齐全的供水系统、可靠的通信系统，管道和港口设施的使用可能会比较困难甚至是不可能的。

如前所述，在电力等重要相关设施方面，非洲明显落后。根据世界银行的数据，全世界有14亿人无法用电，其中大部分是非洲人，他们只能生活在缺电的环境中。[102] 例如，在尼日利亚，许多家庭和企业数星期没电。2016年，尼日利亚的总发电量为3000兆瓦至4000兆瓦，对于一个拥有1.5亿人口的国家来说，这是一个极低的水平。[103] 据估计，根据尼日利亚目前的需求，该国必须至少发电4万兆瓦，才能满足电力需求和解决电力缺乏问题。尼日利亚发电历史可以追溯到1896年在拉各斯的伊乔拉建设的第一座发电站。随后，又建设了许多其他发电厂和电网，如卡因吉（Kainji）和希罗罗（Shiroro）的一些发电站。然而，多年的高压军事统治、腐败和疏于管理等，导致电力部门基础设施投资不足，许多建成的电厂也破旧不堪。目前，该国只有大约40%的人能够用电，但很不稳定。尼日利亚的许多农村地区甚至未与国家电网相连。电力供应不足导致很多撒哈拉以南非洲国家的采掘业缺乏盈利能力，发展不足。[104] 世界银行2008年发布的《非洲基础设施国别诊断》（Africa Infrastructure Country Diagnostic）显示，非洲解决基础设施资金不足问题所需要的资金高达750亿美元，目前每年的资金缺口约为350亿美元。[105] 很多非洲国家政府无力负担解决相关设施不足所需的资金问题。例如，尼日利亚政府在《国家能源政策》（National Energy Policy）中承认，“电力部门是高度的资本密集性领域。

---

[102] 根据《2016年世界能源展望》，撒哈拉以南非洲和亚洲国家中，95%以上的人口生活在无电状态，缺乏现代烹饪燃料。See International Energy Agency (2016a, b, c). See also Escribano et al. (2010).

[103] See Igikiowubo (2008) and Ibitoye and Adenikinju (2007).

[104] See Adenikinju (2005).

[105] Foster (2008), pp. 1 - 5.

但是,对其他很多经济部门负有责任的政府无力支持它的发展。因此,有必要对该行业予以改革,吸引与鼓励私营部门的参与”[106]。

缺乏电力、道路、供水系统等相关设施,意味着采掘企业必须分配额外的预算,自己供水、发电,这意味着私人基础设施的支出往往会成为矿山建设或者石油开采的直接成本。能源供应不足也是非洲很多社会问题的一个重要原因,包括贫困、粮食短缺、清洁用水不足、医疗条件差、经济增长受阻、气候变化等。[107] 因此,联合国的“人人享有可持续能源”(Sustainable Energy for All)倡议及与其相关的可持续发展目标 7,鼓励各国实施相关项目与倡议,为 10 多亿得不到可靠能源的人提供能源。[108] 为了实现这些目标,非洲国家必须加强对基础设施发展项目的投资,扩大能源使用人群的规模(能源使用基础设施)。

为了吸引私营部门参与解决相关基础设施不足问题,有必要经常对管理方式进行改革,不断采取新举措。非洲公共和私营部门共同参与的一种重要方式是,政府和采掘公司共同出资开发共享的基础设施系统,共同解决各方面的基础设施问题,[109]这是政府利用与采掘业有关的基础设施解决所有其他行业相关基础设施不足问题的一个机会。例如,为矿山提供电力的独立发电项目,实际上也可以为矿山附近的居民与小规模产业供电。政府在利用共享性采掘业基础设施方面可以发挥重要作用,即将其作为一项战略性工具,实现国家基础设施的发展与复兴计划、提高能源安全性、消除贫困。促进采掘企业与第三方共享采掘业基础设施,是解决当地能源不足问题的关键,也是扩大采掘业投资受益人群的重要平台。

非洲各国政府可以根据本国长期基础设施战略,将与采掘业相关的基

---

[106] Report of the Presidential Task Force on Power (2011).

[107] See International Energy Agency (2016a, b, c).

[108] 可持续发展目标 7 的内容是到 2030 年实现三个目标:确保人人享有现代能源服务;将全球能源效率提高一倍,将可再生能源在全球能源结构中所占份额提高一倍。See Sustainable Energy for All.

[109] See Norton Rose Fulbright (2015).

础设施项目作为能源项目予以发展,但是必须把相关政策与财政措施有机结合起来,鼓励采掘企业发展共享性、综合性基础设施。将发展能源项目作为非洲国家地方发展的关键指标,可以成为一项重要策略。目前,非洲国家的地方发展政策更多注重经济利益,比如为了提高就业水平与机会而发展当地产业。在非洲这样极度需要相关基础设施的大陆,本地发展策略可以突出利用共享性能源设施等社会目标的重要性。例如,可以要求采掘企业建设相关基础设施,收取适当费用,与当地居民(特别是当地矿工或石油公司)和社区共享其设施。

为了实现这一目标,在颁发采掘许可证时,必须考虑能源的利用目的。采掘项目的地理位置、当地社会可以从能源基础设施项目中受益等问题必须确定,并作为颁发采掘许可证的条件。尼日利亚政府2013年为中国—尼日利亚合资企业——HTG太平洋能源有限公司(HTG-Pacific Energy)开发埃努古州埃津莫(Ezinmo)煤矿颁发许可证所采取的做法就是一个很好的例子。[110] 该许可证包括一项尼日利亚政府与被许可方之间签订的谅解备忘录,被许可方据此可以在矿山附近修建一座发电量为1000兆瓦的火力发电厂。发电厂产生的电力可为尼日利亚国家电网及矿山附近的城乡供电。尽管该项目尚处于起步阶段,但它清楚地展示了如何利用采掘业开发活动作为基础,解决非洲大陆的能源贫瘠和相关基础设施不足问题。如果国家政府能通过减税等财政激励措施认真协商和切实支持这种共享性基础设施的发展,则采掘企业的成本回收将更快,商业利润也会提高。

实现基础设施共享还需要各部门之间协调,设计一致性政策目标。尼日利亚的不同政府部门、组织和国家半官方机构在批准采掘和电力项目中发挥着重要作用。例如,财政部负责审批货币与支付工具的使用,而批准项目实施则由内政部负责,外国机构开展投资活动则必须获得公司事务委员会的批准,电力、能源和交通等其他部门也分别依职权负责一定项目内

---

[110] Ibid.

容的批准。由于这些机构与部门之间信息共享与联系性较差,投资者分别获得这些部门的批准是一项艰巨的任务。政府部门与机构之间沟通不畅往往造成它们的工作相互矛盾,审批投资者的申请也各有要求。例如,财政部可能会通过提高征税来增加税收,国家电力部主要谋求提高国家电网的发电量,而劳工部在审查项目时可能主要考虑其能否提高社会福利和就业水平。政府部门与机构之间缺乏战略一致性和协调性,采掘企业的商业利益就很难实现。政府怠于实施促进相关部门之间相互协调的政策,将导致非洲共享性基础设施的发展与实施项目对投资者的吸引力较低,从而成为基础设施建设的制度性障碍。非洲国家有必要建立适当的规管架构和机构,协调共享性采掘业基础设施项目的设计、批准、融资和实施。法律和监管框架是一个国家吸引和受益于外国投资的主要决定因素。在为任何项目融资之前,投资者都会考虑法律和合同是否可能得到适当的执行,他们的权利和责任是否得到很好的界定,而且是否有可能受到尊重。发放许可证或授权的法律和监管框架应当明确当事人使用公用设施的权利和义务,明确收费机制,建立争端解决机制和程序。成立一个强大的自主性监管机构对吸引私营部门共同投资能源基础设施项目至关重要。[111] 如果各政府部门之间能够有效协调,则项目的批准和获批将会容易很多。这种协调还将简化信息在政府部门之间的流动,从而消除重复监管问题。

3.4 小结

整个非洲的采掘业目前严重缺乏把采掘资源从开采地运至国际与区域市场从而实现其商业价值所需的基础设施。基础设施不足阻碍了非洲资源可持续利用、经济与社会发展以及解决能源短缺问题。解决这一问题,必须加强法律改革,使采掘项目成为促进当地社会能源设施建设、当地产业与经营商从采掘活动中受益的机会。政府必须首先采取适当政策和

---

[111] See Olawuyi (2013), pp. 110 – 112.

激励措施,促进共享性相关基础设施项目有利于采掘企业的成本回收和项目的实施。政府还必须促进参与其中的各利益相关者之间的协作和协调,从而降低此类项目的风险。

在采掘企业看来,通过消除直接与间接性法律风险是提高企业盈利水平的关键。因此,本书下一章将深入探讨适用于非洲采掘业的法律和监管框架,从而发现潜在的法律风险点,并提出如何利用法律手段管理此类风险。下一章重点评述非洲关于资源控制与所有权的法律规定与法理观点。

参考文献

Abduljabbar WK, Tahar R (2012) A case study of petroleum transportation logistics: a decision support system based on simulation and stochastic optimal control. Afr J Bus Manag 6(12):4350

Adenikinju A (2005) Analysis of the cost of infrastructure failures in a developing economy: the case of electricity sector in Nigeria. African Economic Research Consortium AERC Research Paper, Nairobi

Ako R (2009) Nigeria's land use act: an anti-thesis to environmental justice. J Afr. Law 53(2):289 – 304

Alfred McAlpine Capital Projects Ltd. v. Tilebox Ltd. [2005] EWHC 281 (TCC), [2005] BLR 271 (QBD)

Amoco (UK) Exploration Company v. Teesside Gas Transportation Limited and Another [2001] 1 All ER (Comm) 865; [2001] UKHL 18

Associated Press (2016) A timeline of recent oil trains crashes in the US and Canada. https://www.apnews.com/84b1e8273d854697b34af57bc60badc2. Accessed 11 June 2018

Bloomberg New Energy Finance (2017) New energy outlook 2017:

long-term projections of the global energy sector. Executive Summary. www. bloomberg. com/company/new-energy-out-look. Accessed 23 Jan. 2018

Coastal and Inland Shipping (Cabotage) Act 2003 (No. 5 of 2003)

Collier P (2011) Building an African infrastructure. Finance Dev. 48 (4):18 – 21

Crude Oil (Transportation and Shipment) Regulations (S. I. 44 of 1984)

Dargin J (2011) Qatar's gas revolution. In: Fattouh B, Stern J (eds.) Natural gas markets in the Middle East and North Africa. Oxford University Press, Oxford

De Silva L, Bremen J (2008) Oil and gas transportation agreements. In: Jennings A (ed.) Oil and gas production contracts, 1st edn. Sweet & Maxwell, p. 149

Dulaney M, Merrick R (2005) Legal issues in cross-border oil and gas pipelines. J Energy Nat Resour Law 23(3):247 – 265

Ehimomen C, Adeleke A (2012) An assessment of the distribution of petroleum products in Nigeria. J Bus Manag Econ 3(6):232 – 241

Environmental Impact Assessment Act of 1992, Laws of the Federation of Nigeria 2004, c E12

Escribano A, Guasch JL, Pena J (2008) Impact of infrastructure constraints on firm productivity in Africa. Working Paper, World Bank, Washington, DC

Escribano A, Guasch JL, Pena J (2010) Assessing the impact of infrastructure quality on firm productivity in Africa: cross country comparisons based on investment climate surveys from 1999 to 2005. Policy Research Working Paper 5191. World Bank, Washington, DC

Foster V (2008) Africa infrastructure country diagnostic: overhauling the engine of growth: infra-structure in Africa. World Bank, Washington, DC

Foster V, Briceno-Garmendia CM (2010) Africa's infrastructure: a time for transformation. World Bank, Washington, DC

Holland B (2016) Enforceability of take-or-pay provisions in English law contracts-resolved. J Energy Nat Resour Law 34(4):443 – 453

Ibitoye F, Adenikinju A (2007) Future demand for electricity in Nigeria. Appl Energy 84:492 – 504 Igikiowubo H (2008) Nigeria-A Nation in Darkness. Vanguard Newspaper

International Energy Agency (2014) World Energy Outlook 2014 special report: African Enehrgy Outlook. IEA, Paris

International Energy Agency (IEA) (2016a) Energy access projections. World Energy Outlook 2016. http://www.worldenergyoutlook.org/resources/energydevelopment/energyaccessprojec-tions/. Accessed 15 Aug. 2017

International Energy Agency (IEA) (2016b) Modern energy for all. World Energy Outlook 2016. http://www.worldenergyoutlook.org/resources/energydevelopment/. Accessed 15 Aug. 2017

International Energy Agency (IEA) (2016c) World Energy Outlook 2016. OECD/IEA

Kiefner JF, Trench CJ (2001) Oil pipeline characteristics and risk factors: illustrations from the decade of construction. American Petroleum Institute's Pipeline Committee, Washington, DC

Kilbourn W (1970) Pipeline. Clarke Irwin, Toronto

KPMG (2017) Nigerian mining sector brief. https://assets.kpmg.com/content/dam/kpmg/ng/pdf/advisory/ng-Nigerian-Mining-Sector.pdf. Accessed

9 June 2018

Land Use Act of 1979, Laws of the Federation of Nigeria 2004

Lucas AR, Thompson CB (2016) Infrastructure, governance and global energy futures: regulating the oil sands pipelines. J Environ Law Pract 28 (3):355 – 394

Miscellaneous Offences Act of 1983 M17 Laws of the Federation of Nigeria, 2004

Molinski D (2015) How to transport oil more safely. Wall Street J

Natural Resource Governance Institute (2015) Extractives-linked infrastructure exploring options for shared use of infrastructure projects. https://resourcegovernance.org/sites/default/files/nrgi_Extractives-Linked-Infrastructure.pdf. Accessed 10 June 2018

Nigerian AGIP Oil Company vs. Kemmer (2001) 8 N. W. L. R. Part 716, p. 506

Norton Rose Fulbright (2015) Sharing mining infrastructure. http://www.nortonrosefulbright.com/knowledge/publications/127581/sharing-mining-infrastructure. Accessed 11 June 2018

Oil and Gas Pipelines Licence Regulations 1995

Oil Pipelines Act of 1956, Laws of the Federation of Nigeria 2004

Oil Terminal Dues Act 1969, Laws of the Federation of Nigeria 1990

Olawuyi DS (2013) Power generation through renewable energy sources: an analysis of the legal barriers and potentials in Nigeria. J Resour Energy Dev. 10(2):105 – 112

Olawuyi D (2015a) Fostering accountability in large scale environmental projects: lessons from CDM and REDD + projects. In: Wouters J, Ninio A, Doherty T, Cisse H (eds.) Improving deliv-ery in development: the role of voice, social contract, and accountability. The World Bank Legal Review, Washington, pp. 127 – 147

Olawuyi D (2015b) Principles of Nigerian environmental law. Afe Babalola University Press, Ado-Ekiti

Olawuyi D (2018) Midstream oil and gas operations. Gulf legal advisor. Lexis Nexis, New York

Onyegbule E (2012) An overview of the Nigerian downstream gas market. National Electricity Regulatory Commission. https://pubs.naruc.org/pub.cfm? id = 5385E110 – 2354 – D714 – 512F – 1FED305A7575. Accessed 11 June 2018

Organisation for Economic Co-operation and Development (OECD) (2012) Mapping support for Africa's infrastructure investment. OECD, Paris

Petroleum Products and Distribution (Anti-Sabotage) Act of 1975 of Nigeria

Pipeline and Gas Journal (2017) Uganda and Tanzania reach pipeline construction agreement. https://pgjonline.com/2017/05/22/uganda-tanzania-reach-pipeline-construction-agreement/. Accessed 11 June 2018

Price waterhouse Coopers LLP (PwC) (2006) LNG: a glossary of terms, 3rd edn. Petroleum Economist Ltd., London

Punch Newspaper (2016) Nigeria records 1600 pipeline vandalism cases. Punch Newspapers

Punch Newspapers (2018) Blackout looms as explosion rocks Escravos gas pipeline again. Punch Newspapers

Ramdoo I (2015) Synergising and optimising mineral infrastructure in regional development strategies. E15 Expert Group on trade and investment in extractive industries

Report of the Presidential Task Force on Power (2011) https://www. esi-africa. com/wp-content/uploads/Beks _ Dagogo. pdf. Accessed 12 Dec. 2017

Reuters (2018) Explosion hits major gas pipeline in Nigeria. Reuters, London. https://www. reuters. com/article/us-nigeria-gas-blast/explosion-hits-major-gas-pipeline-in-nigeria-idUSK-BN1F01PG. Accessed 23 Apr. 2018

Seleba vs. Mobil Producing (Nigeria) Unlimited (2002) 12 N. W. L. R. Part 995, p. 643

Shell Petroleum Development Company of Nigeria Ltd. vs. Abel Isaiah and Ors. (2001) 1 N. W. L. R. Part 723, p. 169

Shell Petroleum Development Company vs. Burutu Local Government Council (1998) 9 N. W. L. R. Part 565, p. 318

Shell. Liquefied Natural Gas (LNG). Shell. https://www. shell. com/energy-and-innovation/naturalgas/liquefied-natural-gas-lng. html. Accessed 12 May 2017

Sustainable Energy for All. http://www. se4 all. org/our-mission. Accessed 15 Aug. 2017

Tencer D (2013) Pipeline spills release three times as much oil as rail spills: IEA. Huff Post. https://www. huffingtonpost. ca/2013/05/14/pipeline-oil-spills-rail-spills_n_3273725. html. 11 June 2018

Texas Transport Institute (TTI) (2007) A modal comparison of domestic freighttransportation effects on the general public. TTI, Houston

The Nigeria LNG (Fiscal Incentives Guarantees and Assurances) Act, Cap N87, Laws of Federation of Nigeria, 2004

The Pre-shipment Inspection of Export. Act, no 10 of 1996, Cap P26 Laws of Federation of Nigeria, 2004

Total Gas Marketing Ltd. v. Arco British Ltd. and Others [1998] 2 Lloyd's Rep. 209 HL; [1998] UKHL 22

U. S. Department of Energy. https://fossil. energy. gov/education/energylessons/coal/coal_mining. html. Accessed 21 Apr. 2018

Usman E (2018) Many feared dead, 67 cars burnt as tanker explodes on Lagos Otedola bridge. https://www. vanguardngr. com/2018/06/many-feared-dead-67-cars-burnt-tanker-explodes-lagos/. Accessed 12 Aug. 2018

Vertabedian R (2015) Why are so many oil trains crashing? Track problems may be to blame. Los Angeles Times. http://www. latimes. com/nation/la-na-crude-train-safety-20151007-story. html. Accessed 21 Apr. 2018

Vinogradov S (1999) Cross-border pipelines in international law. Nat Resour Environ 14(2):74

World Bank (2003) Cross-border oil and gas pipelines: problems and prospects. UNDP/World Bank Energy Sector Management Assistance Programme. http://siteresources. worldbank. org/INTOGMC/Resources/crossborderoilandgaspipelines. pdf. Accessed 11 June 2018

World Bank (2014) Ghana-the West African gas pipeline project (English). World Bank Group, Washington, DC

World Bank (2015) Pande-Temane gas fields: SASOL-CMH-IFC PPA UJV. https://www. igu. org/sites/default/files/3 – 3% 20IFC% 20 – % 20Katia% 20Daude% 20Goncalves% 20 – % 20Gas% 20Competence% 20Seminar% 20 – % 20September% 2022% 202015. pdf. Accessed 11 June 2018

Wright and Gallun (2008) Fundamentals of oil and gas accounting. PennWell Books, Houston

第二部分　投资非洲采掘业的法律理论、合同与财政制度

第四章　可开采资源的所有权与控制权

摘要:本章概述了适用于非洲采掘资源所有权和控制权的相关理论和制度。为此,本章将讨论拥有石油和矿产资源的个人或组织所享有的利益和权利。首先,本章从管辖制度与非管辖制度的角度讨论了关于所有权的争论和主张;其次,回顾了已有的各种理论,以澄清石油和矿物是否能够被拥有,即绝对所有权理论、有限利益理论、非所有权理论、占有规则、导致普通民众悲剧的所有权谜题。

4.1　引言

所有权通常是拥有、享有或自由处置某一资源或商品的绝对权利。[①] 拥有某一物品就是可以完全支配它。[②] 然而在实践中,这种绝对权利是有限的。在非洲很多地方,谁拥有与控制石油或矿产一直是一个有争议的问题,也是大量案件的标的物。非洲各国的采掘资源所有权大不相同,很大程度上取决于一国的社会政治文化、历史和殖民背景,持久性法律制度和发展政策。因此,在非洲投资时,应了解投资目的国特定资源的所有权结构:谁拥有和控制石油和天然气资源?中央政府还是联邦政府?省政府还是州政府?或者,是否存在私有的石油和天然气资源?这些问题的答案在不同非洲国家大不相同,有时可能超出其他国家的传统所有权制度。

① Graulau (2011), pp. 14 - 15.

② Njotini (2017), pp. 14 - 19.

法学解释和理论是在揭示谁拥有或控制着非洲这些重要经济资源的过程中发展起来的。为了明确哪些人(包括个人与组织)对石油与矿产资源享有利益和权利,本章将概括性地介绍适用于非洲采掘业的所有权理论和制度。[③] 为此,本章将努力解决若干复杂问题。首先,从管辖制度与非管辖制度的角度讨论了有关所有权的争论和主张,其次,回顾了已有的各种理论,以澄清石油和矿物是否能够被拥有,即绝对所有权理论、有限利益理论、非所有权理论、占有规则、涉及普通民众悲剧所有权谜题。

学习本章后,首先,读者应该能够了解非洲石油、天然气和矿产资源所有权的概念;其次,明确石油和矿产资源所有权理论及其发展;最后,从管辖制度与非管辖制度理论的角度,大概了解读者所在国家或地区自然资源所有权的情况。

4.2 晦涩的资源所有权本体论

在有关采掘资源管理的文献中,界定"资源所有权"的概念本身就是一个有争议的问题。[④] 因此,有人认为,界定"所有权"要么简单到无须定义,要么困难到无法定义。[⑤] 在世界上的许多国家,公司和个人只享有采掘资源的某些权利,实难说对这些资源享有绝对所有权。因此,所有权实际上意味在法律上对某一事物享有多项最终权利。它是一个人对某一事物享有的高于其他任何人的全权或权利束。[⑥] 所有人是指对某一财产具有完全支配权的人,包括拥有和控制该财产的权利。[⑦]

合法所有者享有的权利包括:使用和享用某一财产的权利;按照自己

---

③ Olawuyi (2015), pp. 247 - 265.

④ Njotini (2017), See also Bouckaert (1990).

⑤ Bouckaert, ibid.

⑥ Njotini (2017).

⑦ 参见 Clark (2002), 作者认为所有权(此处暗指)"为使稀缺资源得以最大限度的正式控制,法律制度授予他或她的法律权利。这一理念源于民法中的所有权概念,这是一种以最绝对的方式使用和处置某物的最好的财产权利……"

的意愿处分、加工或销毁该财产的权利；占有权，包括排除他性权利；出售、出租或转让的权利；遗赠的权利；抵押权。[⑧] 所有权的其他依附性权利包括保护财产免受入侵或侵害的权利，以及在法律、行政法规规定的范围内处分财产的权利。总之，所有权包括所有上述依附性权利和权利束。[⑨] 因此，简单来说，所有权指的是法律赋予某人对某物所享有的合法权利、利益及予以控制的性质、范围与程度。

采掘资源的所有权有多种形式，且因国家或管辖制度的不同而不同。这些不同往往取决于一个国家直接影响自然资源的社会政治、历史背景、殖民历史(若有)、法律制度、法律，以及政府与第三方签订的合同。一国现行的法律和监管制度可以决定分配、维护、转移和剥夺石油与天然气权利的规则和程序，以及缔约方的权利和义务。[⑩]

在管辖制度下，自然资源的所有权属于政府，包括自然资源所在的联邦、州与省政府。而在非管辖制度中，土地所有者对自然资源的私有所有权被认可和允许。本节将考察管辖制度与非管辖制度下自然资源的所有权理论或模式，同时还将列举管辖制度与非管辖制度下的管辖例子。

4.2.1　管辖制度下的所有权

在管辖区的所有权制度中，国家对地上、地下或土地中的石油与矿产资源享有完全所有权与控制权。在管辖区内对资源的控制是比较典型的自然资源所有权制度，除美国与加拿大外，世界上其他国家均保留对其领土内的自然资源的绝对控制权和主权。所有非洲国家都对其领土范围内的自然资源享有所有权。[⑪] 这一权利通常被写入这些国家的宪法或主要

---

⑧ See Omorogbe (2001), pp. 30 – 31. Also, Badenhorst et al. (2006).

⑨ See Omorogbe and Oniemola (2010), pp. 116 – 117. Also, Badenhorst et al. (2006).

⑩ Omorogbe and Oniemola (2010), p. 115.

⑪ Ibid, also Momodu (1988), p. 268.

自然资源法中。[12] 在非洲,自然资源的所有权绝对属于主权国家,即国家或管理机构。国家有权力自行或者基于约定条件准予第三方勘探与开发自然资源。[13] 这种领土性控制权通常适用于所有土地,包括:一国范围内被水覆盖的土地;国家的领海;部分大陆架;部分专属经济区。[14]

这种由国家享有或控制自然资源的所有权制度源自罗马法中的"君主制"(regalian system)。[15] 这种君主主义基于这样一个原则:国王或国家是所有被征服的土地、水域和矿产资源的所有者。[16] 在君主制度下,国王拥有所有的土地和这些土地中的自然资源,因此可以决定赋予谁对公共土地和自然资源享有权利和特权,以及基于什么条件赋予这样的特权。[17] 因此,国王作为国家权力机构的代表负责有关勘探与开采自然资源的授予许可、颁发执照及签约事宜,受让人须支付使用费、税费。

管辖制度中的自然资源法延续了君主主义这一传统。在管辖法律制

---

⑫ 例如,根据1999年尼日利亚《联邦共和国宪法》、尼日利亚《石油法》第1条、2007年尼日利亚《矿产与矿业法》第1条,尼日利亚的所有矿产、矿物油与天然气的所有权与控制权归尼日利亚联邦政府所有。1999年尼日利亚《联邦共和国宪法》第44条第3款规定:尼日利亚任何土地之下或之上,尼日利亚领海和专属经济区中,之上或之下的所有矿物,矿物油和天然气的全部财产和控制权归联邦政府所有,并按照国民议会规定的方式进行管理。2007年尼日利亚《矿产与矿业法》第1条规定:尼日利亚地上或地下、大陆架和所有河流、水道、水域及专属经济区的所有矿产资源,由尼日利亚联邦政府代表尼日利亚人民所有和控制。

⑬ See Omorogbe (2001), pp. 34 – 35. 另参见 Law No. 10/04 of 12 November 2004 of ANGOLA,该法规定,国家对安哥拉的资源享有绝对所有权。此外,2010年安哥拉《宪法》第3条规定,根据国内法和国际法,国家对毗连区、专属经济区和大陆架的自然、生物和非生物资源的养护、开发和使用享有专属管辖权和主权。2002年南非《矿产和石油资源开发法》规定,"南非的矿产和石油资源属于南非人民,而国家是保管人"(参见该法序言与第2、3条)。这种"保管人"概念在2013年南非农业部诉矿产与能源部部长一案中得到了广泛讨论,法院认为,根据南非《矿产和石油资源开采法》,国家代表南非人民,对煤等矿产与石油资源享有绝对保管权。不过,作为"保管人",国家对这些矿产与石油资源并不享有所有权,但已"成为广大人民公平获得矿产与石油资源的促进者与中间人"。Para. 68 – 69. See also *Minister of Mineral Resources and Others v. Sishen Iron ore Company (Pty) Ltd. and Another* 2014 (2) SA 603 (CC) para. 63.

⑭ See for example Section 1 of the Petroleum Act of Nigeria.

⑮ Jolowicz and Barry (1972), p. 140; also Davies and Fouracre (1995), pp. 4 – 15.

⑯ Davies & Fouracre, ibid.

⑰ See Omorogbe and Oniemola (2010), p. 120.

度下，君主对所有土地、领土和自然资源享有所有权，这就意味着不存在自然资源私有制。国家赋予自己享有对自然资源的控制权，而土地所有者只享有在失去土地时获得补偿的权利。其他第三方的权利通常仅限于合同中所约定的使用、管理、控制资源，或获得资源收益。这意味着，除非事先得到政府的授权，否则这些第三方无权开采或出售任何自然资源。[18] 这种授权通常以许可证、租约或特许权的形式做出，接下来的章节将对此予以阐释。

4.2.2 非管辖制度下的所有权

在非管辖制度下，土地所有权人对自然资源享有私有权是可能的和受到承认的。在这种制度下，矿产资源的所有权既可以是永久业权(freehold)，也可以是租用业权(leasehold)。例如，大多数矿产资源为政府所有，但也有部分是私有的。加拿大的阿尔伯塔(Alberta)省就是一个很好的例子，该省承认对石油和天然气的一定形式的私人所有权。在阿尔伯塔省，省政府对大约81%的矿产享有所有权，并由阿尔伯塔省能源厅管理，剩下的19%是自有矿业权，包括个人或公司的私有权。[19] 阿尔伯塔省原住农场主的受让人或后代，是近600万英亩(占该省陆地面积的4%)土地之下的石油和天气热的合法所有者。在租赁业权中，租赁权人把土地经营权让与了租赁人，自己只享有土地所有权，而永久业权所有人通常可以保留产区权益。尽管以加拿大石油协会(Canadian Association Petroleum Landmen)为主的行业协会拟定了标准形式的协议，但(实践中)租约的条款各不相同，由租赁人与地产所有人独立协商。在这些情形下，政府机关的作用是制定法律指导权利人之间的谈判与纠纷解决。

---

[18] Ibid, pp. 115 – 116, 120. See also South Africa's MPRDA, section (s) 70, 74,76,79 and 83.

[19] Plourde (2010), pp. 10 – 13.

同样,在美国的许多地方,矿物资源的所有权也是赋予地表所有者,或地下蕴藏石油的私有权人。例如,1915 年,得克萨斯州法院在得克萨斯公司诉 W. H. 多尔蒂等人的案件(Texas Company v. W. H. Daugherty et al.)[20]中认为,地下的石油和天然气属于土地所有权人,用拉丁语格言来说即“cuius est solum eius usque ad coelum et ad inferos”,意思是“从天上到地心的一切事物均归土地所有权人所有”。[21] 这一土地所有权理论,也称为“上达天宇,下及地心”的所有权,是随着人们对有关石油与天然气的性质及其形成的知识与信息不断增多演变而产生的。在下一部分,我们将研究这一流行的自然资源所有权理论。

在非洲和中东,土地和自然资源一般不能被私人所有。[22] 政府对所有土地、领土及自然资源享有所有权和控制权,是整个非洲大陆的主流制度。此外,在非洲的许多地方,自然资源的所有权和控制权是通常属于国家的中央政府,这与加拿大和美国的州政府或省政府可以拥有和控制自然资源不同。例如,在加拿大,各省对石油和天然气资源享有所有权和控制权,因为 1867 年的《宪法法案》第 109 条明确规定:各省对辖区内的采掘资源享有所有权。[23] 这种区别很罕见却十分重要,因为在非洲的许多地方,中央政府坚持认为其对国内所有石油和天然气享有所有权。因此,省政府或州政府对石油和天然气享有所有权的情形并不普遍。此外,由于石油与天然气资源通常归联邦政府所有,因此这些资源的永久业权在非洲国家并不普遍存在。

---

[20] See Texas Company v. W. H. Daugherty et al., 107 Tex. 226 (Tex. 1915).

[21] See Omorogbe and Oniemola (2010), p. 118.

[22] 例如,科威特、卡塔尔、伊朗、阿联酋和沙特阿拉伯都实行属地管辖制度。根据卡塔尔规制石油业务的 2007 年《自然资源开发法》,国家对所有石油和天然气资源享有所有权。同样,根据沙特阿拉伯 1992 年的《基本法》,各州所有自然资源归国家所有。该规定为国家控制的地下、地表、领海、陆地及海洋中的所有财富提供了依据。法律应规定国家为实现人民利益、安全与经济发展而开发、保护、发展此类资源的方式。沙特阿拉伯通过完全由政府所有的公司——沙特阿拉伯国家石油公司勘探和生产石油。See Olawuyi (2018), pp. 1 – 2.

[23] See Plourde (2010).

因此，在非洲，投资者必须直接与政府或国家石油公司打交道。知晓这个看似无关紧要的事实，可能会避免因与声称对油气资源享有永久业权的不法机构和个人打交道，浪费资金和时间。此外，在一些非洲国家，即使国家石油公司颁发了石油勘探许可证，这种许可证必须得到议会的正式批准才能生效。这就意味着，只有石油勘探许可证得到了议会的批准，才能开始石油勘探工作。这一要求在非洲以外的许多国家并不常见。例如，在加拿大，法律没有规定联邦或省议会就能源监管机构批准的官契投票。许多非洲国家议会批准（石油勘探许可证）可能需要几个月，极端情况甚至可能长达数年。知晓这个看似无关紧要的事实，可能使投资者免于遭遇在收到议会的批准之前即过早地做出投资承诺或计划的尴尬。

许多非洲政权还将绝对的、往往是过度的权力授予地方能源监管机构和国家石油公司，对于没有意识到这一问题的投资者，这可能是一个法律风险。例如，一些非洲国家的宪法和地方法令经常赋予本国石油公司单方面废除或修改石油合同与许可证的过大权力。例如，在几内亚、坦桑尼亚、刚果民主共和国和塞拉利昂等一些国家，存在下列情况：政府的参与权越来越大；任意收回石油开采许可并实施国有化政策；单方面修改石油许可证或合同；强制重新商定合同事宜，授予石油勘探权后，改变法律的溯及力与许可制度；国家石油公司违约。[24] 非洲许多地区存在的这种资源民族主义趋势，通常会对已为石油业务投入资源的投资者构成财务风险。因此，了解一国的所有权制度、勘探许可证或许可证的长期有效性、与许可相关的权利十分重要。研究特定国家的所有权结构、了解国家石油公司是否享有立法权、对潜在投资者的投资保护及地权稳定性等，也应该是尽职调查

㉔　例如，2011 年 9 月，几内亚通过了新矿业法，规定国家可享有所有新矿业项目 15% 的股权，并有权另购买 20% 的股份。这导致必和必拓公司等投资者退出几内亚，该国在投资目的国中的评级分值也降为负值。在 2013 年的资源民族主义指数排名中，几内亚被列为“极端风险”国家。几内亚在竞争力和投资者保护方面也排在世界经济论坛 2014—2015 年度竞争力指数的最后。

的基本组成部分。在合同谈判期间,还应确保与东道国所签任何协议中有涉外仲裁条款,且这些条款具有稳定性与适用性。㉕

4.3 资源所有权和控制权理论

随着石油和矿产资源于19世纪70年代成为具有潜在商业价值的商品,关于这些资源所有权的纠纷日益增多,且逐渐普遍。此外,现代技术的进步使发现地下资源变得简单,这在以往发现地下资源的深度受体力劳动所限的时代是不可想象的。地下自然资源的性质和所有权的范围可以由土地所有者决定,这给19世纪末的法庭带来了很大的困难。因此,为了解释谁对地下自然资源享有控制权及其控制范围,产生了不同的理论和原则。关于石油与天然气,由于它们不是固体,不会停留在一个地方,所以存在诸多理论。因此,石油与天然气所有权理论与适用于固体矿产的所有权、租赁和开采的理论略有不同。本节将详细说明有关采掘资源所有权和控制权的各种理论,特别是关于采掘资源所有权和控制权的"上达天宇,下及地心"原则(ad coelum doctrine)与先取先得原则(rule of capture)。尽管这些理论主要用于解释石油和天然气资源的所有权问题,但也可用于分析固体矿产资源的所有权和控制权。

4.3.1 "上达天宇,下及地心"原则

"上达天宇,下及地心"原则是用来解释地下自然资源的最早的法学理论。数百年来,著名的拉丁格言"从天上到地心的一切事物均归土地所有权人所有"(cujus est solum, ejus est usque ad coelum et ad inferos)一直适用于解决土地所有权纠纷。该理论认为,土地所有权人不仅对土地本身享有所有权,地下的一切事物也归他所有,包括矿产等自然资源。根据该理论,任何人不得侵害土地所有权人的利益。1587年,在审理伯里诉波谱

㉕ Olawuyi (2015).

(Bury v. Pope)案中,爱德华·柯克(Edward Coke)在普通法中承认并确立了这一原则,法院认为“根本而言,法律意义上的土地的范围十分广阔,不仅包括土地上的水资源,还包括空气,以及上至天空的所有其他事物,可谓‘上达天宇,下及地心’”。[26] 这一原则在美国与英国的很多案件中得到适用。

在米切尔诉莫斯利(Mitchell v. Mosley)案中,柯森斯·哈迪(Cozens Hardy)先生指出,土地所有权不仅包括地表、地上物(房子、树木等),还包括地下物,如矿产、泥土和黏土等。斯温芬·迪(Swinfen Eady)和上诉法院法官菲利摩尔(Phillimore)同意他的观点,认为这是公认的法律规则。[27] 此外,在凯尔森诉(大不列颠及北爱尔兰)帝国烟草有限公司案中,法院发出强制禁令,要求被告从原告的财产上移走一块8英寸的广告牌,理由是,根据拉丁格言“从天上到地心的一切事物均归土地所有权人所有”,这是非法侵犯他人财产。[28]

然而,随着技术的不断进步,“上达天宇,下及地心”原则开始受到严厉的抨击,尤其因为飞机可以飞得比地面还高,而石油和天然气钻井设备和技术,可以穿入地下深处。[29] 以美国诉科斯比(United States v. Causby)

㉖ 在《布莱克斯通评注》(Blackstone's Commentaries)第二卷第二章第18页中也有这种表达:“在法律意义上,土地的范围是无限的,上达天宇,下及地心。”法律格言道“土地所有人之所有权及于土地上空”。因此,任何人不得在他人土地之上建造建筑物;就向下而言,地表正下方直至地心均属于地表所有人;这是所有矿业国家的日常经验。因此,“土地”不仅包括地表,也包括地下及地上的一切。所以,如果某人把自己的土地让与他人,那么他已经把自己所有的金属矿藏等矿物、树木、水体、房屋、田地和草地让与他人。

㉗ [1914] 1 Ch 438, 450; See also *Rowbotham v. Wilson* (1860) 8 HL Cas 348, 360, per Lord Wensleydale; *Bowser v. Maclean* (1860) 2 De G F & J 415, 419, per Lord Campbell LC; *Pountney v. Clayton* (1883) 11 QBD 820, 838, per Bowen LJ; *Elwes v. Brigg Gas Co.* (1886) 33 Ch D 562, 568, per Chitty J; and *National Carriers Ltd. v. Panalpina (Northern) Ltd.* [1981] AC 675, 708, per Lord Russell of Killowen. 此处的观点是,正如威廉·詹姆斯·V. C. 先生针对 *Corbett v. Hill* (1870) LR 9 R 671, 673 一案所说的“上达天宇”,以及鲍恩·LJ 针对 *Pountney v Clayton* 一案所说的“天宇之下”,地表之下、之上的一切均属于地表所有权人。

㉘ [1957] 2 QB 334.

㉙ 在 *Commissioner for Railways v. Valuer-General* [1974] AC 325 案件中,有人对这一法律命题译法的合理性提出了质疑,认为“土地”学说意味着从地心到天宇的整个空间,但“这种笼统的、不科学的、不实用的学说不符合普通法思想”。

案为例,被告答辩称,根据《宪法第五修正案》,陆军和海军飞机经常而定期地飞越他们在低海拔地区的土地,这侵犯了他们的所有权。[30] 美国最高法院认为,“上达天宇,下及地心”原则在现代社会已没有立足之地。[31] 同样,在威洛比·希尔斯诉科里根(Willoughby Hills v. Corrigan)案中,法院指出,土地的所有权延伸到宇宙的外围的“上达天宇,下及地心”原则,在现代世界已无立足之地。[32]

此外,在评论土地所有人是否可以阻止飞机飞越他或她的土地时,格里菲斯(Griffiths)法官在审理伯恩斯坦诉空中景观公司(Bemstein v. Skyviews & General Ltd.)案时说,“没有任何权威机构支持土地所有者的空间权利可以延伸至无限高度这一观点”[33]。他指出,尽管“上达天宇,下及地心”一词“丰富多彩”,但土地所有权人对其土地的所有权只能延伸到“正常使用与享用其土地及地上建筑物的必要高度”。这些案件证实,“上达天宇,下及地心”原则不能适用于特定高度,否则可能会妨碍土地的正常使用者。

然而,在采掘业领域,“上达天宇,下及地心”原则仍然被认为是良法,并被作为有价值的工具来分析土地所有人的所有权范围,主要是包括矿产在内的地下物。例如,某人在位于自家一侧的篱笆旁边钻一口井,从而可以采得邻居的石油或天然气。由此就产生了一个一般性问题,一个人如果不能阻止或干预邻居开采其所拥有的石油或天然气,如何对在他或她的土地上发现的石油或天然气宣称所有权?此外,确定所有者可以主张的资源

---

[30] 328 US 256 (1946).

[31] 道格拉斯·J. 认为:正如国会宣布的那样,空域是公共交通。若非如此,每一次洲际飞行都将使运营商遭受无数次与非法侵入有关的诉讼。但这种想法违背常识。承认这种私人对空域的权利主张,将会堵塞这些公域交通,严重干扰为维护公共利益而对它们进行的控制和开发。

[32] 278 NE2d 658, 664 (Ohio 1972).

[33] [1978] QB 479. See also the Alberta Court of Appeal decision in *Didow v. Alberta Power Ltd.* [1988] 5 WWR 606, 613 which quoted the decision in *Bernstein of Leigh (Baron)*.

范围越来越难。可以无限延伸到地下无限深度？还是存在一个结点？或者限于土地所有权人可以活动的深度？在审理钱斯诉英国石油化学公司(Chance v. BP Chemicals Inc.)案时，[34]对于地下所有权问题，俄亥俄州最高法院参考了威洛比·希尔斯案中的法院对空域的解释，认为，正如财产所有人必须接受其所有权可及的财产之上的范围有限一样，该所有权可及的财产之下的范围也是有限的，与绝对的空间权一样，绝对的地下权学说在当今世界已没有立足之地。

在审理星光能源(威尔德盆地)有限公司(Star Energy Weald Basin Limited，以下简称星光公司)等诉波卡尔多(Bocardo)案时，英国最高法院解决的一个关键问题是，所有权可及的地壳深度为何。[35] 在该案中，星光公司持有勘探权证，有权在萨里郡(Surrey)的帕尔莫斯·伍德(Palmers Wood)油田钻探与开采石油，这是一个自然生成的油气田，向下一直延伸到波卡尔多的奥克斯特庄园(Oxted Estate)。为探得石油，星光公司的前一家公司——康诺克(英国)公司已经在其所有的邻近土地上钻了三口斜井，且在地下800英尺的钻井深度进入了波卡尔多的土地。钻井过程及这些油井的存在并没有影响波卡尔多使用土地，但他仍声称星光公司未获得土地所有权人的同意而在其土地之下钻井，是可诉的侵权行为。

波卡尔多的观点是，土地财产包括地表与地下的一切，这是公理(trite law)。星光公司没有对这个一般规则提出异议，但认为波卡尔多的所有权不应无限延伸，既不能延伸至已有的油井已经达到的深度，也不能延伸至本案中正在进行的钻井工作所及的深度。星光公司认为，油井、油管及井管的深度很深，根本不会对土地所有者的土地利益造成任何影响。星光公司还称，“上达天宇，下及地心”原则与土地所有权毫无关系。

最高法院法官一致肯定“上达天宇，下及地心”原则，并支持高等法院

---

[34] 670 NE2d 985 (Ohio 1996).

[35] *Bocardo SA v. Star Enegy UK Onshore Ltd. and another* [2010] UKSC 35.

和上诉法院的判决，即倾斜钻井（deviational drilling）构成侵权。尽管承认地下所有权不能无限延伸，但最高法院还是支持了原告诉称的侵入地下250～400米深度为侵权行为。[36] 该判决确认了尽管土地所有权不能“无限”延伸，但土地所有者拥有地下的一切，包括在其中发现的矿产。

不过，这一判决引发了土地所有权可及地下深度的不确定性且其确定方法缺乏逻辑。英国议会颁布的《2015年基础设施法案》（Infrastructure Act 2015）第43条对该问题作了回应，允许为开采石油与深层地热能之目的使用“深层土地”，无须承担侵权责任。“深层土地”被确定为地下至少300米深度的土地。根据该法案，只有侵入300米以下深度的土地才构成可诉的侵权行为。

“上达天宇，下及地心”原则一直是支持地下发现的一切自然资源为该土地所有权人所有的有益理论。[37] 在非洲国家，根据该原则，勘探许可证持有人有权根据许可证上载明的条款和条件，通过钻探、采矿等活动，在承租的土地上勘探、开采与运输采掘资源。不过，适用该原则也会面临一些不确定性因素：当两个勘探许可证持有人分别对两块相邻土地享有勘探权，其中一方可以利用先进钻井技术从另一方的土地中钻取天然气或液体自然资源。围绕这一学说的不确定性，演变出了现在所说的“无所有权”（non-ownership）或“限制所有权”（qualified ownership）理论。

4.3.2 无所有权理论

在无所有权理论下，土地所有权不会直接包含地下的石油和天然气所

---

[36] 判决书第27～28段：当地层达到一定深度时，其压强与温度等物理特征会出现极值，这种情况下如果仍认为土地所有人对该地层享有所有权，简直荒谬，不值一论。但是地下800～2800英尺的油井是本案争议的问题，讨论该问题绝不荒谬。事实上，在这一深度的地层可以开采作业。因此，笔者认为原告对三口油井、管套及油管所穿过的地层享有权利。

[37] 所有权就地理论在阿肯色州、科罗拉多州、堪萨斯州、马里兰州、密歇根州、密西西比州、蒙大拿州、新墨西哥州、北达科他州、宾夕法尼亚州、田纳西州、得克萨斯州、华盛顿州和西弗吉尼亚州都被承认与适用。Martin and Kramer（2012），p. 201.

有权。由于地下的石油和天然气具有流动性,因此,只有将其开采出来后被占有才能被所有。因此,该理论承认土地所有者对其所有土地之下的石油享有所有权,即石油属于土地所有人且是其所有物的一部分,只要石油在土地上或土地里,并受其控制;但当石油脱离土地权人的控制流入其他土地,或为他人所控制,土地所有者对石油的所有权即消失。早在 1889 年,美国法院在威斯特摩兰天然气公司与德威特(Westmoreland & Cambria Natural Gas Co. v. Dewitt)案中,就已经阐述了这一点:

油气这种天然矿物就像动物一样,有“逃跑”的能力和性质,不受所有权人意志的控制。它们这些“难捕捉之物及在特定范围内流动性存在是不确定的”,如果它们在土地所有者的土地上或土地中存在并受其控制,则所有权归土地所有者;但如果它们脱离该土地而流入其他土地,或受他人控制,则原所有人的所有权就消失了。因此,拥有土地不一定就拥有石油和天然气。如果一个相邻的,甚至是遥远的土地所有者,在自己的土地上钻井,开采到从别人的土地上流过来的天然气,那么这些天然气流入他的气井中并在他的控制之下,就不再为其他土地所有者所拥有,而是在他的控制之下,变成他的财产。[38]

法院在其上述推理中,将石油比作其他难以捉摸或飘忽不定的东西,比如空气、鸟和阳光,尽管它们可能存在于地主的土地上,且在其穿越或位于土地之上时可以为土地所有者所使用,但不必然是土地所有者的财产。在俄亥俄州政府诉俄亥俄石油公司(State v. Ohio Oil Co.)案中,法院也适用了该推理,裁定:

言称天然气的所有权归属于今天、明天它所存在的土地的所有人,因为流入已经进入毗邻的所有者的土地,因此成为邻地所有者的财产,简直是荒谬,而且有悖于对法律的所有类推,这犹如

---

[38] 130 Penn. 235, 18 A. 724 (1889).

说"难捕捉的具有流动性的"野生动物或家禽,因为经过某一土地,就成了该土地主人财产,或一群鱼,在它们沿河流游上或游下的过程中,即成为河流所流经土地的所有者的财产。因此,法院认为,流经某一土地的空气与阳光即属于该土地的一部分,因此是该土地所有人的财产,是不合理的、站不住脚的。法院认为,天然气只有被实际占有,才能为私人所拥有。[39]

法院恰当地指出,土地所有权并不自动包括对在该土地上发现的石油和天然气的所有权,除非土地所有者开采或实际占有该资源。同样,在凯利诉俄亥俄石油公司(Kelly v. Ohio Oil Co.)案中,法院也表示支持无所有权理论:

石油是一种矿产,藏于土地中时,它是不动产的一部分,如果它通过渗透或其他方式从一个地方移动到另一个地方,在其停留期间,构成这片土地的一部分,如果它移动到下一个相邻的领域,就成为那块土地的一部分。因此,它是土地的一部分,当它顺着油井被开采出地表,则第一次成为明确的所有权的对象,独立于不动产,变成了个人财产,即油井所有人的财产。[40]

根据这一说法,谁拿走了可开采资源谁就拥有它。土地所有者对在其地下发现的石油、天然气和水不享有绝对的财产权,但是因其所有权关系,可以采掘为目的而钻井开采这些物质。除非这些物质被他实际占有,否则

---

[39] *State v. Ohio Oil Co.*, 49 N. E. 809, 812 (1898). See also Martin and Kramer (2012), p. 203 (quoting *State v. Ohio Oil Co.*, 49 N. E at 812).

[40] Martin and Kramer (2009).

他对它们没有任何所有权。[41] 石油和天然气若非被发现并实际占有不得被绝对所有的原则,在美国[42]和加拿大[43]的所有的油气产区均得到承认。

现有所有权理论基于"可终止的所有权"(fee simple determinable)原则。根据该原则,除非出现了规定的条件,否则一个人对其财产享有所有权,即所有权权益。如果出现了规定的条件,所有权权益即消失。在适用于石油和天然气所有权方面,石油和天然气的所有者是资源所在土地的人。然而,如果石油或天然气转移到另一个人的财产中,那么原来的所有者就不再拥有该资源。所有权的主要条件是资源必须在所有者的财产上。因此,该所有权理论的唯一局限是,(无法解决)矿产资源与地表分离,[44]以及因邻居捕获并开采该资源而致原所有权人丧失所有权问题。

4.3.3 捕获规则

另一种不同的所有权理论,即捕获规则,是在美国得克萨斯州发展起来的,并为美国以外的多个石油生产国所采用。根据这一理论,土地所有者可以在其土地随意钻取油井,随意开采石油,只要其开采行为没有侵入邻地,就不需要对邻地所有权人负责。根据捕获规则,土地所有权人有权

---

[41] Ohio Oil Company v. Indiana U. S. S. C. [1900] 44 L. Ed. 729, par. 64, 该案审理法官认为"虽然地表所有人依其所有权,可以开采为目的建造天然气井和油井,但除非这些物质已由他实际占有,否则他的所有权无的放矢"。也就是说,他在自己的土地上有获得这些资源的排他性权利,但除非他已经因实际占有而支配与控制这些资源,否则它们还不是他的财产。

[42] See *Strother v. Mangham* (1915) 138 La. 437, also *Rich v. Donaghey* (1918) Okla. S. C., 3 A. L. R. 352, p. 355.

[43] 1953 年,加拿大枢密院司法委员会在处理 *Borys v. CPR and Imperial Oil Limited* J. C. P. C. [1953] 7 W. W. R. (NS) pp. 550 – 551 案时,将该原则编入了石油与天然气法中,并指出:这些物质具有无常性,尽管它们不能从"容器"中逃逸出来,却是不稳定的。如果三种物质(石油、天然气或水)之一取自不属于原告的财产,但该石油或天然气与该财产在同一"容器"中,且位于该财产中,那么将油气从周围土地开采出来,原告当然不能获得任何补偿。同样,如果将上述物质从原告的财产中开采出来,从而使其流入自己的土地,则周围土地的所有者也不能向原告提出补偿要求。唯一的保障是成为第一个作业的人,在这种情况下,从位于自己财产上的油气井中或享有开采权的土地中开采油气的人,就是油气的所有者。

[44] 本书第七章将分析不同类型的油气权益,包括矿产权益。

开采流经其土地的石油与天然气，即使有证据证明这些油气的一部分源自邻地。[45]

在1886年伍德石油公司（Wood County Petroleum Co.）诉西佛吉尼亚运输公司（West Virginia Transportation Co.）[46]及1889年威斯特摩兰（Westmoreland）与威尔士天然气公司（Cambria Natural Gas Co.）诉德威特（De Witt.）两个美国案件中，适用了该规则。[47] 此外，在琼斯诉森林石油公司（Forest Oil Co.）案中，[48]宾夕法尼亚法院也援引了英国的普通法，认为根据捕获规则，土地所有者的权利不是无限的。在审理巴纳德诉莫农加希拉案中公司（Barnard v. Monongahela Gas Company）案件时，法院解释说：

> 石油和天然气的开采可不受空间与时间的限制。土地所有者开采具有流动性的矿产是合法的……即土地所有者有权在其土地上钻井……那么，邻地所有权人可以做什么呢？没什么，只能做同样的事。[49]

捕获规则在国内法中也是一条通用原则，即土地所有者有权开采位于

---

[45] See Hardwicke (1935). 另参见*Brown v. Humble Oil &Refining Co.* (1935) Tex. S.C., 83 S.W.(2d) 935，在该案判决书第940页中，法院指出：由于石油和天然气的特殊性，考察前述的油气在地所有权规则时，应结合捕获规则。根据该规则，土地所有人有权在其土地上的油气井中开采所有油气，这是一项财产权。该权利只受邻接地权人行使同样捕获权在其土地下开采油气时的物理影响的限制。

[46] *Wood County Petroleum Co. v. West Virginia Transportation Co.* [(1886) 28 W Va 10 (W Va)].

[47] *Westmoreland &Cambria Natural Gas Co. v. De Witt* 130 Pa. 235 (1889); 18 Atl. 724 (pa).

[48] *Jones v. Forest Oil Co.* 194 Pa. 379 (1900).

[49] *Barnard v. Monongahela Gas Company* 216 Pa., 362; 65 Atl. 801 (1907).

其地下,或由于自然规律流经其地下的石油和天然气。[50]

这一理论的宗旨在于鼓励土地所有者尽快勘探其所有的土地并开采石油,以免相邻的土地所有权人捷足先登。不过,在现实生活中,由于相邻土地所有权人为获得油气资源而造成浪费,这一原则一直颇受诟病。[51] 因此,很多人通常会争先钻探油气资源。例如,在美国各地,越来越多的油井几乎同时被钻探出来,这种任意性钻探行为造成大量石油未能被开采出来。这种钻探行为也导致大量天然气被燃烧掉。因此,无节制的开采行为不仅引发了环境问题,还导致油价大幅下跌与存储问题,此外,由于开采成本提高,一些油气井过早被关闭。[52]

由于适用该规则增加了对环境造成破坏的危险,各国要求无论土地是否分属于不同所有权人,必须将油藏作为一个单元开发,努力消除适用该规则所引发的不必要竞争与资源浪费。这就消除了与上文所强调的一些问题有关的竞争性勘探行为的发生。尽管有上述努力,捕获规则仍以其原始形式充分应用于美国的许多地方,只有保护性法规或鼓励将油藏作为一个单元开发的规章存在时,该规则才被替代。美国的许多州都颁布了保护性法规,即通过规定可以在何地钻井、开采方法、开采数量等,对捕获规则加以限制。

捕获规则在世界其他地方也得到了应用,特别是罗马尼亚、波兰、乌克兰和俄罗斯。它的影响也见于 1804 年的法国《民法典》。在英国普通法中,法院在审理石油和天然气案件时,会判定捕获规则违背物权法原则。需要注意的是,即使在今天适用时,捕获规则也并非一条绝对规则,而有例

---

[50] *SWEPI, L. P. v. Camden Res., Inc.*, 139 S. W. 3d 332, 341 (Tex. App. – San Antonio 2004, Rev. denied).

[51] 参见 *State of Alabama v. U. S. Department of Interior*, 84 F. 3d. 410, 413, 133 O & G R. 437 (11th Cir. 1996),审理该案的法院认为适用该规则会导致:(1)钻取不必要的油井所造成的经济浪费;(2)破坏环境的相应风险提高;(3)油气本身的浪费,因为生产速度越快,该矿藏的长期采收率就越低。

[52] See Daintith (2010), p. 141.

外情形。其中的一个例外与已经开采出来的天然气有关。通过注入地下储存区,可以把开采出来的天然气储存起来。[53] 这种已经被“捕获”的天然气,尽管已被注入地下储存,但仍归最初开采者所有,除非其予以放弃。另一个例外情形是关联权利理论。

4.3.4 关联权利学说或合格所有权理论

关联权利理论认为,从他人的土地上钻取石油或天然气时,如果是因为疏忽而为或导致油气资源被浪费,则不适用捕获规则。关联权利是指土地所有者在其土地上开采石油与天然气的权利,只要该行为是谨慎的,且没有浪费油气资源。土地共有权人均有在共有土地上开采油气的关联权利,并负有相应义务,包括不得浪费油气资源,不得以破坏油气储层、降低最终采收率(ultimate recovery)的方式开采油气。

该理论是捕获规则的一个例外,最先产生于埃利夫(Eliff)诉特克松钻井公司(Texon Drilling Company)案。[54] 该案件中,特克松钻井公司在其土地上开采石油的同时,也钻取了埃利夫土地下的石油。不过,特克松钻井公司在其中一口油井开采石油时因疏忽大意致使油井爆炸,大量天然气、蒸馏液和石油从埃利夫与特克松钻井公司共有的油气储层中喷涌而出。油井爆炸导致埃利夫地下大量油气泄漏,油气储层遭到破坏。法院认为,因特克松钻井公司的疏忽致埃利夫蒙受损失,应负法律责任。[55] 总之,如果土地所有者的土地之下有含矿层,则其享有开采油气的关联权利,但不得损害或浪费矿层中的油气。[56]

---

[53] 这与碳固定所利用的技术十分相似。

[54] See *Eliff v. Texon Drilling Company* 146 Tex. 575, 210 S. W. 2d 558, 1948 Tex. 4 A. L. R. 2d 191. 美国的加利福尼亚州、印第安纳州、路易斯安那州及俄克拉荷马州都适用了相关权利理论。

[55] See generally, *Eliff v. Texon* 146 Tex. 575, 210 S. W. 2d 558, 1948 Tex. 4 A. L. R. 2d 19.

[56] Martin and Kramer (2012), 203.2.

此外,捕获规则并不能完全免除对从他人土地中开采石油和天然气应负的责任。侵占他人土地,非法开采石油、天然气的违法者应负法律责任。此外,利用定向钻井技术(如"斜井")从他人的土地中钻取石油和天然气的人,也要负法律责任。斜井,即并非在自己的土地上垂直钻井,而是在两块土地的边界附近斜向相邻土地之下的矿层钻井,属于非法侵入他人土地行为。[57]

4.3.5　地层所有权理论

该理论也是土地所有权人对其地下的石油和天然气不享有所有权规则的一个例外。根据该理论,尽管土地所有权人对其地下的石油和天然气不享有所有权,但含油气的地层归其所有。土地所有者对于其土地范围内垂直面的含油气地层享有所有权。

随着煤层甲烷和煤层气开采的增加,这一理论得到了广泛的应用,在明确土地所有者对于在其土地之下发现的含矿地层享有的权利范围方面发挥了重要作用。根据该理论,如果煤层中存在天然气,则只要它仍在土地上发现的煤炭中,就属于煤炭所有人所有。[58] 在宾夕法尼亚州的美国钢铁公司(United States Steel Corp.)诉霍格斯(Hoges)一案中,法院认为,煤中所含的煤层气,只要仍在煤炭中,就属于煤炭所有者的财产,受他排他性支配与控制。[59]

4.3.6　地役权理论

所有权的地役权理论主要应用于固体矿产。矿业许可证持有者享有进入土地的权利,对土地的这种权利涉及勘探、开采矿产,因此,该项权利

---

[57] See generally, Oil and Gas Law, Delmar Learning.

[58] Martin and Kramer (2009), p. 683.

[59] 85 W. Va. L. Rev. 803 (1982 - 1983).

意味着如有需要,权利人有权移除和处置在探矿与采矿过程中发现的任何此类矿物。[60] 但是,在采矿法中,所有权证书持有人(多数情况下即土地所有者)与根据所持证书可以进入土地并开采地下矿产的矿业权人之间一直存在冲突。[61] 鉴于固体矿物具有非流动性,上述许多关于石油和天然气所有权的规则无助于解决这一冲突和其他关于固体矿产所有权的冲突。

地役权理论认为,矿业权人的矿业权适用于他人的土地,享有矿业权,但对该土地不享有所有权。在弗罗斯特·约翰逊(Frost-Johnson)木材公司诉萨林(Salling)的继承人案中,矿业地役权被定义为进入土地并开采土地中的矿产占为己有的权利。[62] 基于矿产权与土地权之间的分割性,矿业地役权赋予矿产权所有人进入私有财产寻找矿产的权利。[63] 地役权使人能够进入土地并获得其中的矿产资源。

因此,矿业地役权是一项为勘探与开采矿产并占为己有,利用他人土地的权利。[64] 矿业地役权可以由土地所有者或任何享有探矿权与采矿权的人创设。它使所有权人有权进入与其所寻找的矿产有关的土地,如果发现任何矿产,矿业地役权所有人均可以开采并运走。

根据地役权理论,当土地所有者与从该土地上开采的矿产的所有者并非同一人时,矿产的所有者享有非占有(无形的)权,类似于地役权。[65] 地役权是使他人所有的土地遭受减损的权利,可以是该土地的自然生长物,也可以是构成该土地的部分土壤、矿产或岩石。该理论是在加拿大的国家信托公司(National Trust Co.)诉克休特(Bouckhuyt)案中提出的:

---

[60] See for example Section 5 of the South African Mineral and Petroleum Resources Development Act 28 of 2002.

[61] See for example the South African case of *Minister of Minerals and Energy v. Agri South Africa* (Centre for Applied Legal Studies as amicus curiae) [2012] 3 All SA 266 (SCA).

[62] 150 La. 756, 91 So. 207 (1922).

[63] Per Innes CJ in the South African case of *Van Vuren and Others v. Registrar of Deeds* 1907 TS 289 at 294.

[64] See Article 21 of the Louisiana Mineral Code [R. S. 31. 21].

[65] Van Vuren and Others v. Registrar of Deeds, *n.* 65.

> 地役权是指从他人土地上拿走某物的权利。该权利包括通过分割的方式,获取从属于该权利的土地中部分物质的权利与特权,或通过减损的方式获取某物,如果该物并非为该权利而存在,则只有从属于该权利的土地所有人才有权获得。[66]

根据役权理论,矿业权人无须对土地享有权利或利益,即可进入土地开采矿产资源并占为己有。在这种情况下,该矿业权人所享有的就是地役权,可以从他人的土地上取走矿产资源,而不需承担任何义务。[67] 不过,他只能在该土地的必要范围内开展采矿活动,而且须在合理期间内以切实可行的方式使地表恢复原状。地役权人必须在土地所有人所受到的限制范围内开展采矿活动,而且必须采取一切有效手段维护土地所有人的权利免受干涉或损害。[68]

尽管上述的所有权理论有助于解释加拿大和美国等对矿产资源控制较宽松的国家的资源所有权问题,但在非洲几乎无法适用。如上所述,非洲国家对油气资源实行控制。其宪法或法律规定,国家对所有矿产、矿物油和天然气享有所有权和控制权。[69] 由于禁止私人对石油和天然气享有所有权,因此个人或企业只能根据租赁协议或许可证所设定的明确条款与条件,获得对石油和天然气的勘探权与开采权。

4.4　小结

鉴于非洲国家控制着本国所有自然资源,资源可以被开发和获取的程

---

[66] 1987 39 DLR 4th 60 (1987, Ontario). 另参见 *Nywening v. Melton Holdings Ltd.* (1998, ABQB) 58 Alta LR (3d) 333:"用益权是指从他人土地上拿走某物的权利。更全面地说,它是权利人为自身利益,进入他人土地,获取土壤或土壤之部分的权利。"

[67] See Article 21 of the Louisiana Mineral Code.

[68] Ibid. Articles 21 – 79.

[69] See *Constitution of the Federal Republic of Nigeria*, Laws of the Federation of Nigeria 2004, c 23. 另参见 the *Petroleum Act* 1969,该法规定,尼日利亚政府对尼日利亚地下、领海或大陆架的所有石油享有完全所有权和控制权。

度通常由石油与矿产开发法、特定许可证或租约明确列出。大多数情况下,国家或监督、管理与批准采掘活动的国家机关负责解决关于开采程度与范围的争议。

因此,在制定投资非洲采掘市场的计划时,为规避法律风险,投资者应仔细研究非洲国家所签发的各种许可证的持有人所享有的权利与利益性质、程度与范围。其他十分重要的尽职调查还包括研究与了解可适用的法律制度、保护性合同条款、政治风险的结构性与积极应对方法,投保适当的政治风险保险。[70]

下一章将重点讨论一些重要的非洲国家所制定的规制开采与开发油气资源的法律、法规与指导方针。

参考文献

Badenhorst PJ, Pienaar JM, Mostert H (2006) Silberberg & Schoeman's the law of property, 5th edn. Lexis Nexis, South Africa

Barnard v. Monongahela Gas Company 216 Pa., 362; 65 Atl. 801 (1907)

Blackstone's Commentaries, Book 2, Chapter 2

Bocardo SA v. Star Enegy UK Onshore Ltd. and another [2010] UKSC 35

Borys v. CPR and Imperial Oil Limited J.C.P.C. [1953] 7 W.W.R. (NS)

Bouckaert B (1990) What is property? Harv J Law Public Policy 13:781

Bowser v. Maclean (1860) 2 De G F & J 415, 419, per Lord Campbell LC

Brown v. Humble Oil & Refining Co. (1935)

---

[70] See Olawuyi (2015).

Clark B (2002) Migratory things on land: property rights and a law of capture. Electron J Comp Law 6(3):1 – 29

Commissioner for Railways v. Valuer-General [1974] AC 325

Constitution of the Federal Republic of Nigeria, Laws of the Federation of Nigeria 2004, c 23

Corbett v. Hill(1870) LR 9 R 671, 673

Daintith T (2010) The *Rule of Capture*: the least worst property rule for oil and gas. In: McHarg A, Barton B, Bradbrook A, Godden L (eds.) Property and the law in energy and natural resources. Oxford University Press, Oxford

Davies W, Fouracre P (eds.) (1995) Property and power in the early middle ages. Cambridge University Press, Cambridge

Didow v. Alberta Power Ltd. (Alberta Court of Appeal)

Eliff v. Texon Drilling Company 146 Tex. 575, 210 S. W. 2d 558, 1948 Tex. 4 A. L. R. 2d 191

Elwes v. Brigg Gas Co. (1886) 33 Ch D 562, 568, per Chitty J

Graulau J (2011) Ownership of mines and taxation in castilian laws, from the middle ages to the early modern period: the decisive influence of the sovereign in the history of mining. Continuity Change 26:13 – 44

Hardwicke RE (1935) The rule of capture and its implications as applied to oil and gas. Tex Law Rev. 13:391

Jolowicz H, Barry N (1972) Historical introduction to the study of roman law, 3rd edn. Cambridge University Press

Jones v. Forest Oil Co. 194 Pa. 379 (1900)

Louisiana Mineral Code [R. S. 31. 21]

Martin P, Kramer B (2009) Williams & Meyers manual of oil and gas terms. Lexis Nexis

Martin P, Kramer B (2012) Williams & Myers oil and gas law. Lexis Nexis

Mineral and Petroleum Resources Development Act 28 of 2002 of South Africa

Minister of Minerals and Energy v. Agri South Africa (Centre for Applied Legal Studies as amicus curiae) [2012] 3 All SA 266 (SCA) (South Africa)

Momodu MK (1988) Legal aspects of ownership of natural gas in Nigeria. J Energy Nat Resour Law 6:268 – 270

National Carriers Ltd. v. Panalpina (Northern) Ltd. [1981] AC 675, 708, per Lord Russell of Killowen

Nigerian Mines and Mineral Act, 2007, Cap. F 34 LFN 2004

Njotini M (2017) Examining the 'objects of property rights' lessons from the Roman, Germanic and Dutch legal history. De Jure 50 (1): 136 – 155

Nywening v. Melton Holdings Ltd. (1998, ABQB) 58 Alta LR (3d)

Ohio Oil Company v. Indiana U. S. S. C. [1900] 44 L. Ed. 729

Olawuyi D (2015) Legal strategies and tools for mitigating legal risks associated with oil and gas investments in Africa. OPEC Energy Rev. 39 (3):247 – 265

Olawuyi D (2018) Regulation of upstream oil & gas. Gulf Legal Advisor. Lexis Nexis

Omorogbe Y (2001) Oil and gas law in Nigeria. Malthouse Press Limited, Lagos, Nigeria

Omorogbe Y, Oniemola P (2010) Property rights in oil and gas under dominial regimes. In: McHarg A, Barton B, Bradbrook A, Godden L (eds.) Property and the law in energy and natural resources. Oxford University Press, Oxford

Petroleum Act 1969 of Nigeria

Plourde A (2010) Oil and Gas in the Canadian Federation. University of Alberta, Working Paper No. 2010 - 01

Pountney v. Clayton (1883) 11 QBD 820, 838, per Bowen LJ

Rich v. Donaghey (1918) Okla. S. C., 3 A. L. R. 352

Rowbotham v. Wilson (1860) 8 HL Cas 348, 360, per Lord Wensleydale

State of Alabama v. U. S. Department of Interior, 84 F. 3d. 410, 413, 133 O&G R. 437 (11th Cir. 1996)

State v. Ohio Oil Co., 49 N. E. 809, 812 (1898)

Strother v. Mangham (1915) 138 La. 437

SWEPI, L. P. v. Camden Res., Inc., 139 S. W. 3d 332, 341 (Tex. App. San Antonio 2004, rev. denied)

Tex. S. C., 83 S. W. (2d) 935

Texas Company v. W. H. Daugherty et al., 107 *Tex.* 226 (Tex. 1915)

Van Vuren and Others v. Registrar of Deeds 1907 TS 289 (South Africa)

Westmoreland & Cambria Natural Gas Co. v. De Witt 130 Pa. 235 (1889); 18 Atl 724 (pa.)

Wood County Petroleum Co. v. West Virginia Transportation Co. [(1886) 28 W Va 10 (W Va)]

World Economic Forum (2014) Annual competitiveness. WEF

第五章　采掘业法的渊源

摘要:本章将概述规制采掘业的不同法律渊源,并讨论国际法、区域法和国内法在规制非洲采掘活动和投资中的作用。首先,本章将讨论适用于采掘业的不同法律渊源的一些基本特征,然后分析不同法律渊源的特征、地位及强制力,以及它们之间的关系。

5.1　引言

大多数情况下,外国公司要参与非洲的采掘活动,必须根据外国投资、能源、环境、贸易、外汇汇入、竞争、税收和金融法律,办理当地公司、商业组织同样需要完成的注册、登记、采购等手续。为了规避违法风险,了解非洲适用于采掘活动的各种法律法规与制度,对于意向投资者十分重要。

本章将概述规制采掘业的不同法律渊源,这里的"渊源"指的是支持与规制采掘活动与投资的法律类型。总体来说,所有层面的法律,不管是国际法,还是环境法、刑法、行政法、侵权法或宪法,都可以直接适用于采掘业。本章即将探讨这些法律如何规制整个非洲大陆的采掘活动和投资,并为接下来讨论投资非洲采掘业的许可证制度、开采石油与固体矿产活动奠定基础。

学习本章,读者应该能够:理解规制采掘业的国际法、区域法与国内法;了解所在国采掘业法律渊源的一些基本特征;了解不同法律渊源的特征、地位及强制力,以及它们之间的关系。

5.2　采掘业法的渊源

采掘业法有五个主要渊源：国际法；国内法；习惯法；司法判决；学术出版物。

5.2.1　与开采资源有关的国际法

国际法主要用于规制国家间的关系。国际法的主要目标之一是为各国之间勘探、开采、管理、交易、销售和使用在各自领土内发现的自然资源提供一个基本法律框架。因此，国际法中的国际能源与自然资源法，主要是规范国家和国际组织管理和使用自然资源的行为，包括石油和固体矿产资源。正如《联合国宪章》序言部分所指出的，"我联合国人民同兹决心……创造适当环境，俾克维持正义，尊重由条约与国际法其他渊源而起之义务"。[①] 国际自然资源法的目标是，加强与支持对一国领土上所发现资源的可持续开发、管理和利用。

20 世纪 70 年代初以来，国际社会普遍关注可持续利用与管理自然资源尤其是发展中国家的自然资源的必要性。在此之前，国际法一直规制的是国家在战争与和平方面的行为。例如，在 1945 年制定《联合国宪章》的时候，自然资源管理并非全球关注和讨论的前沿问题，而世界和平才是主要焦点。今天有近 3000 项国际法律文件，或主要针对资源的可持续管理问题，或对采掘业有重要影响。

《国际法院规约》(Statute of the International Court of Justice)第 38 条规定，国际法以及国际自然资源法的渊源是：国际公约和条约、国际惯例、一般法律原则、司法裁决及高水平的国际法学家的学说。[②]

---

① Charter of the United Nations (Adopted June 26 1945, entered into force on 24 October 1945).

② Statute of the International Court of Justice 3 Bevans 1179; 59 Stat. 1031; T. S. 993; 39 AJIL Supp. 215 (1945).

5.2.1.1 国际公约与国际条约

国际法的主要渊源之一是“国际公约,包括一般国际公约与争议国明确承认的特殊规则”③。条约的效力大体相当于国内法中的合同,即仅在签署该协议的双方之间具有效力和约束力。

1969 年的《维也纳条约法公约》(Vienna Convention of the Law of Treaties,VCLT)列出了国际法中规制条约的法律,根据该公约,“称‘条约’者,谓国家间所缔结而以国际法为准之国际书面协定,不论其载于一项单独文书或两项以上相互有关之文书内,亦不论其特定名称如何”④。条约是国家在处理彼此之间关系时所利用的主要机制,又称公约、议定书、盟约、宪章、协定、契约、协议、交换照会、谅解备忘录等,且不论如何表述,只要它们符合上述细节,就被认为是条约。它们基本上是国家之间或国家与受国际法规制的国际组织之间的书面或口头协议。条约的目的一般是解决具有国际重要性的问题。它们是各国用来规范国家间行为的主要机制。它们也是用于解决环境问题而创制多边规则时经常被使用的工具。每一个责任国都应该履行它在国际协议下的义务条款。这是基于约定必须遵守的法律原则(遵守约定)。《维也纳条约法公约》第 18 条规定:

> 一国负有义务不得采取任何足以妨碍条约目的及宗旨之行动:(1) 如该国已签署条约或已交换构成条约之文书而须经批准。接受或赞同,但尚未明白表示不欲成为条约当事国之意思。或(2) 如该国业已表示同意承受条约之拘束,而条约尚未生效,且条约之生效不稽延过久。⑤

---

③ Art. 38, ibid.

④ Vienna Convention on the Law of Treaties, 23 May 1969, 1155 UNTS, 331.

⑤ Ibid.

条约表面上对缔约国没有约束力,除非:(1)明确表达了约束的目的;(2)当事国主要通过签署和批准条约的方式,明确接受条约设定的利益和规定的义务。但是,正如我们接下来将看到的那样,如果条约条款已成为国际习惯法,则对非缔约国也具有约束力。尽管条约的形式没有固定规则,但1980年生效的《维也纳条约法公约》提供了适用的规则。[⑥] 根据条约的内容,以及缔约方的数量,条约可以分为框架性条约、双边条约或多边条约等。

下面简要介绍几种主要条约。

双边条约与多边条约 双边条约是两国之间签订的条约,多边条约是两个以上国家之间签订的条约。双边投资协定在采掘业中的应用越来越多,以设定一方缔约国的投资者在另一方缔约国培育、开采或开发自然资源时应负的义务。双边投资协定的目的在于鼓励和增加一方缔约国的投资者赴另一方缔约国投资,但应支持双方尤其是东道国的可持续发展。[⑦] 双边投资协定可以由两个国家签署,也可以是区域协定,如南部非洲发展共同体与建设中的东部和南部非洲共同市场之间签订的协定。投资条约也可视为双边或区域自由贸易条约的一部分。到目前为止,全球范围内大约有3000个生效的投资条约。

双边投资协定通常包含关于投资保护和争端解决机制的主要条款。多数投资条约中的主要条款包括:国民待遇条款(national treatment clause),即包含外国投资者可以受到与东道国投资者同样待遇的基本要求。[⑧] 最惠国待遇条款(most favoured nation treatment clause)在双边投资协定中也很常见,用以确保一方缔约国政府给予另一方缔约国投资者的优惠不低于给予任何第三国的优惠。[⑨] (联合国)国际法委员会研究组

---

⑥ Ibid.

⑦ See Article 1 of the SADC Model Bilateral Investment Treaty Template of 2012.

⑧ See OECD (2004).

⑨ 最惠国条款的界定:“施惠国给予与其有缔约关系的受惠国、个人或事务以不低于与其有相同关系的第三国的优惠。” Art. 5 of the 1978 Draft Articles of the MFN Clause, *Yearbook of the International Law Commission* 1978, Vol. Ⅱ, Part Two, p. 21.

(International Law Commission Study Group)认定了最惠国条款的四个核心要素。⑩ 第一,根据该规定,给惠国给予受惠国或者与该受惠国有确定关系的人或物特别优惠;⑪第二,最惠国待遇条款中的优惠的水平取决于(不低于)给惠国给予第三国的优惠;⑫第三,最惠国待遇义务仅适用于(给惠国)给予第三国的同种优惠;⑬第四,享受最惠国待遇的人或物限于给惠国给予第三国优惠的同类人或物。⑭ 在采掘业投资中要求国民待遇与最惠国待遇,可以在市场准入、资金汇回本国、自由流通股(free carry shares)及经营要求等方面,减少(对投资者的)严格要求,并为其提供有利条件。一方缔约国对另一方缔约国投资者的投资所给予的待遇,不得低于其给予本国或任何第三国投资者的待遇。

双边投资协定还可以包括征收条款(expropriation clauses),以保护外国投资者免受东道国毫无补偿的直接、间接及颁布法规征用采掘投资或经营。⑮ 双边投资协定通常也做例外规定,特别是国家征收符合以下条件时:(1)为了公共利益;(2)履行了正当法律程序;(3)在合理期限内向投资者做了公

---

⑩ International Law Commission, Most-Favoured-Nation Clause Final Report of the Study Group on the Most-Favoured-Nation Clause (2015) Yearbook of the International Law Commission para. 35.

⑪ Ibid.

⑫ Ibid.

⑬ Ibid.

⑭ International Law Commission, Most-Favoured-Nation Clause Final Report of the Study Group on the Most-Favoured-Nation clause (2015) Yearbook of the International Law Commission para. 35.

⑮ 直接征用,是指投资被国有化或通过正式转让所有权或直接没收而被直接征用;间接征用,是指当事人所做出的相当于直接征用的一种行为或的一系列行动,此类行为既不是正式转让所有权,也不是直接没收。See Dominican Republic-Central America Free Trade Agreement (CAFTA-DR) (2006) in annex 10 - C. See also Harvard Draft Convention on the International Responsibility of States for Injury to Aliens (1961) and the Third Restatement of Foreign Relations Law of the United States (1987). In *Starrett Housing v. Iran*, Interlocutory Award No. ITL 32 - 24 - 1, 19 December 1983, 4 Iran-United States Claims Tribunal Reports 122, p. 154, 该案审理法庭指出,国家可以采取这些措施干预财产权,使这些权利因相当于被征用而无效,即使国家并未明确表示其行为为征用,也未指出该法定财产权仍属于原所有人,这是为国际法所承认的。

平且充分的补偿。[16] 公平且充分的补偿通常根据投资被征收前的市场价值进行评估。[17] 公平公正待遇条款使东道国根据本国法律法规的规定,提高立法、监管、行政和司法程序的透明度、效率、独立性与责任性,从而负有提供问责制的义务。

另一个主要条款是保护伞条款(umbrella clause),即要求政府必须恪守对投资者所作的任何承诺,且不得通过改变法律或制定投资时并不存在的法律而规避这些义务。[18] 很多双边投资协定中还有人事与雇佣条款(personnel and employment clauses),即赋予外国投资者以雇用其国籍国或其他国家工作人员的最大灵活性。根据该条款,缔约国不得要求投资者任命任何特定国籍的人为高级管理者。这一规定对于规避适用要求优先雇用东道国公民或劳动力的本土化法律特别重要。精心设计的人事条款为投资者从全世界任何地方聘请高技能的高级员工和管理者提供了最大限度的灵活性。2012 年的《南部非洲发展共同体双边投资条约范本》(SADC Model Bilateral Investment Treaty Template)在规定这些条款方面做出了榜样。

区域贸易协调协定　非洲各次区域签订与制定了区域协调协定与制度,是非洲与采掘业投资有关的另一个重要国际法渊源。其中如非洲商法统一组织(Organization for the Harmonization of Business Law in Africa,

---

⑯ 《多米尼加共和国与中美洲自由贸易协定(2006)》《埃及与德国双边投资协定(2005)》《墨西哥与英国双边投资协定(2006)》《日本与老挝人民民主共和国双边投资协定(2008)》《东南非共同市场共同投资区投资协定(2007)》《土耳其示范性双边投资协定(2009)》为例外情形。这些协定均指出,对于缔约方中投资者的投资,不得采取相当于国有化或征用效果的措施,予以国有化、直接或间接征用。除非为了公共目的,基于非歧视原则,依照正当法律程序并给予补偿。

⑰ Nikièma (2013), pp. 4 – 10.

⑱ 保护伞条款一般规定在双边投资协定中,为投资者提供特别保护,为东道国与投资者经常签订的投资条约提供范本。See Sinclair (2004), also Yannaca-Small (2008); also Walde (2005). 该条款最早出现在德国与巴基斯坦 1959 年签订的双边投资协定(第 7 条)中:"任一缔约方应遵守其与缔约他方的国民或公司缔结的与投资有关的任何其他义务。"1967 年经济合作与发展组织的《保护外国人财产权公约(草案)》第 2 条也规定,"每一缔约方应在任何时候,都遵守其对另一国的国民与财产所负有的相关义务"。

OHADA)等一些制度,尽管没有成为各国的国内法或得到实施,但具有超国家性质,直接适用于在各成员的投资。[19] 因此,有必要考察东道国是否为某一组织的成员或区域贸易的签署方,以及该国对影响投资的主要条款的法律意见。非洲的主要次区域组织包括:

1. 北非:阿拉伯马格里布联盟,成员方包括阿尔及利亚、摩洛哥、突尼斯、利比亚和毛里塔尼亚。

2. 西非:西非国家经济共同体、西非经济和货币联盟、非洲商法统一组织。[20]

3. 中部非洲:中部非洲国家经济共同体、促进经济一体化的大湖国家经济共同体;中部非洲经济与货币共同体。

4. 东非:南部非洲发展共同体;东部和南部非洲共同市场。

在此,有必要了解这些次区域组织的有关制度在各成员国的适用情况,以及这些制度对外国投资在税收、报告义务、环境保护、公平贸易、资金汇回和当地参与等方面的要求。

框架性条约(Framework Treaties) 有些条约没有明确、详细或具体的规则;它们为各国设定了一般原则或要求的框架。框架性公约的基本原理是,作为一种系统化方法、依据或政治意愿,提高以更果断的方式解决问题的水平,进而出台更具体的监管制度。国家最初主要通过签署框架性条约,以合作的方式处理新出现的环境问题。

尽管国际框架性条约中鲜有专门针对石油或矿产勘探与开发的条款,但其他条约、公约和宣言中关于自然资源开发的条款对于采掘活动有一定的启示意义。例如,防止石油开采污染环境的国际条约就特别重要,由于石油勘探与开采活动多发生于海洋中,这些国际条约尤显重要。

---

⑲ See Olawuyi (2015a, b, c).

⑳ See for example, *The Harmonised System: ECOWAS Common External Tariff and other schedules*, *Act* 905. 该法为西非关税与进口税提供了协调机制。

具体实例包括1959年的《南极条约》(Antarctic Treaty),其为管理和使用这块地球上最寒冷、最干燥、最多风的大陆提供了法律框架。该条约第1条规定,南极洲应仅用于和平目的,禁止在南极洲从事采矿、军事活动、核爆炸和核废料处理等活动,支持在这里开展科学研究和保护生态的活动。作为一项框架公约,关于该条约的更具体的法律义务是在条约的各项议定书中加以充实的。[21]

专门/具体条约 旨在解决具体的问题,特别是与开采石油或矿产有关的具有全球性影响的活动,包括经营、保护人权与环境、废物管理等问题。例如,1972年的《防止倾倒废弃物及其他物质污染海洋公约》(Convention on the Prevention of Marine Pollution by Dumping of Wastes and Other Matters),又称《伦敦倾废公约》(London Dumping Convention),[22]以及1973年的《防止船舶造成污染国际公约》(International Convention for the Prevention of Pollution from Ships),都是用以解决海洋污染问题的条约。[23]

保护伞条约(Umbrella Treaties) 这类条约的一个很好的例子是1982年的《联合国海洋法公约》(United Nations Conference on the Law of the Sea)[24],该条约包括诸多一般性条约,与一个或多个关于具体问题的条约相关。尽管该条约缺少通过议定书的正式规定与附件,但它援引了其他协议,解释、扩大和发展了其现有的规定。

---

[21] 《关于环境保护的南极条约议定书》(又称《环境议定书》或《马德里议定书》)签订于1991年,经所有南极条约协商国批准,于1998年生效。该议定书禁止在南极洲进行一切商业采矿活动。缔约国还承诺"全面保护南极环境",防止环境恶化。该议定书还要求对南极洲的所有活动进行全面的环境影响评估后才允许这些活动继续进行。

[22] See generally, the Convention on the Prevention of Marine Pollution by Dumping of Wastes and Other Matters, 29 December 1972, 1046 UNTS 120.

[23] International Convention for the Prevention of Pollution from Ships, 2 November 1973, 1340 UNTS 184.

[24] UNCLOS Convention, United Nations Convention on the Law of the Sea, 1982, 21 ILM (1982), 1261 (该公约于1982年12月10日通过,1994年11月16日生效).

5.2.1.2 国际习惯法

国际习惯法是指源于既定的国家实践的国际义务,与正式的国际公约或条约中设定的义务相对。[25] 根据《国际法院规约》第 38 条的规定,"国际习惯作为一种普遍做法的依据而被接受为法律",是重要性仅次于国际条约的国际法的渊源。所谓"习惯",简单地说就是国家和政党一贯的行事方式,后来被转为当下处理问题的方式。一旦某一规则被确定为习惯法规则,就被赋予了约束力,即作为一种具有约束力的行为准则,受到各国的遵守。[26] 根据《国际法院规约》第 38 条的规定,既有的国际习惯上升为国际习惯法需要同时满足两个条件,接下来即对它们予以简要介绍。

1. 一般实践(general practice),即一定时期内的一致性国家实践。国家习惯应当与始终如一的惯例相一致。[27] 这可以从多方面得以体现,如国内法、报纸报道、政府声明等。不过,这些实践并不必完美一致或严格一致。此外,其他国家是否相信这些实践为法律并不重要,重要的是其他国家未予反对或质疑。作为一般实践,还需要足够广泛和具有代表性的国家的"实践",也包括非条约缔约国。习惯主要发挥证据的作用,也可以为习惯规则的出现提供原料的历史背景。如果很多国家因更具权威性而一致遵循某一种实践,也可以产生习惯。美国因具有海事实力而确立的与海洋法有关的习惯,以及已经解体的苏联所确立的空间法中的惯例,都是很好的例子。[28]

2. 法律意见(opino juris)。根据《国际法院规约》第 38 条第 1 款第 2 项的规定,可以适用的惯例必须"被接受为法律"。法律意见是一种确信

---

[25] Talmon (2015).

[26] Ibid.

[27] 在 *Fisheries Jurisdiction Case* ICJ Rep 1973, at p. 50 案件中,法院五位法官一致认为"国家行为必须具有普遍性、一贯性、协调性"。See also *North Sea Continental Shelf case* para. 74.

[28] See generally, Bell and McGillivray (2008), pp. 150 – 151, also Birnie et al. (2009) and Bodansky (2010), pp. 94 – 102, 192 – 197.

或信念,认为某一行为得以实施,是因为它是一种法定义务或被国家接受为法律。[29] 它是一种主观性义务,对国家必然会遵循某一习惯的信任感。这是建立具有法律约束力的习惯的第二个必备要素(另一个是一般实践)。该要素的存在,是因为人们相信这一实践是法律所要求的,且各国必须以相信其行为已经或将成为法律的方式行事。不过,国家的实践是否因为其认为法律要求从事某一特定行为,很难客观证明。因此,法律意见一直是国际法中尚无定论的争议问题。不过,需要注意一个问题,专门及具体习惯规范一般优于一般习惯规范,除非一般习惯是强制性法规或国际法的优先准则。还需要注意的一个问题是,条约条款以及联合国的声明也可以是习惯法规则的依据。习惯法和条约一样具有法律约束力。但是,为了不受习惯法的约束,一个国家必须一贯反对制定此习惯法。[30] 如果一个国家在习惯规则确立之后才予以反对,则极有可能受到它的约束。[31]

5.2.1.3 一般法律原则

根据《国际法院规约》第 38 条第 1 款第 3 项的规定,国际法的第三个渊源是"文明国家承认的一般法律原则"。目前,没有一套可以囊括这些"一般原则"的公认原则。它们广泛包括国际法原则、法律格言、宣言,有时还包括对国内法律制度所承认的对国内法原则的分析。正如奥尔斯顿(Alston)恰当地指出的那样,一般原则的合法性源于各国对它们的

---

[29] 在 *the Maritime Delimitation and Territorial Questions between Qatar and Bahrain Case* (*Qatar v. Bahrain*) ICJ Rep 2001, 40 案件中,卡塔尔与巴林承认,1982 年《联合国海洋法公约》的相关条款是国际习惯法,可以成为法院裁决的基础。

[30] Charney (1985).

[31] 在 *Anglo-Norwegian Fisheries Case* ICJ Rep 1951, 116 案件中,英国辩称,根据国际习惯法规定,海湾口的"封闭线"不能超过 10 海里。国际法庭认为,由于不符合各国实践,这样的一般国际习惯法规则并不存在,并指出"在任何情况下'10 海里'规则似乎都是不适用挪威的,因为该国一直反对将其适用于挪威海岸"。

承认。[32] 因此,国际法中建立了一般原则,说明得到了各国的普遍承认,即使违反该原则的情形广泛存在。国家实践并非国际法中的一般原则存在的先决条件。[33]

总体而言,广义的一般法律原则包括:(1)任何法律制度中不容置疑的因素,如公平聆讯、任何人不得做自己案件的法官、违反协议须予赔偿、诚信或禁反言、衡平法原则等[34];(2)国际法所承认的原则,如禁止使用武力、人权原则、公海自由等;(3)《斯德哥尔摩宣言》(Stockholm Declaration)和《里约环境与发展宣言》(Rio Declaration) [35]中所载的原则,以及《世界自然宪章》(World Charter for Nature)等"软法"(soft law instruments)中的原则、联合国环境规划署的各种原则。总的来说,这些原则都可以被称为"规范",反映了世界各国共同的基本主张。有些条约也反映、编制或创制出一些基本法律原则。这些原则的主要作用是实现条约和习惯法的解释、适用和发展。这些原则的合法性也源于国家的认可。例如,可持续发展的理念,具体来说是对资源的可持续管理,可以说是文明国家承认的一项国际环境法原则。

自然资源可持续管理是国际法中的一项重要原则 过去30年来,以保护环境、节约自然资源的方式管理和利用世界自然资源的法律义务已成为国

㉜ Alston and Samma (1991), p. 102. 1966年,国际法院在针对西南非洲案件的报告中强调了这一点,田中·J. 认为,"因此,国家行为和同意不是承认一般原则的必要性先决条件"。See also Hulsroj (1999), p. 245; Brownlie (2003).

㉝ See generally, Alston and Samma (1991), p. 102; Hulsroj (1999), p. 245.

㉞ 在 *Rann of Kutch Arbitration* (1968) 50 ILR 2 案件中,法庭称"衡平法是国际法的一部分,因此当事各方可以根据衡平法原则自由提出和阐述其案件"。另参见 *River Muese Case* (*Netherlands v. Belgium*) PCIJ Ser A/B (1937) No. 70,常设国际法院哈德森法官称,本法院在认定衡平法为国际法的一部分问题上享有一定自由权。另参见 Akerhurst (1976), p. 801.

㉟ See Bastida and Bustos (2017); also Auty and Mikesell (1988) and Bastida (2008).

际法中的一块基石。[36] 资源可持续管理(sustainable resource management, SRM)的理念强调,在经营和利用石油、固体矿产和其他自然资源时,必须采取平衡社会发展、经济发展和环境保护的协调性办法。[37] 资源可持续管理源于世界环境与发展委员会(也就是布伦德兰委员会)(Brundtland Commission)在1987年的一份报告——《我们共同的未来》中所提出的可持续发展理念,即"既满足当代人的需求,而又不损害后代人满足其需求的能力的发展"。[38] 国家行动与政策措施,指的是"国家为实现进步(发展)而做的努力,且这种努力应可以长时间保持(可持续)"。[39] 可持续发展须在维护良好的环境与经济社会发展之间寻求一种共生性平衡(symbiotic balance),而人们通常认为两者之间互相排斥。从本质上来说,资源可持续管理指的是,以低于或相当于自然资源再生或繁殖的速度利用自然资源。资源可持续管理的支持者主张,我们今天对自然资源的利用不能损害其对于子孙后代的有效性与有用性。[40] 为实现资源可持续管理,各国必须改进资源开发、生产的方法与技术,提高生态效率,实现对原材料、能源、水等资源的可持续利用。[41]

㊱ See generally, European Union (2003), Communication from the Commission to the Council and the European Parliament-Towards a Thematic Strategy on the Sustainable Use of Natural Resources. http://eur-lex.europa.eu/legal-content/EN/TXT/? uri = CELEX:52003DC0572, also Cordonier Segger and Khalfan (2004), Cordonier Segger and Weeramantry, (2004), French (2005, 2010), Gehring and Cordonier Segger (2005), Cordonier Segger et al. (2010) and Jodoin and Cordonier Segger (2015).

㊲ Batisda and Bustos (2017), p. 235. 另参见 the 2002 International Law Association (ILA) (2002), pp. 211 - 216, UN Doc. A/CONF. 199/8, 9 August (2002),该宣言虽然不具有法律约束力,但多次重点强调并具体列举了各国将可持续性纳入自然资源和有关活动管理计划的义务。它指出,"可持续发展现在已被广泛接受为一项全球目标,这一概念已在各种国际和国家法律文件中得到充分承认,包括国际和国家级的条约法和判例"。

㊳ The Brundtland Report (1987).

㊴ Bugge and Voigt (2008), p. 88. 关于可持续发展及其演变、原则和在国家法和国际法中的适用的详尽论述,参见 Cordonier Segger and Khalfan (2004), p. 1; Schrijver (2008), p. 1。

㊵ Schrijver (1997), Tilton (2003) and Szablowski (2007).

㊶ Batisda and Bustos (2017), p. 235, also Vanhulst and Beling (2014).

资源可持续管理原则,强调在追求经济增长和发展的同时须保护环境,已经成为公认的最重要的国际法一般原则,并被纳入诸多国际宣言、条约和国内法中。[42] 资源可持续管理已在许多国际环境条约中得到承认。目前,除诸多宣言、指南、联合国大会决议等"软法"外,有300多个国际法律文件确定和承认了可持续发展这一原则。[43] 例如,《里约环境与发展宣言》原则三宣告,(各国)必须履行发展的权利,以便公正合理地满足当代和世世代代的发展与环境需要。[44]《里约环境与发展宣言》的原则二宣告,各国根据联合国宪章和国际法原则有至高无上的权利按照它们自己的环境和发展政策开发它们自己的资源,并有责任保证在它们管辖或控制范围内的活动不对其他国家或不在其管辖范围内的地区的环境造成危害。此外,《里约环境与发展宣言》原则二十七宣告,各国和人民应真诚地本着伙伴关系的精神进行合作,贯彻执行本宣言中所体现的原则,进一步制订持续发展领域内的国际法。[45]

1997年的联合国大会可持续发展特别会议、2002年的可持续发展世界首脑会议,以及2012年在巴西里约热内卢召开的联合国可持续发展会

---

[42] See Para. 1.2 of the ILA New Delhi Declaration on Sustainable Development. "国家有责任以理性、可持续和安全的方式管理自然资源,包括其领土或管辖范围内的自然资源,以促进本国民族的发展,特别应保护土著人民的权利,同时应保护和可持续利用自然资源、保护包括生态系统在内的环境。各国在决定自然资源的使用率时必须考虑到子孙后代的需要。所有有关行为体(包括国家、工业企业和公民社会等)都有义务避免浪费使用自然资源,并提倡尽量减少浪费的政策。" See also the 2012 Sofia Guiding Statements on the Judicial Elaboration of the 2002 New Delhi Declaration of Principles of International Law Relating to Sustainable Development, Resolution No. 7/2012 noting in para. 3. "所有自然资源的可持续利用是一项新兴一般国际习惯法规则,在利用共享和共同自然资源方面具有特别重要的价值。"

[43] 关于这些法律文件的详尽介绍,参见 the United Nations Sustainable Development Knowledge Platform。另参见 Schrijver (2017), pp. 99 - 102(概述了可持续发展原则如何为国际条约制度和法庭采纳与实施); French (2005), pp. 177 - 184(关于可持续发展原则适用于国际法庭决定的索非亚指导声明);in Cordonier Segger and Weeramantry (2004), pp. 177 - 184 (强调可持续发展如何被纳入资助成立的国际组织的司法活动及有关条约制度中)。

[44] UN *Rio Declaration on Environment and Development* (1992).

[45] UN (1992).

议等,均呼吁各国和利益相关方促进和实现对包括世界自然资源在内的自然和人类环境的可持续管理与利用。[46]

2015 年 9 月,联合国成员国就“可持续发展目标”(Sustainable Development Goals, SDGs)达成一致意见。《改变我们的世界:2030 年可持续发展议程》[47]为各国设定了 17 项可持续发展目标和 169 项有时限的具体目标:为所有人提供水和环境卫生并对其进行可持续管理;保护和可持续利用海洋和海洋资源以促进可持续发展;保护、恢复和促进可持续利用陆地生态系统,可持续管理森林,采取紧急行动应对气候变化及其影响;防治荒漠化,制止和扭转土地退化,遏制生物多样性的丧失;创建和平、包容的社会以促进可持续发展,让所有人都能诉诸司法,在各级建立有效、负责和包容的机构。[48] 这些可持续发展目标可以指引联合国、联合国成员国、全世界的国际组织与利益攸关方可持续管理全球的自然资源。[49]

可持续发展与资源可持续管理也得到了国家和国际判例法、[50]国家法

---

[46] UN (2012).

[47] UN (2015).

[48] Ibid.

[49] See Cordonier Segger and Mrema (2016).

[50] 参见 the *US-Shrimp Case*, 在该案中,世界贸易组织上诉机构诉称:“……这一理念已被公认为既有利于促进经济与社会发展,又可以保护环境,详尽阐述了如何落实可持续发展目标,在不损害子孙后代满足其需要的能力的前提下,满足当代人需求。” See also *United States-Import Prohibition of Certain Shrimp and Shrimp Products* (6 November 1998), WTO Doc. WT/DS58/AB/R at note 107. *Case Concerning the Gabcíkovo-Nagymaros Project* (*Hungary/Slovakia*) (1997), I. C. J. Rep., 37 I. L. M. (1998) 162 at 140; *United States-Import Prohibition of Certain Shrimp and Shrimp Products* (20 September 1999), WTO. Doc. WT/DS58/AB/R (Appellate Body Report) and *Permanent Court of Arbitration*: *In the Arbitration Regarding the Iron Rhine* (“*Ijzeren Rijn*”) *Railway*, *between the Kingdom of Belgium and the Kingdom of the Netherlands* (May 24, 2005) at 59, 114, Award of the Arbitral Tribunal; and national cases such as *Vellore Citizens Welfare Forum* v. *Union of India* (1996, Supreme Court of India), *Bulankulame* v. *Secretary*, *Ministry of Industrial Development and Others* (the Eppawela Case) (2000, Supreme Court of Sri Lanka), and *Rajendra Parajuli and Others* v. *Shree Distillery Pvt. Ltd. &Others* (Writ No. 3259, 1996, Supreme Court of Nepal).

律和政策的认可。[51] 同样,粗略看看有多少国家是以可持续发展理念为基础的环境条约与公约的积极缔约方,就可以发现该理念已得到各国的充分认可。这些例子表明,环境法与可持续发展是交织在一起的。在比利时诉荷兰的钢铁莱茵(Iron Rhine,"Ijzeren Rijn")铁路案中,常设仲裁法院认为:

> 环境法和发展法并非相互替代,而是互相促进、统一的概念,这就要求在发展可能对环境造成重大影响时,责任方有责任预防,或至少减轻这种危害。仲裁庭认为,这种责任现在已成为一项普遍的国际法律原则。这一原则不仅适用于自主活动,而且也适用于履行双方之间的具体条约所进行的活动。[52]

资源可持续管理原则在各国法律、国际条约及判例法中的迅速发展,表明它已被公认为与能源与资源开采有关的国际法中的一项重要原则。

5.2.1.4　司法判决与高水平法学家的学说

根据《国际法院规约》第 38 条第 1 款第 4 项的规定,国际法的第四个渊源是"司法判例及各国权威最高之公法学家学说,作为确定法律原则之补助资料者"。不过,这些渊源的重要性不及上述提到的渊源,因为它们是辅助渊源。仅在没有任何条约、国际法惯例或可以适用的一般规则可以解决争议问题的时候,才会适用这一渊源。[53] 尽管被列为辅助渊源,但国际法院与各国法院的判决对于塑造当事人根据国际法所提出的诉求的合

---

[51] 非洲这方面的例子不胜枚举。See Kenya's Environmental Management and Coordination Act no. 8 of 1999; also the Nigerian National Environmental Standards and Regulations Enforcement Agency (NESREA) Act (2007); the Niger Delta Development Commission (NDDC) (Establishment etc) (Amendment) Act of 2017 of Nigeria amongst others.

[52] *Arbitration Regarding the Iron Rhine ("Ijzeren Rijn") Railway (Belgium v. Netherlands)* (May 24, 2005).

[53] Ibid.

理期待十分重要。它们还为现行法律的形成提供了依据。司法判决也形成了几个重要的环境规范,如特莱尔冶炼厂(Trial Smelter)案中的跨界损害赔偿;法国与西班牙之间的拉诺湖(Lac Lanoux)案中的咨询与协商责任;国际法院关于"威胁使用或使用核武器的合法性"(Legality of the Threat or Use of Nuclear Weapons)的咨询意见,即任何国家均不得对其领土以外或全球公共领域的环境造成损害。国际法中的司法判决没有约束力,但具有劝服作用。《国际法院规约》第59条规定,法院之裁判除对于当事国及本案外,无拘束力。尽管如此,虽然各国并不实行遵循先例原则,但仍经常参考国际法院与法庭以前的判决,也常根据自己以前所做的判决审理案件。法院不会完全无视他们早先的声明或者做出的判决,尽管会对它们予以甄别。[54]

此类国际法渊源的第二个重要内容是高水平法学家的学说。[55] 这包括(联合国)国际法委员会(International Law Commission,ILC)等国际机构的报告。该委员会可以向联合国大会提出选题或由大会提出选题,由委员会草拟公约草案,然后提交大会讨论通过。其还包括杰出法学家与国际律师协会能源、环境、自然资源及基础设施法处(International Bar Association's Section on Energy, Environment, Natural Resources and Infrastructure Law,IBA-SEERIL)[56]组成的学术咨询组(Academic Advisory Group)等机构的著作;国际自然保护联盟(International Union for

---

[54] See generally,Birnie et al. (2009).

[55] 根据 Chancellor Kent in 1 Kent, Com. 18:在没有更高级、更权威裁判的情况下,外国的法令、杰出政治家的意见以及著名法学家的著作都可以作为处理惯例法无法解决的问题的重要参考。如权威法学家同意,可以利用其法律格言支持推定的可靠性,任何文明国家,只要没有公然藐视普通法律与公正,都不会置著名国际法学者的学说于不顾。转引自 *Paquete Habana case* 175 U. S. 677 (1900)。

[56] 国际律师协会能源、环境、自然资源与基础设施法分会学术咨询小组出版了很多权威性采掘业法著作,包括 Regulating Energy and Natural Resources (2006), Energy Security (2004), Public Participation in the Sustainable Development of Mining and Energy Resources (Oxford University Press, 2002) 以及最近的 Zillmanet al. (2018)。

Conservation of Nature,IUCN)环境法学院的著作;世界环境与发展委员会(World Commission on Environment and Development,WCED)、国际法协会(International Law Association,ILA)的著作;杰出从业者撰写的对有关国际法各种问题进行权威分析的著作与文章。在帕克特哈瓦那(Paquete Habana)案中,美国最高法院法官格雷(Gray)指出:

> 国际法是我国法律的一部分,有管辖权的法院只要依法尽职尽责做出决定,就可以确定和适用国际法。因此,如遇案件无可适用的条约、行政法规、法律或司法判决,法院则须求助于其他文明国家的惯例,以及法学家与评论家多年劳动、研究与经验在其所从事的领域形成的成果。法院所援引的这些成果,不是其作者所认为的法律应该是什么样,而是为法律确实是什么样提供可靠依据。[57]

在评论著名学者的书籍和文章的重要性时,格雷法官赞同地引用了影响深远的惠顿(Wheaton)的《国际法原理》(第8版)第15节的内容,指出:

> 惠顿将权威法学家的作品列为国际法的重要来源,表明了何为国家所认可的法律渊源,或经一致认可而引入的经过界定与修改的尊重彼此行为的公意。对此,他有力地指出:"我不想夸大这些法学家的重要性,或者在任何情况下,用他们的权威来代替理性原则,但可以肯定的是,他们的判断通常是公正的。他们是文明国家的情感与习惯的见证人,他们的权威学说每每被政治家援用,其证明力的分量就会进一步增强,而如果他们作品中所提出的规则未被采纳,则随着相反原则的设定,这些规则

[57] *Paquete Habana case* 175 U.S. 677 (1900).

就会受到驳斥。”[58]

学术出版物是影响国际法发展的重要因素,特别是国际法中新兴和处于发展中的概念。第288号国际法院报告中的新西兰诉法国案就是一个很好的例子,韦拉曼特(Weeramantry)法官在该案中提出的不同意见,就是援用了关于可持续发展要素的学者和学术观点。

5.2.1.5 国际法的其他渊源

除《国际法院规约》第38条承认的渊源外,软法对采掘业法的发展与解释也有重要影响。[59] 软法是指那些虽不能在法院与法庭上直接适用、但对国际关系乃至国际法有一定影响的法律。[60] 宽泛地说,软法包括:国际组织或区域组织的宣言;联合国安理会和联合国大会的决议;非洲联盟或成员方会议的决定所形成的公约;联合国所采用的原则;商定但尚未生效的条约条款;规范性建议;声明的原则;行为准则;行为守则;行动计划;非约束性会议声明;其他非条约义务(non-treaty obligations)。尽管它们不是约束性义务,但经常提出的行为指南与规则,对于解决新出现的违法行为非常重要和实用。[61]

软法常与硬法相对。[62] 有些学者认为软法不是法,有人则认为软法的重要性普遍低于国际法,因为它们不产生有约束力的义务。[63] 即使由联合国大会通过的决议,或由联合国条约机构提出的一般性意见,均不是国际条约,因此不具有法律约束力;但是,它们可以经常用于阐述和解释规范,

---

[58] Ibid.

[59] 有关联合国决议与声明的规范性影响及重要性的精彩讨论,参见 Forsythe (2006), p. 12,另参见 Dupuy (1991), pp. 422 – 25, 428 – 31。

[60] Boyle and Chinkin (2007).

[61] Sloan (1987), p. 93.

[62] Reisman (1988), pp. 371 – 377.

[63] Guzman and Meyer (2010), p. 171.

因此具有重要的法律功能和规范作用。[64] 可以利用它们解释与指导一个国家应如何适用条约,以履行其国际义务。软法在国际法的演变与发展过程中发挥着重要作用。正如希金斯(Higgins)恰当地指出的那样,国际机构所做的决定并非法律发展的唯一来源。[65] 法律后果也可能来自非正常的"有约束力的"行为。[66] 软法不仅可以为解决新出现的问题提供灵活的指导方针,也可以为执行国际政策提供模板,还可以成为未来出台的具有约束力的硬法的"前辈"。在接下来的几章中,我们将介绍一些已成为国际法以及国际自然资源法的一部分的非约束性声明。

非洲资源可持续开采中具有里程碑意义的软法 区域和国际机构指出,在非洲的资源开采中,对资源进行可持续管理、提高透明度、保障人权具有重要意义。[67] 非盟关于在采掘活动中对于资源进行可持续管理、保障人权方面所做的宣言和决议,对于非洲的采掘业投资特别重要。[68] 例如,2012 年 4 月 18 日至 5 月 3 日,在冈比亚首都班珠尔召开的非洲人权和民族权利委员会第 51 次例行会议上,通过了《2012 年决议》。[69] 该决议呼吁各国政府与采掘业投资者在资源勘探、开采、有毒废料管理、资源开发与管理过程中尊重人权。[70] 该决议的总目标是确保有系统地将人权纳入非洲的资源利用政策和法律中。该决议强调了人权与发展的相互依赖性,并回顾了《非洲人权和民族权宪章》第 20、21、24 条的规定:所有民族均享有根据所选择的政策,自由决定其政治地位、寻求经济与社会发展;自由处置本国自然资源;有权保护良好的环境。决议还强调了落实之前的国际法决议

---

[64] Talmon (2005).

[65] Higgins (1994).

[66] Ibid.

[67] 有关这些做法的详尽阐述,参见 Olawuyi (2015a, b, c)。

[68] See Olawuyi (2015a, b, c).

[69] Resolution on a Human Rights-Based Approach to Natural Resources Governance, African Commission on Human and Peoples' Rights, 51st Sess, (2012).

[70] Ibid.

的必要性,如1992年《里约环境与发展宣言》原则二十二:为确保当地人在环境管理和发展中发挥重要作用,各国应根据他们的特性与需要,保障其健康、丰富的生活。[71]

《2012年决议》在非洲各国政府先前努力的基础上将人权概念纳入资源治理中。[72] 三个重要的区域性文件为《2012年决议》奠定了基础:2009年的《西非国家经济共同体关于协调矿业指导原则与政策的指令》(Economic Community of West African States Directive on the Harmonization of Guiding Principles and Policies in the Mining Sector,以下简称《西共体指令》);[73]泛非议会的各项决议;[74]《愿景报告》。[75]《2012年决议》把这些先前的成果整合在了一起,以确保其连贯性、协调性和一致性。

首先是适用于15个西非国家经济共同体成员国的2019年《西共体指令》,[76]该指令强调在资源开发问题上,应有利益相关者的参与,并征求他们的意见。西非经共体的指示规定了协调各成员方矿业监管制度的指导原则,对西非经共体成员方具有约束力。它呼吁各成员方尊重可能因采矿、油气开发或自然资源项目受到负面影响的当地社区的自由、事先与知情同意(free, prior, and informed consents,FPIC)。《西共体指令》敦促各成员方确保可能受矿产或油气项目影响的群体享有自由、事先与知情同意

---

[71] Ibid. See Report of the United Nations Conference on Environment and Development Annex I: Rio Declaration on Environment and Development, UNGA, 1992, UN Doc A/CONF. 151/26 (Vol. Ⅰ) [Rio Declaration].

[72] Olawuyi (2015a, b, c).

[73] Economic Community of West African States, Directive C/DIR. 3/05/09, *On the Harmonization of Guiding Principles and Policies in the Mining Sector*. [*ECOWAS Directive*].

[74] See the Recommendations of the Permanent Committee on Agriculture, Rural Economy, Natural Resources and the Environment. See also Pan African Parliament (2011), p. 14.

[75] African Union (2009).

[76] 即贝宁、布基纳法索、佛得角、科特迪瓦、冈比亚、加纳、几内亚比绍、利比里亚、马里、尼日尔、尼日利亚、塞内加尔、塞拉利昂和多哥。See Economic Community of West African States, the ECOWAS Commission at a Glance.

权。具体来说,它要求企业在勘探开始之前、每个后续采矿阶段之前及采矿作业之后,都获得当地社会的自主的、优先知情同意。[77] 该指示强调在整个项目期内[78](采矿前—采矿作业—采矿结束和结束后期)做决定时与当地社会沟通磋商的重要性。此外,该指令对“矿产”的定义不仅包括工业矿产,也包括石油,因此该指令同时适用于固体矿产和石油与天然气领域。因此,《西共体指令》至今无疑仍是非洲最重要的自由、事先与知情同意原则的政策文件。它的目的是提高矿产政策制定与实施、决策过程的透明度,以及利益相关者参与磋商的水平。它还根据国际最佳实践,为各成员方减轻资源开发对当地社会与环境造成的负面影响确立了指导方针。但是,《西共体指令》的影响和范围毕竟有限,因为它只适用于非洲大陆44个国家中的15个。此外,各成员方在如何实现《西共体指令》的目标方面享有广泛的自由裁量权。该指令所关注的重点只是自由、事先与知情同意问题,而对于非洲采掘业所面临的其他人权问题却只字未提,如妇女在决策过程中被边缘化、政府腐败、缺乏透明度、强行征用原住民土地、补偿不足等。

非洲采掘业所面临的一些人权问题得到了泛非议会的重视,并不断敦促非洲各地区努力解决资源利用中的人权问题。泛非议会是非盟的立法机构,出于主动或应非盟大会或其他政策机构的要求,泛非议会有权审查、讨论或表达对任何事项的意见,并就与尊重人权有关的事项提出其认为适当的建议。[79] 在2011年于南非举行的研讨会上,泛非议会表达了对大规模征地(又称“抢地”)的担忧,以及国内外投资对土地、水等相关自然资源的影响。[80]

为了提高利益相关者参与资源开采项目的决策的水平,泛非议会呼

---

[77] Article 16 (3), ECOWAS Directive. See also Mayer Brown (2010).

[78] Article 16 (4), ECOWAS Directive.

[79] African Union, Pan-African Parliament.

[80] 2011 Parliamentary Resolution, 14. See Greenspan (2014), p. 14.

吁各国确保资源开采项目“同受投资项目影响的当地社会和各界人士进行有效协商,并确保任何投资都得到了受影响群体的自由、事先与知情同意”[81]。这些建议也提倡牧民、妇女、集体权利优于投资,提高土地认证与注册制度水平。因此,泛非议会认为,在非洲的资源利用方面,人权问题因以下主体之间的权利(力)关系失衡而更加恶化:男性与女性、地方政府和被管理者、老年人和年轻人、富人和穷人、本地人与外来人、受过教育的人和没有受过教育的人。[82] 但是,泛非议会有一个重大的缺陷,即尚未获得充分的立法权力,因此,只能就未受重视的问题的重大影响提出建议并加以说明,但并不能影响任何实际的立法或政策的改变。

另一部重要的软法是2009年的《愿景报告》。[83]《愿景报告》由联合国非洲经济委员会、非盟、非洲矿业合作组织(African Mining Partnership)(非洲政府负责矿业的部长间论坛)、非洲开发银行、联合国贸易和发展会议和联合国工业发展组织共同编写。[84]《愿景报告》强调了矿业项目面临的人权挑战,特别是利益相关者参与磋商资源开发项目不足,以及资源开采对社会与环境产生消极影响。报告还提出了非洲为发展一种“采矿新社会契约”以平衡当地受益与国家减贫工作关系而应采取的行动。[85] 报告鼓励非洲各国制定新的法律:提高当地社会的参与水平;促进政府与私营部门、当地社会建立多元伙伴关系;提高公众的参与水平,确保政府行为与产业活动得到人民的一致同意。在制订必要的行动计划以提高公众的参与水平方面,报告认为公众参与不仅包括协商、信息共享和争端解决,也包

---

[81] Sixth Ordinary Session of the Pan-African Parliament, para. 6(d).

[82] Ibid at preamble (该部分指出泛非议会“尤其因女性人权受到不利影响而颇为震惊,包括无法平等获得土地、获取水资源受阻”).

[83] African Union, Africa Mining Vision (2009).

[84] Ibid, p. 1.

[85] Ibid, pp. 12, 39.

括“参与决策”。[86]

2011年12月，负责矿产资源的非盟部长会议通过了落实《愿景报告》的行动计划——《非洲采掘业可持续发展的亚的斯亚贝巴宣言——从愿景到行动》(Addis Ababa Declaration on Sustainable Africa Extractive Industry—From Vision to Action)(以下简称《亚的斯亚贝巴宣言》)。[87]《亚的斯亚贝巴宣言》呼吁非洲国家提高采掘业中的透明度、问责制和信息披露水平，提高公众参与水平，制订能力建设计划，为地方社会、市民社会和立法机关提供便利有效的监督渠道，从而发展出治理良好、利益相关者可以参与并赞赏的矿业。该宣言呼吁所有的非洲联盟成员方“通过提高环境、健康和安全标准以及设立环境和社会基金，发展环境友好、社会友好的矿业”[88]。

尽管没有法律约束力，但这些软法为与采掘业相关的政府、国家机关、投资者和其他利益相关者提供了很强的规范性指导，据此，他们可以尽可能减轻采掘活动与项目对环境的消极影响，特别是人们对生活、用水、卫生、文化等基本人权的享有。[89] 它们强调，各国需要建立项目核准制度，以确保采掘项目、行为或措施满足问责制、信息披露、公众参与、平等、正义等要求，否则，无论这些项目的经济价值、影响力有多大，都不予批准。

5.2.2 国内法律法规

在国家层面，很多非洲国家都制定了一系列强有力的法律、法规与规章等，规范石油与矿产资源的勘探与开发行为。此外，在其他广泛的法律领域中，一些国内立法、条例、文件、指令甚至契约，都与采掘业有直接关

---

[86] Ibid, p. 33.

[87] African Union Commission, African Development Bank & United Nations Economic Commission for Africa, Building a Sustainable Future for Africa's Extractive Industry: From Vision to Action, Action Plan for Implementing the African Mining Vision (2011).

[88] Ibid, pp. 32 - 35.

[89] Ibid.

系,如与环境影响评估、用水、产品标签、公司报告、资金汇回、税收与海关制度有关的规则,环境法律(关于天然气燃除、回收、废弃和清洁),劳动和就业法,竞争和反垄断法,运输法律,采购法等。一系列更广泛的法律文件的适用,反映了采掘业法律渊源正不断增多,把传统的公共法与“命令与控制”法同各种监管措施相结合,目的在于确保对采掘活动施以最有效的控制,从而实现最大的可持续性效益。因此,我们不仅要了解具体的石油或固体矿产法,还要了解各国规制采掘活动的其他法律法规。

尽管整个非洲适用于采掘业的法律法规种类繁多,且实践中往往难以区分,但国内采掘业法主要可以细分为三大类。

5.2.2.1　宪法

正如我们在第二章中所讨论的,非洲对矿产资源实行属地管辖原则。各国宪法规定,政府对所有矿产、矿物油和天然气享有所有权与控制权。宪法是最高法律,对于有意参与一国采掘活动的所有机构和个人均具有约束力。宪法为各国政府设定了对在本国发现的所有矿产与石油资源的控制权。[90] 宪法是管理石油和矿产资源的基础性法律,为所有其他法律定下了基调,即这些法律的制定,都以政府对石油和天然气享有所有权与处分权为基础。

5.2.2.2　国内立法

虽然实践中的国内诸多采掘业法的界限往往模糊不清,但国内采掘业法主要可以分为三大类:

一级立法(Primary Legislation)　议会立法(Acts of Parliament),也称为法令,通常为规制本国的石油与固体矿产经营活动提供基本框架。它们是基础性的、最重要的法律,政府可以根据这些法律,规定如何获得本国的石油和矿业权。在许多非洲国家,如肯尼亚、加纳、利比亚和尼日利业,采

---

[90] See the CFRN 1999, supra n 1.

掘业的立法采取单独的石油法的形式[91],规制石油和天然气的勘探和生产活动,或以单独的矿产和采矿法,规制固体矿产的勘探和开采活动。[92] 其他国家,如南非和埃及,矿产与石油业的法律规定被编入综合性的法律中。[93]

另一种重要的一般性法规,即采掘业法规的一个的主要渊源,是设立国家石油公司或国家固体矿产公司并赋予其权力的法律,这些公司通常有权从事所有与石油和/或固体矿产工业有关的商业活动,并有权实施与控制该行业有关的所有规管措施。相应地,在许多非洲国家,如肯尼亚、加

---

[91] 在肯尼亚,肯尼亚法律第308章《石油(勘探和生产)法》是主要的石油与天然气立法。它为肯尼亚石油资源的承包、勘探、开发和生产提供了法律框架。在尼日利亚,1969年《石油(勘探和生产)法》是主要的石油和天然气立法。《石油(勘探和生产)法》序言规定,该法的宗旨是规定从尼日利亚的领海和大陆架勘探石油,石油资源的所有权和所有岸上和离岸收入归属联邦政府。为了实现该宗旨,该法第1节规定,国家对尼日利亚地上、地下、领水、大陆架和专属经济区的所有石油享有完全所有权和控制权。

[92] 2016年加纳《石油勘探与生产法》(第919号法令)第3节规定,基于人民的委托,总统代为对加纳地上、地下、河流、溪流、河道、专属经济区、领海、大陆架范围内的所有现有石油享有所有权;2006年加纳《矿产与矿业法》(第703号法令)也规定,总统对加纳地上、地下、河流、溪流、河道、专属经济区、领海、大陆架范围内的所有现有矿产享有所有权;纳米比亚1991年《石油(勘探与生产)法》(1991年第2号法令)、1992年《矿产(勘探与开采)法》以及《宪法》第100条均规定,纳米比亚所有自然资源归国家所有,除非法律另有规定;津巴布韦1961年《矿业法》第21章第5节规定,津巴布韦总统代表国家,对地下所有矿产、矿物油和天然气享有权利与所有权,包括勘探权、开采权与处置权;赞比亚2006年第7号法令《矿山与矿产开发法》、2008年《矿山与矿产开发条例》、2008年《矿山与矿产开发(铀矿等放射性矿物勘探与开发)条例》规定,赞比亚总统代表国家,对赞比亚的所有矿产享有完全所有权,包括勘探权、开采权与处置权;肯尼亚2016年《矿业法》规定,基于人民的委托,国家政府对肯尼亚矿产享有所有权;乌干达2003年《矿业法》和2004年《矿业条例》规定,国家对乌干达境内所有矿产享有控制权和所有权;坦桑尼亚法律第123章《坦桑尼亚矿业法》(2010年第14号法令)、莫桑比克《矿业法》(2014年第20号法令,8月18日生效)均规定,国家对本国地上、地下、内水、领海、大陆架和专属经济区内发现的所有矿物资源享有所有权;尼日利亚2007年《矿产与矿业法》规定,国家对尼日利亚境内所有财产和矿产实行绝对控制,未经授权,禁止勘探或开采矿产。尼日利亚联邦政府应按照《土地使用法》的规定,获得所有已发现具有商业数量的矿物的土地。

[93] 埃及规制石油与天然气开采行为的法律是1953年第66号法令《矿山与矿场法》与1956年第86号法令《埃及矿山与矿场法》,这两部法律规定了签订相关特许协议的条款与条件。在南非,2002年《矿产和石油资源开采法》是规制石油与采矿活动的主要法律。该法适用于在南非找矿、采矿、探矿、生产等所有相关活动,其中第3节规定,为了人民利益,国家是南非矿产与石油资源的管理人。

纳、利比亚和尼日利亚,都有独立的国家石油公司[94]以及国家矿业公司,分别负责监督石油和矿产的商业化活动。[95] 在尼日利亚的伊多尼波耶—奥布(Idoniboye-Obu)诉尼日利亚国家石油集团(Nigerian National Petroleum Corporation,NNPC)案中,关于尼日利亚国家石油公司的法律地位问题,法院认为,该公司是根据国民议会颁布的法律成立的。因此,它是一家联邦政府的公司,在石油和天然气产业中扮演核心角色。因此,任何进入石油行业的企业都必须遵守国家石油公司的有关指示和指引。[96] 本案突出了非洲各国由政府设立的国家石油和矿业公司监督、管理和授权上游、中游和下游采掘投资中的法律特征和重要性。

非洲国家除有关矿产和石油开采活动的专门法外,还有其他一些一般性专门法,如环境法、税收法、[97]劳工法、卫生法、公司法、人权法、采掘业透

---

[94] 参见根据 1987 年第 20 号法令成立的埃及石油总公司、1981 年 4 月成立的肯尼亚国家石油公司。肯尼亚国家石油公司为能源与石油部与国家金库共有,因此完全由肯尼亚政府所有,公司有权参与石油业的所有方面。在尼日利亚,根据 1977 年尼日利亚《国家石油公司法》规定,尼日利亚国家石油公司有权参与有关石油业的所有商业活动,通过石油督察部门执行所有与石油部门有关的监管措施。此外,根据南非《矿业和石油资源开发法案》第 70 条,矿产资源部长在许可证和许可证方面的权力被授权给南非石油管理局,该机构作为南非陆上和海上石油勘探的监管机构。此外,根据南非《矿业和石油资源开发法案》第 70 节规定,经矿产资源部长批准与许可,授权南非石油公司监管南非陆地与近海石油开采活动。

[95] See NEITI and C4C, Existing Laws and Policies.

[96] Ibid.

[97] 参见 section 26(B)(2) of South Africa's *Income Tax Act*, *No* 58 *of* 1962, 该部分规定,对从事勘探与生产活动的,征收税率为 28%;2008 年第 28 号法令《矿产与石油税法》第 2 节规定,经营矿产资源的,应向国家纳税。另参见 the *Petroleum Profits Tax Act*, Laws of the Federation of Nigeria 2004, c P13,该部分规定,获益于直接或间接从事石油业务的公司,负有缴税义务。本法中的石油公司包括从事原油生产、石油销售以及地震勘探、钻井和数据收集等服务的公司。根据《石油利润税法》第 2 节的规定,"石油业务"是指公司或其代表在尼日利亚通过钻井、采掘等方式或流程,赢得、获得与运输石油或应课税油,但不包括公司开展业务过程中在炼油厂精炼石油及所有相关业务,也不包括公司或其代表销售或处理应课税油。此外,在 *Shell Petroleum Development Company of Nigeria* (*SPDC*) *v. Federal Board of Inland Revenue* (*FBIR*) (1996) 8 NWLR pt 466 at 256 案件中,最高法院称,根据《石油利润税法》第 8 节的规定,任何从事石油业务的公司均应纳税。关于应纳税的"石油业务"的含义,法院称,"石油业务"不仅包括通过钻井、开采等方式赢得或获得与运输石油,也包括在炼油厂精炼石油以外的所有有关活动。

明性法等,很多都有与采掘活动有关的重要规定。[98] 例如,在尼日利亚,一些环境法规定,必须减少采掘活动对环境的影响,对不遵守规定的公司处以重罚和制裁。[99] 尼日利亚根据尼日利亚液化天然气公司法,成立了尼日利亚液化天然气公司,该公司是一家隶属于尼日利亚国家石油公司的有限责任公司,在利用大量的天然气资源、生产用于出口的液化天然气(Liquefied Natural Gas, LNG)与天然气凝析液(Natural Gas Liquids, NGLs)方面,享有主导地位与权利。[100]

二级立法(Secondary Legislation) 是国内采掘法中从属于一级立法的第二类渊源。在关于石油和矿产的主要立法之下,还有一系列具体的规章、部委的指导方针和法定文件,用以充实采掘法的许多细节问题。负责监督采掘许可与发放许可证的部门通常会根据一级立法所授予的权力,发布相关规定、规则、通知、命令和指导方针,为许可证持有人提供解释与补充信息,使其清楚如何根据许可条件进行采掘作业。鉴于这些法律是根据议会立法直接或间接授权而制定的法律文件,因此,它们的适用范围主要

---

[98] 例如,2007 年尼日利亚《采掘业透明度倡议法》,该法的宗旨是,确保尼日利亚采掘业公司向尼日利亚政府支付款项的正当程序和透明度。该法第 2 条规定,该法旨在确保采掘业公司依法向联邦政府纳税,并消除执法人员在作出裁定、罚款、收款及将款项上交联邦政府等方面的一切形式的腐败行为。只有少数几个非洲国家颁布了透明立法。See TANZANIA's *Extractive Industries (Transparency and Accountability) Act*, 2015 (TEIA); GHANA's *Petroleum Revenue Management Act* 2011 (Act 815); LIBERIA's *Extractive Industries Transparency Initiative Act*, 2009. See generally Veit and Excell (2015), pp. 65 – 95.

[99] See for example ss. 1 – 4 of the *Associated Gas Reinjection Act* 1979, Laws of the Federation of Nigeria 2004, c A25. 该部分规定,所有石油生产公司均须提交已产伴生气的再注入或可利用的详细方案。同时规定,石油公司开发天然气利用项目的期限为 1980 年 10 月至 4 月,1984 年 1 月 1 日为天然气燃除的结束日期。对违反这一立法的处罚是收回经营者的特许权。有关这些环境法的详细论述,参见 Olawuyi (2015a, b, c), pp. 57 – 90。另参见 Chapter 5 of South Africa's *National Environmental Management Act (NEMA) Act* 107 *of* 1998,该章节规定了在南非进行采掘作业必须遵守的环境标准、批准、报告和条件。

[100] The *Nigeria LNG (Fiscal. Incentives Guarantees and Assurances) Act Cap* N87 2004 (the *NLNG Act*). 另参见 South Africa's *Gas Act* 48 *of* 2001,该法为在南非储存天然气提供了法律框架。*Egypt's Law No.* 217 *of* 1980 *organising Natural Gas and executive regulations*; *Law No.* 4 *of* 1988 *regarding Oil Pipelines.*

取决于一级立法所授予的立法机关的立法权。

尼日利亚《石油业环境指导方针与标准》(Environmental Guidelines and Standards For the Petroleum Industry in Nigeria,EGASPIN)(以下简称《石油业环境指导方针》)[101]就是一个很好的例子。这是由尼日利亚石油与资源局(Department of Petroleum, Resources)发布的一项全面指导方针,该局为尼日利亚石油资源部的一个技术部门,根据尼日利亚《石油法》的规定,负责执行政府政策,确保石油作业合法合规,管理石油业税收,签发石油作业许可证等。《石油业环境指导方针》专门针对各类石油作业所产生的污染物问题、规制石油作业对环境的影响。制定该指导方针的主要目的是管控石油与天然气生产设备产生于与排放的含油废水、污泥及意外泄漏的油气对环境的影响。针对石油勘探活动,该方针规定,该作业过程中所产生的废弃物的处理方法,应参照石油生产中的有关做法。《石油业环境指导方针》还规定保护、恢复和维护尼日利亚水域、石油和天然气的化学、物理和生物完整性,作业人员须确保他们利用当时最实用的控制技术(Best Practicable Control Technology Currently Available,BPCTCA),维持污染控制水平。对于其他废弃物,如油泥、固体废弃物等,应当采用填埋、封装、固化、化学处理、循环利用等方法予以处理。《石油业环境指导方针》还制定了生产作业的监管要求。[102] 针对气体,该方针对天然气燃除过程中的燃烧距离、适当的燃烧技术和允许的热辐射和噪声水平做出了规定。[103] 该方针还对监测气体排放点问题做了规定,包括要求每周或利用核准的排放监测系统对气体排放点定期取样。每年还需要向主管人员提交

---

[101] See the Environmental Guidelines and Standards for the Petroleum Industry in Nigeria (1991) [EGASPIN].

[102] See the EGASPIN, pp. 44 - 46, 54 - 59.

[103] Ibid, paras. 3. 8. 8. 1 (iii) - (ix).

气体排放点报告(参见表 5.1)。[104]

表 5.1 采掘业的适用法律:以尼日利亚为例

法律渊源	名称
宪法	1.1999 年尼日利亚《联邦共和国宪法》
石油法	2.1969 年《石油法案》,Cap P10 LFN 2004 3.尼日利亚《国家石油公司法》,Cap N123 LFN 2004 4.2004 年《伴生气回注法》,2004 年《伴生气回注法(修正案)》,1979 年《伴生气回注法》 5.《石油利润税法》,Cap P13 LFN 2004 6.2010 年尼日利亚《油气行业本地化发展法》 7.1999 年《深海及内陆盆地产量分成合同法》 8.1968 年《可航水域石油法》 9.1956 年《石油管道法》(1965 年修订) 10.1965 年第 17 号《烃油精炼法》 11.2017 年《尼日尔河三角洲发展委员会法》 12.1975 年《石油产品与销售(反破坏)法》 13.2004 年尼日利亚《液化天然气公司(财政激励担保与保险)法》 **条例** 14.2003 年《公司深水作业整体拨款条例》 15.尼日利亚《石油工业环境指南和标准》 16.2004 年《石油勘探许可条例》 17.1969 年《石油钻井和生产法》(1979 年、1979 年、1995 年、1996 年四次修订) 18.2012 年《石油工业法案》 19.2008 年《国家民用天然气供应与定价条例》 **政策** 20.尼日利亚能源委员会主席 2003 年 4 月制定的《国家能源政策》
固体矿产法	21.2007 年尼日利亚《矿产与矿业法》 22.尼日利亚《矿业公司法》 23.尼日利亚《煤炭公司法》 24.1995 年《核安全与辐射防护法》 **条例** 25.1963 年《矿物油(安全)条例》 **政策** 26.矿产及钢铁发展部 2008 年 1 月制定的国家矿产及钢铁政策

[104] 尼日利亚另一个明细法规的典型例子是 *Oil Prospecting Licenses (Conversion to Oil Mining Leases etc.) Regulations* 2004,该条例澄清了将根据《石油法》颁发的石油勘探许可证转换为石油开采租约的条款、条件和程序要求。

续表

法律渊源	名称
环境法	27. 2007 年《国家环境标准与执法局法》 28. 1992 年《环境影响评估法》 29. 2006 年《国家石油泄漏检测与响应局法》 30. 1993 年《水资源法》 31. 1926 年《检疫法》 32. 1964 年《农业(进口控制)法》 33. 1979 年《卡因吉湖国家公园法》 34. 1916 年《刑法典》 35. 1978 年《土地使用法》 36. 1987 年《河流流域开发局法》 37. 1985 年《濒危物种(控制国际贸易与交易)法》 38. 1967 年《领海法》 39. 1978 年《专属经济区法》 40. 1985 年《国家水资源研究院法》 41. 1987 年《工厂法》 42. 1942 年《兽皮与皮革法》 43. 1992 年《海洋渔业法》 44. 1992 年《内陆渔业法》 45. 1998 年《动物疾病(控制)法》 46. 2006 年《民用航空法(废除后重新制定)》 47. 1991 年《联邦国家公园法》 **政策** 48. 1988 年《国家环境政策》
透明度	49. 尼日利亚采掘业透明度倡议

三级立法(Tertiary Legislation) 如前所述,二级立法通常是有关部门利用技术信息,行使法定权力解释一级立法。不过,二级立法通常只能提出技术性意见,无法处理实际问题或者每天都会出现的问题。这就需要监管机构制定更多指导性文件、通告、行动计划、解释或声明,所有这些文件都用非法律语言,为政府部门的具体活动提供了切实可行的指导方针。此类指导性文件通常由监管机构发布,以澄清该机构如何推动其授权制定的法律法规付诸实施,或使公众了解如何申请许可证、付款要求等。例如,在许多非洲国家,所有投标环节都由一组明确的目标作为指导,这些目标

由相关权力部门设定,从而使申请许可证的总体要求和具体程序得以落实。[105] 三级条例和指导性文件是对正式的一级立法与二级立法的补充,通常只具有指导性,约束力较小。除非该文件明确说明具有法律约束力,否则三级立法只具有指导性,因此,尽管不能忽视此类立法的规范性指导作用,但此类立法对发布它的机构没有规定性或约束力。

5.2.2.3 判例法

在阿尔及利亚、安哥拉、埃及、加蓬、摩洛哥、突尼斯等国的民事法律制度中,采掘法的大部分正式渊源都是成文法。在这样的司法制度下,法官很少可以创制法律,而更多是对受理案件所适用的法律法规、程序及处罚措施进行解释。[106] 不过,在加纳、肯尼亚、尼日利亚和赞比亚等普通法国家,法官的判例是采掘业法的一个重要渊源。[107] 在普通法系国家,除了适用国家的制定法外,还经常依靠不成文的判例解释与适用法律。

非洲法院大量审理采掘业案件。首先,如果当事人对一级立法或二级立法的规定或解释存在争议,法院就必须对其予以解释。在这种情况下,法院对争议条款的分析与解释就是法律。代表奥格尼地区人民的非洲人权和民族权利委员会受理的社会与经济权利行动中心(Social and Economic Rights Action Centre, SERAC)与经济与社会权利中心(Centre for Economic and Social Rights)诉尼日利亚案就是一个很好的例子。[108] 原告认为,尼日利亚政府在该地区投资的采掘活动,违反了《非洲人权和民族权利宪章》第2条、第4条、第14条、第16条、第18条第1款、第21条和

---

[105] 例如,尼日利亚石油资源部2013年颁布的2013 Guidelines for Farmout and Operation of Marginal Fields,该指导方针阐述了政府边际油田项目的总体目标。该文件指出,"这些目标是根据1969年《石油法》第一附表第16段和1996年第23号法令《石油法(修正案)》的规定制定的"。

[106] See Picker (2012), pp. 1085 – 1134.

[107] 第三种是"混合"法律体系,存在于南非和索马里等国家,由普通法和民法结合而成。

[108] Social and Economic Rights Action Centre (SERAC) and Another v. Nigeria (2001) AHRLR 60 (ACHPR 2001), Communication (155/96).

第24条的规定，侵犯了当地人民的权利。摆在非洲法院面前的一个问题是，尼日尔河三角洲地区的采掘作业与活动所造成的环境恶化与卫生问题，是否侵犯了《非洲人权和民族权利宪章》中规定的人权。社会与经济权利行动中心认为，石油财团向外界与当地水体中排放有毒废弃物，不符合国际环境标准；该财团还忽视和/或未能维护其设施，对邻近村庄造成许多本可避免的泄漏，从而导致对该地水、土壤和空气的污染，人们的健康受到了严重的影响。此外，社会与经济权利行动中心认为，尼日利亚政府任凭石油公司利用国家的法律与军事权力，纵容与助长了他们的违法行为。另外，政府既没有监控石油公司的运营，也没有要求石油公司根据行业内的标准程序采取安全措施，甚至隐瞒石油活动造成的危险。此外，尽管奥格尼地区显然已面临卫生和环境危机，政府却既没有要求石油公司或有关国家机关就石油生产中的危险作业与所用材料对基本健康和环境的影响进行研究，又拒绝批准由科学家和环境组织进行外部监测。社会与经济权利行动中心还控诉石油公司开始作业前，甚至作业已经对当地社会或私人土地产生直接威胁时，均未与当地社会协商。该中心还诉称，多年来，尼日利亚政府和安全部队袭击、焚烧和摧毁了奥格尼多处村庄和房屋，他们的很多做法破坏与威胁了奥格尼地区的食物供应，导致当地人民营养不良、挨饿致死。

委员会在其决定中指出，尼日利亚违反了《非洲人权和民族权利宪章》第2条、第4条、第14条、第16条、第18条第1款、第21条和第24条的规定；请求联邦政府确保奥格尼人民的环境、健康和生计得到保护。该案通过以下判决，确立了非洲政府根据《非洲人权和民族权利宪章》保护采掘活动正在影响或将影响当地社会权利的原则：停止一切攻击当地社会及其领导人的行为，允许公民和独立调查人员自由进入该地区；对上述侵犯人权的行为进行调查，对侵犯人权的安全部队等相关部门的官员提起诉讼；对权利受到侵害的受害人予以充分赔偿，包括由政府出资对受害者予以救济与重新安置，对受石油作业破坏的土地与河流予以全面清理；确保将来在任何石油开发之前，都做了适当的环境和社会影响评估，通过有关机构对石油业的有效、独立监管，确保未来的任何石油开发都能安全作业；向可能受石油作业影响的群体披露有关卫生、环境风险、监管与决策机构联系方式等方面的信息。[109] 该决定表明非洲国家司法态度发生了转变，即从重视提高石油勘探开发活动的收入，转向了关注环境保护。此案也反映了区域法院在解释和适用国内法问题上可以发挥重要影响。

这一做法也得到了印多若斯福利委员会(Endorois Welfare Coucil)诉肯尼亚政府案的支持。在该案中，非洲人权和民族权利委员会认为人民的财产权和环境权与其他权利密切相关，肯尼亚政府为开发旅游业而把印多若斯人驱逐出其土生土长的土地，侵犯了印多若斯原住民的宗教自由权、财产权、文化权、宗教权、环境权、自然资源权与发展权。[110] 作为涉及资源可持续管理、人权与环境保护等问题的国际条约与区域条约的签署国，非洲国家不仅有责任尊重、维护与履行这些公约与条约所设定的义务，也应确保这些区域性法律的目标能够在本国实现。

其次，在加纳、尼日利亚、肯尼亚、赞比亚等普通法国家，法院以前的判决对采掘业中的义务与标准的发展具有规范性影响。这些诉讼包括妨害行为、过失行为、非法侵入和无过错责任问题，主要解决废物管理、环境保护、和平共存(live and let's live)原则等与采掘业有关的问题。其中值得

---

[109] Ibid.

[110] Center for Minority Rights Development (Kenya) and Minority Rights Group International on behalf of the Endorois Welfare Council v. Kenya, African Court for Human and Peoples' Rights, Case No. 276/2003.

一提的是格贝姆雷(Gbemre)诉壳牌石油开发有限公司案,[111]这是尼日利亚具有里程碑意义的环保案件,也是尼日利亚法院判定天然气燃除为非法行为、侵犯基本人权的第一案。在该案中,格贝姆雷先生代表自己和生活在三角洲伊韦海雷凯(Iwehereke)社区的所有居民,起诉尼日利亚壳牌石油公司、尼日利亚国家石油公司和尼日利亚司法部长。原告诉称,宪法赋予公民以生命与尊严权,与之相关的是享有清洁和健康环境的权利,被告持续燃烧天然气的行为,侵犯了这些基本人权,而准予燃烧天然气的《伴生气回注法》也与保护生命权的宪法相抵触。尼日利亚联邦高等法院于2005年11月14日在贝宁作出判决,判定停止在尼日尔河三角洲地区的天然气燃除行为,因为它侵犯了宪法保障的生命权和尊严权。法院判定燃烧的破坏性和浪费性不能合法地继续。该裁决表明,所有石油勘探公司的天然气燃除都是非法的,构成对人权的侵犯。[112] 其他一些涉及土地的案件,也审查了各部委颁发的许可证和特许经营情况,以确定土地承包商的法律

---

[111] *Gbemre v. Shell Petroleum and Development Company Ltd.*, unreported Suit No. FH-C/B/CS/53/05. 另参见肯尼亚的一些讨论公众参与需要与环境影响评估、防止破坏环境的重要案例:*In the Matter of the National Land Commission Supreme Court* [2015] eKLR; *John Muraya Mwangi &495 Others &6 Others v. Minister for State for Provincial Administration & Internal Security &4 Others* [2014] eKLR; *Mohamed Ali Baadi & Others v. The Attorney General &10 others* Nairobi High Court Petition No. 22 of 2012; and *In the Matter of the Mui Coal Basin Local Community* [2015] eKLR。另参见南非的一些案例:*Agri SA v. Minister* for Minerals and Energy 2013 (4) SA 1 (CC); *Minister of Mineral Resources and Others v. Sishen Iron ore Company (Pty) Ltd. and Another* 2014 (2) SA 603 (CC) para. 63; *Minister of Health and Anor. v. New Clicks South Africa (Pty) Ltd. and Others* [2006 (2) SA 311 (CC)]; and *Doctors' For Life International v. The Speaker National Assembly and Others* (CCT12/05) (2006) ZACC 11。

[112] 其他一些重要的侵权案件包括 *Machine Umudje* v. *Shell B. P. Petroleum Development Company of Nigeria* (1975), *Adediran &Anor v. Interland Transport Ltd.*; *Braide v. Adoki*。

义务的范围。[113]

最后,除司法决定外,行政机关、法庭、监管机构所做的准司法决定也是法律。例如,负责石油或固体矿产行业的部长,在作为最终仲裁者处理参与、许可、批准采掘活动问题时,可以为执行与落实中央条例或政策树立先例。又如,部长可以设立行政小组调查许可程序,以确定其是否根据法定职权与程序做出。此外,如果有关部长或机构越权、非法或无法律依据地颁布指导方针或规则,相关企业或利益相关者可以请求法院或行政机关公正地审查其法定权力。在这种情况下,该相关机构或部门有义务根据审查法庭或调查组做出的结论,对自己的行为与程序进行审查。

5.3 小结

鉴于采掘资源在非洲国家的经济发展中具有重要的战略意义,各国均制定了诸多国内法、发布了浩繁的法律文件、签署了各种区域性与全球性条约或公约,规制采掘业。

在整个非洲,采掘公司的权利及对公共机关所负有的责任主要有四个来源:国家宪法、国内立法、石油或矿业许可法和石油协议(通常采取订立协议或签订生产分成合同的形式)。其他法律渊源还包括国际法、环境法、投资法、劳工法、人权和采掘透明度法以及相关判例法,对所有这些法律都应认真了解、切实遵守,以避免违法所造成的法律风险。

各国都设立了各级政府机关,负责批准、监督和评估采掘业投资活动,

---

[113] 参见 *Attorney General of the Federation* (*AGF*) *vs. Attorney General of Abia State* (No. 2) (2002) 6 N. W. L. R, part 764, page 542,该案关于联邦政府对尼日利亚石油资源所有权的法律意义; *Federal Government of Nigeria vs. Zebra Energy* (2002) 18 N. W. L. R. Part 798 page 162,该案关于撤销石油勘探许可证的法定方式与程序; *South Atlantic Petroleum Company vs. Minister of Petroleum Resources* (unreported suit No. FHC/L/CS/361/2006),该案关于将石油勘探许可证转为石油开采租约的法律要件; *Shell Petroleum Development Company of Nigeria vs. Federal Board of Inland Revenue* (1996) 8 N. W. L. R. Part 466 page 256,该案关于如何计算调整后的利润,以支付石油利润税、维护尼日利亚联邦税务局的法律权威,该案原告代表尼日利亚联邦政府起诉并追回石油利润。

它们同时负责监督上述法律的实施。下一章将重点介绍非洲采掘业的监管情况与制度安排。

参考文献

African Union（2009）Africa Mining Vision. africaminingvision. org/amv _ resources/AMV/Africa _ Mining _ Vision _ English. pdf. Accessed 12 June 2018

African Union Commission, African Development Bank and United Nations Economic Commission for Africa（2011）Building a sustainable future for Africa's extractiveindustry：from vision to action, action plan for implementing the African Mining Vision

African Union. Pan-African Parliament. au. int/en/organs/pap. Accessed 12 June 2018

Akerhurst M（1976）Equity and general principles of law. Int Comp Law Q 25:801

Alston P, Samma B（1991）The sources of human rights law：custom, Jus Cogens and general principles. Aust Yearb Int Law 12:82

Anglo-Norwegian Fisheries Case ICJ Rep 1951

Associated Gas Reinjection Act 1979, Laws of the Federation of Nigeria 2004

Attorney General of the Federation（*AGF*）*vs. Attorney General of Abia State*(No. 2)（2002）6 N. W. L. R

Auty R, Mikesell R（1988）Sustainable development in mineral economies. Clarendon Press, Oxford

Bastida A（2008）Mining law in the context of development. In：Andrews-Speed P（ed）International competition for resources：the role of law, state and markets. Dundee University Press, Dundee

Bastida A, Bustos L (2017) Towards regimes for sustainable mineral resource management—constitutional reform, law and judicial decisions in *Latin America*. In: Alternative pathways to sus-tainable development: lessons from Latin America, International Development Policy Series No. 9. Graduate Institute Publications/Brill-Nijhoff, Geneva/Boston

Bell S, McGillivray D (2008) Environmental law, 7th edn. Oxford University Press, Oxford

Birnie P, Boyle A, Redgwell C (2009) International law and the environment, 3rd edn. Oxford University Press, Oxford

Bodansky D (2010) The art and craft of international environmental law. Harvard University Press, Cambridge

Boyle A, Chinkin C (2007) The making of international law. Oxford University Press, Oxford

Brownlie I (2003) Principles of international law, 6th edn. Oxford University Press, Oxford

Bugge HC, Voigt C (2008) Sustainable development in International and National Law. Europa Law Publishing, Amsterdam

Bulankulame v. *Secretary*, *Ministry of Industrial Development and Others* (the Eppawela Case) (2000 Supreme Court of Sri Lanka)

Case Concerning the Gabcíkovo-Nagymaros Project (Hungary/Slovakia) (1997) I. C. J. Rep., 37 I. L. M

Center for Minority Rights Development (Kenya) and Minority Rights Group International on behalf of the Endorois Welfare Council v. Kenya, African Court for Human and Peoples' Rights, Case No. 276/2003

Charney J (1985) The persistent objector rule and the development of customary international law. Br Yearb Int Law 56(1):1 –24

Charter of the United Nations (Adopted June 26 1945, entered into force on 24 October 1945)

Cordonier Segger MC, Khalfan A (2004) Sustainable development law: principles, practices and prospects. Oxford University Press, Oxford

Cordonier Segger MC, Mrema E (eds) (2016) Sustainable Development Goals (SDGs): contribu-tions of international law, policy and governance. Series of 10 Legal Issues Papers UNEP/CISDL

Cordonier Segger MC, Weeramantry CD (eds) (2004) Sustainable justice. Martinus Nijhoff, Leiden

Cordonier Segger MC, Gehring M, Newcombe A (eds) (2010) Sustainable development in world investment law. Kluwer Law International, Alphen aan den Rijn

Department of Petroleum Resources, Nigeria (2013) Guidelines for farmout and operation of marginal fields. http://africaoilgasreport.com/wp-content/uploads/2013/12/GUIDANCE-NOTES-FOR-NIGERIAN-2013-MARGINAL-FIELDS-BID-ROUND.pdf. Accessed 12 May 2018

Dominican Republic-Central America Free Trade Agreement (CAFTA-DR) (2006)

Dupuy P (1991) Soft law and the international law of the environment. Mich J Int Law 12:420

Economic Community of West African States. The ECOWAS commission at a glance. afcac.org/en/index.php? option – com_content&view = article&id = 57: economic-community-of-west-afri-can-states-ecowas&catid = 38: official-recs&Itemid = 149. Accessed 12 June 2018

Economic Community of West African States. Directive C/DIR.3/05/

09, *On the Harmonization of Guiding Principles and Policies in the Mining Sector*. http://documentation. ecowas. int/download/en/publications/Ecowas% 20Directive% 20and% 20policies% 20in% 20the% 20min-ning% 20sector. pdf. Accessed 12 June 2018. [*ECOWAS Directive*]

Egypt-Germany BIT (2005) http://investmentpolicyhub. unctad. org/IIA/mostRecent/treaty/1347. Accessed 12 Aug 2018

Environmental Guidelines and Standards for the Petroleum Industry in Nigeria (1991) Lagos: Department of Petroleum Resources. Revised in 2002

Environmental Management and Coordination Act no. 8 of 1999 of Kenya

European Union (2003) Communication from the Commission to the Council and the European Parliament-towards a thematic strategy on the sustainable use of natural resources. http://eur-lex. europa. eu/legal-content/EN/TXT/? uri = CELEX:52003DC0572. Accessed 11 June 2018

Extractive Industries (Transparency and Accountability) Act, 2015 of Tanzania

Extractive Industries Transparency Initiative Act, 2009 of Liberia

Federal Government of Nigeria vs. Zebra Energy (2002) 18 N. W. L. R

Fisheries Jurisdiction Case ICJ Rep. 1973

Forsythe D (2006) Human rights in international relations. Cambridge University Press, Cambridge

French D (2005) International law and policy of sustainable development. Manchester University Press, Manchester

French D (2010) Global justice and sustainable development. Brill, Leiden

Gas Act No 48 of 2001 of South Africa

Gbemre v. Shell Petroleum and Development Company Ltd., unreported

Suit No FH-C/B/CS/53/05

Gehring M, Cordonier Segger MC (eds) (2005) Sustainable development in world trade law. Kluwer Law International, Alphen aan den Rijn

Germany-Pakistan BIT 1959

Greenspan E (2014) Free, prior, and informed consent in Africa: an emerging standard for extrac-tive industry projects. Oxfam America, Oxford. https://www. oxfamamerica. org/static/media/files/community-consent-in-africa-jan-2014-oxfam-americaAA. PDF. Accessed 12 June 2018

Guzman A, Meyer T (2010) International soft law. J Leg Anal 2: 171 -225

Harvard Draft Convention on the International Responsibility of States for Injury to Aliens (1961)

Higgins R (1994) Problems and process: international law and how we use it. Oxford University Press, Oxford

Hulsroj P (1999) Three sources—no river: a hard look at the sources of public international law with particular emphasis on custom and general principles of law. Zeitschrift füröffentliches Recht 54:219

Income Tax Act, No 58 of 1962 of South Africa

International Convention for the Prevention of Pollution from Ships (2 November 1973),1340 UNTS 184

International Law Association (ILA) New Delhi Declaration on Sustainable Development (2002) International environmental agreements: politics, law and economics 2. UN Doc. A/CONF. 199/8, 9 August 2002

International Law Commission (2015) Most-favoured-nation clause final report of the study group on the most-favoured-nation clause. Yearbook of the International Law Commission

Investment Agreement for the Common Market for Eastern and Southern Africa (COMESA) Common Investment Area (2007)

Japan-Lao People's Democratic Republic BIT (2008)

Jodoin S, Cordonier Segger MC (eds) (2015) Sustainable development, international criminal justice & treaty implementation. Cambridge University Press, Cambridge

Land Use Act of Nigeria 1978 Cap L5 Laws of Federation of Nigeria 2004

Law No. 20 of 1987 establishing the Egyptian General Petroleum Company (EGPC)

Law No. 66 of 1953, on Mines and Quarries of Egypt

Law No. 217 of 1980 organising Natural Gas and executive regulations of Egypt

Law No. 4 of 1988 regarding Oil Pipelines of Egypt

Machine Umudje v. Shell B. P. Petroleum Development Company of Nigeria (1975) 9 – 11 S. C. 155 at 166 – 167

Mayer Brown (2010) Developments: recent legal developments in the mining sector of West Africa states. https://www.mayerbrown.com/publications/recent-legal-developments-in-the-mining-sector-of-west-african-states-01-22-2010/. Accessed 12 Aug 2018

Mexico-United Kingdom BIT (2006)

Mineral Act of Zimbabwe, (Act No. 38) of 1961

Mineral and Petroleum Resources Development Act 2002 of South Africa

Minerals (Prospecting and Mining) Act, 1992 of Namibia

Minerals and Mining Act 2006 (Act 703) of Ghana

Minerals and Mining Act 2007 of Nigeria

Minerals and Petroleum Royalty Act, Act 28 of 2008 of South Africa

Mines and Minerals Development Act No. 7 of 2008 of Namibia

Mining Act 2003 of Uganda (No. 9 of 2003)

Mining Act 2010 of Tanzania (Act No. 14/10)

Mining Act of Kenya Act no. 12 of 2016

Mining and Quarries Law 86 of 1956 of Egypt

Mining Law, Law No. 20/2014 of Mozambique

Mining Regulations 2004 of Uganda

National Environmental Management Act (NEMA) Act 107 of 1998 of South Africa

National Environmental Standards and Regulations Enforcement Agency (NESREA) Act of Nigeria (2007)

National Petroleum Corporation Act of 1977 of Nigeria

Niger Delta Development Commission (NDDC) (Establishment etc) (Amendment) Act of 2017 of Nigeria

Nigeria Extractive Industries Transparency Initiative (NEITI) Act 2007

Nikièma SH (2013) Compensation for expropriation. International Institute for Sustainable Development, Winnipeg

North Sea Continental Shelf Case (Federal Republic of Germany/Denmark, Federal Republic of Germany/Netherlands). I. C. J. Reports 1969

OECD (2004) Most-favoured-nation treatment in International Investment Law. OECD Working Papers on International Investment. OECD Publishing, Paris. https://doi. org/10.1787/518757021651. Accessed 11 June 2018

Oil Prospecting Licenses (Conversion to Oil Mining Leases etc.) Regulations 2004 of Nigeria

Olawuyi D (2015a) Increasing relevance of right-based approaches to resource governance in Africa: shifting from regional aspiration to local realization. McGill Int J Sust Dev Law Policy 11(2):113 – 158

Olawuyi D (2015b) Legal strategies and tools for mitigating legal risks associated with oil and gas investments in Africa. OPEC Energy Rev 39(3): 247 – 265

Olawuyi D (2015c) Principles of Nigerian environmental law. Afe Babalola UniversityPress, Ado-Ekiti

Pan African Parliament (2011) Making investment work for Africa: a parliamentarian response to "land grabs". Pan African Parliament, Midrand. http://www. iisd. org/pdf/2012/land _ grabs _ africa _ en. pdf [2011 *Parliamentary Resolution*]. Accessed 12 June 2018

Paquete Habana case 175 U. S. 677 (1900)

Permanent Court of Arbitration: In the Arbitration Regarding the Iron Rhine ("Ijzeren Rijn") Railway, between the Kingdom of Belgium and the Kingdom of the Netherlands (24 May 2005)

Petroleum (Amendment) Act No 23, 1996 of Nigeria

Petroleum Act 1969 of Nigeria

Petroleum Exploration and Production Act of 2016 (Act 919) of Ghana

Petroleum Profits Tax Act, Laws of the Federation of Nigeria 2004

Petroleum Revenue Management Act 2011 (Act 815) of Ghana

Picker C (2012) International law's mixed heritage: a common/civil law jurisdiction. Vanderbilt J Transnational Law 41:1083 – 1134

Rajendra Parajuli and Others v. *Shree Distillery Pvt. Ltd. & Others* (Writ No. 3259, 1996, Supreme Court of Nepal)

Rann of Kutch Arbitration (1968) 50 ILR 2

Recommendations of the Permanent Committee on Agriculture, Rural

Economy, Natural Resources and the Environment. http://www1. uneca. org/Portals/lpi/Documents/Recommendation-Committee-on-agriculture. pdf. Accessed 12 June 2018

Reisman M (1988) Hard look at soft law. Am. Soc Int Law Proc 82: 371 – 377

Report of the United Nations Conference on Environment and Development Annex I: Rio Declaration on Environment and Development. 1992. UNGA, UN Doc A/CONF. 151/26 (Vol I) [Rio Declaration]

Resolution on a Human Rights-Based Approach to Natural Resources Governance (2012) African commission on human and peoples' rights, 51st Session. achpr. org/sessions/51st/resolutions/224. Accessed 12 Jun 2018

River Muese Case (*Netherlands v. Belgium*) PCIJ Ser A/B (1937) no 70

SADC Model Bilateral Investment Treaty Template of 2012

Schrijver N (1997) Sovereignty over natural resources. Balancing rights and duties. Cambridge University Press, Cambridge

Schrijver N (2008) The evolution of sustainable development law: inception, meaning and status. Martinus Nijhoff, Leiden

Schrijver N (2017) Advancements in the principles of international law on sustainable develop-ment. In: Cordonier Segger MC, Weeramantry CG (eds) Sustainable development principles in the decisions of international courts and tribunals 1992 – 2012. Routledge, Abingdon

Shell Petroleum Development Company of Nigeria (SPDC) v Federal Board of Inland Revenue (FBIR) (1996) 8 NWLR pt 466

Shell Petroleum Development Company of Nigeria vs. Federal Board of Inland Revenue (1996) 8 N. W. L. R

Sinclair AC (2004) The origins of the umbrella clause in the international law of investment protection. Arbitr Int 20(4):411 - 434

Sloan B (1987) General assembly resolutions revisited. Br Yearb Int Law 58:39 - 150

Social and Economic Rights Action Centre (SERAC) and Another v. Nigeria(2001) AHRLR 60 (ACHPR 2001), Communication 155/96

South Atlantic Petroleum Company vs. Minister of Petroleum Resources (unreported suit No. FHC/L/CS/361/2006)

South West African Cases, ICJ Report 1966

Starrett Housing v. Iran, Interlocutory Award No. ITL 32 - 24 - 1 (19 December 1983) 4 Iran-United States claims tribunal reports 122

Statute of the International Court of Justice 3 Bevans 1179; 59 Stat. 1031; T. S. 993; 39 AJIL Supp. 215(1945)

Szablowski D (2007) Transnational law and local struggles. Mining, communities and the World Bank. Hart, Oxford

Talmon S (2005) The security council as world legislature. Am J Int Law 99:175 - 193

Talmon S (2015) Determining customary international law: the ICJ's methodology between induction, deduction and assertion. Eur J Int Law 26: 417 - 443

The Convention on the Prevention of Marine Pollution by Dumping of Wastes and Other Matters 29 December 1972, 1046 UNTS 120

The Harmonised System: Ecowas Common External Tariff and Other Schedules, Act 905

The Maritime Delimitation and Territorial Questions between Qatar and Bahrain Case (*Qatar v. Bahrain*) ICJ Rep 2001

The Nigeria LNG (Fiscal Incentives Guarantees and Assurances) Act *Cap N*87 2004

The United Nations World Commission on Environment and Development Report (the Brundtland Report) (1987) Our common future. Oxford University Press, Oxford

Third Restatement of Foreign Relations Law of the United States (1987)

Tilton J (2003) On borrowed time? Assessing the threat of mineral depletion. Resources for the Future, Washington D. C.

Turkey Model BIT (2009)

United Nations (1992) Rio declaration on environment and development. ILM 31. https://sustainable development. un. org/content/documents/Agenda21. pdf. Accessed 22 Mar 2018

United Nations (2012) *The future we want*, Resolution of the General Assembly A/RES/66/288 adopted on 27 July 2012. http://www. un. org/disabilities/documents/rio20_outcome_docu-ment_complete. pdf. Accessed 22 Mar 2018

United Nations (2015) *Transforming our world: the* 2030 *Agenda for Sustainable Development*, Resolution adopted by the General Assembly on 25 September 2015. http://www. un. org/es/comun/docs/index. asp? symbol = A/RES/70/1&referer = /spanish/&Lang = E. Accessed 22 Mar 2019

United Nations Convention on the Law of the Sea, 1982, 21 ILM (1982) 1261 (adopted on 10 December 1982, and entered into force on November 16 1994)

United Nations Sustainable Development Knowledge Platform. Major Agreements and Conventions. http://sustainabledevelopment. un. org/index. php? menu = 122. Accessed 23 Jan 2018

United States—Import Prohibition of Certain Shrimp and Shrimp Products(6 November 1998) WTO Doc. WT/DS58/AB/R

United States—Import Prohibition of Certain Shrimp and Shrimp Products (20 September 1999) WTO. Doc. WT/DS58/AB/R (Appellate Body Report)

Vanhulst J, Beling A (2014) Buen vivir: emergent discourse within or beyond sustainable development? Ecol Econ 101:54 – 63

Veit PG, Excell C (2015) Access to information and transparency provisions in petroleum laws in Africa: a comparative analysis. In: Grant JA, Compaoré WRN, Mitchell MI (eds) New approaches to the governance of natural resources. International Political Economy Series. Palgrave Macmillan, London, pp. 65 – 95

Vellore Citizens Welfare Forum v. *Union of India* (1996 Supreme Court of India)

Vienna Convention on the Law of Treaties (23 May 1969) 1155 UNTS, 331

Wälde T (2005) The umbrella clause in investment arbitration—a comment on original intentions and recent case. J World Invest Trade 6 (2):183

Yannaca-Small K (2008) International investment law: understanding concepts and tracking innovations. OECD, Paris

Yearbook of the International Law Commission 1978, Volume Ⅱ, Part Two

Zillman D, Roggenkamp M, Paddock L, Godden L (eds) (2018) Innovation in energy law and technology: dynamic solutions for energy transitions. Oxford University Press, Oxford

第六章　监管机构

摘要:本章调查和评估了非洲采掘业的监管和监督的机构安排,揭示了非洲采掘业监管中所采用的主要治理方法,概括了监管、监督和批准参与许可证和合同的主要机构、部委和政府实体。本章还分析了许多国家如今设立国家石油和矿业公司的法律、政策原因,以及这些国家公司在采掘业的治理中所起的作用。

6.1　引言

由于非洲大陆固体矿物、原油、天然气、液化石油气(LPG)、天然气合成油(GTLs)和液化天然气的勘探和生产激增,需要对政府监管安排进行持续的重新评估,以确保采掘业的发展符合资源东道国的愿景、优先事项和规划。非洲各国为批准、监管和监督采掘业投资而采取的方法大体上是一致的,即授予国家石油或矿业公司抑或成立单独机构代表政府或监管部门监督、管理和授权所有上游、中游和下游实体的权力。除了在阿尔及利亚、赤道几内亚和南非等国是由一个部委同时监督石油和采矿活动外,[①]几乎所有受调查的非洲国家都分别为石油和采矿部门建立了单独的部委、机构和国家公司。因此,任何自然人或法人如欲从事

---

① 根据2002年南非《矿业和石油资源开发法案》(MPRDA)第28号法案第3节,矿产资源部长监管和监督南非的矿产和石油资源。See also ALGERIA, Ministry of Energy and Mining. Also EQUATORIAL GUINEA, Ministry of Industry, Mines & Energy.

石油或固体矿物的经营,必须首先经主管部门确认,并取得所有相关许可证。

然而,监管机构的多重性以及在行业办法下采掘业运营立法的历史积淀,导致了多个机构在同一领域开展类似或相关活动的情况。[②] 同样,监管框架和机构的不一致及迅速变化往往使投资者难以对不同机构的监督任务进行连贯一致的规划。[③] 虽然一些研究主张在一个部委和机构下对整个采掘业的监管采取更全面和系统的方法,但另一些研究则呼吁将责任分解,如他们认为非洲石油和固体矿物开采建立单独的法律和机构是更好的管理方法。[④] 另一个主要争论是,国家石油或矿业公司是否应像尼日利亚和加纳等非洲国家一样,将监管职能与商业职能结合起来;或是否应当限制和改革国家石油公司,使其作为一个没有监管监督职能的商业实体运作,以避免利益冲突,并优化其油气活动的透明度。[⑤] 挪威政府在石油开发管理中的政策、管理和商业职能分离模式被称为“油气部门良好政治设计的典范模式”。[⑥] 本章虽对这些争论不做深入讨论,但它概括了非洲各地为监督非洲大陆石油和固体矿物资源管理而建立的主要治理规章和机构的概况。

本章调查和评价了非洲各地对采掘业的管理和监督的机构安排。学习本章之后,读者应该能够了解非洲采掘业监管采用的主要管理方法;能够概述所在国监管、监督和批准参与许可证和合同的主要体系、部委、机构和政府实体,特别是许多国家今天成立国家石油和矿业公司的原因以及这些国家公司在采掘业管理中所起的作用;能够评估国际机构在采掘业中的作用。

---

② See Murombo (2015), p. 323; also Roberts (2014), pp. 1 - 4.
③ See Olawuyi (2015), pp. 1 - 20.
④ See van den Berg and Moster (2018), pp. 257 - 260.
⑤ See Natural Resource Governance Institute (2009).
⑥ Thurber et al. (2010), pp. 5 - 8; see also Al-Kasim (2006).

6.2 石油行业机构

6.2.1 石油资源部⑦

采掘业治理的行业办法的一个关键要素是建立一个独立的监管部门，对石油和天然气行业进行主要的监管。石油资源主管部门一般负责政府政策的制定和执行，以及对石油行业运营的综合管理。该部还负责监督并确保油气行业合规运营。⑧ 监管内阁级部长通常被任命为该部的负责人，并拥有实施、执行和确保油气行业完全遵守石油法规的总体监管权力。该部长负责通过石油勘探许可证、石油勘查许可证和石油开采租约授予勘探、开采和生产石油和天然气的权利。⑨ 该部门还负责监管产量分成协议和服务合同等合同安排，并执行其他监管职能如同意转让石油和天然气资产的许可证和合同权益。

拥有丰富石油和天然气资源的国家将该部的监管职责划分为不同的部门。⑩ 例如，在尼日利亚，石油资源部有两个专门的监管部门：石油资源局和天然气资源局。石油资源部通过石油资源局执行其技术、政策和管理职能。⑪ 石油资源局负责监督和监管尼日利亚石油行业，其历史悠久而有

---

⑦ 在一些非洲国家被称为能源部，如阿尔及利亚和赞比亚，在南非被称为矿产资源部。例如，在赞比亚，能源和水资源发展部是负责能源政策制定和管理的主要政府机构。参见阿尔及利亚：能源和矿业部；安哥拉：石油部；赤道几内亚：工业、矿业和能源部；加蓬：石油天然气部；加纳：能源和石油部；肯尼亚：能源和石油部；利比亚：石油天然气部；尼日利亚：联邦石油资源部；南非：矿产资源部。

⑧ See generally，Department of Petroleum Resources (2010). [DPR]

⑨ 参见《石油法》第2(1)节。本书在上面关于《石油法》的讨论中讨论了石油勘探许可证、石油勘查许可证和石油开采租约，并将在第4章中作更详细的讨论。

⑩ 参见能源部南非油气和能源规划处，负责煤炭、天然气、液体燃料、能效、可再生能源和能源规划，包括能源部的能源数据库。

⑪ See Awogbade et al. (2017).

趣,是由许多政府部门转变而来的。[12] 在其监管职能方面,它负责执行石油资源部制定的规章制度,并在相互监管石油和天然气方面发挥双重作用。该局负责石油行业的日常监测和监督所有在许可和租赁下进行的石油行业运营。该局主要负责处理石油和天然气行业的所有许可证和租赁申请,执行石油和天然气行业的安全和环境标准。它在这方面的职能包括:监督所有取得执照的石油行业运营,以确保其遵守适用的法律、条例和良好的石油生产惯例;执行安全及环境规例;保存和更新石油行业运营记录,就可能影响石油管理和控制的技术问题和政策向政府、有关机构和部长提供咨询意见;处理所有的许可证申请,以确保符合既定的指导方针。[13]

此外,天然气资源局是石油资源部的其中一个部门,负责根据《天然气供应和定价条例》[14]、《国家天然气总体规划》以及联邦政府发布的有关天然气行业的其他政策,对天然气行业进行监管。[15] 天然气资源局管理天然气的勘探、开发、收集、处理、加工和利用。该局还发放与天然气行业有关的许可证和执照,监督天然气定价,并监管国内使用等。[16]

---

⑫ 现在的石油资源部最初是拉各斯事务部的一个油气部门,后来升级为当时的矿业和电力部内的一个石油部门,并于 1970 年成为石油资源局。1971 年尼日利亚国家石油公司(Nigerian National Oil Company, NNOC)成立,从事石油工业的商业活动,石油资源局继续履行石油工业的法定监督和控制职责。1975 年,石油资源局被组建为石油资源部(the Ministry of Petroleum Resources,MPR)。随着 1977 年石油资源部和尼日利亚国家石油公司合并形成尼日利亚国家石油集团(NNPC),作为监管机构的石油检查局获得了半自治地位,成为尼日利亚国家石油集团的一个组成部分。随着 1988 年尼日利亚国家石油集团的商业化,石油检查局从中分离出来,并与新的石油资源部合并形成其技术部门。See generally, DPR.

⑬ 参见石油资源局。除了作为监管机构,石油资源局还担任部长和石油资源部的技术顾问。政府部门所作的决定通常是通过该局下达的。See Odumosu (2007), p. 881.

⑭ 参见以《石油法》(1969 年)和《尼日利亚联邦法律》(2004 年)为依据的《全国天然气供应和定价条例》(2008 年)。

⑮ 同上,参见《天然气供应和定价条例》第 2(a)节。

⑯ 同上,参见第 2 节对天然气部职能的陈述。

6.2.2 国家石油公司[17]

整个非洲采掘业治理行业办法的另一个主要方式是建立一个完全或大部分由国家政府所有的国家石油和天然气公司。全球20家最大的能源生产企业中,有15家是由非洲和中东各国政府控制的国有企业。[18] 在全球最大的能源生产商中,政府控制的国家石油和天然气公司占据着主导地位。据估计,国家石油和天然气公司控制着世界上大约90%的石油储量和75%的产量,以及许多主要的石油和天然气基础设施系统。[19] 因此,国家石油和天然气公司已成为国际石油工业的重要角色。[20] 石油输出国组织(OPEC)14个前成员国和现任成员国中,有13个国家拥有国家石油和天然气公司,非洲其他生产石油和天然气的非OPEC成员国也有国家石油和天然气公司。[21]

国家石油公司由各国政府设立,以监督、管理和授权石油生产国的所有上游、中游和下游石油业务。[22] 其组织职能包括:作为国家代理调控其油气资源;最大化该国石油资源开发经济租金的价值和利润;加强和推动当地成分对国家的贡献;促进东道国社区和国民参与石油产业价值链;确保向当地市场稳定供应石油产品;通过直接就业、设立奖学金、发展现代基础设施和以较低的费率供应石油产品,促进向国民分配石油补贴;应对国际油价波动带来的内外冲击;创造一个公平的竞争环境,使本国公司能够

---

⑰ 参见阿尔及利亚:阿尔及利亚国家石油公司(Sonatrach);安哥拉:安哥拉国家石油公司(Grupo Sonangol);赤道几内亚:赤道几内亚国家石油公司(GEPetrol);加蓬:加蓬国家石油公司(Societe Nationale des Hydrocarbures du Gabon);加纳:加纳国家石油公司(GNPC);肯尼亚:国家石油公司;利比亚:国家石油公司;尼日利亚:尼日利亚国家石油公司;南非:南非石油、石油和天然气公司(PetroSA)。

⑱ See Marcel (2006); Carpenter (2015).

⑲ See Tordo et al. (2009).

⑳ Victor et al. (2012).

㉑ See OPEC; also Cheon et al. (2014).

㉒ See Cheon et al. (2014), Ibid; McPherson (2003), pp. 184 - 203.

在自然资源的长期勘探中与国际石油和天然气公司竞争。[23] 总之,国家石油公司是资源丰富国家最大限度地提高经济效率和为其人民创造社会和经济利益的主要体制工具。[24]

然而,在一些非洲国家,国家石油和天然气公司根据政府和负责石油资源的部委的政策目标和优先事项,承担了一系列和混合的其他管制、政治和国际投资职能。[25] 因此,投资者必须仔细了解国家石油和天然气公司在各自管辖范围内所承担的职能和作用。无论国家石油和天然气公司承担何种商业和或管制职能,其主要目标都是使该石油生产国能够充分参与其石油资源的开发。[26]

国家石油和天然气公司通常由国内立法或法规建立和组织,并规定其具体的任务、职能和作用。[27] 例如,尼日利亚国家石油公司是非洲最大的国家石油公司,该公司根据尼日利亚《国家石油公司法案》于 1977 年成立,该法案详细规定了赋予该公司的权利。[28] 尼日利亚《国家石油公司法案》第 5 节第 1 条规定了该公司的职能和职责:(1)勘探、开采、取得或以其他方式获得、支配和处置石油;(2)精炼、处理、加工、参与石油产品及其衍生产品的经营;(3)采购和销售石油、石油产品及其副产品;(4)为运输原油、天然气或其产品和衍生产品、水和任何其他液体或与公司业务有关的其他商品提供和操作管道、油轮或其他设施;(5)建造、装备和维护用于

---

[23] See Cheon et al. (2014); Hartley and Medlock (2008), Eller et al. (2011) and Olorunfemi (1991).

[24] See Tordo et al. (2009), Losman (2010), Cheon et al. (2014), Ibid; also Stevens (2008) and Wolf (2009).

[25] See Heller et al. (2014), pp. 1 – 2.

[26] See Victor et al. (2012), Thurber et al. (2011) and Heller and Marcel (2012).

[27] 例如,参见加纳《国家石油公司法》(1983 年)。加纳国家石油公司负责石油的开发、生产和处置。加纳国家石油公司必须确保加纳从石油资源的开发中获得最大的利益。根据石油协定,加纳国家石油公司代表加纳与承包商参与石油作业。

[28] See the World's Biggest Oil and Gas Companies; See also *NNPC Act*, Cap N123 LFN 2004, s. 1.

石油及其产品和衍生产品的经营和处理的油库和其他设施;(6)开展与石油或其任何衍生品有关的研究,并促进开展利用该研究成果的活动;(7)采取的一切必要措施,以确保联邦政府为让政府或公司参与与石油有关的活动而达成的协议生效;(8)广泛参与旨在提高尼日利亚整体利益的石油工业的活动;(9)开展必要或适宜的其他活动以充分实施该法案的规定。㉙

该法案第6节第1条赋予尼日利亚国家石油公司法定权力,以执行旨在促进其职责的行为,包括但不限于:(1)以公司名义起诉和被起诉;(2)持有、管理和转让动产和不动产;(3)购买或以其他方式收购或接管任何其他企业、公司或个人的一切或任何资产、业务、财产、特权、合同、权利、义务及负债,以促进公司从事的任何业务;(4)与公司认为有助履行其职责的任何公司、企业或个人订立合约或成为伙伴关系;(5)为公司的经营和整个石油行业培训管理、技术和其他工作人员。尼日利亚国家石油公司负责管理石油行业的所有政府利益。为此,它代表政府持有尼日利亚《联邦共和国宪法》(1999年)和《石油法》赋予政府的所有石油资产。这包括政府在与跨国石油公司组建的各种合资企业中的权益。㉚

非洲国家石油和天然气公司越来越多地面临限制其职能和效率的挑战。因此,若干研究强调有必要改革国家石油和天然气公司的结构,以实现更大的独立性、完善责任制、提高效率和透明度。㉛ 这些挑战包括缺乏灵活性以及阻碍企业愿景的公务员文化的存在;财务管理不善和腐败;高昂且不成比例的行政费用;监管重叠(国家石油和天然气公司既是商业实体,又是监管者);持续从国家政府拨出年度预算拨款,进一步降低了独立

㉙ 参见尼日利亚《国家石油法案》.

㉚ 同上,参见尼日利亚《国家石油法案》第5节第1条(g)款。

㉛ Heller et al.(2014)指出,虽然国家石油公司为成功利用石油行业的利益和推动更广泛的国家发展做出了巨大贡献,但国家石油公司已成为低效的国家资源管理者、私人投资的障碍、国库枯竭的源头、腐败的来源。

性。按照国际最佳做法对非洲国家石油和天然气公司进行改革,可帮助它们获得有效履行其授权法所规定的职责所需的效率、结构独立性、专业知识、企业愿景和财政资源。

6.2.3 二级机构

除国家石油和天然气公司外,还可设立若干监督机构,以监督石油和天然气工业的具体任务和职能。㉜ 这包括有关定价、本土化发展,石油生产社区环境恢复和基础设施更新以及采购机构等专业机构。例如,安哥拉、加纳、尼日利亚和坦桑尼亚等一些非洲国家建立了不同的委员会、理事会或机构,通过利用当地专业知识、商品和服务行业、在石油产业价值链中融资以及国内价值留存,来监督本土化程度,创造就业机会。㉝

例如,尼日利亚《含量法案》第4节和第69(1)节设立了尼日利亚含量发展和监督委员会。㉞ 该委员会一般负责制定程序,指导、监督、协调和改进尼日利亚《含量法案》的但书(附加条款)。该委员会还负责确保石油和天然气行业的石油和天然气安排、项目、运营、活动和交易中尼日利亚当地成分有显著持续的增长。㉟ 该委员会的一些广泛职责包括但不限于:增加当地人民对石油和天然气行业的参与;增强本地能力和竞争力;与国民经济的其他部门建立联系;促进行业对尼日利亚国内生产总值增长的贡献。

其职能主要包括能力建设、就业和价值创造以及基础设施建设。尼日利亚《含量法案》第70节规定了委员会的具体职能,包括执行该法案及其

㉜ 参见加纳《石油委员会法案》(2011年),该案法规定加纳石油委员会为所有上游石油活动的监管机构。委员会的任务是促进当地成分和通过当地参与方案,通过审慎和可持续管理石油和天然气资源,创造可能的最佳价值。

㉝ 参见加纳《石油(当地成分和当地参与)条例》(2013年)第5~6条和坦桑尼亚《石油(当地成分)条例》(2017年)GN. No. 197,该条例设立当地成分委员会,监察当地成分条例的遵守情况及执行情况。另参见最近成立的安哥拉国家石油管理局 Macauhub (2017)。

㉞ 参见尼日利亚《含量法案》。

㉟ 同上,第4~5节。

条例的规定；监督、协调和管理尼日利亚含量在石油和天然气行业中以及该行业经营者和承包商的运营中的发展和实施；鉴定、审查、评估和批准提交的尼日利亚含量计划和报告，并管理和运行尼日利亚《含量法案》建立的石油电子市场和联合资格认证系统。

其职能还包括协助当地承包商和尼日利亚公司发展生产力，以实现尼日利亚含量发展的目标；制定程序指导尼日利亚《含量法案》的实施并确保遵守其规定；监控和协调所有运营商的尼日利亚含量情况，并组织培训、会议和公共教育研讨会等。

尼日利亚《含量法案》第70节详述的委员会的一项主要职能是联合资格认证系统的管理和运作。联合资格认证系统是尼日利亚油气行业现有资源量和生产能力的行业数据库。[36]该委员会是根据尼日利亚《含量法案》第55节设立的。其中规定，该委员会应与行业利益相关方协商，建立、维持和运作一个联合资格认证系统，该系统将根据该法案和部长按照该法案而制定的条例加以管理。尼日利亚《含量法案》第56节接着指出，联合资格认证系统将构成一个现有生产力的行业数据库，并将成为尼日利亚含量注册和该行业承包商资格预审的唯一系统。联合资格认证系统的职能包括：核查承包商的能力和生产力；评价尼日利亚含量在石油公司和承包商运营中的应用；建立国家技能发展数据库；根据生产力和尼日利亚含量对石油服务公司进行排名与分类。

此外，根据第70节的规定，该委员会的另一项职能是管理和运作石油电子市场。油气电子市场或石油电子市场是油气行业买卖商品和服务的虚拟平台，可以实现快速和透明的商务交易。[37] 尼日利亚《含量法案》第54节建立了石油和天然气电子平台，其职能是：提供一个虚拟平台，以促进行业内有效交付货物和服务所需的交易；为联合资格认证系统提供职能对

---

[36] 同上，第106节。

[37] 同上。

接;提供向行业利益相关者借鉴的普遍和透明的治理结构;跟踪和监控尼日利亚运营商、项目发起人、供应商和服务提供商的当地成分和偏好。[38]

此外,根据第70节的规定,该委员会还负责制定程序以指导尼日利亚《含量法案》的实施,并确保其条款得到遵守。根据制定程序指导该法案实施的这项权力,该委员会发布了若干指导方针,详细说明了规范该法案各方面的规程。例如,该委员会出版了有关提供法律服务、豁免审批程序和人力资源能力指南等方面的准则。[39]

石油产品定价　另外,尼日利亚政府于2000年成立了石油产品供应和分销审查特别委员会,以调查尼日利亚下游实体的石油价格问题,其目标是重新定位尼日利亚的下游分部门,以提高效率和透明度。该委员会的一项提议是设立一个石油产品价格监管署,该机构有充分的自主权来监督报告所载提案的各个阶段,特别是石油业下游实体的自由化程度。[40]《石油产品定价监管机构(设立)法案》[41]成立了石油产品定价署(以下简称定价署)。[42] 根据法案第7节,定价署的职能包括:确定石油产品的定价政策;调控石油产品的供应和分配;建立信息数据库,以促进对定价政策作出有据可查、实事求是的决定;监督联邦政府相关建议和计划的实施。

定价署的职能还包括减缓石油产品价格的波动,同时确保经营者获得合理的回报;为下游石油行业的所有经营者制定参数和行为准则;持续监测与价格政策有关的各项主要指标,并定期批准所有石油产品的基准价格;防止对油气行业有害的串通行为和限制性贸易行为;为行业的利益相关者发挥调解作用;开展有利于充分和有效履行其职能的活动。[43]

㊳ 一般参见尼日利亚含量发展和监督委员会。

㊴ 同上。

㊵ 参见2003年第8号《石油产品价格监管机构(设立)法案》。

㊶ 同上。

㊷ 同上,《石油产品定价监管机构(设立)法案》第1节。

㊸ 同上,第7节。

6.2.4 联合开发局

联合开发局代表两个或两个以上石油资源重叠的国家监督、授权和管理石油业务，这些国家同意在联合开发领域共同勘探和开发自然资源，并共享由此产生的收益。[44] 该局是根据规定联合开发重叠的油气田的条约设立的一个组织。[45]

例如，尼日利亚、圣多美和普林西比联合开发局根据尼日利亚与圣多美和普林西比之间的联合发展条约成立，以监督和管理它们在波尼湾的联合开发区。该联合开发区位于尼日利亚、圣多美和普林西比的海边界。[46] 据推测，该区域拥有丰富的石油和天然气储量。但是，由于这两个国家都不能在不干涉另一国海洋领土的情况下开发该区域的资源，两国便在条约中同意设立一个联合开发局，从而协助两国从该区域的经济潜力中获益。[47] 联合开发局是根据国际法和每一缔约国的法律设立的，具有行使其权力和履行其职能所必需的权利能力。特别是，联合开发局应具有订立合同、取得和处理动产和不动产的能力，并应具有提起法律诉讼和成为诉讼当事人的能力。[48] 该联合开发局的主要办事处在尼日利亚阿布贾，在圣多

㊹ 例如，参见阿布扎比—卡塔尔，1969 年 3 月 30 日签署的《关于解决海上边界和岛屿主权问题的协定》，联合国文件 ST/LEG/SER. B/16，403；澳大利亚—印度尼西亚（1990 年），第 469 页；澳大利亚—巴布亚新几内亚（1979 年），第 291 页；奥地利—捷克斯洛伐克（1964 年），第 126 页；巴林—沙特阿拉伯，1958 年 2 月 22 日在利雅得签订的《关于划定波斯湾大陆架的协定》联合国文件 ST/LEG/SER. B/Add. 2，185；1988 年 6 月 2 日在惠灵顿缔结的《南极矿产资源活动管制公约》（克拉姆拉公约），第 859 页；德国—荷兰（1982 年），第 755 页；法国—西班牙（1982 年），第 445 页；冰岛—挪威（1982 年），第 1222 页；伊朗—沙迦（1972 年），补充；科威特—沙特阿拉伯，1965 年 7 月 7 日签署的《关于划分中立区的协定》，联合国文件 ST/LEG. SER. B/15，第 760 页；挪威—英国（1977 年），敕令书，7043；沙特阿拉，联合国文件 ST/LEG/SER. B/18，第 452 页。

㊺ Schofield（2014），pp. 78 – 98；Woodliffe（1977），p. 338；Barberis and Julio（1975）；Brownlie（1979）.

㊻ 参见《尼日利亚联邦共和国与圣多美和普林西比民主共和国关于石油和其他资源的联合开发的条约》（以下简称《尼日利亚和圣多美和普林西比条约》，2001 年 2 月 21 日）第 9.1 条。

㊼ 参见尼日利亚和圣多美和普林西比联合开发局。

㊽ 参见《尼日利亚和圣多美和普林西比条约》第 9.2 条。

美和普林西比还设有附属办事处。

根据上述条约第9.6条,该联合开发局负责根据条约管理与区内资源的勘探和开采有关的活动。其职能包括:将区域划分为合同区域,以及就这些区域进行的合同谈判、招标发布和监督;与承包商签订开发合同,以及监督和控制承包商的活动;终止开发合同;从开发合同中收集和分配当局生产份额的收益或产品。

联合开发局的职能还包括:编制预算;控制船只、飞机、构造、设备和人员进出区域;建立安全和限制区域,以确保航行、石油活动、捕鱼活动和其他开发活动以及区域的有效管理;发布有关监督和控制运营的所有包括健康、安全和环境问题事项的规章和指示;规范海洋科学研究;保护海洋环境;要求和协调相关搜救行动,威慑或制止对从事该区发展活动的船只和建筑物的恐怖主义或其他威胁的行动;预防或治理污染;审议不定期提到的事项。

鉴于联合开发局的战略重要性和功能,进入非洲石油和天然气市场的公司必须调查联合开发领域可能存在的许可要求。在没有联系监管开发局的情况下,与该局签订或在该局覆盖的国家签订石油协议,可能成为复杂法律风险的潜在来源。

6.2.5 环境部

所有非洲国家都设立了负责执行政府环境保护和可持续发展政策的部委或部门。[49] 包括1999年成立的尼日利亚联邦环境部、肯尼亚的环境和自然资源部,1994年成立的南非环境事务部(环境事务和旅游部),以及1997年成立的埃及环境事务部。[50] 环境部大体工作包括:制定和实施环境

---

[49] 有关非洲所有环境部门的完整列表,请参见世界银行、非洲环境机构。

[50] See Kenya's Ministry of Environment and Natural Resources, About Us, Nigeria's Federal Ministry of Environment, About Us.

政策；管理与公共和私人项目有关的环境影响评估，包括固体矿物和石油和天然气项目；制订必要的环境保护行动计划；规定项目环境影响评估程序；管理和保护海洋和沿海资源，促进自然资源的保护和可持续利用；促进环境科学和保护技术方面的合作；与联邦和州政府部门、地方政府、法定机构和研究机构就有关保护环境和保护自然资源的事宜进行合作。[51]

环境部通常由内阁部长或环境部长领导，监督和执行有关水质、污水限制、空气质量、大气保护、臭氧保护、噪声控制以及有害物质的清除和控制等环境保护措施。在省级或州级，环境部也发挥类似的作用，并由环境专员监督。[52] 然而，自20世纪90年代非洲各国的环境部成立以来，它们面临着若干挑战，这些挑战阻碍了采掘作业中的环境保护。由于历届政府对环境问题的重视程度不同，导致环境保护政策和项目执行不一致，环境保护法律规定执行不透明。[53] 这种缺乏连续性和政治权力担保的情况，往往导致环境恢复资金管理不善，以及可持续资源治理框架的消失。[54]

6.3　固体矿物行业监管机构

如前所述，几乎所有受调查的非洲国家都分别为石油和采矿行业设立了单独的部委、机构和国家公司。任何希望进行固体矿物运营的自然人或法人必须首先从负责监督固体矿物行业的责任实体和部门确定并获得所有适用的许可。本节将探讨主要监管固体矿物行业的机构。

6.3.1　固体矿物开发部

在所有接受调查的非洲国家中，采矿业的管理由一个负责采矿和固体

---

[51] Ibid.

[52] See generally, Federal Ministry of Environment of Nigeria, About the MOE-Profile.

[53] See Shelton (2011), Eaton (1997) and d Mobogunje (1995).

[54] Nigeria: ICPC Returns N1 Billion Looted Funds to Environment Ministry (Mutum 2015).

矿物开发的政府部门负责。[55] 负责固体矿物资源的部门一般负责政府政策的制定和实施以及固体矿物行业经营的综合管理。该部还监管并确保采矿和冶金作业的合规性。负责该部的部长拥有总括性的管理权力,以执行授权法,并制定一致执行政府矿产资源利用政策和框架的指导方针,特别是与可持续勘探矿产资源、社区参与、环境问题和采矿选矿有关的问题。部长负责授予勘探、开采和生产固体矿物资源的资格和许可。[56] 该部还监督矿产开发协议和服务合同等合同安排,并履行其他监管职能,如同意矿产资产的许可证批准和合同权益的分配。

一般来说,矿业部是通过对许可证、规章、调查和执法有直接监督权利的部门或理事会来运作的。例如,在肯尼亚,2016 年《采矿法案》设立了矿业局,负责采矿业的日常监测,并负责监督所有矿业执照和许可下进行的所有采矿作业。它还主要负责处理所有许可证和租赁申请,以及执行采矿业的安全和环境标准。其在这方面的职能包括监督所有获得许可的采矿作业,以确保其遵守相应的法律、法规和良好的石油生产规范。肯尼亚法律还设立了地质调查局,负责开发国家地质数据库和促进对采矿行业的关注。

同样,在尼日利亚,矿业和钢铁开发部通过四个部门运作,即矿业监察局、矿业环境和合规部、矿权地籍办公室和手工和小规模采矿部。矿业监察局负责勘探、评估、矿产开发和生产方面的业务。[57] 其详细职能包括:对采矿、采石和爆炸物材料进行一般监督,以确保安全的采矿作业,提高矿物的产量和创收;监督和执行矿业权持有人遵守所有工作程序、矿产健康和安全条例的情况;进行调查和检查,以确保矿业权持有人符合许可证和租

---

[55] 阿尔及利亚:矿业和能源部,负责监督阿尔及利亚的油气、能源和采矿业;安哥拉:地质、矿业和工业部;赤道几内亚:工业、矿业和能源部;加蓬:矿业、工业和旅游部;加纳:土地和自然资源部;肯尼亚:采矿部;利比亚:工业、电力和采矿部;尼日利亚:联邦矿业和钢铁开发部;南非:矿产资源部;津巴布韦:矿业和采矿发展部。

[56] 同上。

[57] 参见尼日利亚《矿业和矿产法案》(2007 年)第 16 节。See also KPMG (2014).

约所附的条件[58]；建立采矿和采石作业数据库；确保运营商按照政府要求进行矿物回收；根据海关豁免规定批准进口机械、设备和配件；整理尼日利亚所有矿产生产的记录。[59] 监察局还根据《矿业和矿产法案》履行各种其他监管职能，包括审批、事件报告和合规活动。[60]

矿业环境和合规部的主要职能是确保公司在其运营中采用和维护环保程序，并遵守环境法律和准则。[61] 它还负责下列事项：制定适用于采矿作业的环境程序和要求；审查矿业权持有人为履行《矿业和矿产法案》[62]规定的环境义务而需要准备的所有计划、研究和报告；监督和强制矿业权持有人遵守环境要求和义务；就与采矿作业有关的社会和环境问题及关闭采矿和土地开垦问题，与政府有关机构联络；维持和开展定期环境审计，以确保在所有采矿作业中采用和遵守健全的环境规范。[63]

矿权地籍办公室主要负责矿业所有权的管理和地籍登记册的维护。[64] 它还负责其他行政和监管职能，包括：审议采矿权和许可证的申请；根据适用的规则和条例发布、暂停和撤销采矿权；接收和处置关于转让、续期、修改、延期和放弃矿业所有权的申请；管理《矿业和矿产法案》第 9 节规定的竞争性投标过程；保持按年表排序；按优先顺序记录所有矿产所有权申请；保存登记册和一般登记簿。[65]

手工和小规模采矿部直接负责规范和管理工匠和小型矿工的作业。《矿业和矿产法案》第 164 节将手工采矿定义为在矿产资源开发部长授予的小规模采矿租约所涵盖的区域内，使用非机械化的勘测、勘探、开采和加

---

[58] 为进一步实现这一功能，参见《矿业和矿产法案》，同上，第 20(2) 节。

[59] 同上，参见第 17、25(2) 节，参见 KPMG (2017), p. 6。

[60] 同上，参见《矿业和矿产法案》。

[61] 同上，第 16 (1)(b) 节。

[62] 同上。

[63] 同上，参见《矿业和矿产法案》，第 18、71(1)、90(2)、119～120 节，参见 KPMG (2017), pp. 6－7。

[64] 同上，参见《矿业和矿产法案》，s. 5。

[65] 同上，参见第 5 (5)、7 节，参见 KPMG (2017), p. 7。

工方法进行的采矿作业。手工和小规模采矿部负责监督这种小规模、低资本密集型、低技术和高劳动密集型的小规模采矿的作业。具体而言,它负责下列事项:组织、支持和协助小规模采矿作业;向采矿合作社提供勘探、开采、矿物加工、创业培训和环境管理方面的推广或实地服务;开展各种举措,改善手工和小型采矿社区获得可持续生计的情况。[66]

6.3.2 国家矿业公司

在石油部门发展中占据突出地位的国有公司现在在采矿业中越来越普遍。国家矿业公司代表政府勘探、开采、加工、销售和供应矿产资源。政府控制的国家矿业公司在世界上最大的固体矿物生产商中占据主导地位。世界各地的大型国家矿业公司包括智利国家铜业公司(世界上最大的铜生产公司)和巴西淡水河谷矿业公司(世界上最大的镍和铁矿石生产商,也是仅次于必和必拓矿业公司和力拓矿业公司的世界第三大矿业公司)。[67]

非洲是世界上一些大型国家矿业公司的所在地。其中包括摩洛哥的磷酸盐公司(Office Chérifien des Phosphates Group,OCP 集团,世界磷矿、磷酸和磷肥的主要出口商之一)[68]、尼日利亚国家铁矿开采公司、尼日利亚煤矿公司、坦桑尼亚国家矿业公司、刚果民主共和国的矿业公司、南非的非洲勘探采矿和金融公司、纳米比亚国有矿业公司(Epangelo)和肯尼亚国家矿业公司等。因此,国家矿业公司已成为国际采矿业的重要角色。[69]

国家矿业公司是政府的投资机构,负责监督、管理和授权所有的地球物理勘测、勘探、精炼、分级、生产、切割、加工、营销、销售和选矿。[70] 国家

---

[66] 同上,参见 KPMG (2017), at 7。

[67] Basov (2015).

[68] 世界经济论坛,OCP 集团。

[69] 《关于矿业公司在国际法和关系中的作用》,参见 Dashwood(2012),pp. 73 – 93。

[70] 例如,2016 年肯尼亚《矿业法案》第 22 节。

矿业公司的目标包括：作为国家监管和控制其固体矿物资源的主要机构；最大限度地提高该国固体矿物资源的经济租金和利润；加强并引领当地成分对该国的贡献；促进东道社区和国民参与矿产行业价值链；确保向当地市场稳定供应煤炭、铁、钢、大理石等矿产品；通过直接就业、设立奖学金、发展现代基础设施和以较低费率提供产品，促进向国民分配补贴；管理国际矿产品价格波动的内部和外部冲击；最终创造一个公平的竞争环境，并通过这个竞争环境，国家工业可以在长期勘探固体矿物资源等方面与国际矿业公司竞争。[71] 总而言之，国家矿业公司与国家石油和天然气公司一样，是资源丰富国家最大限度地提高经济效率和为其人民创造社会和经济利益的主要机构工具。[72]

但是，在一些非洲国家，根据政府和固体矿物资源管理部的政策目标和优先事项，国家矿业公司承担了一系列其他监管、政治和国际投资的角色。[73] 因此，投资者必须仔细了解国家矿业公司在各自辖区内所承担的职能和角色的范围。无论国家矿业公司采取何种商业和（或）监管角色，其主要目标是使石油生产国能够充分参与其固体矿物的开采。[74]

国家矿业公司通常由国内立法或法规建立和组织，并在其中阐明其特定的任务、职能和角色。例如，肯尼亚国家矿业公司是根据 2016 年《国家矿业公司条例》建立的，该法规根据 2016 年肯尼亚《矿业公司法案》第 22(1)、25(2)、27 节规定了赋予公司权力的运作框架。[75] 在尼日利亚，《矿

---

[71] 同上，第 24 节。

[72] See Tordo et al. (2009), Cheon et al. (2014); Stevens (2008) and Wolf (2009).

[73] See Heller et al. (2014), pp. 1 – 2.

[74] See Victor et al. (2012), pp. 3 – 31; Thurber et al. (2011); Heller and Marcel (2012).

[75] 参见 2016 年肯尼亚《国家矿业公司条例》第 5 节，其中授权肯尼亚采矿公司：(1) 从事矿物勘探和采矿及任何其他有关活动；(2) 代表国家政府投资；(3) 以协议方式取得或持有与矿物勘探或开采有关的任何事业、企业或项目的权益；(4) 取得从事矿物勘探、采矿、提炼、分级、生产、切割、加工、买卖或销售的任何企业、公司或其他团体（无论法人团体或非法人团体）的股份或权益；(5) 以主要代理人、承包商或其他身份，单独或与任何其他人、公司或法人团体一起开展其业务、业务和活动；(6) 履行内阁秘书或任何其他法律可能指派给它的任何其他职能。

业公司法案》规定国家矿业公司监督尼日利亚除煤和石油外的所有采矿活动。该法第4(1)节规定了国家矿业公司的如下职能和职责:(1)勘探、开采或以其他方式获取、加工和处置尼日利亚境内石油或煤炭以外的各种矿物;(2)以任何方式冶炼、焙烧、化验、合并、精炼或以其他方式处理上述矿物,以使任何此类矿物的产品和副产品具有市场价值;(3)在尼日利亚境内无法获得的任何情况下,从尼日利亚境外的任何来源购买上述任何矿石的矿石或产品及副产品;(4)销售上述任何或所有矿物的矿石、产品和副产品;(5)履行本法案或根据本法案赋予的其他职能。[76]

该法案第5(1)节授予国家矿业公司法定权力,使其能够采取旨在履行其职责的行动,包括但不限于:(1)以其公司名义起诉和被起诉;(2)持有和管理动产和不动产;(3)建造和维护道路、铁路、铁路侧线、电车轨道、桥梁、水库、水道、建筑物、厂房和机械,以及为履行由本法案或根据本法案赋予的职能而需要或有助于履行的其他工程;(4)购买或以其他方式收购或接管任何公司、商号或个人的任何资产、业务、财产、特权、合约、权利、义务及法律责任,以促进公司所从事的业务;(5)与公司认为有助于履行本法案规定的职能的任何公司、商号或个人签订合同或伙伴关系;(6)培训管理人员和技术人员,以经营其业务;(7)进行为履行其职能而需要的研究,并为此目的,可独立设立或与任何公司、商号、个人合伙设立一定数目的研究实验室,包括矿物学、化学、矿物选矿及化验实验室;(8)视情况行使必要或有利的其他权力,以充分执行其赋权法案的规定。

鉴于国家矿业公司不监督煤炭生产,尼日利亚法律建立了一个单独的国家煤矿生产公司,称为尼日利亚煤矿公司。[77] 尼日利亚《煤矿公司法案》第4节授权尼日利亚煤矿公司在尼日利亚的所有煤矿中经营和获得煤炭;提供各种质量、大小、数量和价格的煤炭,以增加公众利益;处理、供应和销

---

[76] 1972年第39号尼日利亚《矿业公司法案》。

[77] 1950年第29号尼日利亚《煤矿公司法案》。

售煤炭；生产、制造、处理、销售煤炭产品，包括焦炭；制造、处理、供应、分配和销售天然气；钻孔、经营、获得和采掘黏土、耐火黏土、沙子和石灰石；制造、销售和分销砖、瓷砖、水泥和玻璃；种植、维护或栽种树木种植园，并从中出售木材和其他产品；生产或制造煤炭开采或相关活动所需物品以及生产、制造、供应、销售能够提升从事煤炭开采或其他活动的公司的生产和制造效率的材料与设施；通过示范、展览或其他方式宣传销售煤炭或由其生产或制造的任何货物；在与公司职能有关的事项上开展研究和实验工作；建设、维护和改善道路；从事总统命令批准的任何其他活动。

与国家石油和天然气公司一样，非洲的国家矿业公司越来越多地面临限制其职能和效率的挑战。这些挑战包括缺乏灵活性以及阻碍企业愿景的公务员文化的存在；财务管理不善和腐败；高昂且不成比例的行政费用；监管重叠，即国家矿业公司既是商业实体，又是监管机构；持续从国家政府拨出年度预算拨款，进一步降低了独立性。按照国际最佳做法改革非洲国家矿业公司可以帮助它们发展效率、结构独立性、专业知识、企业愿景和财政资源，以便有效地履行它们在授权法下的职责。

6.3.3　二级机构

除了国家矿业公司之外，还可以建立一些监督机构来监督采矿业的具体任务和职能，包括监督石油定价、本土化发展，石油社区环境恢复和社区基础设施更新项目的采购。例如，安哥拉、加纳、肯尼亚、尼日利亚和坦桑尼亚等一些非洲国家建立了委员会、理事会或机构，监督本土化进程、就业岗位创造、商品和服务供给、石油产业价值链中的融资以及母国成分的保留。[78]

---

[78] 参见《加纳石油（当地成分和当地参与）条例》（2013 年）第 5 ~ 6 条和《坦桑尼亚石油（当地成分）条例》（2017 年）GN. No. 197，该条例设立当地成分委员会，监察当地成分条例的遵守情况及执行情况。

此外,如前所述,一些非洲公司已经制定了采掘业透明度举措,重点是提升采掘业的透明度和完善问责制。例如,尼日利亚采掘业透明度倡议是根据尼日利亚《采掘业透明度倡议法案》设立的一个独立机构,直接向总统和国民大会汇报工作。[79] 除其他事项外,尼日利亚采掘业透明度倡议负责制定一个框架,使所有采掘工业公司在报告和公开应付或支付给尼日利亚政府的收益时具有透明度和责任制。国家利益相关工作组是尼日利亚采掘业透明度倡议的管理机构。该工作组负责监督尼日利亚采掘业透明度倡议的实施,并负责制定有效实施和履行其目标和职能的政策、计划和战略。[80] 尼日利亚采掘业透明度倡议由秘书处和各部门组成。秘书处在执行秘书的领导下,负责透明度倡议的日常管理。秘书处通过被法律事务主任监督的执行秘书办公室发挥作用。尼日利亚采掘业透明度倡议还设有通信部,负责制定并实施有效和全面的通信战略、政策和程序,以便基层了解透明度倡议及其在尼日利亚的职能。尼日利亚采掘业透明度倡议还设立有技术部,为其运营提供质量专业知识、领导和技术支持。技术部执行秘书处针对采掘行业的技术政策和程序;制定数据收集、系统加强和收益管理跟踪的策略。财务和行政部负责透明度倡议下所有机构之间资源的有效和合理配置;为日常支持相关问题的管理确定总体业务计划;审查和更新行政程序和会计手册;制定和实施财务信息系统、管理政策和程序;以及协调预算流程,控制、促进和协调外部审计。[81]

6.4 小结

虽然已经建立了若干机构来监督和促进非洲石油和固体矿物资源的可持续管理和利用,但几乎所有非洲国家仍然面临如下挑战:缺乏透明度、

---

[79] 尼日利亚《采掘业透明度倡议法案》第1~2节。

[80] 同上,第5(1)~5(3)节。

[81] 参见尼日利亚《采掘业透明度倡议法案》。

腐败、监管重叠和缺乏机构协调、环境污染、非法石油装仓、非法采矿、手工和小规模采矿不受监管、技术开发有限、资金不足、与年轻人接触有限、缺乏职能独立和缺乏企业愿景。这些挑战都阻碍了在非洲实现可持续资源管理制度化的道路。[82] 正如最近的一项法律和治理指数所指出的，几乎所有非洲国家在有效监测和监督采掘资源财富的透明管理和分配方面仍然非常薄弱。[83]

非洲国家迫切需要振兴和改革采掘业现有的体制安排，应根据各国的具体情况包括现有的社会政治、文化和法律制度对现有体制进行调整，设置差异化的采掘业的治理安排和机构，同时提升国家治理的一体化程度，以提高透明度和效率。虽然一些学者认为将固体矿物和石油行业放在不同部委和机构下进行治理，才能实现重点和有效的监督，但似乎南非、赤道几内亚和阿尔及利亚等国只设立了一个部委协调固体矿物和石油的开发，其在资源效益分配方面也取得了较好的成绩。[84]

尽管要采用优先的办法，但成功的关键因素是确保政府在资源开发方面制定明确、一致和连贯的政策。全面的国家资源管理政策可以为整个采掘业价值链中占据主流的问责制、透明度和尊重人权提供指导原则。在整个价值链中采用坚定的、重点突出的、制度化的治理方法进行资源管理，将有助于在固体矿物和石油业中运作的各种机构、部门和部委实现更多的协调和监管上的一致性。同时，重要的是要确保采掘业机构的监管独立性和自主权，以便提高其透明行使职能而不受政府的不当干扰的能力。

提高资源管理的透明度和问责制还将在很大程度上取决于政府制定的合同和财政制度，这些制度阐明了资源开发和勘探的条件。建立一个强有力的合同框架可以帮助非洲国家在推进当地成分、落实环境安全惯例、

---

[82] Chuhan-Pole et al. (2011), also Van der Ploeg (2011).

[83] 自然资源管理研究所(NRGI)(2017 年)。

[84] Aharoni and Ascher (1998).

尊重人权、提升透明度和采掘作业的及时报告方面得到更好的协议条件。对于在非洲运营的国际石油公司而言,阐明政府、东道社区利益相关者和其他参与者的期望也有助于减少与违规相关的法律风险。

本书的下一章探讨了非洲采掘业采用的合同和财政框架,并研究了非洲政权授予石油、采矿和冶金业务的不同类型的财政条款和权益的主要特征和区别。

参考文献

Abu Dhabi-Qatar. Agreement on settlement of maritime boundary lines and sovereign rights over islands, signed on 30 March 1969. United Nations Document ST/LEG/SER. B/16

Africa Environmental Agencies. http://web. worldbank. org/archive/website01004/WEB/0_CO - 75. HTM. Accessed 21 Sept 2017

Aharoni Y, Ascher W (1998) Restructuring the arrangements between government and state enterprises in the oil and mining sectors. Nat Res Forum 22:201 - 213

Algeria. Ministry of Energy and Mining. http://www. energy. gov. dz/fr/. Accessed 12 Apr 2018

Algeria. Sonatrach. http://www. sonatrach-dz. com. Accessed 12 Apr 2018

Al-Kasim F (2006) Managing petroleum resources: the 'Norwegian model' in a broad perspective. Oxford Institute for Energy Studies, Oxford

Angola. Grupo Sonangol. http://www. sonangol. co. ao/English/Pages/Home. aspx. Accessed 12 Apr 2018

Angola. Ministry of Geology, Mines and Industry. http://www. mgm. gov. ao. Accessed 2 May 2018

Angola. Ministry of Petroleum. http://www. minpet. gov. ao/. Accessed 12 Apr 2018

Australia-Indonesia (1990) Treaty on the zone of cooperation in an area between the Indonesian province of East Timor and Northern Australia, done over the Zone of cooperation on 11 December 1989. International Legal Materials 29

Australia-Papua New Guinea (1979) Treaty on sovereignty and maritime boundaries in the area between the countries, done at Sydney on 18 December 1978. International Legal Materials 18, 1979

Austria-Czechoslovakia (1964) Agreement concerning the working of common deposits of natural gas and petroleum, signed at Prague on 23 January 1960. United Nations Treaty Series 495

Awogbade S, Bamgbose K, Izekor (2017) Oil and gas regulation in Nigeria: overview. https://uk. practicallaw. thomsonreuters. com/5 – 523 – 4794? transitionType = Default&contextData = (sc. Default). Accessed 12 Apr 2018

Bahrain-Saudi Arabia. Agreement concerning the delimitation of the Continental Shelf in the Persian Gulf, done at Riyadh on 22 February 1958. United Nations Document ST/LEG/SER. B/Add. 2

Barberis J, Julio A (1975) Los recursos minerales compartidos entre Estados y el derecho internacional. Derecho de la Integracion Ⅷ(18 – 19): 45 – 58

Basov V (2015) True giants of mining: World's top 10 iron ore mines. http://www. mining. com/true-giants-of-mining-worlds-top – 10 – iron-ore-mines/. Accessed 12 June 2018

Brownlie I (1979) Legal status of natural resources in International

Law. Some aspects. Recueil des Cours de l'Academie de Droit International 162

Carpenter JW (2015) The World's biggest State-Owned Oil. Investopedia. https://www.investopedia.com/articles/investing/121715/worlds-biggest-state-owned-oil-companies.asp#ixzz5Cj9GpNKz. Accessed 12 June 2018

Cheon A, Lackner M, Urpelainen J (2014) Instruments of political control: national oil companies, oil prices, and petroleum subsidies. J Comp Polit Stud 48:370 - 402, 1 - 33

Chuhan-Pole P, Dabalen A, Land BC (2011) Mining in Africa: are local communities better off. World Bank, Washington, DC

Coal Corporations Act No. 29 of 1950 of Nigeria

Convention on the Regulation of Antarctic Mineral Resource Activities (CRAMRA) (1988) International Legal Materials 1988

Dashwood H (2012) Major developments in the global mining industry. In: The rise of corporate social responsibility: mining and the spread of global norms. Cambridge University Press, Cambridge, pp 73 - 93

Department of Petroleum Resources (DPR) (2010) Our evolution and history. Department of Petroleum Resources of Nigeria. http://www.dprnigeria.com/in_the_news.html

DPR. About DPR. Historical Background. Department of Petroleum Resources of Nigeria. http://www.dprnigeria.com/aboutus.html. Accessed 12 Apr 2018

Eaton JP (1997) The Nigerian tragedy, environmental regulation of transnational corporations, and the human right to a healthy environment. Boston Univ Int Law J 15:261

Eller S, Hadley P, Medlock K (2011) Empirical evidence on the operational efficiency of national oil companies. Empir Econ 40:623 – 643

Equatorial Guinea. GEPetrol. http://www. equatorialoil. com/gepetrol. html. Accessed 12 Apr 2018

Equatorial Guinea. Ministry of Industry, Mines & Energy. http:// mmie. gob. gq/en/. Accessed 12 June 2018

Federal Ministry of Environment of Nigeria. About the MOE-Profile. Federal Ministry of Environment. http://environment. gov. ng/about-moe/ profile/. Accessed 12 Apr 2018

Federal Republic of Germany-Netherlands (1982) Supplementary Agreement to the Treaty concerning arrangements for cooperation in the Ems Estaury (Ems-Dollard Treaty) signed at Bennekom on 14 May 1962. United Nations Document ST/LEG/SER. B/15. International Legal Materials 2

France-Spain (1982) Convention sur la delimitation des plateaux continentaux des deux Etats dans le Golfe de Gascogne (Golfe de Biscaye), signee a Paris le 29 Janvier 1974. United Nations Document ST/LEG. /SER. B/19. International Legal Materials 2

Gabon. Ministry of Ministry of Mines, Industry, and Tourism. http:// www. mines. gouv. ga. Accessed 2 May 2018

Gabon. Ministry of Petroleum and Hydrocarbons. http://www. minesgabon. org. Accessed 12 Apr 2018

Gabon. Societe Nationale des Hydrocarbures du Gabon. http://www. gabonoil. com. Accessed 12 June 2018

Ghana. Ghana National Petroleum Corporation (GNPC). http://www. gnpcghana. com. Accessed 12 Apr 2018

Ghana. Ministry of Energy and Petroleum. http://www. energymin.

gov. gh. Accessed 12 Apr 2018

Ghana. Ministry of Lands and Natural Resources. http://www. mlnr. gov. gh/index. php/ministry-of-lands-and-natural-resources/the-ministry. Accessed 12 June 2018

Hartley P, Medlock K (2008) A model of the operation and development of a national oil company. Energy Econ 30:2459 – 2485

Heller PRP, Marcel V (2012) Institutional design in low-capacity oil hotspots. Revenue Watch Institute, New York

Heller P, Mahdavi P, Schreuder J (2014) Reforming national oil companies: nine recommendations. Natural Resource Governance Institute, New York

Iceland-Norway (1982) Agreement on the Continental Shelf between Iceland and Jan Mayen, done at Oslo on 22 October 1981. International Legal Materials 21

Iran-Sharjah (1972) Memorandum of understanding, signed in November 1971. Middle East Economic Survey XV(28)

Kenya. Ministry of Energy and Petroleum. http://energy. go. ke. Accessed 12 Apr 2018

Kenya. Ministry of Environment and Natural Resources. About Us. http://www. environment. go. ke/? page_id = 2. Accessed 21 Sept 2017

Kenya. Ministry of Mining. https://portal. miningcadastre. go. ke/Site/CustomHtml. aspx? PageID = d7f3f61d – 4689 – 4280 – a59a – b865f002dd 60. Accessed 2 May 2018

Kenya. National Oil Corporation of Kenya. http://nationaloil. co. ke. Accessed 12 June 2018

KPMG (2014) Nigerian mining sector. KPMG, Lagos

KPMG (2017) Nigerian mining sector brief. https://assets. kpmg. com/content/dam/kpmg/ng/pdf/advisory/ng-Nigerian-Mining-Sector. pdf. Accessed 9 June 2018

Kuwait-Saudi Arabia. Agreement relating to partition of the Neutral Zone, signed on 7 July 1965. United Nations DocumentST/LEG. SER. B/15

Libya. Ministry *of Industry*, Electricity and *Mining*. http://industry. gov. ly. Accessed 12 June 2018

Libya. National Oil Corporation. http://en. noclibya. com. ly/. Accessed 12 Apr 2018

Losman D (2010) The Rentier state and national oil companies: an economic and political perspective. Middle East J 64:427 – 445

Macauhub (2017) Angola plans to create a National Petroleum Agency. https://macauhub. com. mo/2017/11/20/ptangola-vai-criar-agencia-nacional-de-petroleos/. Accessed 12 Aug 2018

Marcel V (2006) Oil titans: national oil companies in the Middle East. Brookings Institution Press, Washington, DC

McPherson C (2003) National oil companies: evolution, issues, outlook. In: Davis J (ed) Fiscal policy formulation and implementation in oil-producing countries. International Monetary Fund, Washington, DC, pp. 184 – 203

Mineral and Petroleum Resources Development Act (MPRDA) Act No 28 of 2002 of South Africa

Mining Act 2016 of Kenya

Mobogunje A (1995) The environmental challenges in Sub Saharan Africa. Environment 37(4):4 – 10

Murombo T (2015) Regulating energy in South Africa: enabling sustainable energy by integrating energy and environmental legislation. J Energy Nat Resour Law 33(4):320 – 348

Mutum R (2015) ICPC returns N1 billion looted funds to Environment Ministry. AllAfrica. http://allafrica. com/stories/201509160545. html. Accessed 12 June 2018

National Domestic Gas Supply and Pricing Regulations 2008 to the Petroleum Act of 1969, Laws of the Federation of Nigeria 2004

National Mining Corporation Regulations 2016 of Kenya

Natural Resource Governance Institute (2009) Natural resource charter. https://resourcegover- nance. org/sites/default/files/NRCJ1193 _ natural _ resource_charter_19. 6. 14. pdf

Natural Resource Governance Institute (NRGI) (2017) 2017 Resource Governance Index. https://resourcegovernance. org/sites/default/files/documents/2017 – resource-governance-index. pdf. Accessed 9 June 2018

NEITI. http://neiti. org. ng/index. php? q = pages/secretariat. Accessed 12 June 2018

Nigeria-Sao Tome & Principe Joint Development Authority (NSTPJDA). http://nstpjda. org/about-us/. Accessed 12 June 2018

Nigeria. Federal Ministry of Petroleum Resources. http://petroleumresources. gov. ng. Accessed 12 June 2018

Nigeria. Mines and Steel Development. http://www. minesandsteel. gov. ng. Accessed 2 May 2018

Nigeria. Nigerian National Petroleum Corporation. http://www. nnpcgroup. com. Accessed 12 June 2018

Nigeria's Federal Ministry of Environment. About Us. http://www. environment. gov. ng/index. php/about-us/about/about-ministry. Accessed 21

Sept 2017

Nigerian Content Development Management Board. Guidelines. http://www.ncdmb.gov.ng/index.php/guidelines. Accessed 12 June 2018

Nigerian Mining Corporation (NMC) Act No. 39 of 1972

Nigeria-Sao Tome and Principe Treaty

NNPC Act

Norway-United Kingdom (1977) Agreement relating to the exploitation of the Frigg Field Reservoir and the transmission of gas therefrom to the United Kingdom, done at London on 10 May 1976. Treaty Series 113

Odumosu I (2007) Transferring Alberta's gas flaring reduction regulatory framework to Nigeria: potentials and limitations. Alberta Law Rev 44:863

Olawuyi D (2015) Principles of Nigerian environmental law. Afe Babalola University Press, Ado-Ekiti

Olorunfemi M (1991) The dynamics of national oil companies. OPEC Rev 16:321 – 334

Organization of Petroleum Exporting Countries (OPEC). Oil & Energy Ministries/NOCs. http://www.opec.org/opec_web/en/360.htm. Accessed 18 June 2018

Petroleum (Local Content and Local Participation) Regulations (2013) L. I 2204, Ghana

Petroleum (Local Content) Regulations, 2017 of Tanzania

Petroleum Commission Act of 2011 of Ghana

Petroleum Products Pricing Regulatory Agency. http://pppra.gov.ng/. Accessed 12 June 2018

Roberts CWJ (2014) Extractive sector regulations and policy in Africa:

old practices and new models for change. North-South Institute, Davie

Saudi Arabia-Sudan. Agreement relating to the Joint Exploitation of the Natural Resources of the sea-bed and sub-soil of the Red Sea in the common Zone, done at Khartoum on 16 May 1974. United Nations Document ST/LEG/SER. B/18, 452

Schofield C (2014) Defining areas for joint development in disputed waters. In: Wu S, Hong N (eds) Recent developments in the South China Sea dispute: the prospect of a joint development regime. Routledge, London, pp. 78 – 98

Shelton D (2011) Problems in environmental protection and human rights: a human right to the environment. GW Law Faculty Publications & Other Works. Paper 1048

South Africa. Department of Energy. http://www. energy. gov. za/files/petroleum_frame. html. Accessed 12 June 2018

South Africa. Department of Mineral Resources. http://www. dmr. gov. za. Accessed 12 June 2018

South Africa. PetroSA. The Petroleum, Oil and Gas Corporation of South Africa SOC Ltd. http://www. petrosa. co. za/Pages/Home. aspx. Accessed 12 Apr 2018

South Africa's Department for Environmental Affairs. Introduction and background. https://www. environment. gov. za/aboutus/department. Accessed 21 Sept 2015

Stevens P (2008) National oil companies and international oil companies in the Middle East: under the shadow of government and the resource nationalism cycle. J World Energy Law Bus 1(1):5 – 30

The Ghana National Petroleum Corporation Law (1983) P. N. D. C. L.

64. http://en.noclibya.com.ly/. Accessed 12 Apr 2018

Thurber M, Hults D, Heller PRP (2010) The limits of institutional design in oil sector governance: exporting the "Norwegian Model". ISA Annual Convention 2010 New Orleans, LA

Thurber MC, Hults DR, Heller PRP (2011) Exporting the 'Norwegian model': the effect of administrative design on oil sector performance. Energy Policy 29:5366 – 5378

Tordo S, Tracy BS, Arfaa N (2009) National oil companies and value creation. Washington, DC: World Bank Working Paper No. 218

Treaty between the Federal Republic of Nigeria and the Democratic Republic of São Tomé and Príncipe on the Joint Development of Petroleum and other Resources, in respect of Areas of the Exclusive Economic Zone of the Two States (2001)

Van den Berg HM, Moster H (2018) Challenges to regulating hydraulic fracturing in South Africa: technological innovation and law making for climate change at the cross roads. In: Zillman D, Roggenkamp M, Paddock L, Godden L (eds) Innovation in energy law and technology: dynamic solutions for energy transitions. Oxford University Press, Oxford

Van der Ploeg F (2011) Natural resources: curse or blessing? J Econ Lit 49(2):366 – 420

Victor DG, Hults DR, Thurber MC (2012) Introduction and overview. In: Oil and governance: state-owned enterprises and the world energy supply. Cambridge University Press, Cambridge, pp. 3 – 31

Wolf C (2009) Does ownership matter? The performance and efficiency of state oil vs. private oil (1987 – 2006). Energy Policy 37(7):2642 – 2652

Woodliffe J (1977) International unitization of an offshore gas field. Int

Comp Law Q 26:338 - 353

World Economic Forum. OCP Group. https://www.weforum.org/organizations/ocp-group. Accessed 12 June 2018

Zimbabwe, *Ministry* of Mines and *Mining* Development. http://www.mines.gov.zw. Accessed 2 May 2018

第七章　资源采掘中的合法权利和权益

摘要:本章研究了非洲政权授予石油、采矿和冶金业务的不同类型的法律权利和利益的主要特征和区别。在讨论了永久业权、租赁权、矿业权、地表权和特许权权益的性质、范围和基本因素之后,本章揭示了非洲国家常见采矿和石油权益的特点。本章还研究了非洲各种常见的石油和矿产勘探权和许可证、执照类型;授予这些执照和许可证的条件;以及转让和撤销这些权利的程序。

7.1　引言

正如第四章关于领土管辖权的论述,在世界上大多数国家,所有采掘资源都属于国家。未经政府授权,这些国家的公司或个人不能合法地采掘和销售任何矿物商品。开采和勘探矿产资源的权利通常通过合同安排授予第三方。此类许可和合同规定了授予许可证持有者的权利和利益的性质、范围和限度。

本章探讨了非洲政权授予石油、采矿和冶金作业不同类型的法律权利和利益的主要特征和区别,而后研究了永久业权、租赁权、矿业权、地表权和特许权权益的性质、范围和基本因素。在本章的最后,读者应该能够描述所在国家可以获得的所有者权益类型;揭示所在国常见采矿和石油权益的特点;了解可授予的石油和矿产勘探权和许可证的种类以及每一种执照和许可证的授予条件;并能够分析这些权利的转让和撤销程序。

7.2 资源采掘的合法权益类型

资源采掘的合法权益一般与不动产权益或土地权益以同样的方式授予和转让。在本节中,我们将研究资源采掘中一些普遍、常见的法律利益及其特征。

7.2.1 永久业权

一般而言,永久业权,也称为终身地产权,是无限期或无限制的土地或财产的完全私有所有权。[①] 它是一种土地权益,其期限限于一个或多个土地持有人的生命期限。它还可以被称为世袭地产或继承产权,是一种可以代代相传的产权。它是一种无条件的财产权益,代表着法律承认的最广泛的所有权权益。某一块土地的所有者拥有该土地表面下的一切,包括矿产、石油和天然气、水等,并有权钻井勘探该土地下的石油和天然气进而生产石油和天然气,并有权处置石油和天然气。换句话说,没有任何东西从所有权中分离出来,因此所有的权利仍然与财产相连,也会随着财产"转让"。因此,永久业权持有者拥有土地的地表和矿业权。

除了美国和加拿大两国的部分地区承认永久矿业权外,世界许多地区和非洲国家通常将所有权权益与土地权分开。[②] 这意味着土地的私人所有者不拥有地下所有的矿产或资源,所有这些自然资源都属于国家。[③] 租赁权与永久业权不同,在租赁期结束后,财产将归还给土地所有者。[④]

---

① 参见 Lowe (2014), p.38。

② 同上。在美国,矿产(矿产产业)常与地表产业分离的州包括:得克萨斯州、俄克拉荷马州、宾夕法尼亚州、路易斯安那州、科罗拉多州、新墨西哥州以及其他开采石油和天然气数十年的州。

③ Omorogbe and Oniemola (2010), pp. 116 – 117.

④ 在 1925 年英国《物权法》颁布之前,一方面,可转让给业主继承人和受让人[通过继承或"购买"(包括赠与)分别获得的继承人]的不动产是一种"无条件继承不动产"。另一方面,当通过继承或其他方式转让的财产仅限于第一个人的直系后代("身体继承人"或者"血脉继承人")时,它被称为"限嗣继承不动产"。

财产要归类于永久业权必须符合两个标准。首先是不流动,这意味着财产必须是土地、从土地衍生或附着在土地上的某种利益,如自然资源和地下资源。其次是财产的所有权必须是不确定的或无限的期限。如果所有权的时间可以固定和确定,那么它不是永久业权。[5] 永久业权或终身保有的地产代表完整的私人所有权,包括地表权和矿业权。"无条件继承不动产"、"可继承的土地"或"永久业权"的所有者控制其财产的地面、地下和空气,并有权单独或完全向其他人出售、租赁、赠与或遗赠这些权利。永久业权意味着权益或财产的无限期限,与其所包含的"所有权"截然相反。永久业权与租赁权的唯一相似之处在于它们都涉及时限,一个是无限的,另一个是有限的。在石油和天然气以及自然资源方面,地表权或矿业权都可以作为不流动的资源被无限期继承。正如罗伊(Lowe)指出,永久业权意味着"捆绑的"不动产权。[6]

7.2.2　租赁权

租赁权是在规定的有限时间内占用土地或从中采掘资源的临时权利。租赁权允许承租人(石油或采矿公司)在规定的时间内获得出租人(可能是永久业权所有人或在大多数国家为国家)财产上的石油和矿物。石油和天然气勘探开采租约是对承租人享有租赁土地使用权的条款和条件进行编纂的法律文书。

具体而言,鉴于土地在土地制度中由国家拥有,租赁权所有者仅按照租约规定的条款和条件获得在特定时间内使用土地或其资源的权利。作为矿产或资源所有者(出租人),国家通过签署石油和天然气或矿产租赁租约将勘探权转让给承租人而产生租赁权。租约还规定了出租人收到的生产收益的百分比或份额以及如何收取矿区使用费。

---

⑤ Lowe (2014), p. 38.

⑥ Ibid. ,p. 39.

在非领土制度中,土地所有者可以签订石油和天然气勘探开采租约,赋予承租人以独家权利,并自行承担在土地上勘探、生产、切割和开采石油与天然气的费用。在此种情形下,石油和天然气勘探开采租约通常有一个由规定年限组成的主要周期,还有一个在主要周期之后持续很长时间的次级周期。此外在一些石油和天然气勘探开采租约中,这一期限还可以延长,如在一些类型的作业中,可能会包括钻井作业或钻井作业准备的时间。

在租赁权中,出租人通常保留归复矿权的可能性,即回归权,以及生产中的矿区使用费。因租赁权持有人开采或经营其财产,租赁权也称为开采权益或经营权益。[7] 租赁权是否包括矿业权的所有特征取决于授予权益的条款,以及法院给予的解释。[8]

7.2.3 矿业权

土地所有者可以拥有地表土地,但对在该土地上发现的矿物没有权利。例如,在许多土地制度中,即使个人被授予拥有或使用地表土地的权利,他们并不占有或拥有对土地下面的矿物或石油资源处理的权利。[9] 矿业权赋予所有者开发、采掘和(或)生产位于地表之下的任何或所有矿物的权利。土地所有者可以通过转让土地来创造矿物权益,但保留或禁止转让地下的石油、天然气和其他矿物的权利。在这种情况下,地表权持有人可以充分利用土地,但不能利用土地的矿产资源,并可以保留地表权——地表权的归属取决于矿业权益持有人进入并开采其中矿产资源的权利。这种权益分离可以通过转让地表契约但保留矿业权或直接授予矿业权来实现。只有矿业权持有人可以签订将石油、矿产资源转让给他人的租赁合

---

⑦ Lowe (2014), p. 43.

⑧ 例如,“石油、天然气和其他碳氢化合物”的租赁,将不包括硫黄等非碳氢化合物在内。See ibid. ,43.

⑨ Omorogbe and Oniemola (2010).

同。因此,投资者必须进行彻底的检查,以确定土地或地表权利持有人实际上对该土地的矿物拥有明确的所有权。许多国家都设有土地登记处以供查询矿业权,当事人可以通过登记处查询明确记录了产权的确切持有人的产权摘要或产权报告。

无论矿业权是通过直接授予还是保留而与地表权分离,该矿业权均包括以合理必要的方式和程度使用地表的默示地役权。[10] 换言之,这意味着矿产所有权依附于矿物所在的土地表面,因为矿产所有权在没有矿物的情况下没有任何价值。为此,以美国法院为例,美国法院承认默示地役权加重了土地表面的负担,并有利于矿产的利益,其依据要么是分离方的意图,要么是有利于确保该财产在经济上有用的公共政策。矿物所有人所享有的地役权只受到合理标准的限制,以及满足地表持有人使用地役权的义务的限制。

矿业权的五个要素是:尽可能多地利用地表资源以合理获取矿产资源的权利;进一步转让权利的权利;获得奖金对价的权利;获得延期租金的权利;获得矿区使用费的权利。[11] 从本质上讲,矿业权人有权到土地上去勘探、生产、切割和开采石油和天然气。盈利的权利和花费的义务来自从土地上勘查、开发和开采矿物产生收益的同时必然会耗费成本,因此,矿业权是一种利润分摊和成本承担的权益。

矿业权持有人还有能够将其拥有的开采、开发和生产矿产的权利转让给他人的权利。矿产权益的租赁权通常被称为行政权。矿业权持有人可以单独转让或者保留部分而非全部的矿业权附带权利。矿业权持有人有权开发或转让矿业权的附带条件是,该权利人有权根据转让开发权的租赁条款向出租人提供任何利益,如签约奖金,以及分配给出租人的生产份额,

---

⑩ 地役权是指为了特定目的而通过、交叉或使用属于他人的土地的权利。它为第三方在不属于他们的土地上做某事创造了有限的财产或使用权。See LeFort et al. (2013).

⑪ Ibid., see also the US case of *Altman v. Blake*, 712 S.W.2d 117, 118.

如矿区使用费的支付。[12]

7.2.4 地表权

矿业权是针对土地表面以下一切的合法权利,而地表权是针对土地以上一切的合法权利。地表权的持有人有权开发或者使用该土地的地表。因此,地表权是在矿业权被分离后土地所有权权利捆绑的剩余部分。但地表权范围很广,不仅仅局限于土地表面——它包括矿业权中未包含的所有权利。地表权持有人有权获得地表上的其他物质,如水、砾石或天然气地层等,这些物质也都被认为是地表的一部分。

地表所有者被分割的使用地表的权利并不是绝对的。地表权益受制于矿产权持有人或石油和天然气承租人的默示地役权或权利,即在合理的时间、地点和方式下矿产持有人或承租人可以使用尽可能多的地表,以勘探、开发和生产矿产。地表所有者对地表的权利受到矿产权益持有人地役权的限制,并从属于该地役权。这意味着矿业权持有人或承租人可能不需要地表业主的许可来使用地表进行采掘作业。[13]

7.2.5 矿区使用费权益

土地矿业权的转让并不意味着转让土地所有者的所有权利。[14] 土地所有者大多数时间都有权获得从土地获得的石油或矿产资源中产生的一定比例的利润。在这种情况下,首先扣除承租人运营的合理成本,然后土地所有者将获得除去合理成本外的剩余部分,这被称为矿区使用费权益。

---

⑫ See Lowe (2014), pp. 39 – 42.

⑬ Lowe (2014), pp. 43 – 44.

⑭ See Hamilton v. Morris Res., Ltd., 225 S. W. 3d 336, 344 (Tex. App.-San Antonio 2007, pet. denied) [first citing Luckel v. White, 819 S. W. 2d 459, 463 (Tex. 1991); then citing Altman v. Blake, 712 S. W. 2d 117, 118 (Tex. 1986)]. "矿业权的转让不需要转让所有权益;个人权益可以在出让人中予以扣留或保留。" French v. Chevron U. S. A. Inc., 896 S. W. 2d 795, 797 (Tex. 1995).

矿区使用费就是支付给土地所有者使用财产的费用。在采掘业中,矿区使用费权益持有人有权分享从土地上开采的资源或收益。因此,矿区使用费是生产份额中的非占有性不动产权益,或生产收益的价值,其不含生产和经营费用,可通过授予或保留或例外产生。[15] 石油和天然气的矿区使用费通常用产量的百分比来表示,而矿物的矿区使用费通常用规定的金额来表示。

与矿业权持有人不同的是,矿区使用费权益持有人无权到土地上勘探和生产石油和天然气,也没有执行权(无权执行石油和天然气租赁)。[16] 矿区使用费是一种生产份额的权利,而不是生产的权利。因此,矿区使用费权益持有人没有使用地表的地役权,除非他们需要到该土地收取矿区使用费生产份额。同样地,矿区使用费权益不是利润分摊或成本承担:矿区使用费是不含生产成本的生产份额。即使是亏损的企业,也要支付矿区使用费;矿区使用费权益也不负责支付任何生产成本。此外,矿区使用费权益持有人没有获得租赁的权利。矿区使用费权益持有人无权授予石油和天然气租约,因为他们无权从土地上进行勘探、开发或生产。同样地,由于矿区使用费权益持有人没有租赁权,他们也没有权利享受红利、延期租金或延期矿区使用费等租赁收益。唯一的例外是租赁权收益,因为它是由租赁产生的,所以能获得租赁收益。[17]

随着时间的推移,已经产生多种不同类型的矿区使用费权益。它们包括土地所有者矿区使用费或出租人的矿区使用费;补偿矿区使用费;非参与矿区使用费;定期矿区使用费;永久矿区使用费和矿物矿区使用费。以下简要介绍了不同类型的矿区使用费权益(见表7.1)。

---

⑮ See Smith and Weaver (2015).

⑯ See Ingram and Conner (2018), Mineral v. Royalty Distinction.

⑰ Ibid., pp. 46 – 47.

表 7.1 矿区使用费权益的类型

矿区使用费类型	含义
土地所有者矿区使用费或出租人矿区使用费	土地所有者在租约下的资源生产份额或补偿。它是在矿产所有者("地主")执行矿物租赁时保留的生产权益。[a] 这种权益在租赁期内有效,并通过矿产所有者与承租人(通常是石油和天然气公司或经纪人)之间的协商确定。它通常是总产量的一个固定部分,可能根据生产量的不同而有所不同
补偿矿区使用费	补偿矿区使用费是承租人从租赁权益中分割出来的权益,多数情况下是为了补偿土地工人、律师、地质学家和其他帮助构建钻探企业的团队成员。它被描述为"开采地表石油和天然气的权益,而不需要付出生产成本"。在现代,补偿矿区使用费通常是指从承租人在石油和天然气租约下的工作权益中提取的不含成本的权益。[b] 提交补偿矿区使用费获得的利益并不相当于地下矿产的所有权,受益人仅就石油和天然气生产过程中的部分收益具有所有权,当石油和天然气租约终止时,所有权随即告终止。简言之,补偿矿区使用费权益"补充"了部分开采权益。石油和天然气租赁下的承租人可以通过转让其在石油和天然气租赁中的权益而产生补偿矿区使用费权益,但是从此类转让中保留矿区使用费权益
非参与矿区使用费	这是支付给所有者的矿区使用费,该所有者不享有探索或开发租约的权利,也不收取红利或租金。它免于生产成本,并从矿区使用费中扣除。出售其权利的矿业权益持有人通常保留非参与矿区使用费。"不参与"一词指权益持有人不分享租约的红利、租金,也没有权利(或义务)就租约的执行或经营作出决定。它是一种免费的不动产矿产权益,不参与(因此得名)收取红利或延迟租金,不参与租赁、勘探和开发。正如得克萨斯州法院给出的解释,"它只是使其所有者有权获得一部分生产收益,而无须勘探和生产的费用"[c]。 当权利人对稳定的矿区使用费收入流感兴趣,但不打算参与有关采掘经营的相关决策时,选择此种收益方式对矿区所有者更为有利[d]
定期矿区使用费	这是有规定期限的矿区使用费权益。这种期限可以是固定的。例如,25 年的期限,在此之后的很长一段时间内,该土地可以继续生产
永久矿区使用费	这是一个可能永远延续下去的矿区使用费权益。它不受时间的限制[e]

a See Kulander (2016), pp. 43 – 44.

b Kulander (2016), also see Shade and Blackwell (2014).

c Plainsman Trading Co. v. Crews, 898 S. W. 2d 786, 789 (Tex. 1995); Hamilton v. Morris Res., Ltd., 225 S. W. 3d 336, 344 (Tex. App. – San Antonio 2007, pet. denied).

d See Laborde Properties, L. P. v. U. S. Shale Energy Ⅱ, LLC; No. 04 – 16 – 00168 – CV, ___ S. W. 3d ___(Tex. App. -San Antonio Oct. 12, 2016). Also Christopher S. Kulander, (n. 18),注意,非参与矿区使用费可以作为生产总值的一个固定部分保留或转让,通常为1/16,也可以取决于出租人对现有租约和此后同类型土地的每份租约的特许权使用费。

e See generally, Lowe (2014), pp. 44 – 46. Nature of Perpetual Oil (1935), pp. 363 – 367.

7.3 石油业务经营:许可制度

如前几章所述,在所有非洲国家,土地、领海或大陆架内所有石油资源的全部所有权和控制权完全属于政府。⑱ 因此,为了在非洲国家开展石油作业,法律制度通常规定参与者必须首先获得执照或许可证,以在特许区域内勘探、开采和生产石油(包括天然气)。⑲ 在整个非洲大陆,现行的监管模式是建立一个负责石油资源的部门或部委,负责制定、监督和实施石油和天然气开发政策;而国家石油公司负责监督、管理和授予参与石油矿床开采所需的所有许可证。⑳ 主管部委还规定了石油作业安全操作、防止水道污染和保护石油资源等方面的准则。在尼日利亚,与其他几个非洲国家一样,只有在当地注册的公司才可以获得进行石油业务的许可。㉑ 申请必须包含规定的信息,并附上相应的费用。㉒

要获取石油资源,可以向有关石油资源部申请石油勘探许可证、石油

---

⑱ 参见1969年《石油法案》第1节。See also Omorogbe (2001), pp. 34 – 37.

⑲ 参见联邦总检察长(AGF)诉阿比亚州总检察长(第2号)(2002)6 N. W. L. R3,第764部分,第542页规定,只有尼日利亚联邦政府,而不是沿海各州,才能合法地对海洋地带或领水行使立法权、专有权和司法权,以及对其中资源的主权权利。另参见Famfa Oil Ltd. 诉 A. G. F. 和NNPC(未报告的诉讼案编号:C. CA/A/173/06)确认在尼日利亚参与或获得石油开采许可证须经尼日利亚联邦政府批准和授权。

⑳ 例如,安哥拉石油部和安哥拉国家石油公司的作用,后者是特许权持有人,并授予勘探和生产许可证。参见2004年11月12日安哥拉《石油法》第10/04号和2010年安哥拉《宪法》第3条。另参见尼日利亚的结构,联邦石油资源部担任监督部门,而尼日利亚国家石油公司代表国家授予许可证和合同。参见1969年《石油法案》第2(1)~(3)节。

㉑ Omorogbe (2001).

㉒ 参见1969年《石油法案》第2(1)~(3)节。

开采租赁勘查许可证、技术合作许可证或者其他申请勘探或生产许可证。[23] 或者,国家可以进行许可证招标,在此期间,一个或多个区块的勘探权和生产权可以通过投标获得。部长可以授予石油勘探许可证,以勘探原油或天然气;授予石油开采租约,以勘探和处置原油或天然气。石油勘查许可证或石油开采租约将明确说明无论是原油还是天然气,都不能同时适用于现有制度。但是,公司可以就原油或天然气申请额外许可。

总之,任何希望在非洲经营石油业务的自然人或法人必须首先获得政府(由监督部或国家石油公司代表)所有适用的许可证。一共有三种类型的采掘许可证,具体如下。

7.3.1 石油勘查许可证或勘测许可证

石油勘查许可证是一种特许权利,授予持有人在授权范围内搜寻石油和天然气的专有权。石油勘查许可证仅适用于特定区域,并授权被许可方在该许可区域进行石油勘查。[24] 石油勘查许可证的目的是鼓励在油气潜力未知、基础设施有限,但给运营商带来更高投资风险的地区进行勘查。石油勘查许可证鼓励在已知油气储量之外进行油气勘查,在几乎未勘查的边际盆地发现资源。勘查许可证允许公司以最低的成本勘查这些边际盆地。持证人可在任何地区进行航空、陆上和海上勘测,或进行任何搜查,以核实该地区是否有自然资源。这包括为确定某一地区油气资源的性质和经济价值而进行的所有经济、技术、地质、地球化学或地球物理研究。

石油勘查许可证通常被授予覆盖选定的勘查许可区域,通常在10,000 英亩(40.4685 平方千米)到 500,000 英亩(202.34 平方千米),具

㉓ 例如,尼日利亚的石油权利是通过《石油法》规定的石油勘探许可证或石油开采租约获得的,并通过合资合同、生产分享合同和服务合同等合同安排进行勘探。近海油田的生产主要由石油共享合同管理,并受《深海和内陆盆地产量分成合同法》的监管。

㉔ 在尼日利亚,石油勘探许可证授予开采面积不超过 2590 平方千米(1000 平方英里)石油的地表和地下勘探的专有权。

体取决于该国的勘查目标。土地是授予现有采矿执照或许可证的标的物,但不能就土地授予石油勘查许可证。石油勘查许可证通常是短期授予的,如在尼日利亚是一年,如果被许可方满足规定的条件,则可再延长一年。[25]这些条件包括履行许可条款规定的义务。此外,石油部长必须对被许可方按照许可证所做的工作和提交的报告表示满意;许可证持有人必须在许可证期满前至少3个月提出续期申请。石油勘查许可证不授予许可证持有人任何勘探或采矿许可证的授予权利。[26]

许可程序通常以两种方式之一启动:其一,公司可以向主管部门提交一份在特定区域内进行勘查活动的提案,然后由部长批准;[27]其二,相关石油部可以随时发出通知,要求提交勘查专员指定的区域的提案。一旦发出征求提案的请求,申请人将有一个窗口供其告知将提交提案的意图,而后有一个窗口来提交该提案。提交的提案必须包括以下内容:描述拟受许可证约束的区域;说明以美元表示的具体最低开采费用;说明根据计划进行的勘查工作的预计费用和安保的形式;提出许可期限(法律、法规另有规定的除外);证明潜在被许可人是否满足最低资格。[28]

当初步勘查结果显示许可区域内可能存在大量有商业价值的油气资源时,持证人可以申请石油勘探许可证。鉴于石油勘查许可证不授予其持有人从许可区域钻取、获取或带走石油和天然气的权利,石油勘探许可证对于公司来说是必要的下一步,以便正确评估许可证区内的矿床的范围和经济价值。石油勘查许可证持有人并不自动拥有获得此类许可所涵盖的所有(或部分)土地的生产或采矿许可的权利。然而,根据非洲政府审批程序的实践经验,在石油勘查许可期间,良好的记录以及与该部或国家石

㉕ See Olawuyi (2018), pp. 1 – 2.

㉖ 参见《石油法案》第13段,附表Ⅰ,第1~4段。关于石油勘探许可证持有人权利和义务的详细规定,参见1969年《石油法案》前注13,第10~13页(石油钻井与生产条例)。

㉗ Olawuyi (2018), pp. 1 – 3.

㉘ See for example Mercier and Olawuyi (2014).

油公司的关系可能会令政府愿意就授予石油勘探许可证进行直接谈判。

7.3.2 石油勘探许可证

石油勘探许可证授权对一个地区石油资源的数量和质量进行调查核实。通过地质、地球物理、地球化学调查,确定许可证区内油气藏的规模和经济价值,许可证赋予持证人在许可证区内勘探油气的专有权。这包括必要的钻探、分析和详细研究,以确定可开采有商业价值的大量油气的存在。在规定的期限内支付签约定金后,持有者可以携带和处置在勘探作业中获得的石油,但必须履行适用法律赋予他们的义务。[29] 石油勘探许可证必须经授权部许可方可转让。

石油勘探许可证的最长保有期,包括续期,由部委确定,通常限制在很短的期限内。例如,在尼日利亚,石油勘探许可证在陆地和领水上授予时有效期为5年,在大陆架和专属经济区授予时有效期为7年。[30] 石油开采许可证的持证者在成功勘探和发现大量有商业价值的石油后,可以申请石油开采租约,以便享有石油开采许可证的更长期限和其他更全面的合同权利。[31]

7.3.3 石油开采租约

石油开采租约是石油勘探和生产的最终特许权,赋予持有人在租约覆盖区域内勘探和处置任何发现的石油的权利。石油开采租约只能被授予

---

[29] See the *Petroleum Profits Tax Act*, Laws of the Federation of Nigeria, 2004, c P13. [PPTA].

[30] See generally, Petroleum Act, Schedule Ⅰ, paras. 5 – 7. For more detailed provisions on the rights and powers of the holder of an OPL, as well as their obligations and restrictions on their activities, see generally, the *Petroleum Drilling and Production Regulations*, ss. 14, 15 and 16 – 25.

[31] 尼日利亚将石油勘探许可证转换为石油开采许可证的条件和法律要求在《2004年石油勘探许可证(转换为石油开采租约等)条例》中有详细说明,该条例阐明了根据《石油法案》颁发的石油勘探许可证可转换为石油开采许可证的条款和条件。参见南大西洋石油公司诉石油资源部部长案(未报告的诉讼编号为:No. FHC /L /c /361/2006)。

石油勘探许可证的持有者，该持有者必须满足许可证规定的所有条件或法律规定的其他条件，并且已经发现了大量有商业价值的石油。[32] 只有持有石油开采租约，持有者才能开展采掘油气的所有活动，包括钻井、建造隧道、进行地质和地球物理工作、钻探开发井、安装收集管、组装设备和建造勘探建筑物，以及维持压力和从地面一次或二次回收石油所需的所有其他必要作业。[33]

石油开采租约的持有人有专有权利进行勘查和勘探作业，并赢得、获得、开采、储存、搬运、运输、出口或以其他方式处理在租赁区内或之下发现的石油。石油开采租约的期限通常长达20年，如果经济上合理，并且支付适用的矿区使用费并履行承租人在开采租约规定的义务，则可以根据适用的石油法经部长批准续期。[34] 在许多非洲国家，石油开采租约通常是在获得最后的行政或议会批准后颁发的，或者根据批准的国家石油公司的提案由国家法令颁发。

7.4 固体矿产许可证制度

与石油和天然气一样，非洲国家固体矿产的所有权归政府所有。因此，未经政府授权，任何组织或个人不能合法采掘和销售任何矿产品。[35] 在整个非洲大陆，主要管理模式是建立一个负责的固体矿产或采矿部门或部委，负责制定和监督固体矿产开发政策；而国家矿业公司负责监督、管

㉜ 如果部长认为被许可人每天能够从许可证区域生产至少10,000桶原油，则可认为勘探许可证持有人已发现具有商业价值的石油。参见《石油法案》，同上，附表Ⅰ，第9段。

㉝ Olawuyi (2018), pp. 1 – 3.

㉞ 参见《石油法案》附表Ⅰ第8段至第13段。有关石油开采租约持有人的权利和权力及其义务和对其活动的限制的更详细规定，一般参见《石油钻探和生产条例》第14、15、16～25节。

㉟ 肯尼亚《矿业法案》第三部分规定，任何人不得在肯尼亚搜索、勘探或开采任何矿物、矿藏或尾矿，除非根据该法获得许可证或执照。参见尼日利亚《矿业和矿产法案》(2007)的第2条，该条规定，尼日利亚境内所有财产和矿产均归国家所有，并禁止未经授权的矿产勘探或开采。

理、授权和授予用于参与矿产资源开采的所有许可证。[36] 寻找或开采矿产资源的权利是通过许可证、执照和租赁获得的,即技术合作许可证、勘查许可证、勘探许可证、小规模采矿租约、采矿租约、采石场租约和用水许可证。[37] 本节将具体介绍这些许可证和租约。

7.4.1 技术合作许可证

技术合作许可证允许持有者进行桌面研究,并从包括政府机构在内的其他来源获取地震数据,以确定特定区域的矿产资源的范围。[38]技术合作许可证覆盖的土地面积可达到750 万英亩。[39] 技术合作许可证不授予进行任何探矿或勘探活动的权利。[40] 技术合作许可证的持有者可以根据技术合作工作计划开展技术合作研究,以确定许可证所涵盖地区的矿产资源的可用性。此外,技术合作许可证的持有人有专门的权利根据特定条款和条件申请并获得对许可证中所述区域的勘探权。技术合作许可证通常在短时间内有效。例如,在技术合作许可证占主导地位的南非,它的有效期为1 年,且不可续期或转让。[41]

7.4.2 勘查许可证

勘查许可证授予持有者在非专属的基础上,通过进行地球化学和摄影

㊱ 参见2016 年肯尼亚《矿业法案》第1 条和2015 年《示范生产共享合同》。参见《矿业和矿产法案》(2007),同上,第1(1)节。

㊲ 《矿业和矿产法案》(2007), ibid, s. 46。

㊳ 参见南非《矿产和石油资源开发法》第77(1)节。

㊴ 例如,在南非,猎鹰石油天然气有限公司持有一项技术合作许可证,涉及面积约750 万英亩(约30,327 平方千米)的南非陆上卡鲁盆地。

㊵ 参见南非《矿产和石油资源开发法》第77(1)节。

㊶ 参见南非《矿产和石油资源开发法》第78(1)节。

地质调查或其他遥感技术，在许可区内搜索特定矿物（或商品）的权利。[42] 勘查或勘探是地质分析的第一阶段，涉及通过手工挖掘、物理观察、岩石取样、地质表面分析、地球物理调查、地球化学调查、摄影地质调查、遥感技术、实验室测试和分析，或通过其他非阻碍性的地表地质调查或研究，寻找矿物、贵金属或矿物样品，界定矿床的范围并确定其经济价值。[43] 勘查许可证持有人可以通过地质、地球物理和摄影地质调查以及任何遥感技术进行矿产或石油勘探或与之相关的作业。[44] 它包括有意地通过以下途径寻找矿物：(1)干扰地球表面或地下，包括地球在海底或其他水下的任何部分；(2)在任何残余物储存或残余物矿床内或其上，确定矿物的存在，并确定其范围和经济价值；(3)在海洋或陆地上的其他水域中探寻。[45] 勘查许可证持有人可以通过地质、地球物理、地球化学调查，寻找矿产（或者商品）并确定许可证区内矿床的规模和经济价值。钻探、挖掘或其他地下技术也须在勘查许可证的允许下进行。

然而，勘查许可证授予的权利不包括从事钻探、挖掘或其他地下技术的权利。勘查许可证的有效期通常很短（例如在南非为1年），不能续期或转让，也不授予持有者任何专有权。[46] 获发许可证须符合若干条件，包括：提交定期报告；以环境和社会可接受的方式开展活动；补偿土地使用者的财产受到的任何损害；支付合适的费用。

---

[42] 在尼日利亚，为了有资格获得勘查许可证，申请人必须是尼日利亚公民，没有被判犯有刑事罪行，或是根据《公司和相关事务法》（CAMA）成立的公司或采矿合作社。See the Companies and Allied Matters Act of 2018, Laws of the Federation of Nigeria 2004, c 20 [CAMA]. See also MMA 2007, s. 47; Kenya's Mining Act, 2016 and The Model Production Sharing Contract, 2015, and Extractives Baraza, Types of Mineral and Hydrocarbon Rights (2018).

[43] 参见2016年肯尼亚《矿业法案》第1节。参见《矿业和矿产法案》(2007)第164条，勘探必须与找矿分开进行。在许多国家，找矿的定义是为了达到某种目的而寻找矿物，而不是为了商业利益，通常是手工挖掘或使用手持工具。

[44] 参见2016年肯尼亚《矿业法案》第1节。

[45] 参见南非《矿产和石油资源开发法》第1节。

[46] 《矿业和矿产法案》(2007)，同上，第56~58节。

勘查许可证允许持有者有权接触、进入和飞越任何用于采矿目的土地,并搜索矿物。获发许可证的土地面积通常不受限制。勘查许可证还允许持有者获取和带走少量的表面样品。但是,持有者不得进行其他地下活动。许可证的期限为1年,且每年可以续期。

7.4.3 勘探许可证

勘探许可证允许持有人独家发现并确定指定矿区的矿产资源的特征及其经济价值。[47] 勘探是指为确定矿物的存在、质量、数量和经济价值而进行的作业,目的是进行商业开采。它包括:进行地质、地球物理、地球植物和地球化学调查或钻探;为化学或其他分析目的采集样品;使用适当的仪器、设备和技术提取数据或重新处理现有地震数据,获取和处理新的地震数据或任何其他必要的相关活动,以确定矿产发现的质量、特征和经济价值。[48]

此外,许可证持有人有专属权在租赁区建立和维护厂房和机械,进行专属矿产资源勘探所需的一切作业,并从土地上取得、移走和出口样品,在规定范围内对矿产资源进行批量取样和试制加工,出售从勘探或取样活动中获得的样品,并将木材和水用于专供国内用途的水道。[49]

相反,勘探许可证持有人也有规定的义务。持有人必须以安全、友好、高效和熟练的方式进行勘探活动。他们还应以对环境和社会负责的方式进行勘探活动;向土地居住者发出必要的通知;在勘探活动结束后对土地进行修复并将其恢复到安全状态;未经允许,不得转移水道或在森林保护区进行勘探;就勘探活动造成的任何损害赔偿土地使用者和居住者;定期

---

[47] 在尼日利亚,要取得勘探许可证的资格,申请人必须是根据《公司和相关事务法》成立的公司或采矿合作社,持有勘查许可证,并已满足许可证所附的所有条件。

[48] 参见南非《矿业和石油资源开发法案》第1节,另参见《矿业和矿产法案》(2007)第164节。

[49] MMA 2007, ibid., s. 60.

提交报告并支付所有适用的费用和收费。[50]

任何受现有勘探许可证、采矿租约、小型采矿租约或采石场租约规限的土地，均不得获批新的勘探许可证；采矿面积不得超过200平方公里。[51]勘探权在规定的期限内有效，在大多数情况下是3年的初始期限，可以分2次分别续期2年，前提是遵守规定的工作义务和满足许可证规定的所有其他要求。勘探许可证的总年限通常不超过7年。在符合特定条款和条件的情况下，勘探权持有人有专属权就有关石油和勘探区申请并获得生产权。[52]

勘探许可证的持有人通常有专属权，在遵守其勘探义务的情况下，就勘探区的任何部分申请一个或多个采矿租约、小规模采矿租约或采石场租约。鉴于勘探许可证不包括出售或带走土地中发现的矿物的权利，出售发现的任何矿产资源时，勘探许可证持有人将支付矿区使用费，就像出售的矿产资源是根据采矿租约获得的一样。[53]

7.4.4　采矿租约

采矿租约是就某一地区授予的独家许可证，赋予持有者在租赁区内开采或采掘特定矿物（或商品）的权利。租赁权赋予持有者在租赁权所涵盖的区域内独家使用、占用和进行矿产开发、勘查的权利。承租人还有权对从采矿活动中获得的矿产品进行营销、销售、出口或处理。他们也有权使用在矿区发现的木材和水。[54]

采矿租约向承租人施加义务，包括在规定的时限内开始勘探活动，以熟练的方式进行采矿作业，按照适用的健康和安全法规，遵守社会义务，以

---

[50] MMA 2007, ibid., s. 61.

[51] MMA 2007, ibid., s. 59.

[52] MMA 2007, ibid., ss. 62–63. See also KPMG Report, 8.

[53] See MMA 2007, ibid., ss. 62–63.

[54] MMA 2007, ibid., s. 68.

及遵循环境影响评估的所有要求，以安全的方式开展作业和维护租赁区，补偿撤销其土地使用权的所有者或合法居住人，按照法案要求提交信息和定期报告，并支付所有正当的费用，包括但不限于租金和开采权使用费等。承租人在满足法案中规定的所有先决条件之前不得开始作业。[55] 采矿租约的授予期限较长。例如，尼日利亚为25年（可再续约20年），南非为30年（可再续约30年）。只有遵守了持有人的最低工作义务并满足了所有要求的情况下，采矿租约才能续期。[56]

7.4.5 小规模采矿租约

手工和小规模采矿泛指自给自足的采矿。这种采矿操作采用低技术水平、低资本支出和高劳动密集型的矿物加工和采掘方法。[57] 手工和小规模采矿通常由个人、团体或社区使用有限的技术或资金进行采矿。[58] 手工和小规模采矿，或称自给采矿，在全世界约80个国家中存在，特别是在非洲、亚洲、大洋洲和中美洲和南美洲的发展中国家。[59]

虽然手工和小规模采矿在尼日利亚、加纳和肯尼亚等国家得到了承认和监管，但在其他非洲国家，却没有得到承认，甚至被认为是非法的。[60] 例如，南非的手工和小规模采矿发生在为管制采矿部门而设立的正式结构之外，这混淆了其在南非的合法性。[61] 手工和小规模采矿在南非被归类为

---

[55] MMA 2007, ibid., ss. 70 – 71.

[56] MMA 2007, ibid., s. 66. See generally, KPMG Report, 8.

[57] Mining Facts (2012), also Extractive Hub (2017).

[58] See Ledwaba and Nhlengetwa (2016), pp. 26 – 30.

[59] 根据世界银行的数据，全球大约有1亿手工矿工，占全球蓝宝石采矿的80%，黄金采矿的20%，钻石采矿的20%。See World Bank Group (2013).

[60] 1989年《小规模黄金采矿法》（PNDCL 218）和1989年《珍贵矿物营销公司法》（PNDCL 219）成立了珍贵矿物营销公司（PMMC），以促进加纳小规模黄金和钻石开采的发展，并直接或通过有许可证的买家购买此类开采的产出。另参见尼日利亚《矿业和矿产法案》（2007）第91节，同上，第49条；以及2016年肯尼亚《矿业法案》附表2。

[61] Ledwaba (2017); also Chamber of Mines (2016).

"雇佣人数少于 50 人,年营业额少于 1000 万兰特,固定和可移动资产少于 1500 万兰特的采矿活动"[62]。

在手工和小规模采矿在正式法律结构中得到承认的国家,小型采矿租约或许可证通常授予手工或小型采矿者在一个地区开采特定矿物的权利。[63] 小规模采矿租约的持有人被授予在所有权范围内进行小规模采矿作业的专属权。矿区,即授予采矿权或者采矿权许可证的区域,通常是在许可证上指定的。[64] 承租人在完成其采矿活动后,有义务在租赁地区进行恢复和开垦活动。[65]

7.4.6 采石场租约

采石场租赁授予其持有人独家在坑或采石场作业的权利,即人们在挖掘现场和地方(不是矿山),用炸药或任何岩石破碎或处理设备清除岩石、泥土、黏土、沙子、土壤、砾石、石灰石或其他常见矿物物质的权利。[66] 采石场租约是为从采石场开采可开采矿物而签发的。可采矿物质包括石棉、瓷土、填土、石膏、大理石、石灰石、云母、管状黏土、板岩、砂石和砾石等。

采石场租约赋予持有者进行采石作业和处置开采矿物的权利。承租人还有权挖掘、架设、建造和维护住房、机械、发动机、车间、电力传输线、通信设备和作业所需的其他结构建筑。[67] 与其他采矿许可证和租约一样,采

---

[62] See Minerals and Mining Policy of Republic of South Africa, 1998; also Scott et al. (1998), pp. 2 - 3; Mutemeri and Petersen (2002), pp. 287 - 288.

[63] MMA 2007, ibid., s. 49.

[64] 在肯尼亚,拟议的手工和小规模勘探区不得超过 25 个相邻区块;或在采矿作业的情况下,提议的采矿区不得超过两个相邻区块。在下列情况下,仍可将一项活动认定为手工和小规模采矿:(1)在采矿作业中,每年实际或估计的矿物或含矿物材料的采掘量不超过 25,000 立方米;(2)勘探或采矿作业未采用专门的勘探、机械化采矿技术和包括汞和氰化物或炸药在内的化学品;(3)拟进行的探矿或采矿作业,不得超过内阁秘书订明的款额的投资或开支。参见 2016 年肯尼亚《矿业法案》附表 2。

[65] 《矿业和矿产法案》(2007),同上,第 90 节。See also KPMG Report, 8.

[66] 参见斐济《采石场法》第 147 章第 2 节对采石场的定义。

[67] 《矿业和矿产法案》(2007),同上,第 76 ~ 78 节。See also KPMG Report, 8.

石场租约可授予具有技术能力并有从事采矿或采石作业的既定记录的个人，也可以授予勘探许可证持有者、采矿合作社或需要为建设道路、铁路线、大坝和其他公共利益的工程或建筑而开采矿物的建筑公司。[68]

要获得采石场租约，申请人必须证明将享有独家权利。申请人还必须提供关于保护、复垦和修复场地的拟议方法的有力说明，包括适用的环境保护、回填、外形修整、阶梯式开采、倾斜、分级，筑围篱、筛选、堤坝建设和植被恢复的详细信息。在获得批准后，租赁申请人需要提交一份拟议场地的法律调查报告。申请人每年还需要支付土地租赁费和复垦保障费。采石场租约的期限因国家而异。采石场的租期也可以延长，租期与原租期相等，也可以根据部长的决定缩短租期。如果采石场租约的持有人不遵守租约的条款和条件，部长可取消或暂停该租约。

7.4.7 用水许可证

在一些非洲国家，任何需要使用超过平均每日用水量的活动或作业，都需要相关水利部门的用水许可证。[69] 例如，农业、工业、采矿、发电、娱乐、城市和供水活动的取水都需申请用水许可证。[70] 用水许可证通常允许从地下水或地表水中抽取水用于任何合理有益的公共用途，如公共供水（饮用水）、采矿、农业和景观灌溉、商业用途和发电。由于采掘作业的用水密集性，任何提出采矿或石油勘探作业的人必须在开始作业之前有用水许可证，并被要求减轻这种集约用水的影响。用水许可证的目的是确保采

---

[68] 《矿业和矿产法案》(2007)，同上，第51节。

[69] 在美国的许多地区，在人们从地下水或地表水中抽取平均每天10万加仑（相当于24小时内每分钟70加仑）或每年100万加仑的水之前，需要获得用水许可证。例如，参见明尼苏达州自然资源部。

[70] 例如，参见南非《国家水法案》（1998年第36号法令）第151(1)条的规定，除非本法允许，否则任何人不得使用水，不得拒绝提供数据或信息，或当需要根据法案提供信息时不得给予错误信息或误导信息，当负责当局要求，必须登记现有的合法用水，并且必须登记有安全风险的水坝。该法案赋予水利和卫生部授予用水许可权和授权用水登记的权力。南非的所有采矿或勘探作业都必须登记用水。

矿作业所需的水量合理，并且用水不会对邻近用户的可用水资源产生不合理的影响。

用水许可证授权持有者消耗或使用特定数量的地下水或地表水进行采矿作业。它赋予持有者获得和输送水和（或）占用土地以输送水的专属权。[71] 用水许可证通常被授予勘探许可证、采矿租约、采石场租约和小规模采矿租约的持有人。用水许可证通常与授予该证依据的适用采矿许可证或执照的期限相同。

用水许可证申请人通常需要提交节水计划，提供减少水资源使用的措施，并为其他有益的用途保存水资源。此外，申请人必须证明使用可接受的最低质量水源。

通常，在竞争性招标过程之后通常会颁发一些上述的许可证和执照。希望在非洲司法管辖区内获得特许权的公司可以通过向相关部委或部门提出直接提案或申请，或通过参与公共邀请招标或许可证招标来获得许可证，这些招标通常是根据适用于该国采掘业经营的基本法律框架的直接规定进行的。公开（开放）招标通常会定期在当地报纸上发布。在分类招标的情况下，相关部门向预先选定的承包商和供应商发出招标邀请。招标的资格和协同结构因司法管辖区而异，并且经常发生变化。一些国家，如利比里亚和尼日利亚就规定为了有资格投标石油或采矿许可证，感兴趣的公司必须注册并以当地公司的身份经营。此外，一些国家还规定：公司至少51%的权益必须由一个或多个公民拥有；该公司必须具有上游开采经验；该公司的章程大纲和章程必须授权该公司进行石油和天然气勘探和生产活动。[72] 要进行投标的公司必须仔细确定这些法律要求和步骤，以避免法律风险。

---

[71] 《矿业和矿产法案》(2007)，同上，第52节。See also KPMG Report, 8.

[72] See for example Mercier and Olawuyi (2014).

7.5 小结

采掘资源对非洲国家国内经济的战略重要性意味着，如果没有从国家当局获得适用的许可证和执照，石油或采矿活动就不能合法进行。因此，确保有关矿物所有权或许可是成功投资非洲有前景的采掘业的一个关键。本章探讨了适用于非洲各地潜在采掘业投资者的特许权、利益、许可证和执照的类型。这些许可证规定了授予许可证持有人的权益的性质、范围和时间。

在大多数情况下，外国公司在不违反当地公司法、商业组织相关法律、外商投资法、能源法、贸易法、货币政策、竞争法、税法和财政法的前提下，可以通过履行成立、注册和采购手续，来获取许可证。为了避免不遵守法律带来的风险，打算在非洲投资的外国公司需要仔细研究和交涉使利润最大化和减少风险暴露的财政和合同条款。

第八章将全面概述非洲为控制采掘业价值链各个部门之间关系而制定的不同财政安排的性质和特点。

参考文献

Altman v Blake 712 S. W. 2d 117 [US]

Attorney General of the Federation (*AGF*) *vs. Attorney General of Abia State*(No. 2) (2002) 6 N. W. L

Chamber of Mines (2016) Illegal and artisanal mining. Fact sheet 2016. Johannesburg, South Africa

Companies and Allied Matters Act, 2018 Laws of the Federation of Nigeria, c 20, 2004

Department of Natural Resources Minnesota. http://www. dnr. state. mn. us/waters/watermgmt_section/appropriations/permits. html

Extractive Hub（2017）Artisanal and small scale mining. https://extractiveshub. org/servefile/get-File/id/4197. Accessed 12 June 2018

Falcon Oil and Gas Limited. http://www. falconoilandgas. com/karoo-basin-sa. Accessed 12 June 2018

Famfa Oil Ltd. vs. A. G. F. &NNPC (unreported suit No. C. CA/A/173/06)

French v. Chevron U. S. A. Inc. , 896 S. W. 2d 795, 797 (Tex. 1995)

Hamilton v. Morris Res. , *Ltd.* ,225 S. W. 3d 336, 344 (Tex. App. -San Antonio 2007, pet. denied)

Ingram S, Conner T（2018）Mineral v. Royalty Distinction. http://www. landman. org/docs/educa-tional-material-(pdf)/mineral-v-royalty-aapl-paper. pdf. Accessed 12 June 2018

Kulander CS（2016）Fixed vs. Floating non-participating oil & gas royalty in texas: and the battles rage on. Texas A&M Law Rev 4(1)

Laborde Properties, *L. P. v. U. S. Shale Energy* Ⅱ, *LLC*; No. 04 – 16 – 00168 – CV, __S. W. 3d__ (Tex. App. -San Antonio Oct. 12, 2016)

Ledwaba P（2017）The status of artisanal and small-scale mining sector in South Africa: tracking progress. J South Afr Inst Mining Metall 117(1)

Ledwaba P, Nhlengetwa K（2016）When policy is not enough: prospects and challenges of artisanal and small-scale mining in South Africa. Afe Babalola Univ J Sustain Dev Law Policy 7(1)

LeFort D, Mauel JG, Stiffler JC（2013）Legal characteristics of U. S. Oil and gas interests and the U. S. Oil and Gas Lease. https://www. pillsburylaw. com/images/content/6/5/v2/650/Article201308ShaleInvestme-ntEnglishtranslation. pdf. Accessed 12 June 2018

Lowe J（2014）Oil and gas law in a Nutshell, 5th edn. West Academic

Publishing

Mercier T, Olawuyi D (2014) Liberia Basin Bid Round 2014. Norton Rose Fulbright. http://www. nortonrosefulbright. com/files/liberia-basin-bid-round-2014-pdf-115kb-119874. pdf

Mineral and Petroleum Resources Development Act of South Africa

Mineral Rights. Basic Information about Mineral, Surface and Oil and Gas Rights. http//www. geology. com

Minerals and Mining Policy of Republic of South Africa, 1998

Mining Facts (2012) What is artisanal and small-scale mining?. http://www. miningfacts. org/com-munities/what-is-artisanal-and-small-scale-mining/. Accessed 12 May 2018

Mutemeri N, Petersen FW (2002) Small-scale mining in South Africa: past, present and future. Nat Resour Forum 26:287 – 288

National Water Act (Act 36 of 1998) of South Africa

Olawuyi D (2018) Regulation of upstream oil & gas. Gulf Legal Advisor. Lexis Nexis

Omorogbe Y (2001) Oil and gas law in Nigeria. Malthouse Press Limited, Lagos, Nigeria

Omorogbe Y, Oniemola P (2010) Property rights in oil and gas under dominial regimes. In: McHarg A, Barton B, Bradbrook A, Godden L (eds) Property and the law in energy and natural resources. Oxford University Press, Oxford

Petroleum Act, 1969 of Nigeria

Petroleum Law No. 10/04 of 12 November 2004 of Angola

Plainsman Trading Co. v. Crews, 898 S. W. 2d 786, 789 (Tex. 1995)

Precious Minerals Marketing Corporation Law, 1989 (PNDCL 219) of

Ghana.

Scott R, Rockey N, Hudson R (1998) The status of small-scale mining in South Africa-a prelimi-nary study. Minerals and Energy Policy Centre and The Marketing Shop 1998

Shade J, Blackwell R (2014) Primer on the Texas law of oil and gas, 5th edn. Lexis Nexis

Small-Scale Gold Mining Law, 1989 (PNDCL 218) of Ghana

Smith E, Weaver J (2015) Texas law of oil and gas, 2nd edn. Lexis Nexis, pp. 2 – 61

The Model Production Sharing Contract, 2015

Types of Mineral and Hydrocarbon Rights (2018) Extractives Baraza. http://extractives-baraza. com/resources/types-of-mineral-and-hydrocarbon-rights. Accessed 12 June 2018

World Bank Group (2013) Artisanal and Small-Scale Mining. WBG. http://www. worldbank. org/en/topic/extractiveindustries/brief/artisanal-and-small-scale-mining. Accessed 12 June 2018

第八章　采掘业的合同与财政安排

摘要:本章对非洲采掘业中普遍的财政和商业安排进行了详细的分析和讨论。本章调查了非洲国有企业和政府用来传达所有权和权益的十种主要合同安排的含义、性质和基本特征。它包括:特许权制度、产量分成合同、合资合同、服务合同、外包合同、汇总协议、联合经营合同、石油和天然气长期供应合同、采矿开发协议和影响惠益协定。本章还讨论了这些协议在采掘作业中的法律效力。

8.1　引言

本章详细分析和讨论了非洲采掘业中普遍的财政和商业安排。虽然已经制定了若干财政安排来管理采掘业价值链各部门之间的关系,但国有企业和政府传达所有权和权益的十项主要安排是:特许权制度、产量分成合同、合资合同、服务合同、外包合同、汇总协议、联合经营合同、石油和天然气长期供应合同、采矿开发协议和影响惠益协定。本章详细分析了这些安排的含义、性质和范围。

学习本章后,读者将能够描述所在国现有用于管理采掘业务的财政制度和方法;揭示使采掘合同有别于一般商业合同的独特商业和技术特征;了解采掘业所使用的商业安排和合同的类型;了解各种类型的安排和合同的异同;并了解协议在采掘作业中的法律效力。

8.2 采掘业的财政安排

一个国家的财政制度包含一套文书、法律、条例、协定或手段(税收、矿区使用费、红利等)。它规定了国家和采掘公司之间如何分配石油和采矿活动的收益。[①] 它确定了国家和采掘公司之间的关系,分配了各方之间的风险和利益,并规定了采掘作业的资本和业务投资将如何相互分配。分配资源开采所产生的风险和利益的程序或公式常在该国的法律框架内以及在国家与采掘公司之间签订的商业协定中阐明。

一个国家的财政制度是该国能源整体政策和优先事项的最根本反映。在设计财政体系时,政府的目标是从其采掘资源中获得最大收益,同时为外国投资者提供足够的激励措施。选择正确的财政制度是一个国家最大限度地发挥其地质财富的社会、经济和环境效益的基础。对采掘公司而言,就正确的财政制度进行谈判,将对确定采掘投资的盈利能力、可持续性、可行性和商业战略大有帮助。对于采掘公司来说,其最终目标是平衡资源勘探阶段的风险和投资与生产阶段的收益。以下几个因素都是政府在选择一国首选的财政制度和安排时应考虑的:国家的参与程度(无论是作为监管者还是作为商业参与者);预期回报的性质(无论是纯粹的矿区使用费,还是专注于生产的石油、天然气或矿物的份额);收益的收取地点(井口或出口点);收益的时间(生产前期或后期);国家的风险容忍度或中立性(国家和采掘公司承担的风险份额);对透明度、当地成分和问责制的预期;吸引采掘公司的意愿(通过减少税收款项和其他财政激励措施)。

非洲各国采用的财政制度大致可分为两类:特许权制度和合同。[②] 下面将逐一讨论各国制度。如表 8.1 所示。

---

① Radon (2005), p. 63; Natural Resources Governance Institute (2015), pp. 1 - 2.

② Kaiser (2004), p. 2; Radon (2005), p. 63.

表 8.1 非洲部分国家财政制度

国家	法案	石油资源	财政制度	规定的制度财政条款	小结
阿尔及利亚	第 2005 - 07 号《油气法案》，经 2013 年 2 月 20 日第 n° 13 - 01 号法律修订	石油	特许权制度	半累进法	基于产量的矿区使用费(日产量)：矿区使用费的基数等于采掘的油气的数量乘以基准价格的月平均值。实际的矿区使用费费率由国家和采掘公司协商，但是，法律规定了每个生产部门的最低法定费率
				以产量为基础的矿区使用费；以产量为基础收入税，对超常收入征税	基于产量的收入税：基于自生产阶段开始以来的累计产量
					收益附加税：包括年度收入减去扣除、折旧、矿区使用费和经营费用
安哥拉	1997 年《产量分成合同范本》	石油	产量分成合同	累进法 基于投资净生产力的利润分成	石油生产税：对井口测量的原油和天然气的数量按 20% 的税率征收。在以下情况下可降低至最低 10%：(1)在边际油田进行石油开采，(2)在大于 750 米的近海深度进行石油开采，(3)在政府指定难以到达的油田进行石油开采
	第 13/04 号《石油活动税法》				石油所得税：对未与任何实体、商业协会、合资企业、RSC 联合的国家特许经营者征收
	第 3/12 号《总统立法法令》				所得税：石油收入按标准所得税税率计算(约 35%)
喀麦隆	1999 年第 99/013 号《石油法典》	石油	特许权制度和产量分成合同	累进法 基于 R 因子的利润油分摊； 附加石油税(特许权制度)	产量分成合同中：利润油以合同规定的方式基于 R 因子在投资者和政府之间分摊
					特许权制度有附加石油税。其他的公司所得税包含土地矿区使用费和固定收费

续表

国家	法案	石油资源	财政制度	规定的制度财政条款	小结
加蓬	2014年8月28日第011/2014号法律	石油和天然气	产量分成合同	半累进法、累进法。基于产量或投资净生产力的产量分成(以合同为准)	勘探期:勘探期不得超过8年(初始6年,可续期)。目前的生产周期固定为10年(天然气为15年),可有两个最长可达5年的续期
	2015年《产量分成合同范本》				国家参与:通过承包商进行勘探达到最低国家参与度20%
					加蓬石油公司可以选择以市场价格购买产量分成合同至多15%的份额
					矿区使用费:9%至15%的累计产量,不可扣除矿区使用费
					总收益的成本回收上限为75%
					累计生产一期利润分成下限为50%
					税收:应缴纳公司所得税。承包商需缴纳以下费用(税金):(1)红利:每公顷5000 CFA法郎的地表面积租金;(2)35%的公司所得税(不包括在国家的利润油份额中)
加纳	2016年第919号《石油(勘探和生产)法案》	石油	特许权制度和产量分成合同	累进法:基于投资净生产力的附加石油收入津贴	产量分成合同中:所有与石油运营相关的成本在生产前都是资本化的。到那时,成本可以收回来,作为石油收入的扣除额
	2016年第951号《收入管理法案》				投资净生产力方式:承包商有权根据回报率从收入中分得一份
					税收:根据加纳法律缴纳税款。除非石油协议中有具体规定,承包商须按35%的税率缴纳应纳税所得额的税款

续表

国家	法案	石油资源	财政制度	规定的制度财政条款	小结
肯尼亚	2012 年《石油(勘探和生产)法案》第 308 章	石油	产量分成合同	累进法:基于 R 因子的利润油分摊	利润油将由政府和承包商分摊(具体费率将在个别合同中规定)
					利润油应不包括承包商应缴的所有税款。在签署《产量分成合同时》时,可商议根据《产量分成合同》应交税款适用的税率
	2015 年《产量分成合同范本》				资本支出按摊销法每年可收回 20%
					国家参与:最低政府参与率为 10%。政府可以选择参与石油作业并获得高达合同规定百分比的利息
利比亚	1988 年《勘探和生产共享协议Ⅱ》	石油	产量分成合同	累进法:基于 R 因子的利润油分摊	生产份额(M 因子)设定为 65%;国家石油公司将承担 65% 的生产总值,支付 50% 的资本成本和 65% 的运营成本
莫桑比克	第 3/2001 号《石油法案》	石油和天然气	特许权制度和产量分成合同	累进法:基于 R 因子的利润油分摊	利润油分摊:政府与承包商之间基于 R 因子的利润油分摊
					生产税:按石油生产总值(含石油损失额)的 10%(原油)、8%(天然气)的税率纳税
	2004 年 6 月第 19/2004 号法令《石油生产税特许权使用费条例》				矿区使用费:固定费率矿区使用费的支付方式如下:
					原油:8%(近海深度:浅层:7% 至 >500 米:3%)

续表

国家	法案	石油资源	财政制度	规定的制度财政条款	小结
	《固定税率矿区使用费》 第12/2007号《石油活动财政法》 第13/2007号《采矿和石油激励措施》 《石油作业条例》(第24/2004号法令)				天然气:5%(近海深度:浅层:4%至>500米:2%) 财政优惠:企业发展规划批准后,5年内免征关税、增值税和特定消费税
纳米比亚	1998年第24号《石油法修正法案》 1991年《石油(税收)法》 1991年《石油(勘探和生产)法案》(1991年第2法案)	石油和天然气	特许权制度	累进法:基于利润的附加利得税	石油所得税:收入和股息的35% 附加利得税:按净现金计算

续表

国家	法案	石油资源	财政制度	规定的制度财政条款	小结
	1991 年《石油(勘探和生产)法》条例				
	1993 年《石油(勘探和生产)修正案》(1993 年第 2 号法案)				
尼日利亚	1969 年《石油法案》	石油和天然气	特许权制度和产量分成合同;尼日利亚政府与国家石油公司间的合资企业风险服务合同	半累进法	利润油分成:如果石油价格超过每桶 20 美元,产量分成合同可以修改以增加政府利润油的份额
	1999 年第 9 号《深度近海和内陆盆地产量分成合同法》				矿区使用费制度累进
					高达 200 米:16.67%;201 ~ 500 米:12%;501 ~ 800 米:8%;801 ~ 1000 米:4%;1000 米以上:0%;内陆盆地:10%
					税收:应缴纳企业所得税。在产量分成合同期间,应课税利润的固定利率为 50%
					应课税利润是应评税利润减去资本免税额;应评税利润是调整后的利润减去公司在上一会计期间发生的亏损;调整后的利润是利润减去支出和费用的价值

续表

国家	法案	石油资源	财政制度	规定的制度财政条款	小结
					以价格为基础的税收:公司或持有人根据产量分成合同的规定建立的产量分成合同中定义的原油等的可实现价格,应用于确定根据产量分成合同生产和提升的原油应缴纳的矿区使用费和石油利得税
					石油利得税:指应课税利润
					前 5 年(新公司):65.75%
					前 5 年(现有公司):85%
					以后年份(所有公司):85%
					合资企业矿区使用费费率:陆上生产(20%);领水不足 100 米的产量(18.5%);海外石油产量超过 1 亿桶(16.67%)
塞内加尔	1998 年第 98 - 05 号《石油法案》	石油和天然气	产量分成合同	累进法:基于 R 因子的附加石油税,基于 R 因子的利润油分摊	附加石油税:承包商应根据产量分成合同中规定的 R 因子(项目的总体盈利能力)计算附加石油税
					矿区使用费:矿区使用费的数额以及与成本基础和收回有关的规则均载于《产量分成合同》。典型的上限是:陆上液态油气:(2% ~10%);海上液态油气(2% ~8%);陆上和海上的气态油气(2% ~6%)
					利润油分摊:基于 R 因子定义的净累计收入(税后)超过累计投资(研究、评估和开发)
					成本回收:可用于成本回收的收入数额是可以协商的,但典型的上限是陆上 60%、浅水 70% 和深水 75%

8.2.1 特许权制度

非洲采掘业最广泛使用的财政制度是特许权制度。阿尔及利亚、喀麦隆、埃及、加纳、莫桑比克、纳米比亚、尼日利亚、南非以及非洲的其他几个边际采掘管辖区都采用了特许权制度。特许权制度是政府授予采掘公司在特定地理区域勘探、开发、销售和出口石油或矿物的权利,[③]也称为租约、许可证或执照。特许权是"政府授予的特定特权,是一种在资金短缺与矿产资源开发之间的折中办法,也是一项折扣或减免。"[④]在采掘方面,特许权是国家授予采掘公司在规定的时间内从特定地区寻找、获取、探索、提取和开采采掘资源的权利,如若发现石油或矿产,去生产、营销和运输资源的权利。本书第七章探究过的石油勘查许可证、石油勘探许可证、石油开采租约和矿产开采租约均是特许权制度的形式。

特许权制度的核心组织原则是国家或土地所有者(在永久业权国家)将其地下资源的所有权转让给商业实体(通常是公司)。这些公司获得了在规定时间内从特定区域提取油气的专有权。获得特许权的私人投资者被称为特许权持有人,被授权特许经营的区域被称为特许区域。通常,特许权持有人接收从土地生产的所有石油或矿物,但必须向国家或土地所有者支付矿区使用费和税款。[⑤]

特许权制度在采掘业有悠久的历史。

8.2.1.1 早期特许权制度

早期特许权制度是指政府和采掘公司之间最早的许可安排形式。采掘资源生产的早期,许多国家几乎没有或根本没有财政设计的经验。因此,一些最早形式的特许权制度授予采掘公司广泛的、不平衡的甚至盲目

---

③ Ibid.

④ Black's Law Dictionary (2004). Also Williston (1959).

⑤ Radon (2005).

地勘探采掘资源的权利。[⑥] 首先,就权利范围方面,早期的特许权制度未能明确区分石油和矿产,因此它们通常授予采掘公司独家勘探、生产和销售该国所有自然资源的权利,并按采掘公司认为合适的方式处置这些资源。[⑦] 同样,最早的特许权制度往往要求采掘公司向东道国政府支付相对较少的资金,以获得对其自然资源的权利。通常,补偿与产量相关,而不与资源本身的价值相关。[⑧] 因此,鉴于采掘公司本身决定了生产量,这意味着采掘公司对所宣布的生产量和利润有很大的控制权。这也给采掘公司带来了相当大的压力,要求它们即使在定价和其他因素不利的情况下也要保持生产。

此外,早期特许权制度的范围很广,特别是在持续时间和地理方面。[⑨] 在许多情况下,它延伸到东道国的大片土地上,有时延伸到整个国家。[⑩] 同样,它持续时间很长,通常在40年至75年。例如,1934年的科威特石油特许经营权将持续75年。[⑪] 在某些勘探和生产参数未得到满足的情况下,早期特许权制度非常大的范围使东道国与采掘公司不适当地捆绑在一

---

⑥ 参见 Likosky(2009),第2~3页指出最早的甚至盲目包含的条款是“高度不平衡的,有时徘徊在不合理的边缘”。各公司向东道国政府支付小额款项,以获得其自然资源的使用权。Also see Omorogbe(1997),第58~60页。

⑦ 以下是1937年在阿曼的一项租让协议中发现的这类条款的例子:考虑到第(……)条所述的付款。苏丹特此授予公司在本协议剩余期限内勘探、搜索、钻探、生产、开采、精炼、运输、销售、出口和以其他方式处理或处置这些物质的专有权,并在租赁区内为上述所有或任何目的做所有必要的事情。

⑧ 例如,1934年科威特国与科威特石油(英国)公司之间的石油租让合同规定:“……(d)为本协议的目的和定义上述版税所指的确切产品,双方同意按每英吨2.4磅支付矿区使用费。公司从科威特国赢得和节省的净原油的数量——在扣除公司在谢赫领土内设施的惯常运营所需的水、砂和其他外国物质以及石油后”[1934年石油特许权制度:第3(d)条]。

同样地,1926年伊拉克与哈奈根石油公司的协议要求每生产和保存一吨原油支付4金先令;而1949年沙特阿拉伯和盖蒂石油之间的协议规定每桶石油的特许权使用费为1,500,000美元。

⑨ 例如,1948年,沙特阿拉伯王国向加州标准石油公司授予了覆盖整个王国的石油特许权。国王立即收到了150万美元的黄金作为特许金。

⑩ 例如,在尼日利亚,1938年给予壳牌的早期特许权是针对整个尼日利亚的。See Omorogbe (1997).

⑪ 参见1934年科威特国与科威特石油(英国)公司之间的石油租让合同第1条。

起。它们还使采掘公司有很大的自由来确定勘探和生产的性质、范围和程度。[12]

早期特许权制度的广泛和不平衡的范围意味着东道国政府和采掘公司的利益在采掘业和资源管理方面没有得到充分平衡。

因此,在20世纪下半叶,随着殖民统治的结束,这些形式的安排在部分非洲和中东国家开始崩溃。OPEC的成立,促使各方共同努力,重新平衡东道国与采掘公司的关系,摆脱早期特许权制度的不公平和不平衡的弊端。

8.2.1.2 现代特许权制度

现代特许权制度是新一代的特许权制度,反映了东道国政府与采掘公司之间的不公平关系向伙伴关系的转变。[13] 许多非洲国家,包括尼日利亚和南非,保留了国家授予采掘公司勘探石油和固体矿物的独家权利和生产、营销和运输相关商品的权利,而采掘公司则向国家支付特定的费用和税收。因此,与传统的特许权制度一样,现代特许权制度赋予采掘公司在一段时间内在规定的土地范围内勘探和生产自然资源的权利。如今,特许权制度常被不太具有政治色彩的名称所取代,如许可证、执照或租赁。

此外,传统特许权制度的大多数术语现在已经演变。现代租让制授权的范围很窄,包括原油、天然气或矿物。同样,其覆盖的地理区域也已缩小。例如,在尼日利亚,石油开采租约可以授予的最大面积是500平方英里。[14] 其持续时间通常为20年的初始期限。此外,采掘公司财务债务大大增加,现在采掘公司有义务支付租金、矿区使用费和更高的税率。采掘公司还越来越多地承担当地成分义务,以发展国民、当地雇员和行业参与采掘活动的能力。下面将讨论现代特许权制度的一些基本特征。

---

⑫ Likosky (2009).

⑬ Likosky (2009); also Blinn et al. (2009).

⑭ Etteh (1973).

投标　现代特许权制度的分配和达成有两种方式：双边谈判和竞标。当双边谈判合同时，公司（通常是跨国公司）会与一国政府接触，以获得勘探、开发和出口矿藏的特许权。此外，东道国政府越来越多地采用竞争性投标授予租让特许权。采用竞争性投标过程背后的动力是多方面的。通过公开邀请所有感兴趣的利益攸关方投标，竞争性投标过程可以产生更大的透明度，并减少授予租让特许权时的腐败风险。竞争性投标过程还允许国家当局在授予特许权时预测、规划和优先考虑他们想要实现的利益。当政府目标以资格预审标准的形式明确概述时，它允许国家当局选择能够有效实现这些目标的最一致的投标。[15] 因此，在多数情况下，投资者通常通过竞争性投标过程获得租让特许权，在这种过程中，东道国政府起草并公布的协议——通常是许多国家都信赖的合同范本——包含了与特许权相关的惯例和财政条款。然而，根据 2002 年《矿产和石油资源开发法》第 9 节的规定，南非采用先到先得的石油和矿产权授予制度。在这种制度下，租让特许权不是根据竞标或谈判来分配的。相反，任何潜在的投资者都可以申请获得探矿权或生产权。权利是根据谁最先申请并满足获得这些权利的立法要求而授予的。如果在同一天收到超过一份申请，则会优先考虑过去处于弱势的申请人。

税收、矿区使用费和其他费用　东道国政府对给予私人投资者的每个许可证都收取固定费用。无论是否发现任何自然资源或矿物，所有私人投资者都必须支付此费用才能获得探索许可。此外，如果私人投资者找到石油，政府就会根据净收入以“总收入和/或利润税的形式获得矿区使用费；这两者都是基于生产数量和生产销售价格”[16]。此外，私人投资者的收入须缴纳所得税。因此，政府通过税收、矿区使用费和其他费用来赚取收入。

---

⑮　2014 年《采掘业透明度倡议》，第 21 页。

⑯　Radon (2005).

合同范本 使用合同范本是现代特许权制度的一个重要特征。在邀请竞争性投标时，各国越来越多地制订包含条款草案和条款的范本合同，这些条款将构成双方可接受的协议的基础。

合同范本的好处有三个方面。第一，它们作为谈判的开始，大大减少了完成交易所需的时间。第二，合同范本允许东道国政府纳入反映国家政策方向和目标的标准条款，并为私人投资者提供有限的修改这些基本条款的回旋余地。第三，合同范本有助于双方将时间、精力和资源集中在关键的合同条款上，而不是基本的或标准的条款上。

资源和设备所有权 现代特许权制度具有固定的期限和面积。[17] 它们在到期后可以续订，但须经相关政府机构的批准。通常情况下，特许权制度给予私人投资者在分配的土地上经营的专有权。石油的所有权仍然属于东道国政府，只有在石油产品运输至井口后，所有权才会转移到投资者手中。有些人会争辩说，与其他安排相比，所有权转给投资者还为时过早，如下面讨论的产量分成协议。同样，固定在地面上的设备，其成本完全由投资者承担，这些设备的所有权"通常在特许权到期或终止时移交给国家，投资者通常负责废弃和现场恢复"[18]。

通常，石油或采矿过程中的主要阶段往往有单独的许可证。许可证采取协议的形式，管理私人投资者和政府之间的关系。许可证的目的是"确保在特定土地上从事特定活动的专有权"[19]。现有的不同类型的许可证包括勘查、勘探和生产许可证，涵盖石油勘探或采矿项目的不同阶段。[20]

撤销和终止 现代特许权制度明确规定了可能导致终止或撤销的事件或条件。如果被许可方不遵守其授予的任何条款和条件，则特许、租赁

---

⑰ 以尼日利亚为例，对所有石油特许权的面积都有固定的限制。这个限制固定在500平方英里。

⑱ Tordo et al.（2010）.

⑲ Ibid. ，p. 13.

⑳ Ibid. ，p. 12.

或许可证可由东道国政府撤销。相关授权石油法案通常规定可能导致撤销的违约事件。例如,根据尼日利亚的《石油法案》,如果被许可人或承租人直接或间接受到被许可人或承租人原籍国以外的任何国家的公民或国民或在该国成立的公司的控制,特许权可能被取消;如果被许可人或承租人的母国法律或在实践中不允许尼日利亚自然人或法人在母国境内以国民待遇获得收购、持有和经营石油特许权,则其特许权可能会被取消。[21]

此外,根据该法附表 1 第 24 段的规定,如果被许可人或承租人有下列行为,部长可以撤销任何勘探许可证或矿产开采租约:(1)不进行连续作业和不积极、务实地依照良好的油田惯例进行作业;(2)未遵守法律或任何法规的任何规定,或者不履行许可/租赁特殊条件下的义务;(3)未在法律规定的期限内或者部长要求的期限内支付租金或矿区使用费;(4)未提供石油监察局局长合法要求的有关其业务的报告。政府决定吊销许可证的,应当通知被许可人或承租人撤销的理由,并请被许可人或承租人做出解释。政府对解释满意的,可以请被许可人或者承租人在规定期限内对投诉事项进行纠正。如果被许可人或承租人没有作出充分的解释,或者在规定的期限内未对投诉的事项进行纠正,部长可以吊销许可证或租约。撤销通知随后在联邦政府官方公报上公布,但被许可人或承租人仍然对这种撤销生效日期之前产生的所有义务承担责任。

同样,特许权制度中特许权的持有人可以在任何时候终止许可或租约,但须提前至少 3 个月以书面形式通知部长。[22] 持有人也有权在给予部长书面通知 3 个月后,就许可或租赁区域的任何特定部分交出许可或租赁。[23]

㉑ 《石油法》附表 1 第 23(1)段。另参见南非《矿业和石油资源开发法案》第 90 节,其中规定部长有权暂停或取消勘探和生产权利。第 47 条规定了可能发生这种暂停或取消的条件。

㉒ 《石油法案》附表 1 第 18 段。

㉓ 《石油法案》附表 1 第 19 段。

8.2.2 合同制度

为寻求建立在互利和与外国公司伙伴关系基础上的新型关系,东道国越来越多地采用石油合同作为资源开采中权利和利益分配的基础。在一些国家,如安哥拉、加纳、肯尼亚和尼日利亚等,这些合同与已授予的特许权并存,为东道国政府与私人投资者或采掘公司之间的公私伙伴关系提供了基础。[24] 与倾向于简明扼要和模板形式的特许权证书(许可证和执照)不同,合同框架允许政府和采掘公司根据明确、全面和经过谈判的条款和条件共享对自然资源的财政管理、勘探、生产和营销的控制权。这些合同协议包括产量分成合同、合资合同、服务合同和参与协议,如外包合同、合资合同,都将在本节中按顺序探讨。

8.2.2.1 产量分成合同

产量分成合同是石油行业最常用的协议之一。[25] 它是东道国与承包商或采掘公司之间的一项协议,采掘公司承担所有勘探风险、生产和开发成本,以换取其规定的份额(生产利润)。[26] 1999 年尼日利亚《深度近海和内陆盆地产量分成合同法》将产量分成合同定义为:“公司或持有人与任何其他石油勘探和生产公司之间为在深海和内陆盆地勘探和生产石油而

㉔ Likosky (2006), Chapter 2.

㉕ 印度尼西亚是第一个在 1966 年使用产量分成协议的国家,且一直沿用这一制度。作为对特许权的批评的直接回应,印度尼西亚政府在 20 世纪 60 年代拒绝授权新的特许权。相反,产量分成协议被认为是可以接受的,因为它们允许政府保留对生产资源的国家所有权,由外国投资者承担所有的项目风险和费用。如果从油田中生产油气,外国投资者将获得其努力的报酬,并分享产量的一部分。这个概念是建立在分成制的农业实践基础上的。最早的产量分析合同是在 1960 年被批准的。然而,第一份重要的合同是在 1966 年与一个名为 IIAPCO 的美国财团签订的。这些第一代产量分成合同允许每年回收高达 40% 的勘探和运营成本。参见 Barnes (1995)。另参见 Machmud(1993),第 179 页;Fabrikant(1975),第 3030 页。

㉖ Bindemann (1999), pp. 1 – 15.

达成的任何协议或安排。”[27]根据产量分成合同协议，双方就石油勘探和生产达成协议，一方（采掘公司）承担勘探、运营和管理的所有风险。每当发现大量商业价值的石油时，采掘公司有权首先收回其投资，而将剩余的石油按预定比例与其他实体分享。勘探和生产的所有成本和风险通常由采掘公司承担，并且在勘探和生产成功并实现商业发现的情况下，承包商有权从被称为“成本回收”的石油生产比例中获得偿还，此外，作为对所实现的开发的补偿，承包商有权获得剩余石油中的一部分，称为“利润油”。[28]然而，国家仍然是石油生产的主体，仅受承包人有权获得其生产份额的限制。政府或其国家石油公司通常可以选择参与勘探和开发过程的不同方面。

一个标准的产量分成合同将包含关于分享方式、合同期限、交付地点、违约条款、终止条款、争议解决条款和适用法律的详细条款。这种以合同为基础的制度赋予私人投资者或财团勘探和生产受地理区域和一定时限限制的油气的权利；制定类似于特许权制度的产量分成协议制度。与特许经营类似，在产量分成合同下，投资者经营石油业务也要自行承担风险。

然而，产量分成合同与特许权制度的区别主要有四个方面。第一，特许权制度授予采掘公司对指定区域内资源的所有权以换取向东道国支付矿区使用费和税费，而产量分成合同则不授予采掘公司对资源的所有权。根据产量分成合同，国家保留对未开采的自然资源的合法所有权，只有在根据预先确定的分享公式生产了石油后，才将所有权转让给国际石油公司。这解决了石油储备所有权的重要问题，这使得这种合同形式在大多数非洲国家在政治上可以被接受。第二，与授予采掘公司对指定区域内的总

㉗ 1973 年，尼日利亚在尼日利亚国家石油公司和阿什兰石油公司之间的一份合同中首次引入了产量分成和投标方（Ashland PSC）。第一轮分成合同执行于 1993 年，第二轮执行于 2000 年。产量分成合同经历了几次正式和非正式的修改。《石油法案》第 18 条将“深度近海”定义为任何超过 200 米的水深，“内陆盆地”指以下任何盆地，即阿南布拉、贝宁、乍得、贡戈拉、索科托以及主管可能不时确定的其他盆地。

㉘ Bindemann（1999）.

产量减去费用和矿区使用费的特许权制度不同的是，产量分成合同不授予采掘公司总产量的权利。相反，采掘公司对产出石油的利益仅限于收回已支付成本加上“利润油”。通常，采掘公司承担与勘探和生产相关的所有风险和成本。然而，投资者在生产时收回成本，因为生产分享公式仅在采掘公司中和其开支后才适用。然而，许多国家对可用于收回成本的生产百分比作出了限制。[29] 第三，与特许权制度不同的是，产量分成合同中生产的所有权在交货点或出口点转让给投资者。同样，采掘公司只获得其生产份额的所有权，而不是像特许权那样获得整个产品的所有权。第四，与特许权权利人为生产的石油向政府支付一大笔水费和矿区使用费不同，根据产量分成合同，采掘公司以生产石油的一部分的形式向政府支付。

产量分成合同为希望避免石油生产的商业和金融风险以实现这一目标的东道国政府提供了一个很好的机会，因为勘探成本完全由投资者承担。如果没有发现石油，采掘公司通常在勘探阶段承担所有的经营风险和财务风险。产量分成合同还充当技术和专门知识转让的工具，旨在最终使东道国政府在开采和生产其自然资源方面独立。因此，在大多数产量分成合同中，石油作业中使用的设备和设施的所有权属于国家。国际石油公司有权以成本油的形式扣除设备、劳动力和技术方面的资本支出。从采掘公司或国际石油公司的角度来看，不拥有设备和设施的所有权可以减少与不得不在商业生产活动结束时转让石油和天然气资产有关的法律风险；而对国家来说，这为国家受益于技术和专门知识转让提供了机会和动力，从而有助于国家最终接管资源生产。从《里海阿塞拜疆段沙赫杰尼兹气田远景区勘探、开发和产量分成协议》可以看出：

> 鉴于承包商具有有效开发和生产合同区石油资源的技术知识和经验、行政和管理专门知识和财务资源，并希望为此与

㉙ 加蓬从生产中回收成本设定为30%，参见 Bindemann(1999)。

SOCAR 签订合同。[30]

这承认了产量分成协议的专业知识转让目标。实现最终独立的目标是东道国政府的目标,产量分成协议提供了对决策的很大力度的监督。东道国政府在投资者收回其成本并获得利润后才承担控制权,但东道国政府的监督机制从项目一开始就包含在协议中。产量分成合同定义了用于分摊和收回生产成本、奖金、矿区使用费和利润油等的流程和程序。

产量分成合同的典型特征。如前文表 8.1 显示,产量分成合同中采用的条款、条件和共享公式因国家而异。然而,产量分成合同有一些共同的和组织的原则。下文将介绍部分典型特征。

1. 奖金:根据产量分成合同向国家或土地所有者提供的两种主要财政奖励是奖金和矿区使用费。红利是采掘公司在业务的不同阶段向东道国政府支付的固定费用。例如,尼日利亚的产量分成合同包含签约奖金和产量奖金。签约奖金在谈判完成并签署产量分成合同后立即支付,而生产奖金则在特定合同区域的生产达到特定门槛时支付。

2. 作为矿区使用费的石油:每当石油或天然气开始生产时,东道国政府有权获得总产量的一部分。矿区使用费是按租约的百分比商定的,减去了在采掘公司的生产成本中合理使用的部分。作为矿区使用费的石油是分配给东道国的油量,其产生的收益等于每月应支付的实际矿区使用费和每年应付的租金。[31] 虽然大多数产量分成合同收取固定的矿区使用费,但阿尔及利亚、埃及、埃塞俄比亚、加蓬和尼日利亚等一些国家采用了浮动计算法。支付的矿区使用费以产量为基础,并与水深相关,随着水深的增加,

---

[30] 最终合并版本 3/30/96:序言。

[31] 深度近海和内陆盆地产量分成合同的应付矿区使用费根据 1999 年《深海法令》第 5 节确定,而陆上和浅水产量分成合同的矿区使用费则根据 1969 年《石油(钻井和生产)修订条例》的规定确定。Section 7, Deep Offshore and Inland Basins Production Sharing Contracts Decree 1999.

矿区使用费一般会减少。

3. 成本回收油:扣除矿区使用费石油后,采掘公司有权获得预先规定的生产份额,以收回成本。成本回收油分配给采掘公司的数量,使其能够根据审查或批准的工作计划和预算,收回在石油作业中产生的所有运营成本。[32] 因此,成本回收油是分配给采掘公司的油,用于公司承担进行商业发现的成本。[33] 大多数产量分成合同规定了在支出年度内收回的运营成本,而资本成本可以按照法律规定的方法在几年内以等额分期收回。[34] 此外,在计算石油利得税的应课税利润时,会考虑采掘公司产生的某些符合资格的运营或资本成本,并予以扣除。在利比里亚、阿尔及利亚和尼日利亚等国,石油成本津贴从 0(在利比亚)到 100% 不等。[35]

4. 税收油:税收油是分配给东道国的数额,以便它可以代表自己和国际石油公司支付每月根据适用的税收立法到期的石油所得税。在许多领土制度中,国家经常对开采资源转移征税。例如,尼日利亚《深海法令》第 3 节规定,适用于深海合同区的石油利得税应为合同期内应课税利润的 50%,作为统一税率,该税应在尼日利亚国家石油公司和国际石油公司之间分摊,比例与各方之间利润油的分摊比例相同。[36]

5. 利润油:一旦矿区使用费油、成本油和税收金油分配完毕,剩余的产量,即所谓的利润油,将在政府和国际石油公司之间按规定的份额进行分配。利润油通常根据产量分成合同中包含的预先商定的生产公式进行分享(如政府占 65%,采掘公司占 35%)。

---

[32] 同上,第 8 节。

[33] Muscolino et al. (1993).

[34] 尼日利亚早期的产量分成合同大多没有对成本回收设定任何上限,但 2005 年的产量分成示范合同将成本回收的上限设定在 80%。

[35] 没有成本回收的产量分成合同的主要影响有两方面。首先,利润油总量增加意味着国际石油公司和东道国政府各自从各自的利润油份额中获得了更多的原油。其次,国际石油公司必须从石油利润中收回成本。See Bindemann (1999).

[36] 参见《深海法令》第 12 节。此外,该法令第 4 节还为投资税收抵免(投资税收减免)规定提供了法定的支持,这些规定最初出现在 1993 年产量分成合同示范条款中。

6. 产量分享公式：分享产出的石油是产量分成合同的典型特征。产量分享公式在协议中规定，而且东道国政府的立法中也经常有规定。东道国政府已经制定了四种主要的产量分享公式，以增加其利润份额。[37] 以下将简要介绍这些公式。

(1) 日生产量：根据这个公式，政府份额随生产量的增加而增加，按日计算。该公式的缺点是，油田规模并不是确定盈利能力的一个好指标。此外，该公式没有有效地考虑石油价格和成本的波动。

(2) 项目累积产量：政府份额依赖于石油总产量，因此随着总产量的增加而增加。但这个公式并不能准确地计算私人投资者的回报率。

(3) R 因子：R 因子是私人投资者的累积收入和成本的比率。R 因子是通过总承包商收入除以总承包商支出来计算的。随着 R 因子的增加，政府的利润份额也随之增加。R 因子是从日生产量到衡量盈利能力的改进。然而，R 因子并没有体现金钱的时间价值。

(4) 收益率：如果勘探成本由私人投资者承担，通常情况下，收益率是租金税的一种形式。计算私人投资者的累积收益率，并设定基准利率。如果收益率不符合基准利率，则不会对私人投资者的利润征税。政府的利润份额参照投资者的累计收益率确定。

7. 期限与让与：鉴于油田开发的时间规模，在某些情况下（10 年开发和 20 年生产），产量分成合同的签订期限通常为 25 年至 30 年或更长，并规定最多让与初始合同的 50% 。[38]

8. 管理委员会：产量分成合同常设立管理委员会，类似于合资企业下的运营委员会。该委员会由东道国政府和国际石油公司的代表组成。管理委员会往往受托履行咨询职能，以审查和批准勘探作业方面的年度工作方案和预算、审查承包商退回或放弃合同区任何部分的建议、审查和批准

---

[37] 国际货币基金组织(2012)。

[38] 分别参见《深海法令》第 2 节；《石油法》第 10 节和第 12(1)条。

评估方案的建议及评估将发现宣布为商业发现的情况。

9. 最小工作义务:产量分成合同通常要求国际石油公司编制工作计划和预算,并由管理委员会批准。政府间海洋学委员会还为执行工作方案提供必要的资金。未能履行工作方案中的具体工作义务将导致许可证提前终止,并撤回与之相关的所有权利和特权。

10. 国家利益条款:产量分成合同通常包含保护国家经济利益的条款,按照适用的当地成分立法的要求,规定提供技术转让、培训当地雇员和优先选择当地供应商。

11. 其他条款:这些条款包括关于终止合同的一般规定,合同的管辖法律,合同的经济稳定性条款,关于当事人之间发生争议时具有约束力和可强制执行的仲裁的争议解决条款。

虽然产量分成合同在非洲国家得到越来越多的采用,但因其复杂的性质,加上多年来石油价格波动引起的各种法律挑战,已导致各国逐渐转向其他形式的石油协议。此外,一些国家开发了混合形式的产量分成合同,其中包括特许权制度和产量分成协议的特点。例如,产量分成合同可以采取勘探和生产共享协议(Exploration and Production Sharing Agreement, EPSA)的形式(如果没有已探明的储量)或开发和生产共享协议(Development and Production Sharing Agreement, DPSA)的形式(如果有已探明的储量要开采)。[39] 根据典型的EPSA/DPSA,承包商有权在指定的合同区域内从指定的合同组中勘探、评估、开发和生产原油和非伴生天然气。该权利包括出售、运输和出口以及处理或处置原油和非伴生气的权利。然而,国家保留对生产的石油和天然气的所有权。

8.2.2.2 合资合同

合资企业,顾名思义,是双方(通常是国有企业和采掘公司)之间以合

---

[39] EPSA和DPSA通常在卡塔尔用于将国家石油公司的运营范围限制为勘探和(或)开发。

作伙伴关系为基础，目的是共同经营一家采掘企业。与特许权制度和产量分成合同不同的是，它为共同决策提供了一种结构化的手段，合资企业中的双方共同承担已经在合资企业协议中规定的协调和控制责任。通常，合资公司的成立是为了履行合资协议。[40] 然而，根据一个司法管辖区适用的公司法立法，合资企业也可以仅以合同为基础运营，而不需要创建一个专门的法律实体（这被称为未注册的合资企业）。未注册的合资企业为国际石油公司提供了极大的灵活性，这些公司也可能愿意避免在东道国进行复杂的商业注册或注册要求。

合资企业最重要的文件是合营者之间的合同。合资合同的基本功能包括以下几点。

（1）分担风险和成本。由于参与各方经营的是合资企业，风险和成本由东道国政府和私人投资者分担。利润、税收和矿区使用费也由有关各方分享。

（2）共享决策和高效的技术转让。共同拥有的运营提供了一种公司结构，使共享决策和技术转让更容易、更高效。国有企业可以广泛依赖私人投资者的专业知识，而私人投资者通常具有丰富的经验。合资企业的目标是最终独立于国有企业。因此，技术转让的程度可归结为东道国政府的实力。

（3）共同责任。分享的自然缺点是必须分担风险和成本。因此，东道国政府是自然资源开采过程的直接参与方，也可能需对环境损害负责。[41]

此外，合资合同通常会指定各个签约方在企业中所占的百分比。[42]

---

[40] 尼日利亚国家石油公司作为石油行业的一个例外，在相当长的一段时间内使用合资企业。但这种情况已经改变，尼日利亚已经搁置了合资企业，转而支持产量分成协议。See Omorogbe（1997），Radon（2005），Tordo et al.（2010）.

[41] See Wilkinson（1997），pp. 1 – 10.

[42] 例如，阿塞拜疆合资公司规定："自本协定签署之日起，每一缔约方在本协定项下的权利和义务应按下列各参与利益的百分比享有……"

8.2.2.3 联合经营协议

联合经营协议是石油和天然气部门用来编纂或运作非合资企业关系的最常见的协议形式。[43] 联合经营协议明确了双方(通常是采掘公司和东道国)之间合资企业的条款和条件,通常在联合申请东道政府颁发许可证成功时生效。[44] 因此,联合经营协议是两个或两个以上当事方之间的协议,协调并确定双方合资经营石油勘探、开发和生产业务的条件。[45] 泰勒(Taylor)和温莎(Winsor)正确地指出"这是合资企业管理的章程,其履行与合伙协议或公司的组织章程大纲和章程基本相同。"[46]与合资企业性质相一致,联合经营协议的基本原则,是参与者同意合作共同开发和探索采掘资源。[47]

联合经营协议规定了合作伙伴在特定许可区域内对合资企业的权利、义务、法律关系和其他义务。根据联合经营协议,其中一方会被委任为运营商,而另一方则始终由非运营商担任财务伙伴。协议规定了运营商的职能。运营商还必须遵守法律的规定和任何其他规定和指示。运营商对合资伙伴负有信托义务。联合经营协议的职能是:(1)确定拥有发展权的各方都将参与初始经营;(2)提供一种机制,用于进行后续经营,以开发和维护合同区的生产;(3)规定由指定的"操作员"对物业进行日常管理;(4)界定"运营商"与"非运营商"之间的权利和义务。联合经营协议通常会提到以下内容:运营商有权进行联合经营;编制工作方案、预算和开支批准书;在政府和第三方之前代表双方;监察监督人员配置和材料和服务合同;并

---

[43] Per Wigley(1978)."据我所知,石油行业或任何其他行业正在使用的其他协议,从使用频率以及在其条款中需要预测的多种复杂情况和可能发生的情况的角度来看,都不能与'经营协议'相比较。"

[44] See Al-Emadi (2010).

[45] Taylor and Tyne (1992).

[46] Ibid.

[47] 关于联合经营协议的法律性质,参见英国伊萨卡能源有限公司诉英国北海能源有限公司案(Rev. 1)[2012] EWHC 1823;另参见 *Euroil Ltd. v. Cameroon Offshore Petroleum Sarl* [2014] EWHC 12 (Comm) (6 January 2014).

有责任提供一定的绩效标准;(5)明确协议各方与非协议各方之间的权利和义务。[48] 根据联合经营协议,东道国和国际石油公司拥有该项目的设备和设施,以及石油和天然气产量。控制和管理合资企业活动的权力通常属于联合运营委员会。委员会由各方的一名提名代表组成,每一方代表根据其所代表的参与方的参与百分比加权拥有一票表决权。缔约方必须认真考虑委员会的哪些决定需要一致批准,以及其他决定的批准阈值。

一般而言,要签订合资合同或联合经营协议,特别是与第三方签订协议,石油资源部部长必须根据适用的石油立法的规定审查和批准协议,以确保将权利交给一家拥有足够知识、经验和财务资源的信誉良好的公司,以充分利用许可证。

8.2.2.4　服务合同

迄今为止在讨论的所有合同安排中,服务合同为东道国政府提供了对资源的最大控制权。在服务合同中,东道国政府大多雇用承包商来执行协议中规定的服务。因此,承包商取得报酬不是基于生产,而是基于所提供的服务。通常,支付给承包商的是固定金额,而不是承包商生产的资源或利润的任何份额。国家始终保留油气的所有权,并为所做的工作向国际石油公司支付"服务费"。

服务合同往往被视为民族主义环境下的理想选择。东道国政府在所有阶段都保持对资源的重大控制,而承包商提供技术和管理专业知识。仅仅作为承包商提供的服务,而承包商没有获得企业股份的途径,这可能对承包商的生产力产生不利影响,也可能会对合同的效率和创新起到抑制作用。这种结构不太适合勘探工作,并且从国际石油公司的角度来看,通常是不可取的。

服务合同的类型

服务合同的三种主要类型是纯服务合同、风险服务合同和技术援助合

---

[48] Pierce (2007), pp. 1 - 2.

同。以下将具体讨论这三种合同。

纯服务合同 这是最直接的服务协议形式。东道国政府雇用承包商执行一项具体的服务来换取相应的报酬。换句话说,所有风险都由国家承担,承包商履行其规定的服务来获得固定费用。承包商可以获得所采掘资源的权益。纯服务合同在非洲极为罕见,主要在沙特阿拉伯、科威特、卡塔尔、巴林和阿拉伯联合酋长国等中东国家使用。[49]

风险服务合同 风险服务合同是承包商承担与勘探相关的风险的安排。[50] 承包商将为东道国政府进行勘探,只有在发现了商业上可开采的资源时才会获得报酬。如果确定了有商业价值的可开采资源,那么承包商除了在后续企业中获得可能的股份外,还会因其努力而获得现金报酬。此外,承包商还将获得后续企业的股份或总产量的给定百分比的折扣价。如果找不到资源,那么承包商就会自掏腰包承担所有的财务风险。风险服务合同在南美洲和拉丁美洲被广泛使用,特别是在巴西、阿根廷和哥伦比亚,它们的部分吸引力似乎在于始终承担对资源的主权。

技术援助合同 这种类型的服务合同比其他类型的服务合同的服务范围要窄得多。承包商获得所提供的服务的固定补偿,并且不获得对所勘探或开采的资源的任何权益。从表面上看,它们与纯服务合同非常相似。两者主要的区别是,技术援助合同的承包商提供技术服务,在任何时候都对石油没有任何权益,其报酬仅包括指定和预先约定的费用。

8.2.2.5 转让及合并协议

特许权制度或石油合同的权利人可以出于财务、技术或其他经营原因,选择让与或转让适用许可证或合同中的权利,转让的主要内容是租赁

---

[49] 这种情况在 OPEC 成员中更为普遍,这些成员的技术水平达到了必要水平,且资金充裕。以沙特阿拉伯与沙特阿美石油公司签订的服务合同为例,根据合同,沙特阿美石油公司以每桶 15 美分的税后净费用进行生产运营。通常,服务合同附有一份法律上没有联系但平行的购买合同,用于购买合同区生产的部分石油。See Tordo et al. (2010), p. 10.

[50] Smith (1992); also Neto (1985), p. 114.

权。此外,权利人可选择将其业务与毗邻土地上的其他权利人的业务合并,以提高效率和消除浪费。本节探讨了几种常用的石油和天然气权益转让或合并协议。

外包合同　外包是将石油和天然气租约持有人(转让人)将该租约中的全部或部分工作权益转让给另一方(承让人),用以探测、勘探、获取、运走租约有效期及区域内石油的一种合同。[51] 通常当许可证持有人不能或不愿意在租期内钻探,但愿意将其中的权益转让给另一个承担钻探义务并使租约免于到期或违约的人时,就会签订外包合同。外包合同的性质和目的被概括为:“在完成钻探义务并履行其中所载的任何其他契约和条件后,转让特定面积的石油和天然气租赁权的合同。这是一份待执行的合同。”[52]外包合同的主要特征是承让人有义务在指定的面积、一定的深度、特定的地点和一定的时间范围内钻一口或多口井,而由承让人承担风险和费用。转让人可使用外包合同来保持或维持租约,方法是在租约的主要期限接近尾声时确保生产,遵守一项默示契约,在不增加成本的情况下抵销或获得生产权益。外包合同将转让人与勘探和生产相关的风险隔离开来,而承让人承担所有风险和成本,同时如果发现商业上可开采的石油,承让人将最终获得特许地区的权益。通过这样的方式,外包合同帮助相关各方创造双赢的局面。因此,无论出于何种原因,当石油行业的风险达到高水平时,外包合同就变得普遍起来。一般来说,承让人承担的风险越大,其获取权益的领域就越大。

持有石油和天然气租约的实体通常会出于以下原因签订外包合同。[53]

(1)特许权保护:石油特许权附带一个主要条款,其规定了特许权所

---

[51] See Holland and Hart LLP(2014). 尼日利亚《石油法案》附表 I 第 17 段将外包合同定义为“石油开采租约持有人与第三方之间的协议,该协议允许第三方在租约有效期内探测、勘探、开采、作业和运走在指定区域内遇到的任何石油”。

[52] Martin and Kramer (2009); Martin and Kramer (2012), p. 500.

[53] 有关详细和广泛的讨论,请参见 Lowe(1987)。

有者可以持有土地而不进行任何钻探的最长时间。一旦这段时间过去而没有进行任何钻探,特许权将在主要期限结束时自动到期。通常情况下,由于信贷短缺、人员短缺和管理效率低下等问题,公司无法在主要期限内采取行动。[54] 签订外包合同是为了保留特许权,而避免其自动到期。此外,签订外包合同还可以确保新鲜资本流入特许区域,以确保业务的连续性。

(2)风险分担:由于钻井成本高,许多公司依赖于外包协议来分担这些成本的负担和风险。虽然联合经营可能是公司更好的选择(因为他们仍然控制着运营),但如果承让人是一家经验丰富和可靠的运营商,那么公司一般倾向于选择外包协议。从本质上讲,为分担风险而签订的外包协议采用的是合资协议的结构,其中规定钻探是承让人的义务,而不是一种选择。在这种情况下,承让人获得权益是以钻探为条件的。

(3)勘探和评估:外包合同也对那些无法获得租约或许可证,但有兴趣获得地质信息以评估同一特许权地区的其他前景的公司有帮助。承让人可以进入外包合同区域,以便进行探索性的搜索和研究。

(4)获取储备:如果一家公司的主要业务不是勘探和生产,但它的运营需要石油或天然气资源,那么它可以将其租约分包给钻井公司(承让人),这些公司将在土地上钻探,并将向转让人提供石油和天然气作为自己的主要业务。依赖这种模式的企业类型是管道和炼油厂运营商,它们有义务向消费者提供石油或天然气。在这种情况下,承让人将维护和钻探租约所覆盖的土地,然后将产品出售给转让人,以便转让人能够获得其主要业务所需的稳定的石油产品流。

(5)钻探“义务”井:特许权持有人有义务保护东道国政府的利益,即确保特许区的开发或勘探。因此,在许多非洲国家,钻一口井以确保持续生产是一项隐含义务。当租约或许可证持有人由于技术或财务原因不能

[54] Lowe (1987).

履行这一义务时，它可以将土地分包给承让人，以履行其在租约下的法律义务。各国政府也可以授权将一块非生产面积转租给第三方，或直接收回并转租给第三方。

例如，在尼日利亚，由于发现后仍未开采的石油和天然气面积越来越多，在对石油和天然气储量进行部分评估后，政府颁布了《石油修正案法令》。该修正法令的目的是将未开采的油田开放勘探和生产活动。因此，根据1969年《石油法》附表1第16段和《石油修正案法令》的规定，尼日利亚颁布了《边际油田开发和经营指南》（以下简称《边际油田开发指南》）。该指南规定，根据该法定义的所有边际油田将外包给其他公司，主要是尼日利亚本土公司，他们有能力生产这些油田。[55]

该指南概括地阐述了外包协议的一些条款，这些条款将管理各方之间的关系，包括赔偿条款，外包区域的定义，管理深钻、弃井、跨油气田运营的条款和条件，社区发展的责任，项目运营商以及管理运营商的任命和变更、不履行、外包、终止和续约的规则。

根据该指南，承让人拥有石油开采租约租赁者外包区域的所有权利，在完成外包后，所有前租赁者拥有的权益和责任都会转移给新的租赁者。作为新的承租人，承让人还应有权利和义务直接与政府打交道。转让人关于包含土地的转包区域的所有权利、利益、义务和责任应自动转移到承让人手中，并且自签订外包合同之日起，转让人的这些权利和义务即被解除。此外，工厂在包含土地的外包区域内进行的操作应符合行业中现有的安全和环境法规的要求。[56] 外包合同一般包含与施加于承让人的责任有关的条款；承让人的收入因素；承让人赚取的利息；待钻探的井的数量；待钻探的每口井的规格；协议的形式等方面的规定。

---

[55] 根据该指南，边际油田的定义是指任何已登记储量并每年向石油资源部报告，但在10年以上期间仍未开采的油田。参见总统石油和能源顾问办公室的《边际油田开发指南》（2001年8月）。

[56] 参见《边际油田开发指南》。

要将外包安排正式化,通常需要获得东道国政府的批准。例如,在尼日利亚,未经部长事先同意,石油勘探许可证或石油开采租约的持有人不得转让其许可证或租约,或其中或据此规定的任何权利、权力或利益。[57]外包转让人必须寻求并征得部长的同意,支付规定的费用后,在支付部长决定的其他费用或保费(或两者都支付),且满足部长决定的相关条件后,方能给予部长的转让同意。征得部长同意的条件如下:(1)拟议的承让人声誉良好,或属于声誉良好的公司集团的成员;(2)拟议的承让人有可能获得足够的技术知识和经验以及足够的财政资源,以便有效地执行令部长满意的关于即将转让的许可证或租约下业务的方案;(3)拟议的承让人在所有其他方面均为联邦政府所接受。[58]

合并协议 合并协议,顾名思义,是由两个或两个以上石油许可证或权利的持有者订立的协议,将各自区块的一部分合并在一起,目的是将成本、资源和利益所有者在这样一个集合单元中的努力结合起来。其主要用途是将多块土地的权益连接或汇集在一起,形成一个单一的钻井单位,主要目的是拥有足够的面积以根据相关的间距法律和法规获得钻井许可,以及分享生产成本、资源和此类汇集单位的权益所有者的努力。[59]

合并可以是自愿的,也可以是强制性的。自愿合并安排是指权利持有人将其区域与另一权利持有人合并或联营,以分享与该间隔单位钻井和生

---

[57] 参见《石油法》附表1第14段。另参见南非《矿业和石油资源开发法案》第11条,其中禁止在未经部长同意的情况下转让、出租或处置采矿权或探矿权以及其中的公司的控股权益。另参见南非的摩哥合金有限公司[Mogale Alloys (Pty) Ltd.]诉努科铬博普塔茨瓦纳有限公司(Nuco Chrome Bophuthatswana Pty Ltd.)和其他人(2011年)的案件,如果石油或矿业公司的大股东以可能导致控制权变更的方式处置股份,则这种股份转让需要部长级同意。

[58] 同上,第16段。此外,《石油法》附表1第17段规定,"石油采矿租约持有人在征得总统同意并按总统可能批准的条款和条件下,可将位于租赁区内的任何边际油田外包出去"。总统不得同意分包或导致分包边际油田,除非他认为:(1)这样做符合公众利益;(2)对于非生产的原油田、边际油田,无人看管状态持续了一段不合理的时间,通常不少于10年;(3)分包的各方在各方面都是联邦政府可以接受的。

[59] Kramer and Martin (2006), pp. 1 – 3.

产井有关的费用和收入。[60] 强制合并在有间隔要求或立法的国家很常参见。[61] 在这些国家,联合作业是由间距要求或法律规定的,这些法律规定了钻井设备的最小面积或距离要求,以便以最有效和经济的方式进行勘探、钻井和生产。[62] 间距的名称与含义根据合并协议或合并条款的具体规定来确定。引入间距规则是为了防止由于钻不必要的井而造成的经济和物力浪费。[63]

历史上,在石油和天然气勘探的最初几年,许可证持有者为避免先取先得原则的影响,在地下油气藏中钻了大量的井,并尽可能快地在这些井中生产,以便在邻近的许可证持有者之前采掘油气藏的储量。这种方法造成了浪费,也降低了从许多油气藏中石油和天然气的最终开采率。因此,大多数石油和天然气生产管辖区引入了间距要求或石油和天然气保护立法,以防止浪费。间距单位被概念化为从任何特定油藏中只能生产一口井的最小区域。通常,在一个间隔单位内只能钻一口井。石油和天然气保护立法通常包含在以下情况下强制合并的规定:在自愿合并不能在合理的时间内完成,或者如果土地所有者失踪且无法追踪,或者存在关于土地所有

---

[60] 例如,俄亥俄州修订的法典第1509.26条规定,“相邻地块的业主可以同意将地块汇集起来,形成一个符合最小面积和距离要求的钻井单元……”

[61] 参见阿尔伯塔省石油和天然气保护规则第4.021节,其中规定,除非在整个钻井间隔单元(the Drilling Spacing Unit,DSU)中存在共同所有权,否则不得生产任何井。这意味着如果DSU内部有不同所有权的独立区块,那么DSU内部的所有所有者都必须作出安排,分享与该间隔单元钻井和生产井相关的成本和收入。强制联营的申请是根据2000年《石油和天然气保护法》(OGCA) RSA、c O-6[“OGCA”]第80条提出的,具体来说是第79(1)条,一般来说是第79(1)~(6)条。

[62] Handlan and Sykes (1984); also Anderson (1985), pp. 91-92; also see Ballem (2008), pp. 251-255; Neave (1970), pp. 231-232. 另参见俄亥俄州修订后的法典第1509.27条,其中规定“如果一块土地的大小或形状不足以满足在其上钻井的要求……并且该区域的所有者同时也是矿产权益的所有者,根据……协议,他无法形成一个钻探单位。在公正和公平的基础上,这样的所有者可以向石油和天然气资源管理部门申请强制合并令”。

[63] Handlan, ibid.; also Bankes (1997). 有关阿尔伯塔省保护制度下的机组运作的更多信息,参见Onuma(2015),p. 5。See also OGCA, s. 80(1).

权的争议等情况下，希望钻探油井的权利人可以向监管机构申请强制合并令。[64]

从更广泛的意义上说，合并防止了不加选择地钻探对地表下的资源产生的不利影响。此外，由于很少有井能承担同样的任务，小块土地的组合大大降低了与钻井有关的勘探、开发和生产成本。实际上，这也促使矿区所有者以公平的方式从油井中开采石油。[65]

虽然合并主要是为了遵守间距规则，但它也有助于巩固矿区使用费的支付。在典型的租约中，出租人通常只根据租赁土地的产量收取矿区使用费。在合并协议之后，情况则发生了变化：无论生产是在土地上进行的，还是在协议中包括的其他土地上进行的，出租人现在都按比例获得了矿区使用费。[66]

在非洲采掘业背景下，合并并不是一个广为人知的概念，因为在大多数非洲国家，国家是土地所有权的所有者。[67] 尽管如此，公司可能会签订合并协议，以实现更大的盈利能力和效率。

单元化协议 单元化是指在两个或两个以上的特许范围内，对一个生产油藏进行整合或统一开发和作业，使勘探、钻井和生产能够由一个作业者以最高效、最经济的方式进行。[68] 合并协议将多块土地的所有权权益结合起来形成一个单元化的间隔单位，而单元化协议是一种更复杂的租赁组合，形成了一个区域范围内的联合经营。当一方单独拥有的矿区被迫与另一方的矿区合并以形成更大的联合经营区域（通常被称为一个“单位”）

---

[64] Ibid., also Alberta Energy Regulator, Compulsory Pooling.

[65] Ibid.

[66] Martin and Kramer (2012).

[67] 通常，在世界其他地方，合并协议允许承租人选择在承租人自己的租约附近联合其他承租方，形成一个单元。从数量上看，油田面积按规定为 40 英亩，天然气面积为 640 英亩。较大的区域通常需要政府的批准。参见 M Wigley，关于集中与统一的回顾。Also Williams and Meyers (1957).

[68] Kramer and Martin (2006), pp. 1 – 3, also Andrews Kurth Kenyon LLP (2014).

时,就会出现单元化。这种情况通常是为了进行联合强化采收率作业,从而大大提高油气采收率。[69] 采用单元化作业,可以将一个油藏作为一个单位进行开采,从而避免重复努力,消除对反向排水的恐惧,并分担养护方案的成本。[70]

与合并类似,单元化也可以是自愿的或强制的。[71] 合并的土地权利人或者所有人自愿提出要求的,可以设立单位。但是,如果监管机构认为有必要大幅提高石油和天然气的最终采收率,并且估计的额外石油或天然气采收率的价值超过进行操作的估计附加成本时,则可以强制单元化。

例如,在尼日利亚,根据《边际油田开发指南》,相互交叉或重叠的边际油田在开发过程中必须实行强制单元化。[72] 单元化协议将成为缔约方之间批准分包安排的先决条件。[73] 此外,根据《钻井和生产法》,在两种情况下可以强制命令单元化或统一开发:首先,如果单个区块构成一个地质油藏的一部分,并且该油田能够根据良好的油田惯例作为一个单元进行开发;其次,在尼日利亚政府的利益下,单元化对于确保石油的最大最终采收率至关重要。单元化背后的主要目的是通过最大化油藏的生产能力来实现效率。本质上,单元化是在更大的规模上合并。单元化使单独的经营者可以不考虑单独的地面产权而进行联合作业成为可能。[74]

单元化后,单元区域内各能源公司与持有单元化区域租约的承租人之间的竞争不复存在。指定一名统一运营商,由该运营商代表单元权益所有者们以更高效和更具成本效益的方式开发联合经营区域内的矿区。类似地,通过消除单元区域内工作利益所有者之间的竞争,单元运营商可以为单元工作利益所有者在收集和处理设施的设计和施工方面实现显著的成

---

[69] See Anderson (1985), pp. 91 - 92. See also Ballem (2008), pp. 251 - 255.

[70] See Neave (1970), pp. 231 - 232.

[71] Neave (1970), pp. 231 - 232.

[72] 参见《边际油田开发指南》,8, 20 - 21。

[73] 同上。

[74] Handlan and Sykes (1984).

本节约。[75] 此外,单元化让单元运营商更加灵活地用一组储罐向权利持有人或土地所有者负责生产,而不是使用多个租赁或所有者的储罐。

单元化协议的大规模性质使运营商更容易和更有效地开展在其他方面经济不可行的业务。例如,诸如循环、压力保持和二级恢复操作等操作使单元化成为有效执行这些任务的必要条件。如果合并是由开采间隔规则导致的,那么通常要依靠单元化来增加油田的可生产储量,而如果不进行单元化,这些可生产储量将是不可恢复的。[76]

单元化协议通常规定了统一区域,或"单元区域";各方的支出承诺;单元运营商的指派;单元运营商的权限、职责和单元业务的开展、停止;以及关于转让和退出的条款。

8.2.2.6 石油销售协议

石油销售协议控制东道国政府对石油和天然气及其他石油产品的销售。石油和天然气的买卖是石油和天然气行业中常见的交易,几乎每天都会发生。政府出售石油的方式多种多样。一是定期销售,根据该条款,国有石油公司与买方在规定的期限内(通常为一年或更长时间)谈判合同,协议规定如何根据指定的现货基准确定价格。二是现货销售,这是一种快速销售,单个货物的买家和卖家找到对方,在特定地点交付特定数量的石油,进行一次性交易。因此,在现货市场中,特定等级原油的价格是按当前市场价格"当场"确定和购买的。三是混合销售,一些生产商将一半产量以定期合约形式出售,另一半在现货市场出售,或者允许定期合约持有者在现货市场出售石油。四是石油招标,招标可以采取多种形式,但通常涉及卖方(或买方),邀请交易对手投标确定数量和质量的石油。五是追溯定价销售,在这种情况下,卖方确定买方在已知所有产品价格后需要支付的金额。该销售是使用长期交付或承购协议,根据该协议,生产国与另一

---

[75] 一般参见永久业权所有人协会,《单元化协议》。

[76] M Wigley,《合并与单元化评述》。

个国家或当事方签订接受或支付供应安排。[77] 长期交付协议为卖方提供有保证的收入流,确保重大项目、资本投资和能源基础设施(如管道和炼油厂)的风险得到充分回报。此类协议要求买方始终负责支付最低采购承诺(有时称为数量风险转移),从而使买方承担市场条件恶化的风险,使卖方只需管理在某些情况下可能会对冲的市场价格风险。这为他们的原油创造了一个安全的销路,并可以根据炼油利润改变价格。第六是外包。一些生产者更喜欢雇佣国际贸易公司或他们的石油公司合作伙伴来销售他们的石油,因为他们缺乏技能或在技能上的投资。[78]

一般来说,非洲最常参见的两种石油销售类型是定期销售和现货销售。[79] 再则,两种最常参见的石油销售协议是定期合同和现货合同。以下将对这两种合同进行讨论。

定期合同 定期合同通常是双方之间的协议,其中一方同意以一定的价格或其他条件向另一方连续不断地提供某种商品。[80] 在石油和天然气领域,它是石油生产商或供应商与寻求购买和运输一定时期内的原油的买方之间的一种合同关系。定期合同占所有出口石油的2/3,因为它们保证了炼油厂和需求生产商的供应安全。[81] 它们有助于保证石油出口国在一段固定的时间内有固定的销售和收入来源。合同中包括公式价格,公式价格规定了定价方式。合同中还列出了拟销售的数量和交货地点。定期合同还确保了操作的可预见性,因为炼油厂可以预测质量、产量和交货日期,而且能够知道该生产多少原油。[82] 定期合同的一个关键组成部分是价格

---

[77] 这也被称为无条件支付合约。无条件支付合约实质上是一种协议,根据该协议,买方同意:(1)接受并支付每年最低的商品合同数量("最高数量");(2)如果在适用年度内没有拍摄,则支付适用的合同价格。参见 Rogers and White (2013)。

[78] van Schaik (2012).

[79] Ibid.

[80] 美国能源情报署(EIA)。

[81] van Schaik (2012).

[82] van Schaik (2012). 此外,参见如尼日利亚原油销售和购买的一般条件。

公式。这通常是通过两个输入来计算的:价格差异和一个既定的国际基准。

现货合同 现货合同是指石油买卖合同,并按现行市场价格立即结算或付款的合同。现货交易是"一种一次性的公开市场交易,在特定地点立即交付特定数量的产品,并按当前市场价格当场购买"[83]。现货合约与期货合约不同,期货合约的合约条款现在已经达成一致,但交割和付款是在未来某个日期进行的。[84] 现货货物通常在交易日期后一个月或更长时间装船,因为需要在管道上预定舱位、确保船只安全并将其运至港口装货。

8.2.2.7 矿产开发协议

顾名思义,矿产开发协议是仅在采矿项目中使用的合同。矿产开发协议规定了政府与许可证持有人在某一地区进行矿物勘探或在某一地区进行矿物开采以换取矿区使用费、税收和其他义务的关系。[85] 并非所有国家都使用该协议,特别是那些建立了良好特许权制度框架的国家。在这些国家,缔约方依靠适用的许可证、租约和适用的法律来确定各自的权利和义务。[86] 由于没有非常详尽的矿物法的国家更多地遵循合同制度,因此与特许权制度的协议不同,矿产开发协议通常是一份冗长的文件。根据矿产开发协议,东道国政府(作为矿物,如煤炭、铁矿石的所有者)向投资者颁发许可证,准许其从事采矿、开发和勘探活动(有时),并提供必要的资金和技术技能,以便根据当地矿业立法勘探(并有望生产)矿物。[87]

矿产开发协议与生产共享协议不同,后者主要用于石油部门,且生产

---

[83] 美国能源情报署(EIA)b。

[84] 许多出口石油的国家同时使用定期合同和现货合同。还有一些国家只通过定期合同出口石油,比如沙特阿拉伯和尼日利亚。还有一些国家只在现货市场交易石油。例如,刚果共和国和挪威在现货市场上出售它们所有的石油。参见尼日利亚原油销售和购买的一般条件。

[85] 参见东道国政府的谈判门户网站。

[86] 因有一个强有力的矿业立法框架,南非是一个不依赖矿业协议的非洲国家。参见《采掘业透明度倡议》(2014)。

[87] Allen and Overy LLP (2013).

共享协议的合作关系基于政府与采掘公司在原定基础上共享收益；而在矿产开发协议中，投资者被授予在限定合同区域内开采以及加工、营销和销售其成功开采的任何矿物的专有权。作为使用这项权利的回报，投资者向国家缴纳税收、矿区使用费和租金。[88]

典型的矿产开发协议将阐明采掘公司在开发的各个阶段的义务，其开采矿物的权利和涵盖的矿物，以及与基础设施有关的权利和义务。它也可以保护采掘公司的财产不会被非法征用，并且通常会规定特别的纠纷解决程序。在许多情况下，矿产开发协议引用并合并了一般法律，但也可以规定偏离一般法律。例如，在税收部分，矿产开发协议可以修改某些所得税规则，或者规定不同的关税。[89]

矿产开发协议中的主要条款　下面将讨论典型矿产开发协议中的一些关键条款。

1. 操作和控制。通常，订约人或采掘公司将全权负责合同项下的操作。但是，在某些司法制度下，可以指定一个运营商协助订约人进行采矿作业（如几内亚）。在这种情况下，矿产开发协议阐明了运营商的角色、职责、任命、报酬和解雇程序。同样，矿产开发协议也可以任命一个委员会协助执行与这些行动有关的某些行政任务。[90]

2. 工作计划和预算。这项规定通常要求私人投资者每年提交最低支出承诺。工作的范围和程度以及支出义务在不同的司法管辖区有所不同。在某些情况下，订约人必须做出商业上合理的努力来增加资本支出。[91] 在其他国家，私人投资者需要向东道国政府提交详细的工作和支出方案。[92] 如果订约人未能履行其最低支出承诺，通常需要补偿国家以弥补亏损。[93]

---

[88] Ibid.

[89] Ibid.，35.

[90] Ibid.

[91] 利比里亚采取了这一方法。Allen and Overy LLP（2013），p.6.

[92] Ibid.，塞拉利昂采用此法。

[93] Ibid.，几内亚采用此法。

3. 放弃。这一条款要求私人投资者将合同区域的某些部分交还给东道国政府。交还的部分通常是未被开发过的区域。放弃有助于提高效率，因为它鼓励投资者专注于有权益的区域。因此，私人投资者通常有权决定放弃哪些区域的权益。

4. 商业发现或可行性研究。在投资者进行任何生产之前，必须向东道国政府提交可行性研究报告。一项可行性研究突出了拟议企业的长处和短处。投资者有义务准备并向国家提交可行性研究报告，供其审查和或批准。获得批准后，投资者就能够建造和运营开采所需的矿山。投资者还可能有义务编制和制作地质和其他类型的地图和报告，并向东道国政府提供这些地图和报告。[94]

5. 税收。国际石油公司通常需要根据该管辖区适用的法律缴纳各种税款，包括所得税、出口税、进口税和印花税。矿产开发协议的税收条款是谈判最激烈的条款之一，因为税收制度的稳定性和保持尽可能低的成本对投资者来说非常重要。[95]

6. 矿区使用费。采掘公司应向东道国政府支付矿区使用费，作为对东道国政府开采矿产的补偿，矿区使用费一般按合同地区采掘矿产的数量或价值的百分比商定，并可根据不同的矿产而定。

8.2.2.8 影响惠益协定

大多数的矿产开发协议，甚至是石油合同，都包含或引用了影响惠益协定，也称为社区开发协议。影响惠益协定是采掘公司和当地社区之间基于协商的协议，关于解决社区如何利用项目提供的发展成果，以及如何减轻和管理项目带来的环境、人权或社会影响。影响惠益协定的主要目的有二。第一，解决采矿活动对当地社区及其环境的不利影响。第二，确保项

---

[94] 在利比里亚，向政府提交地质图和报告是强制性的。See Allen and Overy LLP (2013), p. 7.

[95] Ibid.

目所在社区的人民从矿物资源开发中获益,包括有利于贫困人口的倡议和其他可能超出项目直接影响范围的长期发展战略。[96] 影响惠益协定已经成为解决贫困和边缘化社区在自然资源开发中被排斥的问题的有效机制。[97] 其全面指出了项目的社会、环境和经济影响以及项目的终止。[98]

影响惠益协定除了在采掘业中使用,也在农业部门中使用,[99]但它主要用于采矿业。影响惠益协定通常附加在约定管理与采矿项目直接相关权利和义务的主协议之外。主要协议通常是东道国政府和私人投资者之间的协议。此外,影响惠益协定介于当地社区和私人投资者之间。影响惠益协定通过在采掘业和当地社区之间建立一种关系来确保社区的发展。[100] 其目的是确保采矿利益、利润和技术的合理份额流向与采矿作业关系密切且受采矿作业影响不成比例的社区。[101] 因此,影响惠益协定缔约方是受采矿作业和采矿业影响的当地社区。一些国家甚至在法律上要求签订影响惠益协定。[102]

影响惠益协定的典型条款包括就业技能培训、为社区居民提供教育和商业机会,以及向社区居民发放补偿金等。此外,即使在日常的环境评估程序之外,影响惠益协定也包括环境责任和监测机制。[103]

---

[96] 《世界银行可持续能源——石油、天然气和采矿部》(2012),第5页。

[97] Brickner (2016).

[98] 有关模型模板挖掘开发协议,请参见 Mann et al. (2013)。

[99] Brickner (2016).

[100] 除了影响惠益协定,关注社区发展的协议有很多名字。其中包括社区发展协议、参与协议、土地所有者协议、利益分享协议等。社区发展协定是世界银行采用的术语。有关国际防疫部队的名单,以及如何与国际防疫部队进行有效和可持续的谈判,请参见《世界银行可持续能源——石油、天然气和矿业部》(2012)。

[101] 非洲经济委员会可持续发展司(2004)。

[102] 像巴布亚新几内亚、南非和智利这样的国家,影响惠益协定都是法律要求的。参见《世界银行可持续能源——石油、天然气和矿业部》(2012)。

[103] 同上。加纳提供了一个良好的影响惠益协定工作范例。纽蒙特矿业公司根据其对受影响社区的经济和社会发展的承诺,与当地社区制定了涵盖不同利益相关者责任的正式协议。会议的主要焦点是就业和新基金会的发展,该基金会名为纽蒙特阿哈福发展基金会。来自10个加纳村庄的领导人与纽蒙特签订影响惠益协定。

成功的影响惠益协定的要素 世界银行在影响惠益协定中进行的一项研究发现,成功的影响惠益协定的“基本因素”有以下几个方面。[104]

1. 职责和义务。综合全面的影响惠益协定必须明确和定义协议所有签署人的角色、职责和预期行为;还必须考虑和澄清政府和民间社会的作用,以避免重叠。

2. 时间范围和过程。协定必须列入继续监测和评价的时间表。此外,为了帮助利益相关者管理风险和预期,协议也包含退出的可能性。

3. 利益相关者参与。管理影响惠益协定的有效方法是确保透明的多方利益相关者协商和参与。[105] 在项目设计和实施期间与当地人和地方社区进行接触,为国家当局和国际采掘公司提供了一个切实可行的机会,以确保在分配和利用当地人和地方社区的利益和资源时享有事先知情同意权。[106] 国际法中的事先知情同意权要求国家当局和私营部门尊重、保护和履行有关利益攸关方的权利,使其有意义地参与直接影响其土地、领土和资源的决定。[107] 事先知情同意权强调同意必须是自由的,必须在活动实施之前获得,并且必须建立在对有关活动或决策所带来的各种利益和挑战的理解基础之上。[108]

本土社区有权充分了解采掘活动可能产生的当地成分利益,并能够参

---

[104] For the complete list see ibid. 11.

[105] 关于多方利益相关者方法的重要性,参见 Odumosu-Ayanu(2014)。

[106] Ruggie (2011), paras. 8 – 12; Special Rapporteur on the Rights of Indigenous Peoples (2009), *Promotion and Protection of All Human Rights, Civil, Political, Economic, Social and Cultural Rights, Including the Right to Development: Report of the Special Rapporteur on the Situation of Human Rights and Fundamental Freedoms of Indigenous People*, 48, UN Doc. A/HRC/12/34 (15 July 2009).

[107] See Articles 1, 12, 20, 27, 30 and 32 of the United Nations Declaration on the Rights of Indigenous Peoples (UNDRIP) A/RES/61/295, adopted 2 October 2007; also Art. 1 of both the International Covenant on Civil and Political Rights and the International Covenant on Economic, Social and Cultural Rights (ICESCR); Articles 6, 7, 16, 16 and 22 of the International Labour Organization's *Convention on Indigenous and Tribal Peoples in Independent Countries* – 169/1989.

[108] Anaya (2005), p. 7; Colchester and MacKay (2004), pp. 8 – 14.

与和影响与提供这些利益有关的决策过程。事先知情同意权框架中的“自由”意味着在决策过程中不存在强迫、恐吓或操纵。[109]“事先”意味着必须在任何授权或采掘作业开始之前征得当地社区的同意和批准。[110]“知情”是指充分披露项目和政策的意图、范围和利益,尤其是当地成分的利益。“同意”意味着必须集体同意或不同意接收方社区对社区内价值的最终决定。[111]

全面的利益相关方参与过程为国家当局、东道国社区和国际石油公司提供了一个机会,以便根据事先知情同意原则,就如何在当地成分和“国内”价值增值方面的成功达成一致。当地成分目标必须是具体的、可度量的和可实现的,以避免含糊和不一致。与其采取一种死板和不灵活的方法,不如采取一种合作的方法,明确政府和主办社区的期望,同时给予国际石油公司制定其本土化计划和采购程序的权限,以取得更大的成果。此外,各国在确定当地成分需求战略和雄心时,必须认识到在国内实现价值的时间框架可能因项目而异,并可能受到合同谈判期间未预见到的政治和其他因素的影响,而不是规定笼统的和不切实际的时间框架。

4. 申诉和争端解决机制。全面的影响惠益协定应包括争端解决机制,允许地方社区在业务活动中未能明确满足商定条件时对项目进行审查或评估,同时也必须为这些机制拨出足够的资金,因为这是成功的影响惠益协定的关键组成部分。[112]

8.3　小结

由于非洲国家的主要收入来源是采掘资源,因此它们不断完善财政制

---

[109] 参见联合国环境规划署(2012),第 7 页。

[110] 同上。

[111] 同上。

[112] 加纳为阿哈福项目设立了一个投诉解决委员会。决议过程涉及社区代表的参与。参见《世界银行可持续能源——石油、天然气和矿业部》(2012),第 13 页。

度,使资源丰富的非洲国家能够从非洲大陆丰富的地质资源中获得最大的经济利益。这种对更高的采掘利益的追求导致了非洲采掘业从传统的特许权制度向现代特许权制度的转变。现代特许权制度包含对东道国更平衡、公平和灵活的条款。资源开发需要更多的合作和以合作为基础的伙伴关系,导致出现了产量分成合同、合资企业和服务合同等。所有这些合同都让东道国政府更多地控制他们的资源,减少他们的风险,而增加他们的回报。此外,其他协定,如技术援助协定、养护协定、联营和单元化协定、石油销售合同和矿产开发协议,为东道国根据现代现实和政府的优先次序调整它们与采掘公司的关系提供了更大的灵活性。

此外,在过去十年中,非洲国家越来越多地提出了立法和合同要求,这些要求不仅要使经济利益最大化,还要确保"国家价值"和社会发展目标,如技术转让、国民就业、能力发展和地方工业的发展。第九章将阐述与非洲采掘业当地成分有关的立法和合同趋势。第九章将对非洲国家当地成分政策进行比较分析,以便确定地区优势与法律风险点。

参考文献

Alberta Energy Regulator. Compulsory pooling. https://www.aer.ca/regulating-development/proj-ect-application/application-process/compulsory-pooling. Accessed 1 June 2018

Alberta's Oil and Gas Conservation Act (OGCA) RSA 2000, c O – 6

Alberta's Oil and Gas Conservation Rules (OGCR). Alberta Regulation 151/1971

Al-Emadi T (2010) Joint Venture Contracts (JVCs) among current negotiated petroleum contracts: a literature review of JVCs development, concept and elements. Georgetown J Int Law 1:645

Allen and Overy LLP (2013) Guide to extractive industries documents.

EI Sourcebook. http://www. eisourcebook. org/cms/Jan% 202014/Guide% 20to% 20Mining% 20Documents. pdf. Accessed 1 June 2018

Anaya S (2005) Indigenous peoples' participatory rights in relation to decisions about natural resource extraction: the more fundamental issue of what rights indigenous peoples have in lands and resources. Ariz J Int Comp Law 22:7

Anderson OL (1985) Oil and gas conservation on Canada lands. The Canadian Institute of Resources Law, Calgary

Andrews Kurth Kenyon LLP (2014) Unitisation-the oil and gas industry's solution to one of geology's many conundrums. Lexology 2014. http://www. lexology. com/library/detail. aspx? g = 69912ce0-127d-447e-8a47-50f5d235dcfa. Accessed 28 May 2018

Ballem JB (2008) The oil and gas lease in Canada, 4th edn. University of Toronto Press, Toronto

Bankes N (1997) Compulsory pooling under the Oil and Gas Conservation Act of Alberta. Alta Law Rev 35:945

Barnes P (1995) Indonesia. The political economy of oil. Oxford University Press, Oxford

Bindemann K (1999) Production sharing agreements: an economic analysis. Oxford Institute for Energy Studies, Oxford

Black's Law Dictionary (2004) In: Garner B (ed) 8th edn. Thomson

Blinn K, Duval C, Le Leuch H, Pertuzio A, Weaver J, Anderson O (2009) International petroleum exploration and exploitation agreements: legal, economic and policy aspects, 2nd edn. Barrows Company Inc., New York

Brickner KD (2016) Community development agreements in mining projects. Denver J Int Law Policy 44(3):413

Colchester M, MacKay F (2004) In search of middle ground: indigenous peoples, collective representation and the right to free, prior and informed consent. Forest Peoples Programme, Moreton-in-Marsh

Deep Offshore And Inland Basins Production Sharing Contracts Decree 1999

Etteh N (1973) From concession to participation: restructuring the Middle East oil industry. N Y Univ Law Rev 48:774 – 816

Euroil Ltd. v. Cameroon Offshore Petroleum Sarl [2014] EWHC 12 (Comm) (6 January 2014)

Extractive Industries Transparency Initiative (2014) Mining contracts: how to read and understand them. https://eiti. org/sites/default/files/documents/mining-contracts-how-to-read-and-under-stand-them. pdf. Accessed 12 June 2018

Fabrikant R (1975) Production-sharing contracts in the Indonesian petroleum industry. Harv Int Law J 16:303

Freehold Owners Association (FHOA). Unit agreements. http://www. fhoa. ca/about-other-agree-ments/unit-agreements. html. Accessed 12 June 2018

General Conditions for Sale and Purchase of Nigerian Crude Oil. https://resourcegovernance. org/sites/default/files/GeneralConditionsforNNPCOilSalesTermContract2011. pdf. Accessed 2 May 2018

Handlan A, Sykes K (1984) Pooling and unitization: legal and ethical considerations. Tulsa Law J 19(3):309

Holland and Hart LLP (2014) The nuts and bolts of farmout agreements. Lexology

International Labour Organization's Convention on Indigenous and Tribal Peoples in Independent Countries – 169/1989

International Monetary Fund (2012) Fiscal regimes for extractive industries: design and implemen-tation. IMF Fiscal Affairs Department. https://www.imf.org/external/np/pp/eng/2012/081512.pdf. Accessed 15 May 2017

Ithaca Energy (UK) Ltd. v. North Sea Energy (UK) Ltd. (Rev 1) [2012] EWHC 1823

Kaiser M (2004) Fiscal system analysis: concessionary and contractual systems used in offshore petroleum arrangements. Coastal Marine Institute, Baton Rouge

Kramer B, Martin P (2006) The law of pooling and unitization, 3rd edn. Lexis Nexis, pp 1 – 30

Likosky M (2006) Law, infrastructure, and human rights. Cambridge University Press, New York

Likosky M (2009) Contracting and regulatory issues in the oil and gas and metallic minerals indus-tries. Transl Corp 18(1):1

Lowe JS (1987) Analyzing oil and gas farmout agreements. Sw Law J 41:759 http://scholar.smu.edu/smulr/vol41/iss3/2. Accessed 27 May 2017

Machmud T (1993) Production-sharing contracts in Indonesia: 25 years' history. J Energy Nat Resour Law 11:179

Mann H, Danielson L, Disney K (2013) Model mining development-agreement-transparency agreement, prepared by the sustainable development strategies group. International Institute for Sustainable Development, Winnipeg

Martin P, Kramer B (2009) Williams and Meyers manual of oil and gas terms, vol 203. Lexis Nexis, pp 682 – 704

Martin P, Kramer B (2012) Williams & Myers, oil and gas law. Lexis Nexis, New York

Mineral and Petroleum Resources Development Act 28 of 2002 (MPRDA) of South Africa

Mogale Alloys (Pty) Ltd. v. Nuco Chrome Bophuthatswana (Pty) Ltd. and Others 2011 (6) SA 96 (GSJ) para 36

Muscolino R, Rizzo C, Mirabelli G (1993) The cost recovery oil in a production sharing agree-ment. Society of Petroleum Engineers. https://doi.org/10.2118/25844 – MS. Accessed 21 April 2018

Natural Resources Governance Institute (2015) Fiscal regime design: what revenues the Government will be entitled to collect. https://resourcegovernance.org/sites/default/files/nrgi_Fiscal-Regime-Design.pdf. Accessed 12 June 2018

Neave M (1970) The conservation of oil and gas: a comparative study of on-shore legislation in Australia and America. Melb Univ Law Rev 7:201

Negotiation Support Portal for Host Governments. Mining Development Agreement. http://nego-tiationsupport.org/glossary/mining-development-agreement. Accessed 12 June 2018

Neto J (1985) Risk-bearing service contracts in Brazil. J Energy Nat Resour Law 3:114 – 120

Odumosu-Ayanu I (2014) Governments, investors and local communities: analysis of a multi-actor investment agreement framework. Melb J Int Law 15(2):473

Office of the Presidential Adviser on Petroleum and Energy (2001) Guidelines for the farmout and operation of marginal fields

Omorogbe Y (1997) The oil and gas industry: exploration and production contracts. Malthouse Press, Lagos

Onuma O (2015) Mainstreaming sustainability: an evaluation of Alberta's legal and regulatory regime for gas development. Canadian Institute of Resources Law, Calgary

Pierce DE (2007) Transactional evolution of operating agreements in the oil and gas industry. Rocky Mountain Mineral Law Foundation, Westminster

Radon J (2005) The ABCs of petroleum contracts: license-concession agreements, joint ventures, and production-sharing agreements. In: Salik S, Schiffrin A (eds) Covering oil: a reporter's guide to energy and development. Open Society Institute, New York

Rogers DR, White M (2013) Key considerations in energy take-or-pay contracts. King and Spalding, Atlanta

Ruggie J (2011) United Nations guiding principles on business and human rights: implementing the United Nations "Protect, Respect and Remedy" framework. UN Document A/HRC/17/31

Smith EE (1992) From concessions to service contracts. Tulsa Law J 27 (4):493

Special Rapporteur on the Rights of Indigenous Peoples (2009) Promotion and protection of all human rights, civil, political, economic, social and cultural rights, including the right to devel-opment: report of the special rapporteur on the situation of human rights and fundamental freedoms of indigenous people, 48, UN Document A/HRC/12/34

Sustainable Development Division of Economic Commission of Africa (2004) Improving pub-lic participation in the sustainable development of mineral resources in Africa. Africa Mining Vision. http://www. africaminingvision.

org/amv_resources/AMV/public_participation. pdf. Accessed 29 May 2017

Taylor M, Tyne S (1992) Joint operating agreements. Longman, London

Tordo S, Johnston D, Johnston D (2010) Petroleum exploration and production rights: allocation strategies and design issues. World Bank Working Paper No. 179. http://documents. worldbank. org/curated/en/785881468336848695/pdf/518400PUB0REPL101Official0use0Only1. pdf. Accessed 16 May 2017

United Nations Declaration on the Rights of Indigenous Peoples (UNDRIP) A/RES/61/295, adopted 2 October 2007

United Nations Environment Program (UNEP) (2012) UN-REDD programme guidelines on free prior informed consent. UNEP, Nairobi

United States Energy Information Administration (EIA). Definitions, sources and explanatory notes. EIA. https://www. eia. gov/dnav/pet/TblDefs/pet_pri_spt_tbldef2. asp. Accessed 12 April 2018

United States Energy Information Administration (EIA). EIA energy glossary. https://www. eia. gov/tools/glossary/index. php? id = T. Accessed 2 May 2018

Van Schaik J (2012) Selling the citizens' oil: how Governments sell their oil. Revenue Watch Institute, New York. https://resourcegovernance. org/sites/default/files/OilSales HowGovtsSellOil. pdf. Accessed 30 May 2017

Wigley ML (1978) AAPL form 610 – 1977 model form operating agreement, Rocky MTN. MIN Law Inst, 24

Wigley M. Review of pooling and unitization. National Association of division order analysis. http://hadoa. memberlodge. org/resources/Documents/

01_CDOA/Chapter%2007_Manual%20 Plano%20Review. pdf. Accessed 28 May 2018

Wilkinson J（1997）Introduction to oil and gas joint ventures：United Kingdom continental shelf. Oilfield Publications Ltd. , London

Williams HR, Meyers CJ（1957）The effect of pooling and unitization upon oil and gas leases. Calif Law Rev 45(4):411 http://scholarship. law. berkeley. edu/cgi/viewcontent. cgi? article = 324 9&context = californialawreview. Accessed 27 May 2017

Williston S（1959）A treatise on the law of contracts

World Bank Sustainable Energy-Oil, Gas and Mining Unit（2012）Mining development agreements：source book. The World Bank, Washington, DC. http://siteresources. worldbank. org/INTOGMC/Resources/mining_community. pdf. Accessed 1 June 2017

第九章　当地成分和产品强制要求

摘要:在过去十年中,非洲国家越来越多地引入当地成分立法和合同要求,要求采掘公司在采购用于石油和采矿作业的货物和服务时,优先考虑国民、本国社区、国内公司和当地生产的材料。虽然这种政策可以使国家当局能够最大限度地提高本国采掘活动的价值,而不仅仅是经济利益,但如果这些政策设计不当,也可能对外国投资者产生不利影响。

本章探讨了非洲各地的当地成分政策是如何演变的。本章对非洲国家当地成分义务进行比较分析和概括,以确定地区优势与法律风险点。本章还研究了投资者和国家当局如何发展合作性和可实现的当地成分需求,以最大限度地减少纠纷和法律风险。

9.1　引言

非洲国家越来越多地通过立法、条例、准则、行业合同和招标的做法,将当地成分需求纳入其法律框架。尽管当地成分需求的总体政策驱动因素和产品强制要求明确而统一,但执行当地成分需求的方法各不相同,必须仔细理解和澄清,以避免政府和国际公司之间的错位和合同不匹配。本章探讨了当地成分需求在非洲大陆的演变过程,提供了非洲国家当地成分需求的比较分析和概况,以确定地区优势与法律风险点。本章还研究了投资者和国家当局如何发展合作性和可实现的当地成分需求,以减少纠纷和法律风险。

学习本章后，读者应该能够理解当地成分需求的含义、性质和范围；理解非洲采掘司法管辖区当地成分需求的驱动因素；探索当地成分是否以及如何在所在国定义和编纂；确定所在国的当地成分需求的主要来源；并了解各国政府和采掘业公司如何可以发展出明确、互利和现实的当地成分义务。

9.2　当地成分需求的含义、性质和范围

当地成分需求是一种合同规定、法律和政策，其要求采掘公司在采购用于石油和采矿作业的货物和服务时优先考虑本国人、本国社区、国内公司和当地生产的材料。[①] 一些当地成分需求规定必须从某些供应商采购原材料和货物；一些规定使用当地承包商能力范围内的内生技术和方法；而另一些规定使用资格预审和当地登记，以确保具有适当经验的当地承包商获得工作。[②] 无论范围如何，当地成分需求的基本概念是，要求外国公司在采购用于石油和采矿作业的货物和服务时优先考虑国民、国内公司和当地生产的材料。[③] 当地成分需求衡量采掘部门为国内其他经济部门创造价值多样化、增长和发展的程度。[④] 当地成分需求旨在通过促进当地技能开发、知识创造、经济多样化和当地社区参与采掘项目和活动，将采掘部门的经济效益作为加强和发展其他部门的工具。[⑤]

政府，特别是在石油和天然气资源丰富的国家，通常利用当地成分需求创造更广泛的经济效益，而不仅仅是财政效益、矿区使用费和租金。[⑥]

---

① See Olawuyi (2017a, b), pp. 1 – 5; also Heum et al. (2011).

② Olawuyi, ibid.

③ 据估计，90%以上的资源丰富国家的采掘业至少有一种当地成分需求形式，其中50%是定量指标或要求。See McKinsey Global Institute (2013), International Petroleum Industry Environmental Conservation Association (2011), Heum et al. (2011).

④ Tordo et al. (2013), pp. 1 – 10.

⑤ Organisation for Economic Co-operation and Development (2017), pp. 6 – 7; also Levett and Chandler (2012) and Groupo FARO (2015), pp. 1 – 5.

⑥ Ramdoo (2015); also Gbedi and Adebisi (2013), p. 90.

这些经济利益可能包括雇用国民、从东道国的公司采购货物和服务、与当地实体建立伙伴关系、发展本国技术和基础设施、提高当地企业和国内劳动力的技术和能力。[⑦] 本土化评价的一个方面是通过购买商品和服务而对国民经济作出的综合价值评价,包括工资和福利、材料、设备和厂房、分包合同和税收。

当地成分需求还可以为那些对采掘作业的整体效益相当不满的地区提供就业机会和收入。[⑧] 尽管政府项目,如降价、每月津贴和补贴,可以在一个国家特别是在资源丰富的社区平均分配采掘财富,但不同的群体和个人对他们可能认为相符的利益有不同的看法。民众对更切实际利益的诉求,为当地成分要求的落实带来舆论压力。[⑨] 在更狭窄的范围内,靠近石油和天然气设施的社区,特别是靠近陆上油田的社区,可能会受到其运作的各种不利影响。虽然这些问题可以通过针对性的具体政策来解决,但当地成分要求能够提升资源生产区域的地方社区对其领域内资源的自主调配能力与管理能力。通过实施促进地方参与石油、天然气和采矿部门的政策,政府的目标是增加地方企业和个人在采掘业价值链中发挥突出作用的机会,从而增加收入,并最终促进人类发展。这些政策的目的通常是创造一种环境,使采掘业部门的业务本地化,并促进资源生产社区的工业转型。增加对采掘业供应链的参与不仅可以创造就业和工业发展,还可以提高当地对采掘业项目的支持水平。[⑩]

使用当地成分需求支持采掘业基础广泛的经济增长并不完全是一种新趋势。当地成分需求于20世纪70年代初首次在北海引入,范围从限制进口到国家直接干预石油部门。[⑪] 例如,在加拿大,特别是在萨斯喀彻温

---

⑦ 国际石油工业环境保护协会(2011年)。

⑧ 同上。

⑨ 同上。

⑩ Ramdoo (2015) and Olawuyi (2017a, b).

⑪ Tordo et al. (2013).

省、纽芬兰和新斯科舍省，当地成分需求包括合同义务，即所有商品和服务的35%将来自土著居民拥有的企业。⑫ 最近，在2015年，沙特阿拉伯的沙特阿美国家石油公司启动了其在王国的总价值增加计划，旨在推动、测量和监测承包商为王国带来的"附加值"。⑬ 同样，2012年，英国海上风电产业理事会批准了一个雄心勃勃的目标，即到2020年在海上可再生能源项目中实现50%的英国含量。⑭ 在尼日利亚，尼日利亚国家石油集团的尼日利亚含量部早在21世纪初就实施了当地成分指令和尼日利亚含量政策，旨在到2010年，将向当地石油和天然气行业提供材料、服务和设备时的当地成分价值增加到75%。⑮ 尼日利亚含量部的目的是为尼日利亚含量政策的实施和定期报告提供指导方针。⑯ 同样，根据《石油法》第9节制定的《石油(钻探和生产)条例》第26条是尼日利亚含量政策的前身。⑰ 该条规定，石油勘探许可证的持牌人和石油开采租约的承租人必须分别在许可证或租约颁发后12个月内提交尼日利亚雇员就业计划。

过去十年中，当地成分需求在非洲国家的作用更加显著，最近在全球

---

⑫ 例如，参见《海伯尼亚南部扩展利益协议》第4条，要求运营商为所有加拿大企业和个人提供充分和公平的机会，并首先考虑纽芬兰的企业和个人参与商品和服务的供应以及石油作业产生的就业机会。另参见萨斯喀彻温省政府(2015年)《北部福利摘要——萨斯喀彻温省矿山地面租赁协议》。另参见《加拿大—纽芬兰和拉布拉多大西洋协定实施法》(S. C. 1987, c. 3)第45条。

⑬ 参见王国总价值增加(IKTVA)计划。

⑭ See RenewableUK (2017), pp. 1 – 2.

⑮ See generally, Nigerian Content Development & Monitoring Board (NCDMB), *Handbook of Operational Guideline* (2016), pp. 1 – 10.

⑯ 尼日利亚国家石油公司的尼日利亚含量部试图通过发展国内能力和本土能力，将石油和天然气工业转变为创造就业和国家增长的经济引擎。其目的是确保尼日利亚在所有经济部门积极参与的情况下完成更大比例的工作。此外，它的最终目标是将尼日利亚定位为西非次区域内外的服务提供中心。虽然尼日利亚含量指令没有法律效力，但它与尼日利亚国家石油公司作为大多数油气项目的高级合作伙伴有着深远的影响，并旨在将向当地石油和天然气行业提供材料、服务和设备的本地含量价值提高到2006年年底的45%和2010年年底的75%。一般参见尼日利亚内容开发管理委员会；也可参见 OI Obasi。

⑰ See the *Petroleum Act* 1969 (as amended), Laws of the Federation of Nigeria, 2004, 10. [*The Petroleum Act*].

油价下跌之后也是如此。自 2014 年以来,每桶石油的价格已经下跌了超过 70% ,仅 2015 年一年,石油生产国就损失了超过 3600 亿美元的收入。[18] OPEC 的官方预测显示,石油价格可能要到 2040 年之后才能恢复到每桶 100 美元,非洲国家比以往任何时候都更需要重新考虑如何实现国内经济多样化,[19]并在制造业和新兴技术和创新部门创造新的就业机会,以维持目前的经济增长。[20] 增加更严格的当地成分需求,是非洲国家利用石油和天然气生产作为增加其国内经济其他重要部门价值和推动其强劲发展关键的积极尝试。[21] 同样,希望通过用国内生产的商品取代进口商品来增加国内附加值,通过用国内劳动力替代输入的或外国劳动力来创造更多本地就业是当地成分需求最常提到的目标之一。[22] 在尼日利亚,2010 年通过的一项全面立法——尼日利亚《石油和天然气工业含量发展法》——赋予了尼日利亚含量政策目标的法律效力。[23] 如前言所述,该法的目标是规定尼日利亚石油和天然气工业中尼日利亚含量的发展,以及对尼日利亚含量和所有附带事项的监督、协调、监测和实施。[24] 该法还设立了尼日利亚含量

---

⑱ International Monetary Fund (2015).

⑲ Organization of Petroleum Exporting Countries (2015). Also see Mohinsky (2015).

⑳ Ulrichsen (2011) and Ghafar (2016).

㉑ 虽然尼日利亚、加纳和乌干达等非洲国家颁布了全面的当地成分立法和法规,但其他非洲国家的当地成分义务涉及 2003 年至 2015 年间通过的各种法律和法令。参见加纳的《2013 年石油(当地成分和当地参与石油活动)条例》,以及 2012 年《矿产和采矿(一般)条例》(LI 2173),其中分别为石油和采矿部门的当地成分提供了全面的法律框架;另参见《2011 年当地成分和当地参与石油活动政策框架》。然而,在安哥拉、南非、肯尼亚和坦桑尼亚等国,当地成分需求通过各种手段传播。例如,在安哥拉,可参见《2003 年促进当地私营公司业务的法律》(第 14/03 号法律)、《从国家石油工业公司租用服务和货物的一般监管框架》(第 127/03 号法令)、《关于石油行业公开招标程序的第 48/06 号法令》(第 48/06 号法令)、《关于在招聘、整合、培训和发展石油部门工人时遵守的规则和程序的法令》(第 17/09 号法令)。安哥拉还颁布了第 39/08 号法令,设立了由财政部管理的促进创业基金,以支持创建当地公司。

㉒ See Tordo et al. (2013).

㉓ 参见 2010 年尼日利亚《石油和天然气工业含量发展法》。

㉔ 同上。

监测委员会,其任务是为实施该法的规定提供指导方针。[25]

虽然资源丰富国家的政府青睐当地成分需求并将其作为政策工具,以最大限度地从采掘部门获得当地利益,但当地成分需求也可以为国际石油公司、服务公司和投资者提供基础,以便在成本、可用性和质量的基础上谈判获得货物和服务的某种程度的自由。[26] 如果经过认真谈判,当地成分需求可以为国际石油公司和土著社区谈判互利的条件提供基础,这些条件可以解决土著社区采掘生产的社会、经济和环境问题。[27]

然而,尽管当地成分需求的支持者指出,当地成分需求在为当地产业提供公平竞争环境、为公民创造就业机会以及快速跟踪技术专长和技能转让方面是有效的,但当地成分需求可能导致政府和投资者之间的失调,特别是在当地成分需求法律框架不明确的新兴国家。[28] 例如,虽然当地成分需求可能规定支出总额中必须包括当地采购的货物和服务,但采购程序往往不健全。[29] 潜在的未解决的问题包括:什么是足够的当地成分?东道国政府可以在多大程度上参与或控制和影响国际石油公司的采购过程?是否有要求国际石油公司在石油作业前向联合管理委员会报告或提交其当地成分和采购计划以供批准?如果是这样的话,这样的报告应该说明什么?

另一个常被提及的反对使用当地成分需求的理由是,它们可能与适用于世界贸易组织(WTO)成员的国际贸易措施不相容。[30] WTO成员有义务

---

[25] 2010年尼日利亚《石油和天然气工业含量发展法》第4~5条、第70条规定了委员会的职能、任务,包括以下内容:该法的实施;部长制定的与该法任何方面有关的条例的执行情况;对尼日利亚工业内容发展的监督、协调、管理、监测和管理;监督、协调、管理和监测该法案附表中规定的尼日利亚含量的实现和发展。第70(P)条规定委员会必须依法行事,“为方便履行其职能而采取的任何必要行动”。

[26] See Olawuyi (2017a, b).

[27] Esteves et al. (2013).

[28] See Trade Arabia (2015); S Tordo, M Warner, O Manzano and Y Anouti; see also Darling (2011), pp. 1 – 10; also Shared Value Initiative (2014), pp. 27 – 32.

[29] Olawuyi (2015), pp. 247 – 265; see also Olawuyi and Mercier (2015).

[30] Aladejare (2015), pp. 129 – 148.

不背离非歧视义务（“国民待遇”和“最惠国”义务），根据该义务，如果在价格或质量方面存在更好的选择，外国公司不能被迫从当地供应商购买或雇用当地服务供应商。[31] 虽然一些 WTO 成员，如澳大利亚，已经推出了措辞谨慎、符合 WTO 条款的当地成分需求，但其他一些成员则遵循了谨慎的做法，没有具体说明当地成分需求的任何立法义务。然而，有趣的是，阻碍当地成分需求应用的 WTO 规则很少对发展中国家强制执行。[32] 例如，关于《补贴与反补贴措施协议》（ASCM），国内补贴只有在对另一个 WTO 成员的国内贸易产生不利影响时才算是违反了 WTO 规则。[33] 国内补贴很少达到这一门槛，这是由于申诉方难以提供不利影响的证据以及该规则对补贴的定义过于狭窄。[34] 这导致了大量国家更多地使用补贴作为提升当地价值的工具，而非使用当地成分需求。[35] 罗德里克认为，尽管当地成分需求违反了国际贸易和投资原则，但它们是政策空间的重要组成部分，应该允许发展中国家追求其经济发展目标。[36] 这一观点得到另一位评论员的呼应，他指出，“公平竞争环境”意义上的公平贸易并不一定意味着对每个国家都适用同一套贸易规则和条件，但也意味着承认一些国家处于如此不利的地位，它们需要在国际贸易制度下得到合理的迁就。[37] 类似的是，一些发达国家根据个人收入水平采用不同的所得税税率，这不一定被视为不公平，因为它是基于合理迁就穷人的原则，而不是被谴责为对富人的“不合理的歧视”。[38] 无论对当地

---

[31] 根据 1994 年《关税及贸易总协定》和《与贸易有关的投资措施协定》（TRIMS），世界贸易组织成员不得实施任何歧视外国产品或导致数量限制的国内多边环境协定，如当地成分需求。参见 1994 年《关税及贸易总协定》。

[32] Aladejare (2015), pp. 129 – 148, Heum et al. (2011).

[33] Cimino-Isaacs et al. (2014).

[34] Aladejare (2015), pp. 129 – 148, Nwapi (2015).

[35] 尼日利亚和其他非洲国家引入的石油补贴就是一个很好的例子。See Cimino-Isaacs et al. (2014).

[36] Rodrik (2007).

[37] Lee (2016).

[38] Lee (2016).

成分需求分析和看待的理论观点如何，重要的一步是律师和采购从业人员确保对当地成分及其可能的结果有一个明确和详细的了解，以便使一国对执行此类措施的期望合乎实际。作为补充，有必要了解油气项目价值链上的每个阶段的动态，以评估通过当地成分需求或政策进行干预的可行性。[39]

东道国政府与投资者或承包商之间对实施、衡量和报告当地成分的执行的含义、性质、范围和方法的理解和预期不明确，可能会给投资者带来重大的法律风险。[40] 这些风险包括拒绝收回成本、重新计算税收义务、处罚、罚款，甚至引发腐败指控和(或)实质性违反东道国政府合同；所有这些都可能引发石油合同的损失。[41] 当地成分需求的不一致还可能造成投资者与政府沟通的干扰，石油运营的中断，以及可能代价高昂的正式争端解决，并对投资和东道国政府对国际投资界的吸引力产生腐蚀性影响。[42] 因此，采购从业人员必须了解当地成分的驱动因素、范围和来源，以便有效地预测和减轻与不遵守有关的法律风险。[43]

9.3　非洲国家当地成分需求的驱动力

非洲采用当地成分需求的主要驱动力有五个。第一个驱动力是东道国政府希望随着时间的推移提高国内能力水平。在非洲，国际石油公司常被引入，主要是因为当地工业没有有效开展石油作业的经验和技术能力。[44] 当地成分需求的前提是，国内劳动力和行业应随着时间的推移发展

㊴ Aladejare (2015), pp. 146 – 147, Hanlin (2011).

㊵ 法律风险是指：财务、声誉或投资损失的风险；法律责任；或因合同安排或交易缺陷而产生的公司或机构的争议解决费用。See McCormick (2010), pp. 1 – 3; see also Olawuyi and Mercier (2015).

㊶ Olawuyi and Mercier, ibid. 例如，在伊朗的法律框架中明确规定，未能达到51%的当地成分可能会导致合同终止或报酬费用的减少。See Iran's *Maximum Utilization of Production and Services Potency in Providing Country's Needs and Promotion of Exports* 2012.

㊷ Esteves and Barclay (2011).

㊸ Ibid.

㊹ Muller and Schitzer (2003); also Levett and Chandler (2012).

提供推动石油和天然气价值链所需的货物、服务和人力资源的能力，用国内生产的商品取代进口商品，并通过用国内劳动力取代输入的或外国劳动力来创造更多的当地就业机会。因此，非洲国家的当地成分需求强调，国际石油公司希望和需要采取措施，在石油合同期限内培养一支训练有素、合格的国内劳动力队伍。[45] 几乎所有被调查的制度都要求优先选择当地的商品、服务、消耗品、工程或企业。在所调查的所有司法管辖区中，当本地来源的服务和商品在价格、质量、交货时间和其他方面与国际可获得的服务和商品相媲美时，国际石油公司有义务适当考虑优先选用本地来源的服务和商品。他们还授权国际石油公司在合同期限内制定培训和教育国民的计划和方案。其目的是确保本地劳动力的能力随着时间的推移而得到增强。例如，尼日利亚综合当地成分立法的一个关键目标是增加“尼日利亚含量”，即“通过系统地发展生产力和能力，通过有意利用尼日利亚石油和天然气工业中的尼日利亚人力、物力和服务，为尼日利亚经济增加或创造的综合价值量”。[46] 该法案的时间表规定了每类商品和服务要达到的“尼日利亚含量”的最低水平。

第二个驱动力是希望为公民、居民和家庭型企业参与石油和天然气勘探活动创造一个公平的竞争环境。如果不为新的或正在出现的当地工业和劳动力创造一个公平的竞争环境，使他们参与石油勘探活动，并与国际商品和服务供应商竞争，过度依赖外国商品和服务的循环可能永远不会被打破。[47] 因此，非洲国家的政府将当地成分需求作为一项深思熟虑的方案

---

[45] 参见2010年4月签署的尼日利亚《石油和天然气工业含量发展法》。自即日起，参与尼日利亚油气行业任何项目、运营、活动或交易的所有监管机构、运营商、承包商、分包商、联盟伙伴和其他实体均应将尼日利亚含量视为其整体项目开发和管理的重要组成部分。该法旨在赋予尼日利亚含量政策以法律效力，该政策旨在实现四个主要目标：在石油和天然气价值链上发展本土技能；促进本国资产所有权和在石油和天然气业务中使用本国资产；增强乘数效应，促进扶持产业的建立；创造定制化的培训和可持续的就业机会。参见该法的第2条。Also NCDMB and Glass and Saggi (2008), pp. 3–5.

[46] Nigerian Oil and Gas Industry Content Development Act, 2010, ibid., s. 106.

[47] See Tordo et al. (2013), pp. 115–117.

和政策加以推广,旨在确保当地工业有机会与外国供应商竞争。例如,尼日利亚当地成分法强调通过在采购服务和材料方面采用统一的评价程序,并通过促进地方供应商统一获得项目信息,为地方参与创造一个公平的竞争环境。[48] 同样,乌干达当地成分条例的最终目标是通过利用乌干达的人力和物质资源向乌干达的石油工业提供商品和服务,从而增加乌干达经济中的大量综合附加值或创造价值。[49] 与尼日利亚的立法框架一样,乌干达条例引入了联合供应商注册制度作为在公共库中注册供应商的单一窗口系统。[50] 其目的是为当地工业参与石油和天然气活动提供平等的机会。

第三个驱动力是希望通过就业和就业机会使公民的经济利益最大化。实际上,非洲所有被调查的制度都要求国际石油公司优先雇用具有适当资格的国民。[51] 强制国民就业,目的是为国内就业创造机会,从而促进国民收入增长、能力发展和石油生产国整体经济增长。当地就业始终是国民最关心的问题之一,而且往往是引起争端、不满和冲突的核心问题。[52] 更多的本地就业机会可能带来对项目的更多支持。雇用更多的公民和社区成员也可以帮助改善公司与社区的关系,使国际石油公司获得运营的社会许可证。[53] 鉴于石油和天然气开发对周边社区的负面影响,当地成分可以通过在社区内创造就业和增加价值来帮助补偿受影响的社区。[54]

---

[48] 参见2010年尼日利亚《石油和天然气工业含量发展法》第15条,其中规定:“所有运营商和联盟伙伴应保持采购货物和服务的投标程序,为尼日利亚本土承包商和公司提供充分和公平的机会。”

[49] See The Petroleum (Exploration, Development and Production) (National Content) Regulations 2016 which regulates local content in petroleum exploration, development and production in Uganda. See also *Uganda's Petroleum (Exploration, Development and Production) Act of* 2013 which contains LCRs.

[50] Ibid.

[51] 参见表9.1。

[52] See Ovadia (2015), pp. 37 – 38; also Tordo et al. (2013), pp. 7 – 15.

[53] Tordo et al. (2011), pp. 1 – 10; World Bank (2014), pp. 1 – 4; also Esteves and Barclay (2011), p. 205.

[54] Ado (2013), p. 142.

第四个驱动力是产油国提高内生技术能力的愿望。所有被调查的非洲国家都要求国际石油公司在其价格、质量、交货时间和其他条件与国际可得条件相当时,优先考虑当地制造的设备、机械和消耗品。它们还要求将一定水平的技术或进行研究和发展带进该国,以便当地公司能够通过获得最先进的技术或从技术转让中获益来提高它们的竞争力。[55] 通过强制国际石油公司在石油作业中使用本地技术,直接减少了石油生产技术的进口。这反过来又会迫使国际石油公司和服务公司投资当地制造和服务的技术和设施。[56] 例如,一些在非洲开展业务的国际石油公司已经开设了技术风险部门,以便加快开发和部署能够补充石油和天然气勘探活动的创新技术。通过开放技术企业,国际石油公司可以提升当地生产和获得石油和天然气勘探所需的技术。

第五个驱动力是非洲许多以租金为主要来源的国家也使用当地成分需求来减轻和管理社会和政治风险,这些风险可能源于国内对更好和更公平分配财富和权力的期望。[57] 尽管有各种各样的方案旨在通过补贴政策增加石油财富惠及国民的力度,但国人的需求并未被全方位考虑到,这种欠缺使民众对切实利益提出更多要求,给国家带来了舆论压力。[58] 虽然这些问题可以通过制定具体的政策来解决,但政府利用当地成分需求作为一种工具,将就业和收入带给那些对石油和天然气业务存在相当不满的特定群体、地区。[59] 通过引入详细的当地成分需求,各国可以确保在全国各利益集团和部落之间平均分配对石油财富的控制权。例如,尼日利亚的立法框架规定增加尼日利亚石油部门活动人员的任命。[60] 这一规定使东道国

---

[55] Ulrichsen (2011) and Ghafar (2016).

[56] Muller and Schitzer (2003); also Coe et al. (2008); also Glass and Saggi (2008).

[57] 食利国是定期从石油或其他类型的自然资源中获得大量收入(租金)的国家。See Cook and Mahdavy (1970), pp. 435 – 436; also Krueger (1974).

[58] See Hanlin (2011); See Ovadia (2015).

[59] Ovadia (2015).

[60] 参见 2010 年尼日利亚《石油和天然气工业含量发展法》第 10 条。

能够随时控制和确保社会更广泛的阶层能够直接获得采掘业的机会和财富。尽管当地成分需求有明确和统一的总体政策目标,但非洲国家执行该要求的方法各不相同,国际石油公司必须认真理解和澄清,以避免产生纠纷。虽然在非洲大陆实施当地成分需求的方法的多样性本身并不是一个问题,但将非洲视为一个同一特性的区域往往会给投资者带来问题,他们在进行业务之前没有考虑到每个非洲国家独特的当地成分需求义务和适用的制度。此外,鉴于当地成分需求在国际石油公司和东道国政府之间分配和分担一系列权利、义务和风险,国际石油公司需要确保将明确的、透明的和可实现的当地成分需求纳入其石油合同。下一节是关于非洲国家石油合同、立法和准则中关于当地成分需求的基本主题的概览。

9.4 在非洲实施当地成分需求要求的方法

一项对非洲国家石油和采矿立法和合同的调查显示,在实施当地成分需求方面所采取的方法有五个关键差异。这些差异包括:“当地”的定义;当地成分阈值;政府和(或)国家石油公司在采购过程中的作用;当地成分义务的来源;当地成分需求的监测或机构协调。

9.4.1 “当地”的定义

如表9.1所示,所有被调查的制度都要求有当地成分,这既是基于本地优先的宗旨,也是基于优先选择当地商品、服务、消费品、工程或企业的具体要求。[61] 然而,作为当地人,整个非洲大陆在人和实体的类别上存在广泛的差异,这些类别可能属于广泛的概念化范畴,必须给予优先考虑。[62] 一般来说,“本地”是指几个非洲国家(安哥拉、博茨瓦纳、加纳、尼日利亚、

---

[61] See Olawuyi (2017a, b).

[62] 《关于澄清“本地”含义的重要性》,参见Nwapi(2015)。

坦桑尼亚、赞比亚）的国民，以及国民拥有或控股的公司。[63] 在就业方面，这些国家明确的目标是确保在就业问题上首先考虑合格的国民，并为国民的工作培训提供足够的经费。因此，“当地”在这些国家，主要指的是国籍，而不是石油和天然气活动发生的地点或国家。

表 9.1　非洲当地成分和采购需求调查

国家	来源	条款	说明
安哥拉	2008 年《产量分成合同范本》	当地成分	在安哥拉制度下，当地成分的定义是以最大限度地提高当地参与者的参与度和价值为前提的
		应始终优先考虑安哥拉特许经营者，以确保安哥拉公民参与国家财富的所有权和管理	
	2004 年《石油活动法》（第 10/04 号法）	承包商应在合同生效后 30 天内（对于勘探阶段的公司），在宣布第一次商业发现之日后 60 天内（对于处于生产阶段的公司），编制并提交石油部批准的人力资源开发合同方案，活动开始后 60 天（对于下游实体的公司），以及服务公司合同生效后 30 天。每个合同计划都需要包括雇佣和人事程序，表明符合当地成分需求	
	2003 年《促进本地私营公司业务法》		
	《石油工业国家公司雇用服务和货物的一般管制框架》（第 127/03 号法令）；《关于石油工业公开招标程序的第 48/06 号法令》（第 48/06 号法令）		
	《关于石油部门工人招聘、整合、培训和发展时遵守的规则和程序的法令》（第 17/09 号法令）		

[63] 参见尼日利亚《石油和天然气工业含量发展法》，2010 年将尼日利亚的“含量”定义为“通过有意利用尼日利亚石油和天然气工业中的尼日利亚人力、物质资源和服务，通过系统地发展当地成分能力，在尼日利亚经济中创造或增加的综合附加值的数量”。根据该法案，在采购商品和服务时，必须优先考虑尼日利亚公司。尼日利亚公司的定义为：“根据公司及相关事务法的规定，由尼日利亚人以不少于 51% 的股权在尼日利亚成立并注册的公司。”在加纳，本土加纳公司是指“根据 1963 年《公司法》注册成立的公司……（a）其至少 51% 的股权由加纳公民持有；（b）加纳公民拥有至少 80% 的行政和高级管理职位，100% 的非管理和其他职位”。

续表

<table>
<tr><th>国家</th><th>来源</th><th>条款</th><th>说明</th></tr>
<tr><td rowspan="13">加纳</td><td rowspan="13">《石油协定范本》(2000年)</td><td>当地成分</td><td rowspan="3">加纳的当地成分需求和采购制度侧重于最大限度地提高当地企业的参与和价值</td></tr>
<tr><td>如果有合格的加纳人员可供聘用,承包商应尽可能合理地确保他们的聘用。只有加纳人才能在石油工业中担任初级和中级职位</td></tr>
<tr><td>承包商应在进行石油作业之前提交一份雇用或当地成分计划。当地成分委员会必须在石油开采前批准计划</td></tr>
<tr><td>在石油行业开展任何工作之前,经营者必须在项目所在的区域内设立项目办公室</td><td rowspan="10">虽然国家石油公司没有直接参与采购过程,但承包商应在石油作业之前将当地成分和采购计划提交部长批准。本报告必须说明旨在符合当地成分和采购要求的战略,并可由部长审计以核实其准确性</td></tr>
<tr><td>加纳法律规定,运营商将逐步提高当地成分水平。例如,它规定,在每一项石油协议或许可证开始时,经营者管理人员的30%必须是加纳公民
此外,商品和服务的当地成分阈值在石油作业开始时为10%,5年后为50%,10年后为60%~90%</td></tr>
<tr><td>采购</td></tr>
<tr><td>在货物和服务招标方面,加纳法律要求经营者建立和实施招标程序,优先考虑在加纳生产的材料、设备、服务和产品,包括运输服务</td></tr>
<tr><td>采购实体必须对国内承包商的工作、国内生产的货物的投标或国内服务提供者的利益给予优惠幅度</td></tr>
<tr><td>承包商应在进行石油作业之前,向部长提交一份关于在加纳可获得的货物和服务的采购提案</td></tr>
<tr><td>程序</td></tr>
<tr><td>采购实体应通过竞争性两阶段招标采购货物、服务或工程。合同的授予不应仅仅基于最低投标人的原则。具有执行工作能力的加纳本土公司不得仅因其不是最低财务投标人而被取消资格</td></tr>
</table>

续表

国家	来源	条款	说明
	2011 年《公共采购法》(第 663 号法案)	加纳国家石油公司采用电子采购系统	
	2013 年《石油(当地成分和当地参与)条例》		
	2006 年《矿业和矿产法案》(第 703 号法案)载有关于采矿作业中当地成分的规定。2012 年《矿产及矿业(一般)条例》(LI 2173)		
利比里亚	2014 年《产量分成合同范本》	当地成分	利比里亚框架规定,任何超过 10 万美元的采购合同都必须向部长通报和提供采购报告和数据
		如果价格、质量、交货时间和付款条件与其他国家相似,承包商必须优先考虑利比里亚的企业和货物	
	《公共采购特许权法案》(PPCA)	采购	利比里亚制度规定了不同的财务起点,作为将要采用的采购方法的决定因素
		为石油活动采购货物和服务的合同,应当采用公开招标方式。承包商应向利比里亚国家石油公司提供关于任何超过10 万美元的货物和服务采购的信息、报告和数据	
		程序	
		公共采购应通过公布的公开招标程序进行,所有合格和合格的投标人应不受歧视地平等获得公开招标程序。采购实体应将合同授予合格的投标人,并提交符合招标邀请书、询价书、建议书或相关招标文件中规定的评审标准的评估最低的响应价	

续表

国家	来源	条款	说明
		利比里亚制度规定了不同的财政起点,作为采用采购方法的决定因素。当合同价值估计值在25,000美元(货物)、1万美元(服务)或5万美元(工程)以上时,应公布合同金额	
	《特许经营法案》(PPCA)	当拟议采购的估计合同价格高于10万美元(货物)或5万美元(服务)和20万美元(工程)时,采购实体应采用国际公开竞争投标程序。邀请建议书方法将用于采购低于这些限额的咨询服务。采购低于门槛值的小规模货物、工程和服务的报价请求	
		如果合同授予金额超过15万美元,应通知利比里亚采购委员会,在通知日期后至少14天才能签署合同	
		财政部应参与25万美元以上合同的谈判,仅供参考之用	
利比亚	《勘探和产量分成合同》Ⅳ	当地成分	利比亚制度对承包商提出了50%的当地成分需求。利比亚的采购过程并不典型,因为它是由政府集中采购和规定的
		运营商必须优先考虑当地的供应和服务。运营商有义务将其批准的预算的至少50%用于当地可用的用品、设备和服务	
		采购	
		利比亚实行集中采购制度,政府直接控制货物和服务的采购。利比亚政府尚未通过采购法,仅根据国际咨询工程师联合会(FIDIC)的采购准则制定了一系列采购条例	

续表

<table>
<tr><th>国家</th><th>来源</th><th>条款</th><th>说明</th></tr>
<tr><td rowspan="9">马达加斯加</td><td rowspan="9">2006 年《海上产量分成合同范本》</td><td>当地成分</td><td rowspan="9">马达加斯加的石油和天然气制度为承包商提供了设计和提出自己的采购战略、流程和程序的灵活性，供管理委员会核准</td></tr>
<tr><td>只要其价格、质量、适宜性和交货条件与可能以到岸价格条件进口到马达加斯加的货物和服务相当，应优先使用马达加斯加当地生产或交付的商品和服务</td></tr>
<tr><td>运营商应根据要求向马达加斯加国家矿业管理局和任何参与者提供任何分包商合同的副本</td></tr>
<tr><td>采购</td></tr>
<tr><td>在安排供应、招标和选择与交付货物和服务有关的供应商时，应给予有竞争力的马达加斯加供应商真正获得订单的机会</td></tr>
<tr><td>程序</td></tr>
<tr><td>采购合同应主要根据管理委员会批准的透明预定义程序进行竞争性招标（包括马达加斯加国家矿业管理局指定的 3 名成员和参与者提名的最多 3 名成员）</td></tr>
<tr><td>包括采购订单和合同的标准化表格和条款在内的采购战略，必须得到管理委员会的批准</td></tr>
<tr><td></td></tr>
<tr><td rowspan="3">纳米比亚</td><td>2012 年《石油协议》</td><td>当地成分</td><td rowspan="3">纳米比亚的当地成分和采购制度是灵活的。当地成分是根据对本地商品的偏好来定义的，如果承包商能够证明不应该给予偏好的原因，则可以放弃这一资格</td></tr>
<tr><td>1991 年《石油（勘探和生产）法案》</td><td rowspan="2">只要能够以纳米比亚的价格获得具有国际竞争力的价格，承包商应使用和购买在纳米比亚供应、生产和制造的货物</td></tr>
<tr><td>《1996 年招标委员会法》</td></tr>
</table>

续表

国家	来源	条款	说明
		公司应优先考虑该等供应商、生产商或制造商，除非该公司能够提出充分理由，使部长满意，说明为何不应优先考虑该等供应商、生产商或制造商	此外，事后，承包商应通过每年的当地成分或采购声明告知政府
		采购	
		公司应就每个年度编制并提交一份当地采购报表，其中包含纳米比亚境内提供、生产或制造的货物和服务发生的支出金额的信息	
尼日利亚	《产量分成合同》	当地成分	尼日利亚框架建立了一份全面的当地成分百分比列表，承包商必须满足这些阈值，提供范围更广的服务和良好的服务（范围从 30% 到 100% 不等）
	2010 年尼日利亚《石油和天然气工业含量发展法》		该行业的所有参与者在竞标任何许可证、许可或权益时，以及在石油和天然气行业进行任何项目之前，都必须向委员会提交尼日利亚含量计划
			此外，所有超过 50,000 美元（当地）和 100,000 美元（外国采购）的采购必须事先获得国家石油公司的批准

续表

国家	来源	条款	说明
		经营者应优先考虑在尼日利亚境内提供的服务和尼日利亚制造的货物；在工作项目中，应优先考虑尼日利亚人的培训和就业	
		尼日利亚框架设定了实现70%尼日利亚含量的目标。它还列出了石油工业中开展的各种物品、货物、服务和活动，并规定了运营商在采购或开展相应活动时必须展示的尼日利亚含量的最低规格	
		在尼日利亚石油和天然气行业开展任何项目之前，经营者应向委员会提交一份尼日利亚含量计划，证明该计划符合尼日利亚成分要求（如果该计划符合本法规定），并颁发授权证书	同样，国家石油公司直接参与采购过程的每一个阶段，它有权删除或提名列入资格预审供应商名单的承包商
		采购	
		对于所有授予第三方的外国合同和外国采购订单，如果成本超过5万美元，则应事先获得公司的批准	
		对于所有超过1000万奈拉（约5万美元）的当地合同和采购，应事先获得公司的批准	
		程序	
		凡估计价值超过等值5万美元的当地采购，应采用竞争性报价程序。在向选定的供应商（制造商）发出采购订单之前，应将该等合同送交公司批准。如果在30个工作日内没有收到公司的答复，则视为批准	

续表

国家	来源	条款	说明
		承包商应保留一份为石油作业合同目的而批准的承包商名单。公司有权删除或提名列入名单的承包商。公司和承包商应负责对列入核准承包商名单的任何承包商进行资格预审	
		承包商应在向潜在承包商发出任何采购招标邀请书之前,向公司提交一份建议投标人名单。公司可建议在拟议投标人名单中加入其他投标人,或删除任何一个投标人	
		承包商应建立一个投标委员会,负责对投标人进行资格预审和评估。公司保留提名其员工的权利,这些员工将完全参与这些投标人的资格预审	
		在紧急情况下或特殊情况下,经公司批准,可以免除这些程序。在这种情况下,承包商必须及时通知公司	
		该法放弃了基于最低投标人的评标原则,因此,如果尼日利亚土著公司有能力执行合同,它不会仅仅因为它不是最低财务投标人而被取消资格,条件是价值不超过最低投标价 10%	

续表

国家	来源	条款	说明
坦桑尼亚	2015 年《石油法案》(第 220、221 条)	当地成分	坦桑尼亚的石油和天然气制度为承包商提供了设计和提出其自己的采购战略、流程和程序的灵活性,供管理委员会核准
		承包商应优先提供在坦桑尼亚提供的货物和服务,如果不能提供这些货物和服务,则应由一家与当地一家至少拥有 25% 股份的合资公司或条例另有规定的当地公司提供	
		承包商必须每年向监管当局提交一份关于其雇佣、培训、采购和本地供应商开发项目执行情况的报告,以及被许可方为消除任何已确定的学习差距而采取的步骤。承包商还负责其分包商对采购计划的报告	
		采购	
		当地成分政策草案要求在每一份投标邀请书中包含一个粗略的当地成分需求。此外,承包商和分包商必须促进坦桑尼亚公司作为货物和服务供应商的参与;以及承包商和分包商在每一个采购过程中的竞争力	

然而,一些非洲国家根据在当地注册的公司和实体以及雇用包括国民和居民的当地人力(阿尔及利亚、乌干达、南非)来定义“当地”,从而采用了一个宽泛的定义。[64] 在这样的情况下,“当地”等同于国内实体或本地参

---

[64] See Olawuyi (2017a, b). 例如,在乌干达,当地成分是通过从乌干达公司采购商品和服务来满足的。乌干达公司的定义为:根据 2012 年公司法注册成立的公司,并且为乌干达提供增值,使用当地现有的原料,雇用至少 70% 乌干达人,获监管当局批准。参见 2016 年乌干达《石油(勘探、开发和生产)(国家成分)条例》。南非的法律还规定对历史上处于不利地位的南非人(Historically Disadvantaged South Africans,HDSA)进行优先考虑和直接受益,HDSA 定义为“在 1993 年南非《共和国宪法》(1993 年第 200 号法)(该宪法应代表该国的人口状况)生效之前,由于不公平歧视而处于不利地位的南非公民、类别的人或社区”。到 2014 年,所有矿业公司被要求由 HDSA 拥有 40% 的股份,HDSA 占据了董事会管理、高级管理(行政会议)、核心和关键技能、中层管理和初级管理职位的 40%。参见 2004 年南非《矿业和矿物工业基础广泛的社会经济赋权宪章》第 2、4 条,以及 2002 年《矿物和石油资源开发法》第 9 ~ 12 条。

与者,指的是来自采掘作业所在的国家地点或地区的货物、服务或劳动力,而不是货物、服务或劳动力提供者的国籍或公民身份。

这一区别在非洲国家确实非常重要,如果不加以适当澄清和处理,就可能成为法律风险点。一般而言,在非洲,国际石油公司、国民和外籍工人之间的关系可能非常脆弱,因为不断有人鼓动国民更直接地参与石油业务的运作。[65] 虽然旨在给予国民特别承认和优先权的当地成分需求可以提供解决这种脆弱性的机制,但在难以从现有国民资源中找到适合所需货物、服务或劳动力的情况下,这可能是国际石油公司的一个法律风险点。[66] 此外,如果当地生产的产品或高技能的国民无法立即获得,或者只能以高得多的成本获得,那么从国籍的角度来概念化"当地"可能会导致项目延误和投资者的成本高涨。然而,对国际石油公司来说,在一个资源丰富的地区维持社会稳定的好处,以及更广泛地说,保持运营的社会许可证的动力,可能比这些交易所造成的损失更重要。[67] 纳米比亚法律框架中有一种更灵活的模式来管理这种交易,该框架规定承包商在可能的情况下应首先考虑或优先考虑当地制造的或当地可获得的货物。[68] 这为国际石油公司提供了一些灵活性,以便在国际石油公司出于业务原因作出决定时,或在无法找到适当资格的国民或服务提供者时,考虑其他类别的当地人。

9.4.2　当地成分阈值

在部分非洲国家,每类商品和服务要达到的"当地成分"的最低水平并不是以百分比或时间框架来表示的,而只是在服务、材料、设备、消耗品和其他商品的价格、质量、交货时间和其他条件具有可比性的情况下,优先

[65] 世界银行(2014)。
[66] 同上。
[67] 同上。
[68] 参见纳米比亚《石油协定》(2007 年)和《石油(勘探和生产)法》(1991 年)。

考虑服务、材料、设备、消耗品和其他商品。[69] 例如，利比里亚产量分成合同规定，如果价格、质量、交货时间和付款条件与其他国家相似，承包商必须优先考虑来自利比里亚的企业和货物。[70] 同样，马达加斯加产量分成合同规定，承包商应优先雇用合格的马达加斯加国民，但前提是承包商有权在适当的职位上雇用自己的关键人员。[71] 纳米比亚的产量分成合同是灵活的，规定承包商应在可能的情况下选择纳米比亚国民或赞比亚国民拥有多数股权的承包商，除非它能够提出令部长满意的良好理由，说明不应给予这种优惠的原因。[72] 纳米比亚法律框架还指出，在为石油作业采购货物时，承包商应尽可能优先选择当地制造或当地提供的货物，只要其技术规格、质量、交货时间和服务与国际供应的货物相当。

然而，虽然在利比里亚、纳米比亚和马达加斯加等国家，当地成分义务是灵活的，没有强制性阈值，但其他非洲国家，特别是尼日利亚、南非、加纳和利比亚，明确规定了必须达到的当地成分百分比阈值和时限。[73] 尼日利亚、加纳和利比亚采用一种当地成分指标办法，根据每个标准的价值确定了具体标准，确定了公司的百分比评级。例如，加纳法律框架规定要逐步增加运营商要达到的当地成分级别。例如，它规定，在每一项石油协议或许可证开始时，运营商管理人员的30%必须是加纳公民。此外，商品和服

---

[69] Art. 26 Yemen Model Production Sharing Contract of 2006; Olawuyi (2017a, b).

[70] 利比里亚《产量分成合同》。

[71] 2006年马达加斯加《海上产量分成合同范本》。

[72] 参见纳米比亚《石油协定》(2007年)、1991年《石油(勘探和生产)法》和南非《采矿宪章》(第66号)，其中南非《采矿宪章》规定南非所有采矿活动中40%为当地成分。

[73] 尼日利亚、南非、加纳和利比亚的最低阈值方法遵循塞班外部当地成分评估(Saipem Externalities Local Content Evaluation, SELCE)模型，该模型以货币形式对当地成分要求所产生的社会经济影响进行了定量评估。该工具使用乘数法来衡量塞班运营公司在其所在国家产生的直接、间接和诱发的社会经济影响。确定和量化了三个主要类别：(1)在当地采购、向地方当局缴纳的税款和雇员薪金方面所创造的经济价值；(2)创建的就业；(3)人力资本开发，包括由于公司的培训而增加的终身收入预期。对于每一个类别，总影响(由直接、间接和诱发影响的总和给出)和乘数因子(提供影响大小的数字)被计算出来。参见《塞班SELCE模型：当地含量的可持续发展》。

务的当地成分在石油作业开始时为10%,5年后为50%,10年后为60%～90%。[74] 同样,尼日利亚法律框架提供了承包商必须满足的当地成分百分比阈值的综合清单,范围从30%到100%不等,[75]而根据利比亚的产量分成合同,运营商有义务将其核准预算的至少50%用于当地提供的用品、设备和服务。[76] 在这些以百分比表示的少数情况下,当地成分义务通常与运营期间花费的总体收入挂钩。

强制性阈值的方法引发了一些问题。其一,鉴于这些当地成分需求是最近提出和通过的,因此有必要澄清它们对在强制性阈值之前已经存在的安排、协定、合同或契约书的影响。[77] 其二,这种公式化的方法将当地成分从"未要求"转变为"强制性要求",而这样的转变可能会导致合同违约,并对不遵守规定的运营商或供应商进行处罚。欧洲以及伊拉克、叙利亚、约旦和卡塔尔等产油的中东国家采取了一种灵活方法,可以说是一种更为直接的方法,他们允许运营商根据当前的市场现实调整当地成分需求。[78] 这些国家不以百分比或阈值公式表示当地成分。相反,它们为采掘公司提供了从当地人那里购买商品或在可能的情况下雇用他们的灵活性。当运营商无法获得当地制造的产品或服务,或是面对更高的采购成本的情况下,这种灵活性对于运营商保持质量尤为重要。该种方法还减少了与不符合就业或当地成分需求阈值有关的法律风险。

---

[74] Saipem, SELCE Model: Local Content for Sustainable Development.

[75] 2010年尼日利亚《当地成分发展法案》附表1。

[76] 参见利比亚《勘探和产量分成合同(四)》。

[77] See OI Obasi.

[78] See for example Art. 23 State of Qatar Model Development and Production Sharing Agreement of 2002; Art. 26 Republic of Yemen Model Production Sharing Agreement 2006; Art. 23 Jordan Model Production Sharing Agreement of February 2007; also Art. 19. 1 Oman Model Exploration and Production Sharing Agreement Dated April 24, 2004; Art. 17 INA Contract of 1998 for the Exploration, Development and Production of Petroleum between the Government of the Syrian Arab Republic and Syrian Petroleum Company and INA-Industrija Nafte dd. -NAFTAPLIN.

9.4.3 国家的作用

政府和国家石油公司在采购过程中的参与各不相同。虽然当地成分需求可能规定支出总额中必须包括当地采购的货物和服务的部分,但采购程序往往不健全。一些非洲政权准许承包商设计和提出自己的采购程序和流程,只要他们遵守当地成分需求,并以国际石油行业普遍接受的标准为基础(如马达加斯加)。[79] 然而,尤其是在遵守当地成分需求方面存在争议时,怎样才符合国际最佳做法引起了激烈的争论。此外,在安哥拉、乌干达、纳米比亚、南非等国,运营商必须在事后提交年度报表、审计或强制性执行标准给政府,以表明其遵守了当地成分需求和采购要求;[80]在另外一些国家,采购计划必须在石油作业开始之前提交(如加纳)。如果国家石油公司或管理委员会(如尼日利亚、利比里亚、利比亚、埃及)以顾问的身份直接参与,甚至在一些极端的情况下被告知可能参与超出某些门槛金额的采购活动时,国家的作用就会产生变化。[81]

了解国家石油公司或政府在采购过程中特定角色的变化对于避免争端至关重要。随着各国政府越来越多地寻求对承包商的采购过程施加某种形式的影响,以确保按当地成分计算的总价值,国际石油公司有必要从一开始就明确政府对采购过程的参与程度。例如,欧洲的一种常见做法是,要求承包商在《石油协定》生效后 60 天内提交当地成分需求遵约和采

---

[79] See Ulrichsen (2011) and Ghafar (2016).

[80] 参见 2004 年南非《矿业和矿业赋权社会经济赋权宪章》(采矿宪章)第 2.9 条;2016 年乌干达《石油(勘探、开发和生产)(国家成分)条例》第 25 条;安哥拉《关于石油业工人招聘、整合、培训和发展的规则和程序法》第 17/09 号法令第 7 条规定,公司必须向石油部提交年度计划和报告。

[81] 尼日利亚法律框架规定,政府参与估计价值超过 1000 万奈拉(约 50,000 美元)的所有采购。See *The Nigerian Oil and Gas Industry Content Development Act* 2010, n. 16; also Production Sharing Contract between Nigerian National Petroleum Corporation and Gas Transmission and Power Limited, Energy 905 Sunera Limited and Ideal Oil and Gas Limited (2007).

购计划。[82] 这使国际石油公司能够设计和开发自己的采购程序，同时为国家提供了一个早期参与的机会。政府参与采购过程，作为一种监测当地成分需求和透明度的方式，会对石油作业造成重大风险和拖延，特别是在一些政府批准程序缓慢和官僚主义盛行的非洲国家。因此，关注其在非洲大陆的采掘作业效率的国际石油公司应避免政府参与采购过程。但是，在必要时，特别是在透明度要求较高的大型项目中，可在设有重大财政门槛的合同中允许政府参与采购。

9.4.4　义务来源

在非洲国家，与当地成分需求有关的义务变化非常快，而且经常来自国内立法和与运营商签署的现有采矿和石油协定以外。虽然尼日利亚、加纳和安哥拉等石油和天然气生产国已经制定了专门针对当地成分的全面立法框架，[83]澄清了适用于石油作业的当地成分需求的含义、性质和范围，但非洲的其他许多国家尚未制定专门针对当地成分的明确和全面的立法框架。在这些国家，当地成分义务是在石油或采矿合同中规定的，因此可能无法明确和全面地进行定义，以阐明当地成分价值的含义、衡量和报告当地成分价值的阈值等有关问题；这种义务可以在国家石油公司发布的例行准则或一般公共采购法中加以扩大。在非洲大陆的国际石油公司为了避免与实现的当地成分的水平和时间框架有关的不确定性和不一致的法律风险，应确保事先在石油协定中阐明并全面地记录当地成分需求。

此外，虽然尼日利亚、南非、利比亚和安哥拉等非洲国家有一个适用于

---

[82] 例如，参见克罗地亚碳氢化合物署（2015）。

[83] See The Nigerian Oil and Gas Industry Content Development Act 2010；also Mexico's Hydrocarbons Act 2014（Ley de Hidrocarburos）；Ghana's Petroleum（Local content and Local Participation in Petroleum Activities）Regulations 2013；Angola's Decree Law on the rules and procedures to observe in recruitment，integration，training and development of workers from the oil sector. For a summary and overview of these laws，see Columbia Centre on Sustainable Investment，Local Content Laws & Contractual Provisions.

采矿和石油作业的综合当地成分框架,但加纳和坦桑尼亚等少数国家分别就采矿和石油部门的当地成分制定了单独的立法框架。因此,国际石油公司必须阐明一个国家是否对采矿和石油部门分别适用不同的当地成分需求和阈值,以最大限度地减少不遵守规定的法律风险。

9.4.5 监督与协调机构

非洲大陆当地成分需求的范围和内容缺乏明确性的一个主要原因是,虽然有部分非洲国家规定了当地成分需求,但只有少数国家建立了监测和执行这种要求的机构或机制。例如,尼日利亚当地成分发展委员会,其任务是监督、监测和实施委员会的规定。[84] 加纳效仿尼日利亚建立了自己的当地成分委员会,其任务是监测和协调加纳 2013 年法规各个方面的执行情况。[85] 坦桑尼亚的 2013 年当地成分政策同样表明了设立国家当地成分委员会的意图,该委员会将由其石油部主持。[86]

如果没有建立有效监测和执行的机制,就很难量化附加值。[87] 除了提高公众意识和减少当地成分需求范围的不确定性外,设立一个主要的当地成分机构可以协调和带头制定出符合政府优先事项和国内法律的当地成分和产品采购的统一方法。这样的机构还可以指导运营商和投资者开发符合国家愿景的石油业务或项目;更确切地说,这可以产生真正的、可衡量的和长期的当地利益。当地成分机构还可以监督和调查公司是否符合当地成分需求。例如,尼日利亚当地成分发展委员会有明确的法定权力,可

---

[84] 2010 年尼日利亚《石油和天然气工业含量发展法》第 4 条和第 70 条规定委员会有权监督尼日利亚含量目标的执行情况;制定干预措施以确保实现这些目标;并确保遵守涉及尼日利亚石油和天然气行业服务提供商和运营商的政府指令。

[85] 参见 2011 年《石油委员会法》第 5、8、44 条。同样在乌干达,包括所有石油活动的国家含量季度业绩报告将被提交给石油管理局。参见乌干达 2016 年《石油(勘探、开发和生产)(国家成分)条例》第 25 条。

[86] 加纳 2013 年《石油(当地含量和地方参与石油活动)条例》。

[87] 2010 年尼日利亚《石油和天然气工业含量发展法》第 4 条。

以对任何不遵守当地成分需求的主体进行至少项目总价5%的处罚。[88] 尼日利亚当地成分发展委员会征收的罚款将支付给当地成分发展基金,专门用于培训和支持当地企业。从国际石油公司的角度来看,这种明确的体制方法减少了当地成分需求执行和实施方面的模糊性和意外,从政府和政策的角度来看,它确保了当地成分需求真正得到监督和执行,而从长远来看,它们可以产生真正和可量化的好处。

建立一个主要的当地成分机构或单位还可以使其发挥全方位"一站式"的作用,与其他相关机构和部委进行协调,以最大限度地快速跟进和实现国家地方成分目标。这些部委、部门和机构在量化附加值方面可以发挥尤为重要的作用。例如,除了监督石油和天然气行业的机构外,教育部门也在评估和监测地方生产能力和培训方案方面发挥作用,而劳动部门则负责衡量通过石油项目增加的当地就业机会的数量和质量,同样,技术部门也在促进石油技术转让和部署方面发挥作用。广泛的利益相关者强调了协调的重要性。一个主要的机构可以汇集和协调所有相关经济部门的当地成分方案。有了强有力的政府间协调,获得当地成分倡议的批准对国际石油公司来说就不再烦琐,反而更直截了当。制定协调执行方法还可以简化政府部委之间传递信息的过程,从而消除效率低下和官僚作风。

在非洲,当地成分需求制度的多样性以及地方含量义务的范围不明确,给国际石油公司带来了一些法律风险和不确定性,其中很小一部分可以通过传统的合同文件来处理。此外,由于不平衡的法律或合同赋予国家石油公司或国家广泛的自由裁量权来参与运营商的采购过程,从而监测当地成分,因此引发了一些具体的问题。虽然列入专门减轻这些风险的合同条款非常重要,但仅有合同条款不足以解决所有这些法律风险。为了保持国际石油公司对该地区石油活动的兴趣和信心,非洲国家可以采取更多措施,确保当地成分需求明确、具体,并与国际最佳做法保持一致,以最大限

[88] 2010年尼日利亚《石油和天然气工业含量发展法》第4条。

度地减少争议。如果没有为投资者提供明确性和确定性的强有力的监管和制度基础，就很难与为国际石油公司提供更明确和更现实的条款和要求的公权力抗辩。下一节讨论国家当局与国际石油公司之间合作的必要性，以最大限度地减少与非洲采掘业与当地成分需求有关的法律风险和争端。

9.5 减少与当地成分需求相关的法律风险：合作的必要性

当地成分需求的实施在尼日利亚、加纳和安哥拉取得了不同程度的成功，因此证明当地成分需求必须得到明确、具体和透明的立法框架的支持，包括强有力的执行监控机制。[89] 虽然为当地成分制定国家要求和目标反映了确保国内价值创造和长期经济增长的政治承诺，但非洲各国的下一步是制定全面和整体的法律框架以阐明和简化当地成分需求。非洲大陆各国政府必须采取以明确、透明和可实现的当地成分需求为基础的更具协作性的做法，并为国际石油公司实现这些目标提供充分的体制支持，而不是要求其强制性服从并遵守当地成分需求——这样的强制性需要更多的当地成分或需要引入更多惩罚性执法措施。

当地成分需求的合作方式是建立在为国际石油公司创造一个支持性的监管和商业友好的经济环境的基础上，以便在东道国创造更大的价值。[90] 运用这种方法，政府可在以下方面发挥突出作用：减少国内投资的管理和行政壁垒；为国际石油公司在东道国建立或支持中小企业提供财政激励；更新知识产权法，为国内生产的技术提供更大的保护；简化执照和许可证的审批程序和费用，提供并确保在当地成分需求的就业、培训和教育组成部分中发挥作用的主要部委和机构之间加强部际协调。[91] 在协同方式下，各国政府将与国际石油公司和地方社区密切合作，制定切实可行的

---

[89] See Acheampong et al.（2016），p. 9，also Nwapi（2015），pp. 187 – 216.

[90] Organisation for Economic Co-operation and Development，Working Party of the Trade Committee，*Local Content Policies in Minerals-Exporting Countries*.

[91] 关于减少国家层面技术吸收障碍的重要性，参见 Olawuyi（2017a，b）。

当地成分需求，然后制定支持性的监管和体制框架，以实现统一目标。

在成本、声誉和效率方面，采用协同方式具有很强的经济效益。[92] 如果国际石油公司能够实现当地成分需求，政府和公众最终将获得更大的利益，除此之外，如果不能有效地将与当地成分需求相关的法律风险降至最低，尤其是当当地成分需求成为广泛诉讼的对象时，可能会给国家当局带来巨大的财务、法律和声誉风险。[93] 这种风险也可能表现在由于争端而造成的石油生产的突发事件，例如社区抗议项目缺乏利益，包括抗议对雇员可能造成的伤害。此外，在竞争激烈的石油和天然气部门，一个国家吸引投资者和开发石油资源所需的技术（包括金融机构和贷款人）的能力将取决于为减少合同风险而采取的流程和方法，例如为防止投资者不履行当地成分需求的义务而颁布的制度。此外，国际石油公司可以避免罚款、处罚，甚至避免腐败和（或）严重违反东道国政府合同的指控，这些可能是由于当地成分需求失调造成的。

为尽量减少与当地成分需求有关的法律争议和风险，政府和国际石油公司在采用当地成分需求时应考虑以下行动要点。

9.5.1 制定明确、全面的当地成分要求法律

国家当局的出发点是建立明确、透明和全面的当地成分法律，为当地成分需求提供指导，特别是在石油和天然气领域。此外，这些法律应明确界定关键概念，如当地、当地成分、当地公司、项目总额和国内价值。还需要明确确定国家想要改进或建立的技能、能力、技术和经济活动，并将之作为当地成分实施的一部分。这种清晰的定义将减少关于当地成分需求的范围和内容的歧义。

当地成分法也非常有助于解决其他国内法可能阻碍当地成分需求成

---

[92] 有关协同监管方法效用的理论观点，参见 Shapiro and Rabinowitz（1997）。

[93] Franks et al.（2014）.

功实施的重叠和限制。[94] 例如,采购法对采购程序有详细的规定,但如果这些法律不澄清这些程序是否适用于石油和天然气部门,可能会妨碍当地成分需求的协调执行,并可能导致失调、产生风险。采用明确和具体的当地成分需求可以为国家提供机会,使当地成分需求与现有法律相协调,以避免重叠和不匹配。

最重要的是,当地成分立法应设立一个指定的机构或联络点,作为当地成分需求的"一站式"服务。这将有助于简化寻求和获得监管许可和投资批准的流程和程序;它还将作为一个凝聚点,促进目前在执行地方含量倡议方面发挥重要作用的许多机构之间相互管理的协调和联系。

9.5.2 建立当地成分要求的协作机构

为了向国际石油公司提供充分的机构支持以实现当地成分需求和目标,重要的是建立一个重点机构、委员会或行政单位,在项目的整个生命周期内协调当地成分计划的设计、批准和实施。虽然可以建立这样一个重点机构作为石油合同的监督委员会,但更长期的做法是建立一个全国性的当地成分机构或单位,负责监督多个经济部门的当地成分需求。

除了作为"一站式"服务,简化当地成分推行的审批程序外,该机构亦会为运营商提供方法和工具,让他们汇报和监察他们是否遵守条例,以减少争议。通过授权和建立一个重点机构,多个行业的投资者可以获得相关信息,并制定一个标准化的方法来跟踪、监控和遵守当地成分需求。协作也可以减少重复和重叠、避免法规冲突、增加行政费用和避免延误。

9.5.3 为履行当地成分要求而采用的合作合同条款

作为合同谈判的一部分,国家当局和国际石油公司需要在一开始就共同定义什么是成功的当地成分和附加价值。目标的范围必须是具体的、可

---

[94] Nwapi (2015); also Ovadia (2015).

衡量的和可实现的,以避免含糊和不一致。与其采取死板和不灵活的方法,不如采取明确政府期望的合作方法,同时为国际石油公司提升制定当地成分计划和采购程序的灵活性,这样可以在非洲国家取得更大的成果。此外,各国在定义当地成分需求和目标时,必须认识到,实现国内价值的时间框架可能因项目而异,并可能受到合同谈判期间未预见到的政治和其他因素的影响,而不是规定笼统的和不切实际的时间框架。

谈判阶段也是国际石油公司和政府在一段时间内就遵守当地成分倡议的成本和权衡达成一致的绝佳机会。例如,如前所述,遵守产品授权要求可能意味着国际石油公司的项目延迟或付出更高的成本,特别是在当地无法立即获得合适和价格合理的替代方案的情况下。这可能会改变项目的利润率或影响石油经营活动的时间表。这些权衡必须在合同谈判阶段得到很好的考虑,以避免长期的失调和争执,并实现互利和现实的合同框架。例如,如果政府坚持当地成分的时间线,那么可以修改诸如利润、石油和回收成本等财政条款以保护国际石油公司的利润,同时实现政府规定的志在必得的当地成分需求的时间线。表 9.1 提供了非洲前沿采掘市场有关当地成分需求的调查。

9.5.4 绩效的衡量与沟通

尼日利亚和加纳当地成分框架的一个突出特点是,它们都规定了报告义务和固定的关键绩效指标,要求供应商提供季度状态更新和年度报告,说明遵守当地成分要求的范围和水平。定期报告目标、成就和战略为双方提供了合作机会,以相互评估当地成分需求的可行性和效力,并探索可以提高绩效并为双方带来共同收益的方法。及时有效的沟通可以减少争议的可能性,因为它允许双方探讨公司是否以及如何实现当地成分需求。当既定目标可能难以实现时,关键绩效指标也可以为重新谈判或修改当地成分需求提供基础。因此,双方必须在合同谈判期间就当地成分需求的关键绩效指标和报告要求达成一致,而不仅仅是规定必须实现当地成分要求。

9.6 小结

非洲国家越来越多地采用当地成分需求,这为国家当局从资源开采活动中最大限度实现国内利益和价值提供了实际机会。当地成分需求还可以满足投资者的愿望,即确保在成本、可用性和质量的基础上自由采购,并满足投资者对透明和高效流程的共同愿望。但是,如果从一开始就没有很好地阐明、执行、报告和衡量当地成分的程序,当地成分需求就可能导致重大的法律风险和政府与投资者之间的不协调。非洲国家与当地成分需求有关的法律争议和风险可能由于整个区域当地成分需求缺乏强有力的法律和体制框架而加剧。因此,整个非洲大陆的国家当局需要采取全面的法律框架,明确实施、衡量和报告当地成分执行情况的意义、性质、范围和方法。一个明确、全面和现实的法律框架是非洲国家实现其当地成分政策目标的绝对要求。

此外,在非洲大陆越来越多地采用符合当地成分的办法,可能会对当地成分需求的政策目标产生反作用。非洲国家当局需要在共同理解、共同价值观和利益的基础上,在合作和支持性机构的推动下,对当地成分需求采取合作方式。双方还必须谨慎制定和商定明确、切实可行的当地成分需求和程序。在风险管理和风险缓解方面,国际石油公司确实有很强的商业意识,在尽可能早的阶段仔细了解和评估东道国的当地成分需求,以确定这些要求是否会降低采掘项目的盈利能力或商业价值。

努力识别和减轻市场风险,对在非洲成功的采掘投资至关重要。本书的下一部分将揭示投资者在非洲获取采掘许可证时必须谨慎预测和管理的主要环境、法律和市场风险。下一章首先将探讨与资源丰富的非洲国家的采掘作业和活动有关的环境挑战和风险。

参考文献

Acheampong T, Ashong M, Svanikier V (2016) An assessment of local-content policies in oil and gas producing countries. J World Energy Law Bus 9(4):282 - 302

Ado R (2013) Local content policy and the WTO rules on trade-related investment measures (TRIMS): the pros and cons. Int J Bus Manage Stud 2(1):137 - 146

Aladejare A (2015) Legal status of sections 10 and 12 of the Nigerian oil and gas industry content development act (2010) under the GATT Regime. Afe Babalola Univ J Sustain Dev Law Policy 5(1)

Broad-Based Socio-Economic Empowerment Charter for the South African Mining and Minerals Industry (2004). http://pmg-assets. s3 - website-eu-west - 1. amazonaws. com/1/FinalCharter. pdf. Accessed 12 May 2018

Canada-Newfoundland and Labrador Atlantic Accord Implementation Act (S. C. 1987, c. 3)

Cimino-Isaacs C, Hufbauer GC, Schott JJ (2014) A Proposed Code to Discipline Local Content Requirements. Peterson Institute for International Economics. Pierson Institute for International Economics. Policy Brief 14(6)

Coe D, Helpman E, Hoffmaister AW (2008) International R&D Spillovers and Institutions. Working Paper No. WP/08/104. International Monetary Fund, Washington, DC

Columbia Centre on Sustainable Investment. Local Content Laws & Contractual Provisions. http://ccsi. columbia. edu/work/projects/local-content-laws-contractual-provisions/. Accessed 10 Oct. 2017

Contract of 1998 for the Exploration, Development and Production of Petroleum between the Government of the Syrian Arab Republic and Syrian Petroleum Company and INA-Industrija Nafte dd

Cook M, Mahdavy H (1970) The pattern and problems of economic development in rentier states: the case of Iran. In: Cook M (ed) Studies in the economic history of the Middle East: from the Rise of Islam to the present day. Oxford University Press

Croatian Hydrocarbon Agency (2015) Croatian Model Production Sharing Contract, 1st Onshore licensing round

Darling R (2011) Beyond taxation: how countries can benefit from the extractive industries through local content. Revenue Watch Institute, New York

Esteves AM, Barclay MA (2011) Enhancing the benefits of local content: integrating social and economic impact assessment into procurement strategies. Impact Assess Proj Appraisal 29:205

Esteves AM, Coyne B, Moreno A (2013) Local content initiatives: enhancing the subnational benefits of the oil, gas and mining sectors. Natural Resource Governance Institute

Franks D, Davis R, Bebbington A, Saleem H, Kemp D, Scurrah M (2014) Conflict translates environmental and social risk into business costs. Proc Natl Acad Sci 111(21):7576 –7581

Gbedi D, Adebisi J (2013) Managing local content policies in the extractive industries. Res J Financ Account 4(7):90

Ghafar A (2016) Will the GCC be able to adjust to Lower Oil Prices. Brookings Institution. https://www.brookings.edu/blog/markaz/2016/02/18/will-the-gcc-be-able-to-adjust-to-lower-oil-prices/. Accessed 10 Oct. 2017

Glass A, Saggi K (2008) The role of foreign direct investment in international technology transfer. In: Dutt A, Ros J (eds) International handbook of development economics. Edward Elgar, Cheltenham, UK/Northampton, MA

Government of Liberia. Production Sharing Contract. http://www.eisourcebook.org/cms/Liberian% 20Production% 20Sharing% 20Contract.pdf

Government of Libya. Libyan Exploration and Production Sharing Agreement Ⅳ

Government of Saskatchewan (2015) Northern benefits summary-Saskatchewan mine surface lease agreements. http://cvmpsk.ca/wp-content/uploads/2015 – Northern-Benefits-Summary-Mine-Surface-Lease-Agreement-Final-June – 2016.pdf. Accessed 12 June 2018

Groupo FARO, ACODE (2015) Oil and gas local content development strategy: the keys to success. http://www.acode-u.org/Files/Publications/PBP_38.pdf. Accessed 12 May 2018

Hanlin C (2011) The drive to increase local procurement in the mining sector in Africa: myth or reality? MMCP Discussion Paper No. 4

Heum P, Kasande R, Ekern OF, Nyombi A. (2011) Policy and regulatory framework to enhance local content: yardsticks and best practice. SNF Working Paper No. 02/11

International Monetary Fund (IMF) (2015) Global Implications of Lower Oil Prices, International Monetary Fund. https://www.imf.org/en/Publications/Staff-Discussion-Notes/Issues/2016/12/31/Global-Implications-of-Lower-Oil-Prices – 43052. Accessed 12 June 2018

International Petroleum Industry Environmental Conservation Association

(IPIECA) (2011) Local content strategy: a guidance document for the oil and gas industry. http://www.ipieca.org/media/1384/local_content_2016.pdf. Accessed 12 June 2018

Iran's Maximum Utilization of Production and Services Potency in Providing Country's Needs and Promotion of Exports 2012

Krueger A (1974) The political economy of the rent-seeking society. Am Econ Rev 64(3):291 - 303

Lee YS (2016) Reclaiming development in the world trade system, 2nd edn. Cambridge University Press

Levett M, Chandler AE (2012) Maximizing development of local content across industry sectors in emerging markets. Center for Strategic and International Studies, Washington, DC

McCormick R (2010) Legal risk in the financial markets. Oxford University Press

McKinsey Global Institute (2013) Reversing the Curse: Maximizing the Potential of Resource-Driven Economies

Mineral and Petroleum Resource Development Act 2002 of South Africa

Minerals and Mining (General) Regulations 2012 (LI 2173) of Ghana

Mines and Minerals Development Act no 7 of 2008 of Zambia

Mohinsky B (2015) OPEC: oil won't be worth $100 a barrel until after 2040. Business Insider. http://uk.businessinsider.com/opec-oil-wont-be-worth - 100 - a-barrel-until-after - 2040 - 2015 - 12. Accessed 12 June 2018

Muller T, Schitzer M (2003) Technology Transfer and Spillovers in International Joint Ventures. Discussion Paper No. 2003 - 22

Namibia Petroleum Agreement (2007). http://www.eisourcebook.org/cms/Namibia%20Model%20 Petroleum%20Agreement%202007.pdf.

Accessed 12 Aug 2018

Nigerian Oil and Gas Industry Content Development Act 2010

Nwapi C (2015) Defining the "Local" in local content requirements in the oil and gas and mining sectors in developing countries. Law Dev Rev 8(1):187 – 216

Obasi OI. Analysis of the Nigerian Oil and Gas Industry Content Act 2010

Offshore Wind Industry Investment in the UK 2017: Report on Offshore Wind UK Content (2017) Renewable UK

Olawuyi D (2015) Legal strategies and tools for mitigating legal risks associated with oil and gas investments in Africa. OPEC Energy Rev 39(3): 247 – 265

Olawuyi D (2017a) From technology transfer to technology absorption: addressing climate technology gaps in Africa. J Energy Nat Res Law. https://doi.org/10.1080/02646811.2017.1379667

Olawuyi D (2017b) Local content and procurement requirements in oil and gas contracts: regional trends in the Middle East and North Africa. Oxford Institute for Energy Studies, Research Paper Series 8

Olawuyi D, Mercier T (2015) Local content and procurement requirements in frontier African oil and gas jurisdictions-One size does not fit all. Norton Rose Fulbright. http://www.insideafri-calaw.com/blog/local-content-and-procurement-requirements-in-frontier-african-oil-and-gas-jurisdictions-one-size-does-not-fit-all. Accessed 10 Oct. 2017

Oman Model Exploration and Production Sharing Agreement Dated April 24, 2004

Organisation for Economic Co-operation and Development (OECD)

(2017) Local Content Policies in Minerals-Exporting Countries. http://www.oecd.org/officialdocuments/publicdisp laydocumentpdf/? cote = TAD/TC/WP(2016)3/PART2/FINAL&docLanguage = En. Accessed 12 May 2018

Organization of Petroleum Exporting Countries (OPEC) (2015) 2015 World Oil Outlook. http://www.opec.org/opec_web/static_files_project/media/downloads/publications/WOO%202015.pdf. Accessed 10 Oct 2017

Ovadia J (2015) The role of local content policies in natural resource-based development. Österreichische Entwicklungspolitik. Rohstoffe und Entwicklung

Petroleum (Local content and Local Participation in Petroleum Activities) Regulations 2013 of Ghana

Petroleum Commission Act 2011 of Ghana

Ramdoo I (2015) Unpacking local content requirements in the extractive sector: what implications for the global trade and investment frameworks? E15 initiative. International Centre for Trade and Sustainable Development (ICTSD) and World Economic Forum, Geneva

Rodrik D (2007) One economics, many recipes: globalization, institutions and economic growth. Princeton University Press, Princeton

Saipem. SELCE Model: Local Content for Sustainable Development. http://www.saipem.com/en_IT/static/documents/Saipem_Local_Content.pdf. Accessed 12 June 2018

Shapiro S, Rabinowitz RS (1997) Punishment versus cooperation in regulatory enforcement: a case study of OSHA. Adm Law Rev 49:713 – 720

Shared Value Initiative (2014) Extracting with purpose: creating shared value in the oil and gas and mining sectors' companies and communities.

https://sharedvalue.org/sites/default/files/resource-files/Extracting%20with%20Purpose_FINAL_Full%20Report_Single%20Pages.pdf. Accessed 10 Oct 2017

State of Qatar Model Development and Production Sharing Agreement of 2002

The Nigerian Oil and Gas Industry Content Development Act 2010, n. 65. The Board has powers to: monitor the implementation of set Nigerian Content targets; develop interventions to ensure that these targets are met; and ensure compliance with Government directives covering the service providers and operators in the Nigerian Oil and Gas Industry

The Petroleum (Exploration, Development and Production) (National Content) Regulations 2016 of Uganda

Tordo S, Tracy B, Arfaa N (2011) National oil companies and value creation. Working Paper No. 218. The World Bank, Washington, DC

Tordo S, Warner M, Manzano O, Anouti Y (2013) Local content policies in the oil and gas sector. World Bank

Trade Arabia (2015) Big boost to Saudi industries as Aramco to double local market sourcing. http://tradearabia.com/news/IND_295936.html. Accessed 12 May 2018

Uganda's Petroleum (Exploration, Development and Production) (National Content) Regulations, 2016

Ulrichsen KC (2011) Insecure Gulf: the end of certainty and the transition to the post-oil era. Columbia University Press, New York

World Bank (2014) Human capital for the oil, gas and minerals industries. Science, Technology, and Skills for Africa's Development (201490) 1–4

World Trade Organization. Agreement on Trade-Related Investment Measures（TRIMS）

World Trade Organization. General Agreement on Tariffs and Trade 1994

第三部分　非洲采掘投资的法律和商业风险

第十章　采掘作业的环境影响和风险

摘要:本章探讨资源丰富的非洲国家的采掘作业相关的环境影响和风险。在对不同地方的环境的性质和意义进行了讨论之后,本章揭示了石油和固体矿物部门的采掘作业造成环境退化的主要根源,然后讨论了旨在规范和防止非洲采掘业环境污染的主要法律。本章还提供了关于采掘公司如何通过实施符合污染预防、补救和恢复方面国际环境法标准的内部政策来避免环境制裁的见解。

10.1　引言

本章探讨了与资源丰富的非洲国家的采掘作业和活动相关的环境挑战。非洲采掘业的增长,特别是在石油和固体矿物储量占很大比例的地区的增长,给当地社区带来了重大的环境挑战。① 在许多非洲国家,资源开采与严重的环境退化和人权问题密切相关,可以说比任何其他区域都更严重。石油作业和采矿所遗留下来的问题使非洲有数千个场址受到石油泄漏、天然气燃烧、采矿中重金属的排放以及有关的尾矿和矿渣材料等矿场废料的污染。② 这些环境挑战导致了复杂的人权问题,涉及耕地和财产的损失、疾病、生计的失去、利益相关者的排除,以及在极端情况下,生命的丧失。

---

① Mapani and Kribek (2012).

② Ibid.

例如,采矿工业产生的废物通常含有高浓度的金属和类金属,导致地下水和地表水受到污染。[③] 例如,在肯尼亚的米戈里(Migori)金矿带和南非的威特沃特斯兰盆地开采黄金,对这些国家的环境和人类健康造成了重大的负面影响。研究表明,南非和肯尼亚的金矿的重金属浓度,主要是砷(As)、镉(Cd)、钴(Co)、铜(Cu)、铅(Pb)、铀(U)和汞(Hg)等的浓度高于可接受水平。[④] 这些重金属大部分含有剧毒,不能被生物降解,如果不去除的话,会污染水域和土地数年。[⑤] 同样,在肯尼亚基利菲县马格里尼地区的盐矿开采也造成了水污染和环境退化的情况。[⑥] 研究还表明,刚果民主共和国加丹加南部的采矿活动使居民大量接触到几种金属或类金属,居住在矿山或金属冶炼厂 3 公里以内的居民尿液中的有毒金属浓度明显高于居住在较远地方的居民。[⑦]

这些担忧并非肯尼亚、南非和刚果民主共和国所特有。尼日利亚有更多令人担忧的例子,说明资源开采项目如果得不到适当的监管,可能会引发复杂的环境、社会和人权问题。尼日利亚尼日尔河三角洲数十年的石油泄漏、天然气燃烧和污水排放严重破坏了该地区的生态系统和环境。[⑧] 根据联合国 2011 年的一份报告,扭转尼日尔河三角洲石油泄漏对环境和社会的诸多影响是可能的,但可能需要 25 年至 30 年的时间。[⑨] 这些担忧突出表明,需要制定强有力的环境保障措施和政策,以应对资源开采带来的环境挑战。[⑩]

在过去十年中,国际法日益认识到有必要将环境保护纳入资源利用的

---

③ Ibid.

④ See Ogola et al. (2002), p. 141; also Cukrowska et al. (2012), pp. 15 – 18.

⑤ Nkulu et al. (2012), pp. 13 – 14.

⑥ Ocholla (2013), p. 213.

⑦ Nkulu et al. (2012), pp. 13 – 14.

⑧ Olawuyi (2015a, b).

⑨ United Nations Environment Programme (2011), p. 12.

⑩ 参见 Oluduro(2014),第 165 页(提供所讨论问题的性质和范围的说明);参见《人权观察》(1999a, b),第 47 页。

政策框架，以避免资源开发的这些计划外的消极后果。[11] 这是更广泛的理论讨论和努力的一部分，目的是在国际法下协调经济、社会、人权和环境发展目标的系统一体化，以确保一致性、有效性和协调性。[12] 在过去十年中，国际法促进了以权利为基础的对企业责任和风险管理概念的理解。[13] 这要求私人行为者和商业企业不仅对其活动的商业或经济后果负责，而且对其所涉社会和环境问题负有一定程度的责任。[14] 国际法强调将人权准则的重要性纳入资源开采项目的设计、批准、融资和执行，以避免产生人权方面的影响。与公司责任和风险管理的概念错综复杂地交织在一起的是可持续发展的概念，它强调满足人类需要的投资或资源利用的需要，同时保留后代满足他们自己需要的能力。[15] 非洲国家越来越多地在石油和采矿合同中增加环境合规要求、惩罚和制裁措施，作为管制采掘活动的环境副作用的一种方式。[16]

采掘业运营商可以通过及时了解采掘业环境保护条例和立法的含义、性质和范围，避免代价高昂的环境债务、制裁和环境违规处罚。学习本章之后，读者应该能够理解环境的本质和意义；了解石油和固体矿物部门的采掘作业对环境造成的破坏的性质和来源；概述环境污染对社会和人权的影响；了解所在国管理和预防污染的主要法律；确定所在国具有监督职能和权力的主要监管机构，以管理和防治污染；并了解采掘公司如何通过实

---

⑪ 参见 2002 年《国际法协会》，该协会强烈重申并具体规定了各国将可持续性纳入自然资源和相关活动管理计划的义务。它提到“可持续发展现在已被广泛接受为一个全球目标，各种国际和国家法律文书，包括国际和国家一级的条约法和判例都充分承认了这一概念”。还参见 Schrijver（2017）（概述可持续发展原则被国际条约制度和法庭纳入和实施的方式）；法国（2017 年）（强调可持续发展如何纳入在联合国相关条约制度主持下召开并受其影响的国际机构的司法活动）；《可持续发展国际条约法》；联合国：《以人权为基础的发展合作方式：实现联合国各机构之间的共识》。

⑫ Mining Working Group at the United Nations (2014); Macias (2010), pp. 10 – 12.

⑬ See Olawuyi (2016a, b).

⑭ See Saether and Aguilera (2008).

⑮ 《布伦特兰报告》(1987)。

⑯ 关于这些努力的详细回顾，参见 Olawuyi (2015a, b)。

施符合国际标准的内部政策来避免环境制裁。

10.2 环境是什么？

为了充分理解采掘作业对人类和自然环境的影响，必须充分理解“环境”一词的含义、性质和范围。环境这个词听起来很简单，但目前还没有一个普遍、客观和包罗万象的环境定义。学者和环境学家对它有不同的定义。例如，爱因斯坦曾说过“环境决定一切，而不是我”⑰。虽然爱因斯坦的描述并不详尽，但对于将环境想象为我们的物理和生物环境来说，这是一个很好的出发点。个体的环境包括他周围的所有其他实体，包括植物、动物、土地和物体。环境也被定义为影响生物体生存和发展的所有外部条件的总和。⑱ 同样，环境也被描述为“一个人外部的所有物理、化学和生物因素，以及所有相关的行为”⑲。

一个更宽泛的观点是，环境包括物理和生物世界（包括人类）的所有元素，以及它们之间的相互作用。这些要素可以被归类为生态系统产品和服务。商品，指实际的自然资源本身（植物、动物、土壤矿物、空气、水）；服务包括可收获的产品（作物、木材）、维持这些资源供应所需的过程（营养循环、气候模式、防洪）、生态系统的美学和文化效益（娱乐）。⑳ 2007 年尼日利亚《国家环境标准和法规执行机构（NESREA）法案》第 37 条将环境定义为“水、空气、土地和所有生活在其中的植物、人类或动物以及它们之间存在的相互关系”。㉑ 特别是，尼日利亚 1993 年《水资源法》第 20 条将环境概念化，该法规定环境是指影响人类作为个体生存或是实现社会属性

⑰ Quoted in Burges Salmon (2014), pp. 1 – 2.

⑱ United States Environmental Protection Agency (2016).

⑲ See World Health Organization (2016), pp. 23 – 25.

⑳ Olawuyi (2015a, b).

㉑ National Environmental Standards Regulatory and Enforcement Agency (Establishment) Act of 2007, Laws of the Federation of Nigeria 2004, c N164.

的所有事物的总和。[22]

虽然上述一些定义包括人和非人的因素（例如 NESREA 中的上述定义），但其他定义仅侧重于人类享受环境和信息技术资源的能力（例如 WRA 定义）。这反映了学者和实践者对环境保护的适当目标、界限和操作参数的长期争论。

一般来说，关于环境和环境保护有两种不同的观点。[23] 虽然一些学者从生态中心和自然的角度来看待环境，但也有一些学者将“环境”一词赋予了与人类相关的内涵。[24] 从人类中心主义或人类的观点来看，环境被定义为人类与水、空气、土地和所有生物形式的关系；这些元素的相互关系构成了个人和社会的生活背景、环境和条件。[25] 从生态中心或自然的观点来看，环境被定义为影响生物体的生命、发展和生存的所有外部条件的总和。[26] 它也被描述为地球上所有有机体提供生态支持的生命的隐喻。这意味着环境是所有生物的来源，是巧妙地赋予生命的矩阵。[27]

本章不深入讨论这些争论。[28] 本章采取了一个总括性的环境观点，其中包括人类和非人类的因素。这两个方面都有长期持久的影响，都希望得到同等的关注，正如人类可能会发现地球如果没有生态系统就不能生存一样；植物、人类的利益也不能被忽视，因为人类不可避免地要为关心环境付出更多。在本章中，环境被定义为构成生态系统的水、空气、土地、植物、动

㉒ Water Resources Act of 1993, Laws of the Federation 2004, c W2.

㉓ See Olawuyi (2015a, b), pp. 8 – 10.

㉔ Donnelly and Bishop (2007); see also Eckersley (1992), p. 58; Redgwell (1996), pp. 86 – 87.

㉕ See Elder (1984), p. 285; Anderson (1996), pp. 10 – 11; Feinberg (1974). 作者补充说，植物和动物不能拥有权利，因为它们不能要求自己的权利，他指出：“……动物不能要求自己的权利，它们不能自己向法院提出申请，要求得到承认或强制执行；它们不能自行提出任何法律程序；它们甚至无法理解什么时候他们的权利受到侵犯，无法区分伤害，无法以义愤的正义感而不仅仅是愤怒或恐惧作出反应。”

㉖ See Bodansky (2010), pp. 9 – 11.

㉗ United States Environmental Protection Agency (2016).

㉘ 关于这些讨论的详细考察，参见 Olawuyi (2015a, b)，第 8 ~ 20 页。

物、人类和其他生物的总和,以及它们之间的相互作用。一般来说,环境包括人类和自然因素。它包括所有围绕和影响地球上人类生活质量的因素。

石油污染、气候变化和臭氧损耗等环境问题会破坏人类和自然栖息地。因此,目的应该是在采掘过程和作业中平衡对自然的保护和对人类的保护。对律师来说,最重要的是法律在管理和平衡自然生态系统和人类之间的相互作用方面发挥的功能。

环境法有两个同样重要的目标:消除可能影响自然生态的环境损害或污染;以及消除可能缩短或危及人类生命的环境危害、不适或污染。联合国环境会议的《斯德哥尔摩宣言》承认,自然和人为环境的两个方面对健康和基本人权的享有,包括生命本身的权利而言是必不可少的。[29]《斯德哥尔摩宣言》描述了构成环境的各种属性,包括空气、水、土地、动植物和野生动物等地球自然资源。此外,它还倡导保护和可持续利用自然资源、保护和养护生物多样性和濒危物种、修复被砍伐的森林、提高空气质量、减少对全球气候的干扰、保护国际水道、提升人类生活质量等。《斯德哥尔摩宣言》中的宽泛定义为环境与人权之间的联系提供了规范性基础;最重要的是,它指出环境保护是享受基本人权的必要条件。

因此,环境法是一个法律分支,为管制和保护诸如空气、土地、水、海洋等环境因素提供了一般的法律框架。它包括规范人类与自然环境之间的相互作用,以减少人类活动对环境的影响的法律、规则、规章和法规体系。它规定了衡量和分摊污染或违约责任的适当标准。它可以采取国际条约、公约、法规、条例、普通法以及立法或任何其他文书的形式,以减少人类活动对自然环境的影响。环境法从其他传统法律领域,如侵权法、刑法和国际法,借鉴和移植了久经考验的概念和原则。除了处理与土地、空气和水有关的问题外,环境法的范围还包括自然资源问题、土地污染、森林保护,

---

㉙ Para. 1, The Stockholm Declaration on the Human Environment, UN Doc A/CONF48/14/Rev. 1, (1972). (The Stockholm Declaration).

以及最近的问题,如可再生能源和不可再生能源、生物多样性、气候变化、可持续资源管理和全球供应链中负责采掘资源采购的问题。

10.3 采掘工业环境污染源

最广义的污染是对物质和自然环境的任何改变或污染,其程度之大可能危害人类生存和自然环境。它也被定义为任何“人为或人为辅助改变环境的化学、物理或生物质量,使其超出可接受的限度的行为”。[30] 采掘活动可对环境造成很大的挑战,特别是在石油和矿物生产社区。资源生产社区的居民面临着水、土地、空气和所有其他健康生活所必需的重要环境介质的污染。为了有效地应对这些挑战,必须了解采矿和石油作业分别对环境造成的具体和独特的污染种类。本节将探讨构成采掘业的每个部门的环境污染的种类。

10.3.1 *采矿污染*

采矿造成的环境污染的主要来源是:地表破坏和污染;排放有毒废物;酸性矿山排水;噪声污染和震动。

10.3.1.1 地表破坏和土壤污染

采矿可造成土地、土壤、森林和景观的永久污染和破坏。露天开采(也被称为山顶开采或地表开采)指的是刮掉地表下的泥土和岩石,以获取埋在地表下的煤炭或其他矿物。[31] 它涉及移除一长条覆盖的土壤和岩石,以便到达相对接近地表的矿物矿层。[32] 因此,露天采矿会破坏矿区的景观、森林和野生动物的栖息地。如果把一直作为动植物栖息地的表土刮

---

[30] Section 37 of the National Environmental Standards and Regulations Enforcement Agency (Establishment) Act 2007 Laws of the Federation of Nigeria 2004, c N164.

[31] Department of Environment, South Africa, Effects of Mining on the Environment and Human Health.

[32] Gardner and Sainato (2007).

掉,为采掘活动铺平道路,就可能发生这种情况。这可能导致土壤侵蚀和农业用地的破坏。[33]

采矿作业的另一个重大副作用是毁林和荒漠化。乱砍滥伐是指为了获取地下的矿物质而清除表层土壤,包括砍伐森林或树木。此外,荒漠化是土地退化的过程,在这一过程中,肥沃的土地变成了沙漠,这通常是由于森林砍伐、干旱或土地使用不当造成的。它是由于破坏性的土地利用或气候条件,使肥沃的可耕地变为沙漠。《联合国关于在发生严重干旱或荒漠化的国家特别是在非洲防治荒漠化的公约》第 1 条(a)款将荒漠化定义为半干旱和亚湿润干旱地区及其周围的土地退化,其原因有多种,包括气候变化和人类活动。

荒漠化是非洲萨赫勒国家贫穷和不发达的主要原因之一。[34] 由于采矿活动中剥蚀表层土壤,土壤失去了养分,土地无法种植作物或为当地人提供粮食生产。这导致部分矿产丰富的非洲国家的农业产量、牲畜产量和植物多样性长期下降。其最终结果是导致原先依靠农业自给自足的农村社区的饥饿和贫困。荒漠化还对环境造成严重后果,特别是由于风雨的侵蚀造成土壤表面流失、土壤污染(由于在受损土地上过度使用化肥)、水质差、山体滑坡和沙尘暴。所有这些结果都可能伤害生活在受影响国家或地区的人们。荒漠化引起的变化也可能导致从农村地区向城市中心迁移的人数增加。这可能会给现有的城市基础设施造成更大的压力,并引发受影响地区的社会冲突。例如,在尼日利亚,荒漠化已成为一个主要的发展和环境问题,尤其是在北部地区。据估计,尼日利亚有 50% ~75% 的州(如包奇、博尔诺、贡贝、阿达马瓦、吉加瓦、卡诺、卡西纳、凯比、索科托、约贝和

---

[33] Department of Environment, South Africa, Effects of Mining on the Environment and Human Health.

[34] “萨赫勒”这个名字来源于阿拉伯语“sahil”,意思是“沙漠的边界”。萨赫勒地区包括毛里塔尼亚、塞内加尔、冈比亚、几内亚比绍、马里、布基纳法索、尼日尔、乍得和佛得角等 9 个国家。水在所有萨赫勒国家都是稀缺资源。除了不稳定的降雨模式外,贫瘠的土壤和不利的社会经济条件已经成为萨赫勒州农业发展的主要制约因素。See Sissoko et al. (2010) and Bailey(1979).

赞法拉州等州)受到荒漠化的影响。据估计,尼日利亚目前每年因类似沙漠的环境而失去35.1万公顷土地,这些环境估计正以每年约0.6公里的速度向南推进。[35]

露天开采还会造成水和空气污染。露天开采过程中产生的废物中含有高浓度的金属和类金属,可渗入河流、地下水位和流域。这些重金属大多是剧毒的,不能生物降解。同样,露天开采作业也会造成粉尘和噪声污染,因为重型机械会破坏表土,而煤矿会产生粉尘。[36]

露天采矿作业造成的土地污染和干扰在非洲十分严重。然而,露天开采仍然普遍存在,因为它比地下开采成本更低,劳动密集度更低,而且可以生产更多的矿物。尽管许多非洲国家已经制定了法律,要求制定采矿地点的清理和修复计划,但要扭转对土地、森林、空气、水和被破坏的栖息地的所有环境损害可能需要数年时间,甚至在某些情况下,可能是不可扭转的。[37]

10.3.1.2　矿山废弃物的排放或倾倒

在采矿作业过程中向环境排放或倾倒矿山处理废物,就产生了尾矿,可能导致以资源为基础的社区的水呈现酸性和空气污染水平升高。采矿过程中的钻孔、爆破、牵引、收集和运输等采矿作业会向空气中排放颗粒和粉尘,造成严重的空气污染。当采掘作业人员在采矿过程中打碎岩石时,产生的颗粒和灰尘会释放出多种通常会引发健康问题的重金属。主要在采矿过程中产生的颗粒物以及运输过程中释放的烟尘与哮喘、支气管炎、呼吸系统结核病和肺气肿等严重的心脏和呼吸系统疾病有关。[38] 颗粒物还对植被和结构产生不利影响,并导致能见度恶化和区域雾霾污染。同样,有害的灰尘,如烟道灰尘和类似石棉的矿物钠闪石,可被肺组织吸收,

---

[35] Olawuyi (2015a, b), pp. 228 – 285.

[36] Ocholla (2013), p. 213.

[37] 研究表明,微量金属在土壤中存在很长一段时间,从几百年到几千年不等。(例如,铅和铬可能会保留几千年)See Johnston et al. (2008), pp. 5 – 20.

[38] Paul and Campbell (2011); also Schuler et al. (2011).

引起诸如尘肺病和硅肺病(俗称“黑肺”)等疾病。[39]

将含有有毒重金属和铣削化学品的尾矿排放入水体,无论是海洋倾倒或海中尾矿处置的形式,河流倾倒或河流尾矿处置的形式,还是湖泊倾倒或湖泊尾矿处置的形式,都将会污染水体和海洋生物。海中尾矿处置是利用管道将尾矿排入大海,将废物倾倒在海洋表面以下;河流尾矿处置是将矿山尾矿排入河谷的做法;而湖泊尾矿处置则是将矿山尾矿倒入天然湖泊中。[40] 有害的有毒金属,如砷、镉、钴、铜、铅、铀和汞,从金矿排放到湖泊、河流、海洋、含水层和地下水中,将使这些水变得不安全,不适合使用。例如,汞通常被用作一种汞化剂,以帮助一些贵重矿石的回收。[41] 然而,不当处置汞的尾矿会污染大气和邻近水体。[42] 当水中的矿物质和重金属达到有害浓度时,矿山周围的家庭就会中毒、受污染和变得不健康。尾矿中的污染物也会对海洋生物造成危害。

例如,巴布亚新几内亚的利希尔金矿据说每年向海中倾倒 1.1 亿立方米受到氰化物和其他化学物质的污染的废料。[43] 同样,据报道,巴布亚新几内亚的布干维尔铜矿向维隆河和贾巴河倾倒了 5 亿多吨尾矿,后来抗议和内战迫使矿业公司(力拓)于 1989 年放弃了该矿。[44] 同样,巴布亚新几内亚的辛贝里金矿在 2011 年从尾矿混合罐泄漏了尾矿废物,其中含有砷、镉、铬、铅和汞等有毒物质。研究表明,由于倾倒尾矿,倾倒区的鱼类多样性和丰度明显降低,而在接近矿区的一些鱼类体内,砷和汞的浓度较高。[45] 据估计,全球矿业公司每年向河流、湖泊和海洋倾倒超过 1.8 亿吨的有害

---

[39] 根据中国稀土学会的数据,每生产 1 吨稀土,就会产生 8.5 公斤的氟和 13 公斤的烟道粉尘,这些都是含有重金属的废料。Schuler et al. (2011), ibid.

[40] Apte and Kwong (2003), pp. 2 ~ 20; Findikakis and Law (1998).

[41] Earth and Mining Watch Canada (2012).

[42] Ibid.

[43] Sydney Morning Herald (2002); also McKinnon (2002).

[44] Earth and Mining Watch Canada (2012).

[45] Earth and Mining Watch Canada (2012).

矿山废料，其中的有毒重金属和其他化学物质对人类和野生动物构成威胁。[46]

采矿造成的水污染使非洲人面临短期和长期的疾病甚至是死亡，也破坏了水生生物的生存环境。例如，约6900万尼日利亚人缺乏安全、充足和可持续的清洁饮用水，约1.03亿尼日利亚人缺乏足够的卫生设施。同样，在尼日利亚，每年有超过9.7万儿童死于由不安全的水和糟糕的卫生设施引起的腹泻。[47] 这种情况严重威胁到相当多的尼日利亚人实现和享有健康、基本的生活水平、生存和生计等基本人权。因此，分析和理解旨在防止水体污染、保护和保存水资源的法律体系是很重要的。

10.3.1.3　酸性矿山排水

酸性矿山排水，又称酸性岩石排水，是采矿业最普遍的环境问题之一，特别是在撒哈拉以南非洲的废弃矿山广泛存在。[48] 酸性矿山排水是指从石油矿区向周围的土壤、地下水和地表水排放的受污染的酸性水。当矿山废石、尾矿和矿山构筑物（如矿井和地下工作面）中的含硫化物物质暴露于水和氧气中从而产生硫酸时，就会发生这种情况。[49] 当产生的硫酸流入周围水体时，会污染这些水体环境。这可能对人类和水生生物造成急性和慢性中毒。酸性矿山排水对湖泊、溪流、森林以及生活在这些生态系统中的动植物的危害尤其严重。此外，酸性矿山排水加速了建筑材料和涂料的腐烂，包括作为国家文化遗产一部分的不可替代的建筑、历史雕像和雕塑。从废弃矿井中流出的酸性水会提高酸度水平，并在几十年乃至几代人的时间里破坏水生生物。例如，英国13世纪的采矿遗址在两千多年后仍在释放酸性矿山排水。[50] 因此，酸性矿山排水是一个复杂的环境挑战，其造成

---

[46] Ibid, 1.

[47] See United Nations (2010), Water and Sanitation Fact Sheet for Nigeria.

[48] Akcil and Koldas (2006); also Davies (2012), pp. 17 – 18.

[49] See Ossai et al. (1999), pp. 83 – 86.

[50] Johnston et al. (2008), pp. 2 – 5.

的严重的健康影响可能是不可逆转的。

在许多非洲国家,特别是在南非,有几个陈旧和废弃的矿井的酸性矿山排水已被确定为达到了危急关头。[51] 酸性矿山排水已经成为南非采矿业环境污染的主要来源,尤其是许多在20世纪80年代早期停止作业的煤矿,持续从废弃的地下作业区释放大量的酸性水到西部和东部兰德的表面环境中。[52] 南非颁布了法律和政策,要求矿业公司阻止渗水及污水流出矿区。通过转移流向污染现场的地表水,控制或防止水渗入或渗透到污染现场。[53] 然而,尽管法律要求控制和预防酸性矿山排水,但在南非和整个非洲大陆,酸性矿山排水仍然是一个复杂的环境危机。[54]

10.3.1.4 噪声污染和震动

露天和地下矿坑的采矿如果不加以适当的管理和控制,可能成为噪声污染的主要来源。与主要在近海进行的石油作业不同,矿场往往靠近当地社区和居民区。这种接近往往意味着与采矿有关的震动和噪声可能对居住或工作在矿场附近的个人造成重大干扰并引发环境挑战。这种震动对动植物来说也是致命的。采矿造成的噪声污染包括铲土、撕裂、钻孔、爆破、运输、破碎、研磨和堆积作业产生的震动和噪声。它还包括连续采矿机、阶段装载机、采煤机、压缩机、风机、钢材倾卸车、溜槽、发电、振动筛、旋转破碎机和磨煤机、车辆发动机和风钻等设备产生的噪声和震动,这些设备在大多数选矿阶段普遍使用。噪声对附近居民的累积影响包括睡眠不足、精神错乱和焦虑。采矿噪声也是矿工的主要职业危害,长期而言,他们可能会遭受听力下降的困扰。[55] 震动还会影响大型露天采矿作业附近的基础设施、建筑物和居民的住宅的稳定性。欧盟2000年委托进行的一项

---

[51] Department of Environment, South Africa, Acid Mine Drainage (AMD) in South Africa. [AMD].

[52] Ibid.

[53] Ibid.

[54] 1956年至2017年,南非酸性矿的排水平均增加了近40%,同上。

[55] Sensogut (2007).

研究显示，与采矿有关的爆破产生的冲击和震动可能“导致周围居民区的噪声、灰尘和建筑物倒塌；当地居民赖以生存的牲畜也可能受到干扰”[56]。

10.3.2　*石油污染*

石油污染一直是非洲产油社区的主要问题，也是最受争议的生态问题之一。[57] 石油污染的主要来源有三：石油泄漏、天然气燃烧和排放污水和废物。本节将简要介绍这些来源及其主要影响。

10.3.2.1　石油泄漏

石油泄漏是指不安全地向人类环境排放或释放石油，例如排放到河流和海洋等水体。[58] 这种情况发生在石油勘探和生产过程中，主要是由于井口、集油站、钻机、管道和海上平台设施的意外或疏忽造成的破裂或爆裂。石油设施和管道大多由于维护不善、腐蚀、老化或在某些情况下由于蓄意毁坏和安装缺陷而破裂。[59] 石油泄漏也可能由运输或装载泄漏引起。[60] 石油泄漏导致危险的碳氢化合物如苯和多环芳香烃释放到土壤和水源中。石油泄漏往往造成即时和长期的环境破坏，危害公众健康，危及饮用水，破坏水生生物，降低土壤肥力，造成农作物和植物生长不良。石油泄漏造成的环境破坏可能持续几十年。

例如，在尼日利亚，多年来发生了大量的石油泄漏事件，向尼日尔河三

---

[56] MINEO Consortium (2000).

[57] See the Nigerian oil pollution case of *Nwadiaro v. Shell Petroleum Development Company, Nigeria Ltd.* (1990) 5 N. W. L. R. (part 150) 322; *Shell Petroleum Development Company, Nigeria ltd v. Farah* (1995) 3 N. W. L. R. (part 382) 148; *Shell Petroleum Development Company Nigeria Ltd. v. Ambah* (1991) 3 N. W. L. R. (part 593) 1; *Shell Petroleum Development company, Nigeria Ltd. v. Isaiah* (2001) 11 n. w. l. r. (part 723) 168; *Elf Nigeria Ltd. v. Opere Sillo* (1994) 6 N. W. L. R. (part 350) 258; *Shell Petroleum Development Company, Nigeria Ltd. v. Tiebo* vii & Others (2005) 3 – 4 s. c.

[58] Olawuyi (2015a, b), pp. 177 – 179.

[59] See Olawuyi (2012); Emeseh (2006), p. 595.

[60] Olawuyi (2015a, b); also see Ojukwu-Ogba (2009), p. 137.

角洲倾倒了大量石油。据报告,在 1993 年至 2007 年,已经发生了 35 起石油泄漏事件。这还不包括那些未被注意到的浮油和未被报道的漏油事件。例如,2011 年 12 月 21 日,尼日利亚壳牌公司(Shell Nigeria)宣布,尼日尔河三角洲地区发生了十年来最严重的漏油事故。一天之内就有超过 4 万桶原油泄漏。[61] 根据联合国 2011 年的报告,尼日尔河三角洲的石油泄漏对环境和社会造成的许多后果是不可逆转的。[62]

尼日尔河三角洲的情况并不鲜有;石油泄漏的悲惨后果在世界许多国家都是显而易参见的。历史上最大的漏油事件之一发生在 2010 年,当时在 3 个月的时间里,多达 490 万桶石油从英国石油公司的油井泄漏到墨西哥湾。[63] 英国石油公司的漏油事故造成了大量动物、植物和人类的死亡。这些事件强调有必要建立适当的法律框架,以防止石油泄漏对产油地区居民的环境和健康造成影响。

10.3.2.2　石油泄漏对环境的影响

石油泄漏可能导致许多资源型国家的负面环境影响。石油泄漏违反了许多关于环境污染和损害的国家和国际法律法规。尼日利亚尼日尔河三角洲的情况说明了石油泄漏是如何对环境造成负面影响的。由于尼日尔河三角洲频繁发生石油泄漏,当地许多社区遭到破坏,饮用水受到污染,生态系统和土壤成分已不可逆转地发生改变。研究表明,在尼日尔河三角洲,一年的粮食供应往往只因轻微的石油泄漏而被破坏,危害了依赖土地谋生的农民及其家庭。当地的饮用水也受到了污染,给当地社区带来了严重的健康问题。规模更大的近海泄漏污染了尼日尔河三角洲的沿海环境,导致当地渔业产量下降。原先占据 7400 平方千米的雨林已经消失。同

---

[61] Vidal (2011).

[62] United Nations Environment Programme (2011).

[63] 美国前总统奥巴马宣布这是“美国所面临的最严重的环境灾难”。See Nat'l Comm'n on the Bp Deepwater Horizon Oil Spill & Offshore Drilling, Report to the President, Deepwater: The Gulf Oil Disaster and the Future of Offshore Drilling, vi (2011).

样,尼日尔河三角洲的石油泄漏也摧毁了红树林。据估计,尼日利亚5% ~10%的红树林生态系统已被石油摧毁,石油使土壤酸化,从而使植物停止细胞呼吸,使植物根部缺氧。[64] 尼日利亚尼日尔河三角洲石油勘探的总体不利影响总结如下:

> 我们目睹了这个国家水域的缓慢污染,以及石油作业期间发生的石油泄漏对植被和农田的破坏……我们这里没有管道输送的水,我们唯一的饮用水来源是周围的溪流和小溪,但是我们不能再喝这些水了,因为它已经被污染了。无论你走到哪里,你都能看到死鱼和一层层的原油。[65]

石油泄漏对湿地生态、野生动物和生物多样性造成了毁灭性的、有时是不可逆转的破坏,其中大多数已在国内法和国际法中得到法律保护。重大漏油事故违反了可持续发展的国际环境原则,特别是预防原则和预警原则。除国际法外,石油泄漏还违反了为防止环境污染而制定的国内法律,并应承担这些法律规定的刑事后果。

10.3.2.3　商业利润和生存权的丧失

石油泄漏导致从事渔业的个人和公司失去收入和生存手段。[66] 这影响到渔民和妇女、租船经营者、酒店所有者、旅游管理机构、租赁物业所有者以及沿海度假区的其他企业。因此,石油泄漏违反了一些国际法和国家内法原则,这些原则旨在保护个人的生存资料权利。

若干国际条约承认生存权为固有的人权,必须得到各国的保护。[67]《经济、社会及文化权利国际公约》第11条明确承认生存权是享有适当生

---

[64] Greenpeace International (1994).

[65] Quoted in Greenpeace International, ibid; see also Dappa-Biriye et al. (1992), p. 52.

[66] See Olawuyi (2015a, b), pp. 179 - 185.

[67] 参见《世界人权宣言》第23条和《经济、社会及文化权利国际公约》第6条。

活水平权利的一部分。2009年《经济、社会及文化权利国际公约任择议定书》规定生存权可在国际一级由经济、社会及文化权利委员会提出申诉。此外,尽管生存权在国际法下不享有任何具有约束力的法律地位,但若干联合国一般性评论、宣言和决议对生存权作出了重要和有影响力的规范性解释,其中包括获得传统食品的权利。例如,1948年《世界人权宣言》第25条承认生存权是享有适当生活水平的权利的一部分。[68] 总而言之,当一个社区的食物生长能力受到石油泄漏的影响,或者当人们种植或收获传统饮食中的食物的能力受到削弱时,他们的文化元素也可能面临风险。亚诺马米案承认了生存权,美洲委员会在该案件中呼吁各国恢复、保护和维护土著人民对其祖先领土的权利,因为他们依靠这些权利从事农业、狩猎、生存和维持生活。[69] 同样,在托莱多玛雅案中,委员会指出,"开发活动必须辅之以适当和有效的措施,确保这些活动不会以牺牲可能受到特别不利影响的人的基本权利为代价,包括土著社区及其身体、文化和精神福祉所依赖的环境"[70]。

为了保护生存,国际环境法规定污染者公司有义务向石油污染的受害者支付足够的经济和损失赔偿。例如,根据这一义务,"深海地平线"钻井平台爆炸后,英国石油公司宣布设立200亿美元的托管基金,用于补偿路易斯安那州、密西西比州、亚拉巴马州、佛罗里达州和得克萨斯州的企业和工人,他们的经济生计因石油泄漏而受到影响。

10.3.2.4 被迫流离失所和财产损失

与生存权丧失密切相关的是重大石油泄漏造成的财产损失或财产损害。大多数情况下,石油泄漏会对位于尼日尔河三角洲地区的住宅和商业

---

[68] 同上。

[69] *Yanomami Case*, Rep. No. 12/85, Case 7615 (Brazil), (1985).

[70] Case of the Mayan Indigenous Communities from the Toledo District, Belize Report No. 40/04, Case 12.053, Merits, Mayan Indigenous Communities from the Toledo District, Belize, 12 Oct. 2004.

地产造成损害。使用有毒化学品和石油分散剂来协助清理重大漏油事故也会造成财产损失。这也导致受影响地区的居民被迫流离失所。例如,由于石油泄漏,超过20万尼日尔河三角洲人被迫离开家园。这种财产损失侵犯了国家宪法中关于自由和专属所有权以及享有财产的一些宪法权利。[71] 这也违反了国际法保证的完全拥有和掌握财产的权利。

财产权是约翰·洛克著名的人权三脚架——"生命、自由和财产"中所确认的权利之一。[72]《世界人权宣言》承认个人专有和使用财产的权利。[73]《非洲人权和人民权利宪章》也承认这一权利。[74] 非洲人权法院在SERAC诉尼日利亚一案中支持这一权利,在该案中,法院认定尼日利亚政府由于纵容和便利奥戈尼兰石油公司的经营,侵犯了尼日利亚尼日尔河三角洲奥戈尼人的财产权。委员会还认为,摧毁住房和强行将居民赶出家园的行为侵犯了隐含的住房权,该住房权是一种保护人们不被强迫驱逐的,对于财产、健康和家庭的明确权利。[75]

10.3.2.5 健康风险

石油泄漏影响人类健康和福祉,这是环境可持续性的一个重要原则。即使是在清理多年之后,尼日尔河三角洲产油区的居民大多数时候仍不得不饮用含有残余油的污染水。在清理过程中使用的化学分散剂对健康也有持久的影响。例如,尼日尔河三角洲的许多居民被诊断出患有哮喘、呼

---

[71] 例如,1999年尼日利亚联邦共和国《宪法》第43条承认尼日利亚每个公民都有权在尼日利亚任何地方取得和拥有不动产。第44条规定,在没有公正补偿的情况下,不得在尼日利亚任何地区强制占有动产或不动产的任何权益。

[72] J Locke, *Two Treatises of Government*.

[73] See Article 17 "Everyone has the right to own property alone as well as in association with others" 17 (2) No one shall be arbitrarily deprived of his property. See UDHR, adopted 10 Dec. 1948, G. A Res. 217A9 (Ⅲ), 3 UN GAOR, UN Doc. (1948).

[74] 财产权应当得到保障。只有在符合公共需要或社会整体利益的情况下,根据适用法律的规定,才可以侵犯该权利。Charter on Human and Peoples Right, adopted 27 June 1981, entered into force 21 Oct. 1986, O. A. U Doc. CAB/LEG/67/3 Rev. 5.

[75] (2001) AHRLR 60 (ACHPR 2001). Communication 155/96.

吸困难和疼痛、头痛、恶心、喉咙发炎以及慢性支气管炎。[76] 这些健康问题可能导致接触危险物质和化学品的有毒侵害行为的实质诉讼原因。[77] 在尼日利亚乔纳·格贝姆雷(Jonah Gbemre)诉壳牌公司案中,壳牌公司也被裁定侵犯了基本健康权,在该案中,尼日利亚联邦法院裁定,壳牌公司在申请者社区的石油勘探和生产活动过程中燃烧天然气和漏油是对健康环境和人的尊严的基本权利的侵犯。这一权利得到尼日利亚《联邦共和国宪法》和《非洲人权和人民权利宪章》的保障,其中规定每个人都应享有达到最佳身心健康状况的权利。[78]

健康权可以在许多国际文书中找到。虽然没有法律约束力,但《世界人权宣言》规定每个人都有权获得足以保障其本人及其家庭健康和福祉的生活标准。同样,《经济、社会及文化权利国际公约》承认"人人有权享有可达到的最高身心健康标准"。[79] 该公约中列出的各国实现这一目标的步骤之一是改善环境和工业卫生。这将包括增强环境可持续性和防止工业和环境健康危害。

10.3.2.6 生命损失和非正常死亡

由于石油泄漏、天然气燃烧和武装冲突,尼日尔河三角洲已经有数千人丧生。尼日尔河三角洲的许多居民死于石油泄漏的直接影响,例如,饮用受石油污染的水,或食用受污染的海鲜;而一些人则死于该地区石油生产引起的不稳定和暴动。[80]

根据国际法,生命权享有最大限度的保障。这是一项至高无上的人权,即使在战争或公共紧急状态下,也不允许有任何减损。因此,虽然不具有法律约束力,但联合国的"保护、尊重和救济"框架性文件规定,跨国公

---

[76] See Environmental Rights Action (2005).

[77] Olawuyi (2015a, b).

[78] See *Jonah Gbemre v. Shell Petroleum Development Company Nigeria Ltd. and Others*. No. FHC/B/CS/53/05, (Nov. 14, 2005) Federal High Court of Nigeria.

[79] 《经济、社会及文化权利国际公约》第 12 条。

[80] See UNDP (2006), p. 17, see also Human Rights Watch (1999a, b), Chapter Ⅵ.

司有责任保护和尊重其员工和任何国家的居民的生命权。[81]

10.3.2.7 国际责任问题

重大石油泄漏可能会影响附近国家的水和环境质量。例如,尼日尔的邻国喀麦隆的一些地区认为,尼日尔河三角洲的石油泄漏已经产生了跨境影响。[82] 这种跨界污染将违反《海洋法公约》第194(2)条的规定,该条要求各国采取一切必要措施,确保在其管辖或控制下开展的活动不会因污染而对其他国家及其环境造成损害,在其管辖或控制下发生的事件或活动所造成的污染不会扩散到它们根据本公约行使主权权利的地区之外。[83]

本公约规定各国有义务在使用资源时尊重其他国家的领土完整和主权,并防止越界污染。1972年《斯德哥尔摩宣言》第21项原则也规定,各国有责任确保其管辖或控制范围内的活动不会对其他国家的环境或国家管辖范围以外的地区造成损害。[84] 受害的邻国可以根据《国际法院规约》第36条第2款(c)项的管辖权,就违反或侵害防止跨界污染的国际义务,向国际法院提起诉讼。[85]

10.3.2.8 清理义务和费用

重大漏油事故可能需要几年时间才能清理干净。例如,联合国估计,尼日利亚尼日尔河三角洲的恢复过程可能需要长达30年,预计前5年的费用为10亿美元。[86] 这表明清理、恢复和开垦的费用往往是巨大的。

因此,国际环境法规定负有责任的跨国公司有义务支付该清理费用。污染者自付原则主张污染者应该承担防止环境破坏的费用。这一原则的

---

[81] Nowak (2000), p.75.

[82] See Nwilo and Badejo (2006).

[83] UNCLOS Convention, United Nations Convention on the Law of the Sea, 1982, 21 ILM (1982), 1261 (adopted on 10 December 1982, and entered into force on November 16 1994).

[84] 《斯德哥尔摩宣言》。

[85] See for example *Trail Smelter Arbitration* (U.S.A. v. Canada), 1938 - 1941, 9 I.L.R. 315; *LacLanoux Arbitration* (France v. Spain), 1957, 24 I.L.R. 101; *Case Concerning the Gabcikovo-Nagymaros Project* (Hungry v. Slovak Republic), 32 ILM (1993) 1293.

[86] United Nations Environment Programme (2011).

目的是将预防和赔偿环境损害的成本转嫁给最有能力防止这种损害的法人,从而使污染损害的费用“内部化”。[87] 例如,联合国建议壳牌公司建立一个环境恢复基金,以支持尼日尔河三角洲的清理和恢复工作。[88]

10.3.3 与天然气相关的污染:天然气燃烧

天然气燃烧是指将无法加工或出售的天然气燃烧或释放到大气中。值得注意的是,在世界范围内的石油生产过程中,天然气经常被燃烧。[89] 在钻井、生产或加工过程中需要燃烧天然气有一些原因,例如,在设备或管道压力过大的紧急情况下,燃烧天然气以释放压力。在维护和设备维修期间,天然气也可通过燃烧进行排放。在紧急情况得到解决或维修活动完成之前,天然气会暂时燃烧。燃烧还用于处理大量含硫化氢(H_2S)的酸性气体和含二氧化碳(CO_2)等污染物的废气。

然而,在尼日利亚等发展中国家的许多石油和天然气生产点,大量的天然气燃烧几乎或完全与防止紧急情况或过压无关。在尼日利亚以及其他缺乏天然气加工和运输管道及基础设施的国家,大量的伴生气通常被当作废气燃烧。[90] 尼日利亚的燃烧引起了极大的关注,因为该国自商业石油生产开始以来,特别是与其他国家的燃烧量相比,天然气的燃烧量巨大。[91] 尼日利亚是世界上天然气燃烧数据最高的国家之一,世界银行将其列为世界上天然气燃烧率第二高的国家。[92] 据估计,在每月生产的2262.55亿标准立方英尺天然气中,有1878.5亿标准立方英尺被利用,390.70亿标准立

---

[87] European Environmental Bureau (1997), Chapter 1.

[88] Ibid.

[89] Tiratsoo (1972), p.17.

[90] See Olawuyi (2015a, b), pp.185 – 189.

[91] 据估计,尼日利亚的天然气燃烧量占非洲天然气燃烧量的75%以上。See generally, Aghalino (2009), p.220.

[92] 在10亿立方米天然气燃除量最高的5个国家是俄罗斯(35)、尼日利亚(15)、伊朗(10)、伊拉克(10)和美国(5)。See Elvidge et al. (2016), also World Bank (2009).

方英尺(约 18%)被燃烧。这相当于英国天然气总消费量的 25%,相当于整个非洲大陆天然气消费量的 40%。[93] 尼日利亚平均每月因天然气燃烧而损失 17,016.6 亿美元,约 272.27 亿奈拉(每年约 3260 亿奈拉)。尽管尼日利亚政府已经分别提出了终止燃烧的目标日期,但这种经济和环境浪费在尼日利亚仍在继续。天然气燃烧是造成环境退化和气候变化的主要因素,对尼日利亚的环境造成了无法估量的破坏。[94] 天然气燃烧的主要影响是酸性沉淀。在原油生产过程中,含硫气体的燃烧会产生硫氧化物,并释放到大气中。这些化合物与大气球中的化合物即氧和水结合形成酸雨,它会产生很多对环境的负面影响。通常位于村庄附近的天然气燃烧点产生的"烟尘",沉积在附近村庄的屋顶上。下雨时,这种烟尘从建筑物的屋顶上流下来,污染人们的土壤和含水层。

与此同时,天然气燃烧地点的植被烧焦,对环境造成了巨大的破坏。此外,天然气燃烧是红树林和热带雨林植被逐渐遭到破坏的一个主要原因,随之而来的是生物多样性减少、大量具有很高的经济和药物价值的树木和植物的消失。天然气燃烧还释放出消耗平流层臭氧层的气体,并产生过滤到地球表面的超强辐射。同样,由于天然气燃烧地点散发的热量,这些地区的土壤元素严重退化,导致尼日尔河三角洲地区超过 1000 个天然气燃烧地点可耕地的大量流失。

天然气燃烧会对健康产生各种影响,包括产生呼吸系统问题(如哮喘、支气管炎)、听力丧失、皮肤问题和严重的分娩问题。另一个主要问题是噪声污染,人暴露在强烈的噪声水平下,可能会暂时或永久地损伤耳朵细胞,或导致听觉障碍。近年来,环境噪声污染已被公认严重威胁着产油区人民的生活质量。此外,作为沿海地区的尼日尔河三角洲是最容易受到

---

[93] See Social Development Integrated Centre (Social Action) (2009). See also Eboh (2014).

[94] 关于天然气燃烧对尼日利亚尼日尔河三角洲当地社区生活、健康和环境的影响及其对气候变化的影响的详细讨论,参见 Olawuyi (2015a, b),第 186 ~ 190 页。

全球变暖和由此产生的气候变化影响的地区之一,特别是海平面上升产生的海啸和洪水可能造成的影响令人担忧。如果海平面上升,尼日利亚超过30%的海岸线将被淹没,这可能危及可耕地面积和农业就业机会。燃烧还导致尼日尔河三角洲许多地区没有夜晚,这是天然气燃烧地点持续的火光或光反射以及燃烧的火焰造成的;[95]天然气燃烧也会产生过多的热量,大面积地区都能感觉到;这给这些地区的居民带来了睡眠不足、失眠等生理问题。[96]

10.3.4 污水及废物排放

与石油有关的另一个污染来源是石油公司向周围环境排放废物和废水。例如,在石油公司进行勘探或地震勘测时,钻屑、钻井泥浆和钻井液用于促进生产,化学品也用于地震活动。当钻屑的主要成分,如重晶石和膨润土,被倾倒在地上时,它们会阻碍当地的植物生长。在水中,这些物质会杀死水生动植物。

除了勘探和开采作业带来的环境污染外,还存在不再用的油气平台和设施的不安全停止运作或废弃的风险。简言之,停止运作是指将淘汰的、废弃的石油勘探设施和装置从油田中移除、处理或放弃的过程,是在油田生命周期结束时关闭作业的过程。它还包括对油井进行冲洗、封堵和加固,以确保它们在钻井平台移除时是安全的,并在油田寿命结束时安全关闭作业。[97] 停止运作是石油勘探活动的最后阶段,主要发生在石油生产的很长一段时间后,即平台的生产寿命结束时。研究表明,平均而言,近海油

---

[95] 据尼日尔河三角洲的一位渔民阿里埃特(Aniete)说:“由于燃烧,这里很热,烟雾缭绕,空气很浓,而且经常是白天……我们的河流很黑,酸雨侵蚀着我们的房屋。我们的身体被石油覆盖着。你觉得如果你能在这里活到晚年,那将是一个奇迹。”See Monica (2012). See also Ajugwo (2013), pp. 6 – 8.

[96] Climate Justice Programme (2005).

[97] Ayoade (2002), p. 2.

田在勘探活动后的 20～50 年成熟,可以停止运作。[98]

虽然停止运作是石油勘探和生产过程中不可避免的结束过程,但当近海石油勘探设施的处置危害环境时,停运就成了环境问题的根源。科学研究表明,处置深海石油设施的潜在危险包括向海洋环境释放剧毒的多氯联苯、碳氢化合物、低比活性标度、重金属和其他等长期影响尚不确定的有毒污染物。[99] 这些有机化合物对环境退化具有抵抗能力,它们存留在水中,再通过食物链造成生物体内积累,会对人类健康和环境造成不利影响。人类通过捕鱼或用水暴露于这些残留废物中可能产生严重的健康问题,包括破坏生殖和免疫系统、产生神经行为障碍以及产生癌症。[100] 研究表明,由于暴露于多氯联苯污染的水中,农民的生殖方面的问题有所增加。[101] 其次,物理处置行为本身也有其对环境的负面影响。使用爆破切割工具来拆除石油钻井平台的支柱,会产生伤害海洋生物和水生生物的冲击波。根据科学研究,这些冲击波是对鱼类和海底生物的主要威胁,其破坏了水中的平衡,在很大程度上改变了水生生物样态。[102]

海洋石油和天然气设施的深海处理也会造成船舶运行受阻。[103] 设施中的金属对船只的航行构成了威胁。同样,这些金属落到海里会挤压并杀死近海设施下的生物。另外,这些近海设施长期存在于海床上,限制了海洋生物和渔民等其他海洋使用者的活动空间。在海床上存在多余的设施和管道也可能导致污染物渗入周围的生态系统,从而在鱼类体内积累,对人类的健康构成威胁。石油平台的停运过程,特别是大量结构钢的水下切割和搬运,对机械、焊工、电工和潜水员等安全和健康构成潜在风险。[104]

---

[98] Ibid., 6 - 7, also Gorman and Neilson (1997).
[99] Ritter et al. (1995).
[100] Ritter et al. (1995).
[101] Patin (1999), p. 34.
[102] Macdonald (1994), p. 94.
[103] Ibid.
[104] See UKOOA (1995).

10.4 保护环境的法律和制度

本书前几章讨论了管理采掘业的法律法规的来源。这些包括国际法、关于环境的国内立法以及关于包括采矿和石油作业在内的所有形式的开发项目的环境影响评估的次级立法。本节重点介绍在国际和国家两级处理水和空气污染的一些关键的和最适用的文书。

10.4.1 国际法

在过去几十年里,国际法为解决保护空气、水和海洋资源不受污染提供了强有力的依据。虽然国家是国际法规定的主要行为主体,但如果发现资源型国家违反了旨在防止石油和矿产作业和活动造成污染的核心国际法文书,则采掘商等私营部门行为主体可被追究责任。同样,现在许多采掘业部门的协定和合同越来越多地纳入了关于环境的国际法义务的内容,以确保公司和企业也采用关于环境安全、合规和污染的国际最佳做法。

治理和保护海洋环境免受污染始于 20 世纪中叶,起因是领土边界和水域外捕鱼权的争端、矿物和碳氢化合物的提取以及人口增长和技术进步带来的需求。上述问题促使联合国与国际法委员会合作,开始编纂有关使用海洋的习惯法原则。于是,联合国海洋法会议于 1958 年召开,本次会议通过了四项单独的公约:《领海及毗连区公约》、《公海公约》、《公海渔业和养护生物资源公约》和《大陆架公约》。[105] 这些公约分别涉及公海、领海、毗连区、大陆架、渔业和生物资源保护以及解决争端等广泛问题。然而,它们并没有解决海洋污染问题。在 1960 年,联合国召开了第二次海洋法会议,以审议以前没有商定的各项议题。1973 年至 1982 年举行了第三次会议,通过了《联合国海洋法公约》。该公约有关防止海洋污染的主要条款如下

---

[105] For More on These Conventions, See Generally, the United Nations Diplomatic Conferences—United Nations Conference on the Law of the Sea 1958, UN Treaty.

文所述。[106]

10.4.1.1 《联合国海洋法公约》

《联合国海洋法公约》在一定程度上是 1972 年斯德哥尔摩人类环境会议及其《斯德哥尔摩环境宣言》讨论的直接结果。[107] 其范围是广泛、深远和全面的。[108] 该公约的通过是为了建立一个有利于国际交流的海洋法律秩序，促进海洋的和平利用，促进公平和有效地利用海洋资源，更重要的是鼓励对海洋环境的研究、保护。[109] 该公约涵盖了领海、毗连区、专属经济区、大陆架、公海的划界以及各国在这方面的权利和义务等问题。我们将重点讨论该公约第 X11 部分的规定，该部分涉及保护和保全海洋环境。

《联合国海洋法公约》第 192 条规定，各国有义务保护和保全海洋环境。它涵盖了广泛的污染源，为合理开发和保护海洋资源以及保护海洋环境提供了全球框架。再则，它特别重视发展中国家的利益。根据《联合国海洋法公约》，控制污染是一项法律义务。此外，它还强调在保护海洋环境方面的国际管制与合作。

《联合国海洋法公约》涉及六个主要的海洋污染来源，即陆地来源和沿海活动、大陆架钻探、潜在海底采矿、海洋倾倒、船源污染以及来自或通过大气的污染。对于这些不同的污染源，各国将采取各种措施，包括通过国家法规来减少和控制其管辖地区的污染，以及与其他国家共同来控制国际水域的污染。[110]《联合国海洋法公约》第 194 条规定了通过预防、减少和控制海洋污染来保护海洋环境的广泛措施。根据该条，各国应采取符合《联合国海洋法公约》的必要措施，以防止、减少和控制来自任何来源的海洋环境污染，并根据各国的能力，使用他们所掌握的最佳可行手段。各国

---

[106] Ibid.

[107] Stockholm Declaration.

[108] See the United Nations Convention on the Law of the Sea, 10 December 1982, 1833 UNTS 3, UN, Oceans and Law of the Sea, preamble.

[109] See the preamble, ibid.

[110] Arts 207 – 212, *ibid.*

还应采取一切必要措施，确保在其管辖或控制下的活动以不对其他国家及其环境造成污染损害的方式进行，并确保其管辖或控制下的事件或活动引起的污染不扩散到其行使主权权利的地区以外。必要措施应包括旨在尽可能最大限度地减少下列行为：(1)从陆地、大气层持续释放有害或有毒物质；(2)船舶污染，特别是防止事故和处理紧急情况的措施，确保海上作业安全，防止有意和无意排放，以及管制船舶的设计、建造、设备、操作和人员配备；(3)用于勘探或开采海底和底土的自然资源的设施和设备的污染，或一般在海洋环境中作业的装置和设施造成的污染，特别是预防事故、处理紧急情况的措施，确保海上作业安全以及规范装置或设施的设计、施工、设备操作和人员配备。[111]

将要采取的措施包括保护和保全稀有或脆弱的生态系统以及枯竭、受威胁或濒临灭绝的物种和其他形式的海洋生物的栖息地。此外，各国正在采取一切必要措施预防、减少和控制海洋环境的污染。这些污染是因为使用其管辖或控制下的技术，或有意或无意地将外来或新的物种引进海洋环境的某一特定部分而造成的，可能产生重大和有害的变化。但是，《联合国海洋法公约》承认各国的主权权利，规定各国在采取自己的措施防止、减少或控制海洋环境污染的同时，不得对其他国家的活动进行无理干涉。措施还包括全球和区域合作，向其他缔约国通报污染对海洋环境造成的紧迫的或实际的损害，制定应急计划以消除污染的影响，或防止和尽量减少损害，以及观察、测量、评估和分析海洋环境污染的风险或影响，并对获准和正在进行的活动的影响进行监测，以确定这些活动是否可能污染海洋环境。[112]

如前所述，《联合国海洋法公约》对作为缔约方的发展中国家作出了

---

[111] Art 194, *ibid.* 14 art 196, *ibid.* 15 *ibid.*

[112] See the *United Nations Convention on the Law of the Sea*, 10 December 1982, 1833 UNTS 3, arts 197 – 199, 204.

特别让步。根据《联合国海洋法公约》第 202 条的规定,各国应向缔约的发展中国家提供科学和技术援助。此外,他们应提供适当援助,以准备环境评估和最小化可能导致严重海洋环境污染的重大事件的影响,他们还应促进向发展中国家提供科学、教育、技术和其他援助方案,以保护和保全海洋环境,预防、减少和控制海洋污染。此类援助还应包括:(1)培训其科学和技术人员;(2)为他们参与有关的国际计划提供便利;(3)向他们提供必要的设备和设施;(4)提高他们制造此类设备的能力;(5)为研究、监测和教育计划提供咨询和发展设施。根据《联合国海洋法公约》第 203 条的规定,发达缔约国和国际组织应在分配适当资金、技术援助和利用其专门服务以预防、减少和控制海洋环境污染或将其影响降至最低方面给予发展中国家优惠待遇。

《联合国海洋法公约》执行的情况因《联合国海洋法公约》所涵盖的不同污染源而有所不同。执行权由缔约国行使,如沿海国、船旗国和港口国,除区域执行以外,争端解决由海底争端分庭进行。[113] 根据《联合国海洋法》第 235 条的规定,各国有责任履行其关于保护和保全海洋环境的国际义务。他们应根据国际法承担责任。各国还应确保根据其法律制度,对其管辖范围内的人造成的海洋环境污染所造成的损害,提供及时和充分的赔偿或其他救济。为确保对海洋污染损害作出及时和充分的赔偿,各国应合作执行现行国际法,并进一步制定有关评估和支付适当损害赔偿和解决相关争端的职责和责任的国际法。根据《联合国海洋法公约》,可能受到影响的其他国家和有关国际组织一旦意识到海洋环境有即将受到破坏或被污染破坏的危险时,各国有义务立即通知他们。[114]

---

[113] Arts 215 – 222.

[114] See the United Nations Convention on the Law of the Sea, 10 December 1982, 1833 UNTS 3, art 198.

10.4.1.2 《防止船舶污染国际公约》(1973/78)

航运对采掘业的重要性不容低估。然而,航运也可能是水和海洋污染的一个重要来源。[115]《防止船舶污染国际公约》是解决船舶污染源造成的海洋污染的主要公约。《防止船舶污染国际公约》是在国际海事组织的支持下签订的,它是在《防止石油污染国际公约》之后签订的。[116]《防止石油污染国际公约》适用于从事油类运输的油轮,除获豁免的情况外,禁止向海洋排放石油。然而,《防止石油污染国际公约》只治理石油对海洋环境的污染,而忽略了在海上运输活动中可能排放到海洋环境中的所有其他污染物。因此,为制订更全面的措施来处理石油以外的海洋污染,《防止船舶污染国际公约》应运而生。

该公约是关于防止船舶因作业或意外原因污染海洋环境的主要国际公约。该公约于1973年11月2日在国际海事组织的主持下通过。1978年议定书是为了应对1976年至1977年发生的一连串油轮事故而通过的。由于1973年《防止船舶污染国际公约》尚未生效,故1978年议定书被吸纳进母公约,其合并文书于1983年10月2日生效。[117]《防止船舶污染国际公约》的目的是保护人类环境,特别是海洋环境。其主要目标是彻底消除石油和其他有害物质对海洋环境的故意和意外污染。[118] 该公约规定"有害物质"是指任何如果流入海洋,可能对人类健康造成危害,危害生物资源和海洋生物,破坏海洋设施或干扰对海洋的其他合法使用的物质,同时包括受公约管制的任何物质。[119]《防止船舶污染国际公约》包括旨在防止和尽

---

[115] *The International Convention for the Prevention of Pollution from Ships* 1973/78, 2 November 1973, 1340 UNTS 184.

[116] International Convention for the Prevention of the Pollution of the Sea by Oil, 12 May 1954, 327 UNTS 3.

[117] See Generally, International Maritime Organization, *International Convention for the Prevention of Pollution from Ships* 1973/78, 2 November 1973, 1340 UNTS.

[118] See the preamble, ibid.

[119] See the International Convention for the Prevention of Pollution from Ships 1973/78, 2 November 1973, 1340 UNTS 184.

量减少船舶意外和常规污染的规定。它包括六项技术附录：防止石油污染、散装有毒液体物质污染、海上包装有害物质污染、污水污染、垃圾污染以及船舶造成的空气污染。

在第1条中，《防止船舶污染国际公约》缔约方保证执行公约中防止因有害物质或含有此类物质的废水的排放而污染海洋环境的必要条款。第3条规定了公约的范围，规定公约将适用于悬挂缔约方国旗或在缔约方授权下作业的船舶，但不适用于缔约方拥有或经营的用于政府非商业性服务的军舰、海军辅助船或其他船只。该公约采用的管制手段包括颁发《防止船舶污染国际公约》第5条详细规定的国际石油污染证书。该公约还规定了对船舶进行检查的特别规则。在没有证书的情况下，船舶将接受检查，确保船舶没有对海洋环境造成不合理的损害威胁后，方能出海航行。[120]根据《防止船舶污染国际公约》第6条，缔约方应通过使用一切适当和切实可行的侦查措施、环境监测、适当的报告程序和收集证据的程序，在发现违规行为和执行公约条款方面进行合作。根据《防止船舶污染国际公约》第8条，缔约方应充分及时报告事件。争议首先是通过参与各方之间的谈判来解决，如无法解决，或各方在其他方面没有达成协议，则应由任何一方请求提交仲裁。该公约第17条规定，缔约方应与其他国际机构和联合国环境规划署执行主任协商，支持要求提供技术援助以培训科学和技术人员的缔约方，提供必要的接收和监测设备和设施，以及采取其他措施，如防止或减轻船舶污染海洋环境的措施。

10.4.1.3　《防止船舶污染国际公约》框架下的议定书

第一项议定书是根据《防止船舶污染国际公约》第8条通过的《关于涉及有害物质事件报告的规定的议定书》。它规定缔约方有义务报告涉

---

[120] See the International Convention for the Prevention of Pollution from Ships 1973/78, 2 November 1973, 1340 UNTS 184, art 5.

及有害物质的事件。[121] 该议定书第 1 条规定,船舶发生事故,造成海洋环境污染的,船长有责任及时、尽最大可能地报告事故情况。它还规定了报告的方式和应报告的事件的性质以及报告的内容。其次,《防止船舶污染国际公约》第 10 条通过了仲裁议定书。它规定了在发生争议时应遵循的仲裁程序。[122]

为解决采掘作业造成的空气污染,各国已经通过了一些国际条约来管理和减少硫和其他有毒物质向空气中的排放。

10.4.1.4 1979 年日内瓦《远距离越境空气污染公约》[123]

20 世纪 60 年代,科学家证明了欧洲大陆的硫排放与斯堪的纳维亚湖泊酸化之间的关系。1972 年至 1977 年,几项研究证实空气污染物在沉积并造成损害之前可以传播数千公里。这表明解决这一挑战需要国际合作。由于希望对跨界空气污染作出区域反应,各国于 1979 年在联合国欧洲经济委员会的主持下通过了《远距离越境空气污染公约》。联合国欧洲经济委员会成员方,主要是欧洲和北美国家,是《远距离越境空气污染公约》的缔约方。[124] 尽管成员和涵盖范围没有延伸到非洲国家,但公约的许多缔约方在非洲拥有采掘业业务和利益,特别是英国、法国、加拿大和荷兰等国是非洲一些最大的采掘业运营商的总部所在地。国际法学界日益认识到,这些国家的采掘业公司在其各自的活动和影响范围内,在投资海外时,必须遵守所有适用的国际条约的规定,例如《远距离越境空气污染公约》。[125]

《远距离越境空气污染公约》的主要目的是预防、减少和控制来自新

---

[121] See the Protocol on Provisions Concerning Reports on Incidents Involving Harmful Substances to the International Convention for the Prevention of Pollution from Ships 1973/78, 2 November 1973, 1340 UNTS 184, arts 2 – 4.

[122] Arbitration Protocol to the International Convention for the Prevention of Pollution from Ships 1973/78, 2 November 1973, 1340 UNTS 184, arts 1 – 10.

[123] *The Convention on Long-range Transboundary Air Pollution*, 13 November 1979, 1302 UNTS 217, UNECE.

[124] For a list of countries that are members of the UNECE, see UNECE (2018a).

[125] Kamminga and Zia-Zarifi (2000); also United Nations Guiding Principles (2011).

污染源和现有污染源的跨界空气污染。它采取框架公约的形式,并采取了一些旨在逐步减少和防止长期越境空气污染的措施。《远距离越境空气污染公约》所采取的措施是交换信息、协商、监测、研究和开发,以控制和减少跨境空气污染。该公约缔约方每年在执行机构会议上审查正在进行的工作,评估执行水平,并规划未来的活动,包括来年的工作计划等。

若干议定书被通过来加强、执行和扩大公约的目标。其中包括《哥德堡减轻酸化、富营养化和地面臭氧议定书》、《奥尔胡斯重金属议定书》和1998年《关于持久性有机污染物的议定书》。[126]

10.4.1.5　《关于持久性有机污染物的斯德哥尔摩公约》[127]

持久性有机污染物是一种存在于环境中的化学物质,对人体健康和环境造成危害。它们的影响是持久性的,会在环境中存在若干年。持久性有机污染物广泛应用于煤矿、冶炼厂、纸浆和造纸厂、农业病虫害防治、发电、供热和制造业。其中包括工业上使用的剧毒多氯联苯,常用作廉价杀虫剂的二氯二苯三氯乙烷,以及通常在燃烧过程(例如废物焚烧、森林火灾、后院垃圾焚烧)以及工业制作过程(包括冶炼、纸浆氯漂白以及制造一些除草剂和杀虫剂制造)中形成的二噁英。持久性有机污染物对人类健康有不良影响,如癌症、神经系统损伤、生殖障碍和免疫系统紊乱。[128] 鉴于持久性有机污染物可以通过风和水传播,一个国家产生的持久性有机污染物可能影响其远离使用和排放地的人和野生动物。

持久性有机污染物被远距离运输到没有生产或使用它们的地区,由此对全球环境造成的威胁,引发人们呼吁采取紧急全球行动,减少和消除国际社会对这些化学品的排放。[129]《关于持久性有机污染物的斯德哥尔摩公

---

[126] 有关这些协议的更多信息,请参见联合国欧洲经济委员会(2018b)。

[127] 《关于持久性有机污染物的斯德哥尔摩公约》(2001 年 5 月 22 日通过,2004 年 5 月 17 日生效),联合国条约汇编,第 2256 卷,第 119 页。

[128] 美国环境保护局已将二噁英列为“可能致癌的人类物质”。参见美国环境保护局。

[129] 参见联合国环境规划署:《化学品:持久性有机污染物》。

约》于2001年5月22日在瑞典斯德哥尔摩通过,并于2004年5月17日生效。该公约承认有必要采取全球行动,解决具有毒性和抗降解能力并影响陆地和水生生态系统的持久性有机污染物跨越国际边界的运输和沉积问题。[130] 按照预防措施,公约的目标是保护人类健康和环境免受持久性有机污染物的侵害。为了消除有意、无意生产、使用、储存和释放持久性有机污染物的行为,该公约要求缔约方采取若干措施,其中包括:禁止和(或)采取必要的法律和行政措施,消除生产、使用和进出口的附件A中列出的化学品;限制附件B所列化学品的生产和使用;如进口是为了无害环境的处置或者被获准使用时,可进口所列化学品。此外,缔约方还将制订行动计划,以确定、描述和解决人为来源的化学品的排放问题,推动应用和开发减少排放的措施,消除持久性有机污染物的来源,以及开发可替代品。对于储存和废料,缔约方应确保以无害环境的方式处理、收集、储存或以破坏或不可逆转地改变持久性有机污染物的方式处置。[131]

缔约方还应制订和执行计划,详细说明它们将如何履行公约规定的义务。[132] 该公约所使用的一个执行措施是附件A、B和C分别列出了将予以消除和限制的化学品的全面清单和无意中产生的污染物。[133] 此外,该公约载有关于信息交流、公共信息和教育、研究、开发和监测、向发展中国家和转型期经济国家提供技术援助、提供财政资源和机制以及报告的全面规

[130] 持久性有机污染物在环境中存在,在人和动物组织中积累,在食物链中生物放大,对人类健康和环境具有潜在的重大影响。由于它们通过大气、海洋和其他途径在全球范围内传播,因此在世界某一地区释放的持久性有机污染物可能会传播到远离其原产地的地区。因此,根据《关于持久性有机污染物的斯德哥尔摩公约》的规定,各国已承诺减少和(或)消除国际社会最关切的12种持久性有机污染物的生产、使用和(或)排放,并建立一种机制,今后可通过该机制规范更多的化学品的制作过程。The *Stockholm Convention on Persistent Organic Pollutants*, 22 May 2001, 2256 UNTS119, preamble.

[131] See arts 3, 5 and 6, ibid.

[132] Art 7, ibid.

[133] Annex A, B and C, ibid.

定。[134] 该公约第19条规定应设立缔约方大会,其主要职能包括不断审查和评估公约的执行情况,设立必要的附属机构,与有关国际组织和政府间及非政府机构合作,并定期审查向缔约方提供的信息。另外,还应设立秘书处安排缔约方会议并为会议提供服务,并协助缔约方执行公约。[135]

10.4.1.6 《联合国气候变化框架公约》[136]

气候变化是由于人类排放温室气体,温室气体将太阳的热量困在大气中,从而造成了大气平均温度异常上升。[137] 造成气候变化的温室气体包括:二氧化碳、甲烷、一氧化二氮、水蒸气、臭氧以及高全球变暖潜势气体(如氯氟烃、氢氟烃、全氟烃和硫化氢)。[138] 其中几种温室气体是在石油、天然气和矿产开发作业期间排放到大气中的。例如,石油开采过程中的天然气燃烧是非洲气候变化的一个重要因素,而尼日利亚是其中一个主要来源地。[139] 过度依赖石油、天然气和其他释放温室气体的矿产资源,用于工业、制造过程和运输,也是造成全球气候变化的一个主要原因。

《联合国气候变化框架公约》是1992年通过的第一个关于气候变化的全球法律协议。它的最终目标是将大气中的温室气体浓度稳定在一个可以防止人类对气候系统产生危险干扰的水平上。《联合国气候变化框架公约》的序言规定,各国有权根据其环境和发展政策开发本国的资源,

---

[134] See generally, arts 8, 9, 19, 11, 12, 13 and 15.

[135] For the mandate and functions of the secretariat, see Art 20, ibid.

[136] The *United Nations Framework Conference on Climate Change* (Adopted 9 May 1992, effective 21 March 1994) 1771 UNTS 107.

[137] 现在有足够的科学共识,认为气候变化是真实存在的,并且其中一个原因是人为温室气体排放。See Intergovernmental Panel on Climate Change (IPCC), *Climate Change* 2007, the Fourth Assessment Report (AR4). 政府间气候变化专门委员会在报告中指出,二氧化碳等吸热温室气体的排放是过去50年观察到的变暖的主要原因,可能性为90%~99%。根据专家小组的说法,人类活动"很可能"是1950年以来气温上升的主要驱动因素。See also The European Renewable Energy Council (2007).

[138] See Intergovernmental Panel on Climate Change (2007).

[139] Elvidge et al. (2016), Knippertz et al. (2015), also Social Development Integrated Centre (Social Action) (2009).

并负有确保其活动不对其他国家的环境造成损害的首要责任。它还敦促各国制定有效的环境立法,减少各种来源的温室气体排放。该公约序言部分考虑到发展中国家在工业化进程中加剧了温室效应,提出了立即采取行动纠正气候变化及其对发展中国家的影响的责任。该公约的序言还重申了气候变化对脆弱国家和发展中国家的影响,以及在与经济特别依赖化石燃料生产、使用和出口的发展中国家打交道时需要考虑的问题。

该公约第 1 条将气候变化定义为全球气候的变化,这种变化直接或间接地归因于人类活动改变了全球大气的组成。这是在可比的时间段内观察到的自然气候变化之外的变化。因此,减缓气候变化是指旨在减少或防止温室气体排放的努力,而适应气候变化是指旨在应对那些无法避免的影响的努力。它包括政策调整、具体项目和基础设施的改变,作为改善与气候变化有关的预期不良后果的手段。

《联合国气候变化框架公约》第 2 条所规定的主要目标是将大气温室气体浓度稳定在防止对气候系统造成危险的人为干扰的水平。这一水平将在允许生态系统自然适应气候变化的时间框架内实现,以确保可持续的粮食生产和经济发展。在第 3 条中,该公约规定了包括今世后代的利益、共同但有区别的责任、预防原则和可持续发展的基本原则。该公约用于应对气候变化的监管方式是缔约国承诺减少其温室气体排放水平。《联合国气候变化框架公约》第 4 条规定了所有缔约方的义务,包括:制定和公布所有温室气体的人为排放和清除来源的国家目录;制定和执行国家和区域方案以减缓气候变化,采取措施充分适应气候变化;促进、合作发展和转让控制、减少或防止人为温室气体排放的技术;促进可持续管理,并在养护和加强所有温室气体的汇集和储藏库方面开展合作;在适应气候变化的影响方面开展合作;促进和合作在科学、技能、技术、社会经济和其他方面的研究和交流技术和信息,系统地观察和开发与气候变化有关的数据;促进和合作与气候变化有关的教育、培训和公众意识;并按照该公约第 12 条的规定向缔约方会议通报与执行有关的信息。

具体地说，该公约附件 1 和附件 2 所列的发达国家缔约方承诺通过国家政策和采取相应措施缓解气候变化，限制温室气体的人为排放。这些缔约方可以单独或与其他缔约方联合实施这些政策和措施。此外，附件 1 和附件 2 所列缔约方应提供财政资源，以支付发展中国家和脆弱国家缔约方为履行其第 12 条义务而发生的费用。它们还必须为发展中缔约国为履行公约所承担的义务所需要的技术提供便利。

为进一步阐述和扩大公约的目标，已有若干议定书和协定被通过。其中包括 1997 年通过并于 2005 年生效的《京都议定书》，这是第一项确立具有法律约束力的气候变化减排目标的国际协议。[140]《京都议定书》要求工业化国家通过设定具有法律约束力的减排目标和义务来稳定温室气体排放。《京都议定书》的主要特点是为 37 个工业化国家和欧洲共同体设定了具有法律约束力的温室气体减排目标。在 2008 年至 2012 年这 5 年间，这些目标加起来与 1990 年相比平均减排 5%。在南非德班举行的第 17 次缔约方会议上，缔约方同意设立德班加强行动平台特设工作组。特设工作组的任务是制定在公约下适用于所有缔约方的议定书、其他法律文书或具有法律效力的决议，并于 2015 年在巴黎签署。[141] 此外，2012 年 11 月在多哈举行的第 18 次缔约方会议商定，《京都议定书》的第二承诺期将从 2013 年 1 月 1 日起至 2020 年年底。[142] 多哈会议的一项重要成就是，它成为确保《京都议定书》及其机制没有任何漏洞的过渡平台。

《巴黎气候协定》在法国巴黎举行的第 21 届联合国气候变化框架公约缔约方会议上通过。[143] 该协定为减少温室气体排放，设立了将全球气温

---

[140] 参见《京都议定书》。

[141] UNFCCC, Outcome of the Durban Climate Change Conference (2011).

[142] See Doha Amendments to the Kyoto Protocol (Adopted 8 December 2012) C. N. 718. 2012. TREATIES-XXVII. 7. c. 根据《京都议定书》第 20 条第 4 款和第 21 条第 7 款的规定，修正案应在至少 3/4 的该议定书缔约方接受文书的第 90 天生效。

[143] 联合国气候变化框架公约缔约方会议，《巴黎气候协定》(2015 年)。

上升幅度控制在2°C(3.6°F)以内,并从2020年开始尽可能接近1.5°C的明确的目标。[144] 随着公约所规定的义务继续得到细化和界定,石油和矿业企业在经营活动中减少温室气体排放变得越来越重要。许多非洲国家正在努力制定国内气候变化立法,对未能按照国家确定的减排目标减少温室气体排放的公司进行处罚。

10.4.1.7 《西非和中非空气污染区域框架协议》[145]

《西非和中非空气污染区域框架协议》(以下简称2009年《阿比让协定》)是非洲西部和中部的一项次区域协定,旨在减少向大气中排放有毒和空气污染物质,尤其是该次区域森林焚烧、卡车和汽车运输以及该次区域采掘和工业过程中造成空气污染和排放的其他污染物质(特别是颗粒物、二氧化硫、氮氧化物、氨、挥发性有机化合物、持久性有机污染物、一氧化碳和重金属)。虽然2009年《阿比让协定》没有法律约束力,但它制定了可行的目标,以解决运输中的空气污染、工业矿业和家庭污染、废物处置、森林火灾、无法控制的燃烧和森林砍伐、城市规划,以及国家和区域环境治理等方面的问题。

2009年《阿比让协定》汇集了21个非洲国家和组织,即安哥拉、贝宁、布基纳法索、喀麦隆、佛得角、乍得、刚果共和国、科特迪瓦、刚果民主共和国、赤道几内亚、冈比亚、加纳、几内亚、几内亚比绍、利比里亚、马里、尼日尔、尼日利亚、塞内加尔、塞拉利昂、多哥和西非国家经济共同体。[146] 在制定指标时,该协定考虑了分区域社会经济发展造成的大气污染物增加、越境空气污染的发生率不断上升,与可能对人类健康和环境产生不利影响的挥发性有机化合物和氮氧化物排放有关的大气变化、空气污染和气候变化

---

[144] 同上,第2条。

[145] 参见2009年《阿比让协定》。

[146] 非洲其他区域还有其他旨在提高空气质量的类似协议。See Eastern Africa Regional Framework Agreement on Air Pollution (Nairobi Agreement); Southern Africa Regional Framework Agreement on Air Pollution (Lusaka Agreement) and the North African Framework Agreement on Air Pollution.

之间的联系等。为实现既定目标，缔约方同意合作制定灵活和有区别的协定，以控制和减少商定的空气污染物；审议采取联合措施遏制空气污染物和温室气体排放的好处；在可行的情况下，统一国家空气质量管理法规、标准；促进空气质量管理教育及研究资料的交流。[147] 其他方法包括制定机动车标准，其中包括限制进口车辆的使用年限，确保到 2011 年所有进口汽油车都配备了功能齐全的转换器，建立统一的排放标准，采用现代技术提高车辆的燃油效率，减少排放。

对于工业和采矿部门的活动，缔约国同意拟订和通过政策和法律框架，以促进采用现有的最佳技术和标准，便利和促进使用清洁燃料和高效利用能源；对影响空气质量的活动进行环境和社会影响评估及环境审核；鼓励开展缓解空气污染和气候变化项目；制定工业活动排放标准和法规；培养国家监测工业和采矿活动排放的能力；统一工业和矿业排放标准和法规，解决越境空气污染的影响。[148] 缔约国还同意在国家和区域一级促进协调空气质量政策和排放管理战略的制定和实施。[149] 此外，缔约国还将提高公众对空气污染问题的认识，加强利益相关者对空气质量管理的参与，促进获取和交流有关空气污染的信息，[150]包括能力建设和研究开发等其他措施。[151]

10.4.2　国内环境法

除了确定需要减少采掘业环境污染的国际条约和文书之外，非洲国家还通过了规定环境标准的具体国家立法。就成本、声誉和效率而言，采掘业公司熟悉适用的非洲司法管辖区的环境立法和指导方针，以避免可能因

[147] Art 1, ibid.
[148] Art 4, ibid.
[149] Art 7, ibid.
[150] Art 8, ibid.
[151] Art 9, ibid.

污染和不遵守规定而导致的制裁、罚款和处罚,具有很强的商业意义。

10.4.2.1　主要环境立法

一些非洲国家通过其宪法、环境立法或法院判决,承认人民应享有干净和健康的环境的权利,不受任何来源的污染。[152] 在区域范围内,《非洲人权和民族权利宪章》也承认这一权利。《非洲人权和人民权利宪章》第24条规定,"所有人民都有权享有总体上令人满意的有利于其发展的环境"[153]。同样,非洲国家,如贝宁[154]、埃塞俄比亚[155]、尼日尔[156]、马里[157]、喀麦隆[158]、南非[159]、多哥[160]、布基纳法索[161]、尼日利亚[162]和肯尼亚[163],都在其宪法中规定了环境权利。然而,除了肯尼亚《宪法》之外,其他以上所提国家的权

[152] See Boyd (2012), p.2.

[153] 《非洲人权和人民权利宪章》,1981年6月27日,非洲统一组织文件CAB/LEG/67/3 Rev 5,第21卷国家法材料第58页,(提供"有利于……发展的一般令人满意的环境的权利")。

[154] 贝宁共和国《宪法》,1990年,第27-8条("人人有权享有健康、令人满意和持久的环境")。

[155] 埃塞俄比亚联邦民主共和国《宪法》,1995年,第44(1)条("所有人都有权享有干净和健康的环境")。

[156] 尼日尔共和国《宪法》,2010年,第35条("任何人都有权享有健康的环境")。在撰写本报告时(2015年8月),2010年2月被军政府暂停。

[157] 马里共和国《宪法》,1992年,第15条("人人有权享有健康的环境")。

[158] 喀麦隆共和国《宪法》,1996年,序言("每个人都应有权享有健康的环境")。第65条("序言应是宪法的组成部分")。

[159] 南非共和国《宪法》,1996年第24条("人人有权享有:(a)一个对其健康和福祉无害的环境;(b)通过合理的立法和其他措施保护环境,以造福今世后代")。

[160] 多哥共和国《宪法》,1992年,第41条("人人有权享有健康的环境")。

[161] 布基纳法索共和国《宪法》,1991年,第29条("承认享有健康环境的权利;保护、保护和促进环境是所有人的义务"),第30条("每个公民都有权以反对该行为的请愿书的形式发起行动或参加集体行动……影响环境……")。

[162] 尼日利亚联邦共和国《宪法》,1999年,第20条("国家保护和改善环境,保护尼日利亚的水、空气、陆地森林和野生动物")。

[163] 肯尼亚共和国《宪法》2010年,第42条("每个人都有权获得清洁和健康的环境,其中包括通过立法和其他措施,特别是第69条所设想的措施,为今世后代的利益保护环境的权利,以及根据第70条履行与环境有关的义务的权利")。

利无法被裁决，使其无法在法庭上强制执行。[164] 尽管许多非洲国家担心对环境保护无法裁决，但由于环境保护作为一项人权关切，跨国公司和商业企业有更多的义务将环境保障措施纳入其业务，以避免制裁和惩罚。[165] 人权原则不应只在被侵犯时才摆到谈判桌上，相反，人权原则应该成为批准和设计资源开采项目和行动的规章制度的一部分。

除了宪法对环境保护的广泛承认外，非洲还制定了具体的环境立法，以解决与水、空气、土地和噪声污染有关的问题。[166] 例如，尼日利亚联邦共和国2007年的《国家环境标准管理和执行机构(设立)法》是关于环境保护的主要立法。该法设立了一个机构，负责管理和执行环境标准、条例、法律、政策和准则。[167] 该法第7节和第8节概述了该机构的广泛职能和权力，包括强制执行有关空气、土地、开发自然资源和减少污染等方面的法律、准则、政策、环境法规和标准。这些监管职能都有一个值得注意的地方：它们

---

[164] 例如，在尼日利亚联邦共和国《宪法》第二章载有环境权条款，标题为《国家政策的基本目标和指导原则》。然而，《宪法》第6(6)(c)节剥夺了尼日利亚所有法院对国家政策的基本目标和指导原则所列的所有权利作出裁决的权力。它规定，赋予尼日利亚法院的司法权是：不得延伸至任何当局或个人的任何不作为行为或任何法律或司法决定是否符合本宪法第二章规定的国家政策的基本目标和指导原则的任何问题。这一规定剥夺了尼日利亚公众行使宪法规定的环境权利的权利。上述提到的几个国家的宪法载有类似的语言，直接宣布环境权利条款不应具有强制性(尼日利亚联邦共和国《宪法》，第63号注)。

[165] 更多细节，参见 Olawuyi (2015a, b)。

[166] See for example ANGOLA's Framework Environment Law—Law No. 5/98, of 19 June 2015; EGYPT's Law 4/1994 for the Protection of the Environment; GHANA's Environmental Protection Agency Act, 1994; ALGERIA's Law No. 82 – 10/1982 on Fishing, Law No. 83 – 16 – 17 July 1983 on Water, and Law No. 84 – 12/1984 on Forestry Order; KENYA's Environmental Management and Coordination Act No. 8 of 1999; the NIGERIAN National Environmental Standards and Regulations Enforcement Agency (NESREA) Act of 2007, Laws of the Federation of Nigeria 2004, c N164, s7; the Niger Delta Development Commission (NDDC) (Establishment etc) (Amendment) Act of 2017, the National Oil Spill Detection and Response Agency (NOSDRA); SOUTH AFRICA's National Environmental Management Act No. 107 of 1998 National Environmental Management Laws Amendment Act, No. 25 of 2014 and ZIMBABWE's *Environmental* Management Act (EMA), Act No. 13 of 2002 (Chapter 20:27), revisions under Act No. 5 of 2004 (s. 23) and Act No. 6 of 2005 (s. 28).

[167] 《国家环境标准管理和执行机构(设立)法》，同上，参见第3(1)条，另参见第7(g) – (1)条。

都没有延伸到石油和天然气行业。尼日利亚联邦共和国《国家环境标准管理和执行机构(设立)法》明确规定,石油和天然气行业不在其经营范围内,也不在诸多问题的监管范围内。[168] 例如,该机构有权强制遵守关于危险化学品的进出口、生产、分配、储存、销售、使用、搬运和处置的条例;强制执行关于噪声、空气、陆地、海洋和其他水体的环境条例和标准;通过登记、许可证和许可制度强制执行环境控制措施;开展环境审计和建立环境标准的监管和执行机制数据库;敦促私营部门遵守环境条例;敦促私营部门遵守环境法规;加强对石油和天然气部门所有业务的管制。[169]

此外,该机构有权就自然资源的污染和退化进行公开调查,并有权审查关于环境的现有准则、条例和标准,但不包括石油和天然气部门。[170] 虽然该机构专门负责制定法规、制定规范和标准来保护和提高尼日利亚的空气质量,并禁止向空中排放有害物质,但这些一般规则豁免了尼日利亚现行法律允许或授权的排放。[171] 该机构还被要求与其他政府机构合作,清除排放到环境中的"除了与石油和天然气相关的污染物"之外的其他污染物。[172]

尼日利亚联邦共和国的另一项重要立法是2017年《尼日尔河三角洲发展委员会法案》(修正案)(以下简称NDDC法案)。[173] NDDC法案设立了一个委员会,主要负责使用分配和指定的资金来解决尼日尔河三角洲石油矿产开发中产生的生态问题。[174] 该法案第7节规定,委员会的广泛权力包括:制定尼日尔河三角洲发展政策、准则和实施方案;解决尼日尔河三角洲地区石油勘探中出现的生态和环境问题;就预防和控制漏油、天然气燃

---

[168] 同上。

[169] 同上。

[170] 同上,参见第8(g)~(k)条。

[171] 同上,参见第20、27(1)条。

[172] 参见第21(1)~(2)条,第29条。

[173] 《尼日尔河三角洲发展委员会法》,2004年尼日利亚联邦共和国法律,c N87。

[174] 同上,参见序言,第一节。

烧和环境污染应采取的措施向政府提供咨询;还就污染防治的所有事项与石油和天然气勘探和生产公司联络。此外,该法案第 14 条设立了一个基金,将政府收入的一部分,以及营运公司一定比例的预算,拨入该基金,以解决与石油及天然气开发有关的环境问题,以及预防和控制未来的污染等。[175] 该基金只针对尼日尔河三角洲地区的发展。

同样地,2006 年《国家石油泄漏检测和反应机构(设立)法》设立了国家石油泄漏检测和反应机构,负责检测和反应尼日利亚的石油泄漏时间。[176] 该机构的目标包括协调和执行国家石油泄漏应急计划,并对重大或灾难性的石油污染采取安全、及时、有效和适当的反应;确定高风险和优先保护与清理的领域;建立监测、协助和酌情调动必要资源的机制,以拯救生命、保护受威胁的环境并尽可能清理受影响的地点;提供启动、培训和演习方案,以确保随时准备应对石油污染;与国际海事组织和其他国家合作,与区域和国际组织合作,促进和交流与加强最先进的油污防备和应对有关的研究和开发方案的成果,包括监测、遏制、恢复、处置和清理的技术,以及在最具战略意义的地区确定和预先部署重要的作战设备,以便在漏油之前做出快速反应。该机构的职能包括监督和确保遵守现有的环境立法,检测石油部门的漏油情况,以及协调尼日利亚的漏油应对活动。不报告泄漏和不清理受污染地区是违法行为,可处以罚款。[177] 该法第 18 节设立了一个国家控制和反应中心,其职能包括充当尼日利亚所有漏油事件的报告处理和反应协调中心,从其地区办事处和控制单位接收石油泄漏报告,作为指挥和控制中心监测所有现有的环境控制立法的遵守情况,监测石油泄漏检测,监测和协调计划启动所需的对策。

《国家石油泄漏检测和反应机构(设立)法》第 19 条规定了联邦政府

---

[175] 同上。

[176] 2006 年《国家石油泄漏检测和反应机构(设立)法》。

[177] 同上,参见第 6 节。

在重大或灾难性石油泄漏事件中进行干预的权力。此时,该机构将与其他机构合作,通过将漏油事件发生后的情况与之前存在的情况相匹配来评估生态破坏的程度,进行发生漏油事件后的影响评估,以确定损害的程度以及长期影响,就可能对人民健康造成的影响向联邦和州政府提供建议,并确保为恢复和赔偿环境采取适当的补救行动,协助在受影响的社区和漏油事件之间进行调解,监测紧急情况下的应对工作,以确保充分遵守有关此类问题的现有立法。迅速处理和批准石油泄漏者提出的使用任何被认为对改善漏油影响至关重要的技术的请求,提供意见和指导应对工作,以保护高度敏感的地区、栖息地和濒危或受威胁的野生动物,并监督清理行动,以确保受影响地区得到全面恢复。此外,作为牵头机构,国家石油泄漏检测和反应机构与漏油公司合作,确定适当和迅速的应对措施,防止对环境和社区的过度破坏。国家石油泄漏检测和反应机构还需要调动一切可能需要的内部和外部人力和财政资源来应对石油泄漏。[178]

10.4.2.2　二级立法和准则

除了关于环境的主要立法外,非洲国家还颁布了准则和其他立法,规定采掘作业的环境标准。例如,尼日利亚《石油工业环境准则和标准》专门针对石油作业各个方面的污染物和污染进行控制,并规范了石油作业的环境。[179] 它的主要目标是规范已采出地层水、含油废水、淤泥的生产和排放以及石油和天然气生产设施的意外漏油的环境管理。关于石油勘探活动,它规定了与石油生产过程有关的废物的处理和控制程序。它还规定,为了保护、恢复和维持尼日利亚水域的化学、物理和"生物整体性",石油和天然气设施运营商必须确保其污染控制水平符合目前可用的最佳可行控制技术。其他废物,如油泥、固体废物等,须以卫生填埋、密封、固化、化学处理及回收等方式处置。该准则建立了生产操作的监控要求。

---

[178] 同上,参见第19(3)节。

[179] 尼日利亚《石油工业环境准则和标准》(2002年),第44~46节、第54~59节。

另外，该准则还规定了火炬距离、适当的燃烧技术、允许的热辐射气体燃烧过程中的噪声水平等。[180] 它还对监测气点排放做了规定，其中包括强制每周对气点排放进行频率采样或使用经批准的持续排放监测系统。此外，该准则规定每年亦须向署长提交有关气体污染指数的报告。尼日利亚《石油工业环境准则和标准》还列出了监管空气质量时将采用的国家空气质量指南。该准则管制将伴生气体和非伴生气体处理和加工成液化天然气所造成的污染。[181] 此外，它还规定了气体处理和转换操作中排放的烟雾的相对密度、允许的热辐射、地面温度以及无可见烟雾的燃烧操作。[182]

10.4.2.3　环境影响评估

除了环境方面的行业标准和准则外，进行环境影响评估已被认为是所有被调查的非洲国家石油和采矿业务的前提条件。环境影响评估是一个正式的程序，通过这个过程，对可能具有重大环境、社会和经济成本的拟议活动进行研究，以期评估其影响，研究替代方法，并制定预防或减轻负面影响的措施。[183] 正如亨特（Hunter）等人所指出的，"进行环境影响评估的主要原因之一是让公众了解拟议的项目，并让他们就拟议活动的潜在利益、环境和社会成本进行有意义的对话"[184]。它必须审查、分析和评估已规划的活动，以确保无害环境和可持续发展。总言之，环境影响评估是一个收集资料的过程，通过这个过程，可在规划过程的早期阶段，识别和评估拟议工程项目可能造成的环境影响，从而使决策者能够就是否批准或同意该工程项目作出明智的决定。

环境影响评估是一种预防性工具，可使发展的负面影响得以预测和尽量减少。它向决策者告知项目或决策的环境后果，其作用是将环境问题纳

[180] 同上，第 3.8.8.1 (iii) ~ (ix) 节。
[181] 同上，第 90 ~ 91 页。
[182] 同上，第 95 ~ 96 页，第 5/6/2/2 节。
[183] 参见 Hunter et al. (1987)，另参见联合国环境规划署（1987 年）。
[184] 同上。

入其他决策领域。此外,它确定了可以采取的步骤,以避免负面的环境影响,或在它们发生之前将它们减少到可接受的水平。因此,环境影响评估是一种积极的、预防性的环境管理和保护方法。预防原则要求使用特殊技术减少或消除环境损害,例如风险分析和评估计划活动的潜在影响。[185] 因此,在项目设计和实施时,环境影响评估有助于以防止对环境造成损害的方式影响开发。

在 20 世纪 50 年代和 60 年代,由于环境保护意识的提高,人们认识到采掘和其他开发项目显然对环境产生了不良的后果,因此环境评价体系是有必要的。除此之外,人口快速增长、工业化、基础设施发展、农业发展、技术进步和自然资源开采等造成的人类环境污染和退化迫使国际社会和各国政府认识到需要建立一种机制,确保在正式授权执行和实施重大项目和计划之前审查其环境后果。自从美国在 1969 年通过第一项与环境影响评估有关的立法以来,包括尼日利亚在内的 100 多个国家纷纷效仿。

环境影响评估现已成为一个正式的程序,决策者可以通过它在项目开始工作之前收集和评估拟议项目对环境的影响。环境影响评估向各国政府提供关于它们正在审议的发展方案的后果的资料,并帮助制订适当的发展政策。此外,它还为公众参与可能影响生命、环境和生计的发展项目的决策过程提供了途径。总言之,环境影响评估主要有三个目的:把环境问题纳入规划和决策;预期和尽量减少环境损害;鼓励公众参与决策和环境保护。

环境影响评估可以根据国家具体情况进行调整,以满足任何发展情况。然而,环境影响评估的一些基本特征包括:筛选以确定某些项目是否应接受评估;界定范围,以决定应考虑哪些影响;进行影响分析以评估可能的环境影响;进行缓冲管理以制定避免、减少或补偿负面环境影响的措施;报告环境影响结果,供决策者和公众做记录和追踪;审查环境影响评估报

---

[185] See Olawuyi (2015a, b), pp. 262 - 263.

告的质量以确定其是否包括所有必需的信息;决策以批准或拒绝项目提案,或设定项目可以进行的条件;监督项目的实施和跟进,以确定项目是否按计划进行;监测项目的效果,并采取行动缓解可能出现的问题。[186]

例如,在尼日利亚,《环境影响评估法》规定了对尼日利亚环境的保护。[187] 环境影响评估的主要目标是确定和考虑任何级别政府授权的任何活动对环境的影响程度。[188]《环境影响评估法》禁止在未事先考虑其环境影响的情况下进行或开始可能对环境产生重大影响的项目。[189] 石油作业活动,如油气田开发,被列入环评法案规定的强制性研究清单。[190] 对于这些活动,机构可以确保进行强制性研究,并编写报告提交给机构;另一种选择是,将项目提交理事会,由理事会将项目提交调解或审查。如理事会认为工程项目可能对环境造成重大的不良影响,或公众对工程项目的环境影响有足够的关注,便会将工程项目交由调解或审查。[191] 如果该项目可能导致不合理、无法减轻和重大的不利环境影响,该机构将不允许该项目的实施。

10.5 环境机构

如前文所述,采掘作业环境各方面直接受监督部或监督局(负责采矿或石油资源的部委)的监督和管辖。例如,在尼日利亚,石油资源部负责制定和执行政府政策,并对石油行业的作业进行全面管理。该部门颁发许可证和租赁证,制定规章制度和指导方针、协调政策,管理石油资源,执行相关法律法规。在该部门内部,技术、政策和监管问题由石油资源局负责。根据《石油法案》第 8 节的规定,石油资源部长对在尼日利亚现有许可证

---

[186] See Olawuyi (2015a, b), pp. 262 – 263.

[187] 1992 年《环境影响评估法》,2004 年尼日利亚联邦共和国法律,c E12。

[188] 同上,参见第 1 节。

[189] 同上,第 2(1) ~ (3)节。

[190] 同上,参见附件。

[191] 同上,第 26 节。

和租约下进行的所有石油作业具有广泛的监督权。部长的监督权力包括：随时进入石油勘查许可证、石油勘探许可证和石油开采租约地区、炼油厂和装置，以执行所有适用的法律和条例；下令拘捕任何违反石油法案或其他法律或规例的人；传召执照所有人或承租人或其任何分包商提供有关其各自作业的信息，并在必要时暂停作业（如在作业不符合油田良好作业规范的情况下）；在尼日利亚确定或控制石油产品的价格（《石油法案》第6节）。在某些情况下，部长还有权撤销石油勘探许可证和石油开采租约，并根据《石油法案》第9节对任何需要管理的事项制定规章。

石油资源部的技术部门——石油资源局，还监管并确保尼日利亚石油和天然气行业遵守环境标准。[192] 石油资源局负责执行石油资源部制定的关于所有石油作业活动的环境准则、规则和条例。石油资源局的核心职能包括：根据许可证和租赁进行的所有石油行业作业，以确保遵守适用的法律和条例；执行安全及环境法规；确保石油作业符合国家和国际行业惯例和标准。[193]

10.5.1 二级机构

除了负责监督采掘作业的部门外，非洲各地至少有100多个不同的委员会、部门和机构，其任务是保护环境，保护文化遗产，并确保今世后代可持续利用自然资源。[194]

---

[192] 一般参见石油资源局（2010年）。

[193] 参见石油资源局（2010年）。

[194] 非洲有很多这样的例子。例如，根据1999年第8号肯尼亚《环境管理和协调法案》第4（1）节设立的肯尼亚国家环境委员会；根据同一法律设立的肯尼亚国家环境管理局。另参见南非环境事务部；根据尼西亚《国家环境标准和法规执行法案》设立的尼西亚国家环境标准和法规执行局；根据2017年NDDC法案设立的尼日尔河三角洲发展委员会、尼日利亚能源委员会、国家石油泄漏检测和反应机构、国家水资源研究所和尼日利亚旅游开发公司。最近，尼日利亚的政府建立了碳氢污染恢复项目，对尼日利亚尼日尔河三角洲地区受碳氢污染影响的场所进行调查、评估并提出建议。

10.5.1.1 环境部或环境局

所有非洲国家都设立了负责执行政府环境保护和可持续发展政策的部门,[195]包括从1999年设立的尼日利亚联邦环境部到肯尼亚环境和自然资源部,1994年设立的南非环境事务部(如环境事务和旅游部),以及1997年成立的埃及环境事务部。[196] 环境部的广泛任务包括:制订和执行环境政策;制定必要的环境保护行动计划;制定项目环评估程序;管理和保护海洋和沿海资源,促进自然资源的养护和可持续利用;促进环境科学和保护技术方面的合作;与联邦和州部委、地方政府、州立机构和研究机构就有关环境保护和自然资源保护的事项开展合作。[197] 环境部通常由内阁部长或环境部长领导,监督和执行有关水质、污水排放限制、空气质量、大气保护、臭氧保护、噪声控制以及有害物质的清除和控制的环境保护措施。在省级或州级,环境部也发挥类似的作用,并由环境专员监督。

然而,20世纪90年代非洲的环境部门各自建立以来,在采掘业环境保护项目的设计和实施方面一直不一致。由于各国政府对环境问题的重视程度不同,环境政策和项目的执行与政府执政时的愿景和重点并不一致。这种缺乏连续性和政治承诺的情况往往导致旨在将可持续发展政策纳入资源利用的方案和结构出现差异或缺失。同样,由于环境部由内阁部长监督,并对政府负责,因此可以说缺乏必要的机构独立性,使政策制定者对环境部行为负责。环境部缺乏作为"监督机构"监督和报告政府运作和政策可持续性所需的地位和独立性。同样错综复杂的是,环境部缺乏独立的融资机会来推动和实施环境保护计划。由于历届政府缺乏持续的可持续发展资金,环境部开展和实施长期环境保护计划的能力受到了阻碍。例

---

[195] 有关非洲所有环境部门的全面名单,请参见世界银行、非洲环境署。

[196] See Kenya's Ministry of Environment and Natural Resources, About Us, see also South Africa's Department for Environmental Affairs, *Introduction and Background*, Nigeria's Federal Ministry of Environment, About Us.

[197] Ibid.

如,在尼日利亚,由于本应拨给尼日利亚环境部的资金被挪作他用,且历届政府都没有为该部门提供资金的政治意愿,该部门的活动经常受到阻碍。

10.5.1.2 环境和可持续发展署和委员会

一些非洲国家还设立了特别委员会和机构,负责监测、执行和报告环境保护和政府业务和政策的可持续性。如尼日利亚的国家石油泄漏检测和反应机构、国家环境标准管理和执行机构、国家公园管理局和尼日尔河三角洲发展委员会。在州一级也有类似的环境机构,如拉各斯州环境保护局、奥尤国家环境保护委员会和河流州可持续发展署等。[198] 所有这些机构都将为今世后代保护环境和文化遗产作为其广泛任务的一部分。肯尼亚也有类似的国家机构,如国家环境管理局、能源管理委员会、肯尼亚水塔局、肯尼亚野生动物局、肯尼亚国家博物馆、肯尼亚森林局和肯尼亚森林研究所。除了确保保护和养护环境及其资源之外,这些机构的设立还为了确保开发活动“不损害资源基础满足当代人和子孙后代需求的能力”。[199] 同样,埃及环境事务局的任务是编写关于环境状况的研究报告,制订国家环境保护计划,并监测与环境有关的国际和区域公约的执行情况。[200]

所有受调查的非洲环境机构和委员会都负责以下四个方面的工作:宣传——提高对可持续发展概念的认识和响应政府的政策倡议;能力建设——与政府各主要部门建立良好的工作关系,培养各部门的技能;政策与咨询——就可持续发展向政府提供循证意见的政策及建议;监督——对目标的执行情况进行监控并报告。一般来说,环境机构和委员会是国家执行国际条约法所设想的可持续发展准则和几代人间“正义先锋”。它们还作为监督者,审查和监督政府在执行条约义务和国家环境计划和战略方面的进展。并且,他们还规定了对危害环境的公众活动的处罚制度。

---

[198] 参见尼日利亚环境部。

[199] 1999 年《环境管理和协调法案》。

[200] 埃及环境事务局。

尽管有大量的法律和机构监督采掘作业的环境标准，但非洲国家仍在努力应对与采掘过程和作业有关的若干复杂的环境、社会和人权挑战。考虑到采矿和石油工业污染产生的长期和甚至有时是不可逆转的影响，非洲国家必须重新评估如何改革现有的法律和体制框架，以便在设计、批准、资助和实施采掘作业时优先考虑可持续的资源管理。

根据各自非洲国家的社会政治结构和现实情况，一种选择是可以设立一个具体的环境应对和恢复机构来补充现有的体制安排。另一种选择是授予环境部门和机构对采掘作业进行直接和更具体监督的权力和职能。很明显，无论采用何种方法或模式，非洲采矿和石油作业的环境影响是复杂的、贯穿各领域的，因此需要采取紧急、持续和坚定的行动。

10.6　小结

非洲各国越来越多地采用环境立法和准则，这意味着在采掘作业期间保护环境已不再是一种选择，而是在非洲大陆上作业的采掘公司和企业的义务。采掘业经营者可以通过及时了解采掘业环境保护法规和立法的含义、性质和范围，并将强有力的环境尽职调查纳入企业风险管理程序，从而避免因环境违法行为承担责任、受到制裁和处罚。在成本、声誉和效率方面，这样做有很强的商业理由。

不能有效管理与采掘项目相关的环境和人权问题会带来重大的财务、法律和声誉风险。这些风险可能表现为健康和安全问题引起的社区抗议、项目建设的中断以及此类抗议对雇员的潜在伤害。此外，还可能存在与挑战项目的法院和监管行动有关的法律风险，以及与安保部队在应对抗议情况时的行动造成的生命损失或受伤有关的声誉风险。如果不能有效地解决环境和人权风险，就应对危机所需的管理时间而言，可能会产生巨大的成本，使监督机构以高昂的代价暂停或关闭项目，并可能影响公司从金融机构或出口信贷机构获得项目资金的能力。项目支持者将由利益相关者

（包括金融机构和监管机构）根据为预测和管理与公司碳投资和项目相关的人权风险而制定的内部程序、做法的实力进行评估和评判。此外，采用健全的内部人权审查程序作为企业风险管理框架的一部分，可以帮助企业建立和维持良好的社会形象，以便在相互尊重和信任的基础上经营，并与社区、客户和其他利益相关者建立关系。

至于在采掘项目和投资中代表公司和投资者利益的律师的重要作用在于，提供咨询时强调环境和人权影响评估的重要性。法院和法庭越来越坚持保护可能受拟议项目影响的人的知情权、公众参与权和利益分享权，这应促使律师向其客户建议，在采掘业务和项目中尽早遵守环境标准和要求是明智的。几乎所有关于采掘项目的冲突都是由于没有同当地社区进行适当协商而执行的项目引起的。这些社区一般不反对这些项目或投资，但他们知道并坚持自己的权利，即使政府和监督机构不愿或无法保护他们。[201]

下一章概述了将环境和人权严格评估纳入一般企业风险管理的一般程序，特别是在设计和实施采掘作业以避免法律风险方面。

参考文献

African Charter of Human and Peoples' Rights, 27 June 1981, Organization of African Unity Doc CAB/LEG/67/3 Rev 5, 21 ILM 58

Aghalino SO (2009) Gas flaring, environmental protection, pollution and abatement measures in Nigeria 1969 – 2001. J Sustain Dev Africa 11:4

Air Pollution-Protocols. UNECE. http://www.unece.org/env/lrtap/status/lrtap_s.html. Accessed 21 July 2017

Ajugwo A (2013) Negative effects of gas flaring: The Nigerian experience. J Environ Pollut Hum Health 1(1):6 – 8

---

[201] See Olawuyi (2016a, b).

Akcil A, Koldas S (2006) Acid Mine Drainage (AMD): causes, treatment and case studies. J Clean Prod 14(2):1139 - 1145

Anderson M (1996) Human rights approaches to environmental protection: an overview. In: Human rights approaches to environmental protection. Oxford University Press, Oxford

Apte SC, Kwong YTJ (2003) Deep sea tailings placement: critical review of environmental issues. CSIRO Australia and CANMET Canada 2003

Arbitration Protocol to the International Convention for the Prevention of Pollution from Ships 1973/78, 2 November 1973, 1340 UNTS 184

Ayoade M (2002) Disused offshore installations and pipelines: towards sustainable decommission-ing. Kluwer Law International, Hague

Bailey H (1979) Semi-arid climates: their definition and distribution. In: Hall A, Cannel GH, Lawton HW (eds) Agriculture in semiarid environments. Springer, Berlin. Ecological studies No. 34

Bodansky D (2010) The art and craft of international environmental law. Harvard University Press, Cambridge

Boyd DR (2012) The right to a healthy environment: revitalizing Canada's constitution. UBC Press, Vancouver

Burges Salmon LLP (2014) Talking point—scope of environmental law. Lexis Nexis, New York

Case Concerning the Gabcikovo-Nagymaros Project (Hungry v. Slovak Republic), 32 ILM (1993) 1293

Case of the Mayan Indigenous Communities from the Toledo District, Belize Report No. 40/04, Case 12. 053, Merits, Mayan Indigenous Communities from the Toledo District, Belize, 12 Oct. 2004

Charter on Human and Peoples Right, adopted 27 June 1981, entered into force 21 Oct. 1986, O. A. U Doc. CAB/LEG/67/3 Rev. 5

Climate Justice Programme (2005) Gas flaring in Nigeria: a human rights, environmental and eco-nomic monstrosity. https://friendsoftheearth.uk/sites/default/files/downloads/gas _ flaring _ nige-ria. pdf. Accessed 12 June 2018

Conference of the Parties to the United Nations Framework Convention on Climate Change. Paris Agreement. 2015. 21st Session, Paris. 30 November to 11 December 2015. https://unfccc.int/resource/docs/2015/cop21/eng/l09. pdf. Accessed 12 Oct 2017

Convention on Long-range Transboundary Air Pollution, 13 November 1979, 1302 UNTS 217, UNECE. http://www.unece.org/fileadmin/DAM/env/lrtap/full%20text/1979. CLRTAP. e. pdf. Accessed 25 June 2015

Cukrowska EM, Lusilao-Makiese J, Tutu H, Chimuka LK (2012) The impact of gold mining on mercury pollution in the Witwatersrand Basin, South Africa. In: Mapani B, Bohdan Kribek B (eds) Environmental and health impacts of mining in Africa. Czech Geological Survey, Prague, pp 15 – 18

Dappa-Biriye H, Briggs R, Idoniboye-Obu B, Fubara M (1992) The endangered environment of the Niger Delta: constraints and strategies. An NGO memorandum for the World conference of indigenous peoples on environment and development and the United Nations conference on environment and development, Rio de Janeiro

Davies TC (2012) Advances in mitigation and rehabilitation technology in major and abandoned mines in Sub-Saharan Africa. In: Mapani B, Bohdan Kribek B (eds) Environmental and health impacts of mining in Africa. Czech Geological Survey, Prague

Department of Environment, South Africa. Effects of Mining on the Environment and Human Health. https://www. environment. co. za/mining – 2/effects-of-mining. html

Department of Petroleum Resources（DPR）（2010）About DPR. Historical background. http://www. dprnigeria. com/aboutus. html. Accessed 13 June 2018

Doha Amendments to the Kyoto Protocol. 2012 C. N. 718. 2012. TREATIES-XXVII. 7. c

Donnelly B, Bishop P（2007）Natural law and eco-centrism. J Environ Law 19(1):89

DPR（2010）Our evolution and history. Department of Petroleum Resources. http://www. dprnige-ria. com/in_the_news. html. Accessed 13 June 2018

Earth and Mining Watch Canada（2012）Troubled waters: how mine waste dumping is poison-ing our Oceans, Rivers and Lakes. https://miningwatch. ca/sites/default/files/Troubled-Waters_ Full. pdf. Accessed 13 June 2018

Eboh M（2014）Nigeria loses N27bn to gas flaring in one month. Vanguard Newspaper. http://www. vanguardngr. com/2014/11/nigeria-loses-n27bn-gas-flaring-one-month/. Accessed 13 June 2018

Eckersley R（1992）Environmentalism and political theory: towards an ecocentric approach. SUNY Press, Albany

Egyptian Environmental Affairs Agency. http://www. eeaa. gov. eg/en-us/aboutus/aboutagency/mis-sion. aspx. Accessed 12 June 2018

Elder P（1984）Legal rights for nature: the wrong answers to the right question. Osgoode Hall Law J 22:285

Elf Nigeria Ltd. v. Opere Sillo (1994) 6 N. W. L. R.

Elvidge C, Zhizhin M, Baugh K, Hsu F, Ghosh T (2016) Methods for global survey of natural gas flaring from visible infrared imaging radiometer suite data. Energies 9(1):14. https://doi. org/10. 3390/en9010014

Emeseh E (2006) Limitations of law in promoting synergy between environment and development policies in developing countries: a case study of the petroleum industry in Nigeria. J Energy Nat Resour Law 24:574

Environmental Guidelines and Standards for the Petroleum Industry in Nigeria (2002) Lagos: Department of Petroleum Resources 1991

Environmental Impact Assessment Act of 1992, Laws of the Federation of Nigeria 2004, c E12

Environmental Rights Action (2005) Gas flaring in Nigeria: a human rights, environmental

European Environmental Bureau (1997) Environmental liability in Europe: concerning the need for a European Directive on environmental liability

European Renewable Energy Council (2007) Climate protection. In: Energy revolution-a sustain-able World Energy Outlook. European Renewable Energy Council, Amsterdam

Federal Ministry of Environment of Nigeria. Agencies and Parastatals. http://environment. gov. ng/index. php/about-moe/agencies-parastatals. Accessed 25 Sept 2015

Feinberg J (1974) The rights of animals and future generations. In: Blackstone WA (ed) Philosophy and environmental crisis. University of Georgia Press, Georgia

Findikakis A, Law A (1998) Marine tailings disposal simulation. J

Hydraul Eng 124(4):370 – 383

Framework Environment Law-Law No. 5/98, of 19 June 2015, Angola

French D (2017) The Sofia guiding statements on sustainable development principles in the deci-sions of international tribunals. In: Cordonier Segger MC, Weeramantry CG (eds) Sustainable development principles in the decisions of international courts and tribunals, 1992 – 2012. Routledge, Abingdon

Gardner J, Sainato P (2007) Mountaintop mining and sustainable development in Appalachia. Min Eng 59:48

Global Gas Flaring Reduction (GGFR) (2009) Preparing for potential opportunities. The News Flare 8. http://siteresources.worldbank.org/EXTGGFR/Resources/ggfr_newsletter_8.pdf?resourceurlname=ggfrnewsletter_8.pdf. Accessed 21 July 2015

Gorman D, Neilson J (1997) Decommissioning offshore structures. Springer, New York

Government of Algeria. 1982. Law no. 82 – 10/1982 on Fishing, Algeria

Government of Algeria. 1983. Law no. 83 – 16 – 17 July 1983 on Water, Algeria

Government of Algeria. 1984. Law no. 84 – 12/1984 on Forestry Order, Algeria

Government of Benin. 1990. Constitution of the Republic of Benin, 1990

Government of Cameroon. 1996. Constitution of the Republic of Cameroon, 1996

Government of Ethiopia. 1995. Constitution of the Federal Democratic

Republic of Ethiopia, 1995

Government of Ghana. 1994. Environmental Protection Agency Act, 1994 of Ghana

Government of Kenya. 1999. Environmental Management and Coordination Act no. 8 of 1999, Kenya

Government of Kenya. 2010.

Constitution of Kenya, 2010 Government of Mali. 1992. Constitution of the Republic of Mali, 1992

Government of Niger. 2010. Constitution of the Republic of Niger, 2010

Government of Nigeria. 1999. Constitution of the Federal Republic of Nigeria, 1999

Government of South Africa. 1996. Constitution of the Republic of South Africa, 1996

Government of the Republic of Burkina Faso. 1991. Constitution of the Republic of Burkina Faso, 1991

Government of Togo. 1992. Constitution of the Republic of Togo, 1992

Government of Zimbabwe. 2002. Environmental Management Act (EMA), Act No. 13 of 2002, Zimbabwe

Greenpeace International (1994) Shell shocked: the environmental and social costs of living with Shell in Nigeria. http://archive. greenpeace. org/comms/ken/hell. html. Accessed 21 July 2015

Human Rights Watch (1999a) The price of oil: corporate responsibility and human rights viola-tions in Nigeria's oil producing communities. Human Rights Watch, Washington, DC https://www. hrw. org/reports/1999/nigeria/nigeria0199. pdf. Accessed 12 June 2018

Human Rights Watch (1999b) The price of oil: corporate responsibility and human rights viola-tions in Nigeria's oil producing communities. Human Rights Watch, New York http://www. hrw. org/reports/1999/nigeria/. Accessed 10 July 2015

Hunter D, Salzman J, Zaelke D (1987) International environmental law and policy. Foundation Press, New York, p 1998

Intergovernmental Panel on Climate Change (IPCC) (2007) The Fourth Assessment Report (AR4)

International Convention for the Prevention of Pollution from Ships 1973/78, 2 November 1973, 1340 UNTS 184

International Covenant of Economic and Social Rights (ICESR)

2002 International Law Association (ILA) New Delhi Declaration on Sustainable Development. 2002. International environmental agreements: politics, law and economics 2. UN Doc. A/CONF. 199/8

Johnston D, Potter H, Jones C, Rolley S, Watson I, Pritchard J (2008) Abandoned mines and the water environment. UK Environment Agency, Bristol https://assets. publishing. service. gov. uk/government/uploads/system/uploads/attachment _ data/file/291482/LIT _ 8879 _ df7d5c. pdf. Accessed 21 Jan 2018

Jonah Gbemre v. Shell Petroleum Development Company Nigeria Ltd. and Others. No. FHC/B/CS/53/05, (Nov. 14, 2005) Federal High Court of Nigeria, http://www. climatelaw. org/cases/case-documents/nigeria/ni-shell-nov05 – judgment. pdf. Accessed 23 June 2015

Kamminga M, Zia-Zarifi S (2000) Liability of multinational corporations under international law. Kluwer, Alphen aan den Rijn, pp. 139 – 195

Kenya's Ministry of Environment and Natural Resources. About Us. http://www.environment.go.ke/?page_id=2. Accessed 21 Sept 2015

Knippertz P, Evans MJ, Field PR, Fink AH, Liousse C, Marsham JH (2015) The possible role of local air pollution in climate change in West Africa. Nat Clim Change 5:815 – 822

Kyoto Protocol to the United Nations Framework Convention on Climate Change, UN Doc FCCC/CP/1997/7/Add. 1, December 10, UNFCCC

LacLanoux Arbitration (France v. Spain), 1957, 24 I. L. R. 101

Law 4/1994 for the Protection of the *Environment* of Egypt

Locke J. Two treatises of Government. http://www.gutenberg.org/files/7370/7370-h/7370-h.htm. Accessed 21 Jan 2018

Macdonald JM (1994) Artificial reef debate, habitat enhancement or waste disposal? Ocean Dev Int Law 25:87

Macias R (2010) Public participation in energy and natural resources development: a theory and criteria for evaluation. Canadian Institute of Resources Law Occasional Paper No 34. University of Calgary Digital Repository. https://dspace.ucalgary.ca/bitstream/1880/48390/1/CriteriaOP34w.pdf. Accessed 12 June 2018

Mapani B, Kribek B (2012) Environmental and health impacts of mining in Africa. Czech Geological Survey, Prague

McKinnon E (2002) The environmental effects of mining waste disposal at Lihir Gold mine, Papua New Guinea. J Rural Remote Environ Health 1: 40 – 50

MINEO Consortium (2000) Review of potential environmental and social impact of mining. http://tupa.gtk.fi/raportti/arkisto/rs_2004_24.pdf. Accessed 21 Jan 2018

Mining Working Group at the United Nations (2014) A rights-based approach to resource extrac-tion in the pursuit of sustainable development. Advocacy Brief. https://miningwg.com. Accessed 12 June 2018

Monica M (2012) Nigeria's penalty for gas flaring will not curb emissions, say campaigners. The Guardian. https://www.theguardian.com/environment/2012/may/31/nigeria-penalty-gas-flar-ing. Accessed 12 June 2018

Mutum R. Nigeria: ICPC returns N1 billion looted funds to environment ministry. allAfrica. http://allafrica.com/stories/201509160545.html. Accessed 12 June 2018

National Commission on the BP Deepwater Horizon Oil Spill & Offshore Drilling, Report To The President, Deepwater: The Gulf Oil Disaster And The Future Of Offshore Drilling (2011) https://www.gpo.gov/fdsys/pkg/gpo-oilcommission/pdf/gpo-oilcommission.pdf. Accessed 2 June 2018

National Environmental Management Act No. 107 of 1998, South Africa

National Environmental Management Laws Amendment Act, No. 25 of 2014, South Africa

National Environmental Standards and Regulations Enforcement Agency (NESREA) Act of 2007, Nigeria

National Oil Spill Detection and Response Agency (Establishment) Act 2006

Niger Delta Development Commission (NDDC) Act, Nigeria

Nigeria's Federal Ministry of Environment. About Us. http://environment.gov.ng/index.php/78 – featured/72 – welcome. Accessed 21 Sept 2015

Nkulu CBL, Asosa JN, Ngombe LK, Mwanza AM, Numbi OL, Ilunga BK, Kimpanga CM (2012) Pathways of exposure to cobalt in populations living in Katanga, D. R. Congo. In: Mapani B, Bohdan Kribek B (eds) Environmental and health impacts of mining in Africa

Nowak M (2000) Civil and political rights. In: Symonides J (ed) Human rights concepts and stan-dards. Ashgate, Farnham

Nwadiaro v. Shell Petroleum Development Company, Nigeria Ltd. (1990) 5 N. W. L. R

Nwilo P, Badejo O (2006) Impacts and management of oil spill pollution along the Nigerian Coastal Areas. http://www. fig. net/pub/figpub/pub36/chapters/chapter_8. pdf. Accessed 10 July 2015

Ocholla GO (2013) Environmental issues and socio-economic problems emanating from salt min-ing in Kenya; A case study of Magarini district. Int J Humanit Soc Sci 3(3):213 – 223

Ogola J, Mitullah W, Omulo M (2002) Impact of gold mining on the environment and human health: a case study in the Migori Gold Belt, Kenya. Environ Geochem Health 24:141 – 158

Ojukwu-Ogba N (2009) Legislating development in Nigeria's oil-producing region: the N. D. D. C. Act seven years on. Afr J Int Comp Law 17:136 – 149

Olawuyi D (2012) Legal and sustainable development impacts of major oil spills. J Sustain Dev 9(1):1 – 15

Olawuyi D (2015a) Increasing relevance of right-based approaches to resource governance in Africa: shifting from regional aspiration to local realization. McGill Int J Sustain Dev Law Policy 11(2):113 – 158

Olawuyi D (2015b) Principles of Nigerian environmental law. Afe Babalola University Press, Ado Ekiti

Olawuyi D (2016a) Climate justice and corporate responsibility: taking human rights seriously in climate actions and projects. J Energy Nat Resour Law 34(1):27 -44

Olawuyi D (2016b) The human rights based approach to carbon finance. Cambridge University Press, Cambridge

Oluduro O (2014) Oil exploitation and human rights violations in Nigeria's oil producing com-munities. Afrika Focus 25(2):160 - 166

Ossai E, Iniaghe G, Osakwe S, Agbaire P (1999) Pollution problems and environmental effects of chemicals. In: Ekechi F (ed) Reading in general studies: history and philosophy of science, Abraka General Studies Dept. Pub

Patin V (1999) The environmental impacts of the offshore oil and gas industry. EcoMonitor Publishing, New York

Paul J, Campbell G (2011) Investigating rare earth element mine development in EPA region 8 and potential environmental impacts. (908R11003). US Environmental ProtectionAgency, Washington, DC

Protocol on Provisions Concerning Reports on Incidents Involving Harmful Substances to the International Convention for the Prevention of Pollution from Ships 1973/78, 2 November 1973, 1340 UNTS 184

Redgwell C (1996) Life, The Universe and everything: a critique of anthropocentric rights. In: Human rights approaches to environmental protection. Oxford University Press, Oxford

Ritter L, Solomon K, Forget J, Stemeroff M, O'Leary C (1995) A review of selected persistent organic pollutants. International Programme on Chemical Safety (IPCS). PCS/95. 39, vol 65, 66. World Health Organization, Geneva

Rosenthal E, Revkin A (2007) Science panel calls global warming

"Unequivocal" The New York Times

Saether K, Aguilera RV (2008) Corporate social responsibility in a comparative perspective. In: Crane A et al (eds) The Oxford handbook of corporate social responsibility. Oxford University Press, Oxford

Schrijver N (2017) Advancements in the principles of international law on sustainable develop-ment. In: Cordonier Segger MC, Weeramantry CG (eds) Sustainable development principles in the decisions of international courts and tribunals, 1992 – 2012. Routledge, Abingdon

Schuler D, Buchert M, Liu R, Stefanie G, Merz C (2011) Study on rare earths and their recycling. European Parliament/Institute for Applied Ecology, Öko-Institut e. V. , Freiburg http://reinhard-buetikofer. eu/wp-content/uploads/2011/01/Rare-earths-study _ Oeko-Institut _ Jan-2011. pdf. Accessed 12 June 2018

Sensogut C (2007) Occupational noise in mines and its control-a case study. Polish J Environ Stud 16(6):6939 – 6942

Shell Petroleum Development Company Nigeria Ltd. v. Ambah (1991) 3 N. W. L. R

Shell Petroleum Development Company, Nigeria Ltd. v. Farah (1995) 3 N. W. L. R

Shell Petroleum Development company, Nigeria Ltd. v. Isaiah (2001) 11 N. W. L. R

Shell Petroleum Development Company, Nigeria Ltd. v. Tiebo vii & Others (2005)

Sissoko K, van Keulen H, Verhagen J, Tekken V, Battaglini A (2010) Agriculture, livelihoods and climate change in the West African Sahel. Reg Environ Change 11(1):119 – 125

Social Development Integrated Centre (Social Action) (2009) Flames of hell: gas flaring in the Niger Delta. http://www. saction. org/home/saction_image/flames_of_hell. pdf. Accessed 12 Feb 2018

South Africa's Department for Environmental Affairs. Introduction and background. https://www. environment. gov. za/aboutus/department. Accessed 21 Sept 2015

Stevens W (2007) On the climate change beat, doubt gives way to certainty. The New York Times

Stockholm Convention on Persistent Organic Pollutants (adopted 22 May 2001, effective 17 May 2004) 2256UNTS119

Stockholm Declaration on the Human Environment. 1972. UN Doc A/CONF48/14/Rev. 1

Sydney Morning Herald (2002) $1. 3bn mine leaves a cyanide sea. https://www. smh. com. au/arti-cles/2002/04/08/1017206313885. html. Accessed 12 June 2018

Tickell C (1968) Climatic change and World Affairs. Harvard University Press, Cambridge

Tiratsoo EN (1972) Natural gas: a study, 2nd edn. Scientific Press Ltd, Beaconsfield

Trail Smelter Arbitration (U. S. A. v. Canada), 1938 - 1941, 9 I. L. R. 315

UKOOA (1995) An assessment of the environmental impacts of decommissioning options for oil and gas installations in the UK North Sea. www. ukooa. co. uk/auris. html. Accessed 21 July 2015

UN Environment Programme (2011) Environmental assessment of Ogoniland. UN Environment Programme, Nairobi https://postconflict.

unep. ch/publications/oea/unep_oea. pdf. Accessed 12 June 2018

UNDP (2006) Niger Delta human development report. United Nations Development Programme, Abuja

UNEP (1987) Goals and principles of environmental impact assessment. http://www. unep. org/regionalseas/publications/reports/RSRS/pdfs/rsrs122. pdf. Accessed 23 July 2017

UNEP. Environmental assessment of Ogoni Land. http://www. unep. org/nigeria/. Accessed 02 June 2017

United Nations (2010) Water, sanitation and hygiene in Nigeria. https://www. unicef. org/nigeria/NG_resources_wash2010. pdf. Accessed 23 June 2017

United Nations (2011) Guiding principles on business and human rights: implementing the United Nations "Protect, Respect and Remedy" Framework HR/PUB/11/04. https://www. ohchr. org/Documents/Publications/Guiding PrinciplesBusinessHR_EN. pdf. Accessed 21 May 2018

United Nations. The human rights based approach to development cooperation: towards acom-mon understanding among UN Agencies. UN Practitioners portal on human rights based approaches to programming. https://hrbaportal. org/the-human-rights-based-approach-to-development-cooperation-towards-a-common-understanding-among-un-agencies. Accessed 12 June 2018

United Nations Convention on the Law of the Sea, 1982, 21 ILM (1982), 1261 (adopted on 10 December 1982, and entered into force on November 16 1994)

United Nations Diplomatic Conferences United Nations Conference on The Law of The Sea 1958. UN Treaty. http://untreaty. un. org/cod/

diplomaticconferences/lawofthesea – 1958/lawofthe-sea – 1958. html. Accessed 23 June 2015

United Nations Economic Commission for Europe (UNECE) (2018a) Member states and mem-ber representatives. https://www. unece. org/oes/nutshell/member_States_representatives. html. Accessed 21 May 2018

United Nations Economic Commission for Europe (UNECE) (2018b) The air convention and its protocols. http://www. unece. org/env/lrtap/status/lrtap_s. html. Accessed 21 May 2018

United Nations Environment-Chemicals: Persistent Organic Pollutants. UNEP https://www. unenvironment. org/explore-topics/chemicals-waste/what-we-do/persistent-organic-pollutants-pops. Accessed 11 June 2018

United Nations Framework Conference on Climate Change (Adopted 9 May 1992, effective 21 March 1994) 1771 UNTS 107

United Nations Framework Convention on Climate Change (2011) Outcome of the Durban climate change conference

United Nations World Commission on Environment and Development Report (the Brundtland Report) (1987) Our common future. Oxford University Press, Oxford

United States Environmental Protection Agency (2016) Terms of environment: glossary, abbre-viations, and acronyms. http://infohouse. p2ric. org/ref/01/00402/eterms. html. Accessed 24 Jan 2018

Universal Declaration of Human Rights 1948

US Department of Interior, Bureau of Mines (1993) Potential for submarine tailings disposal to affect the availability of minerals from United States coastal areas

Vidal J (2011) Nigeria on alert as Shell announces worst oil spill in a decade. The Guardian. http://www.guardian.co.uk/environment/2011/dec/22/nigerian-shell-oil-spill. Accessed 23 May 2012

Water Resources Act of 1993, Laws of the Federation 2004, c W2

West and Central Africa Regional Framework Agreement on Air Pollution. 2009

World Bank (2009) Guidance on upstream flaring and venting policy and regulation. http://sitere-sources.worldbank.org/INTGGFR/Resources/fr_policy_regulations_guidance.pdf. Accessed 21 July 2017

World Bank. Africa Environmental Agencies. http://web.worldbank.org/archive/website01004/WEB/0 CO – 75.HTM. Accessed 21 May 2018

World Health Organization (2016) What is the environment in the context of health? http://www.who.int/quantifying_ehimpacts/publications/preventingdisease2.pdf. Accessed 12 Aug 2018

Yanomami Case, Rep. No. 12/85, Case 7615 (Brazil), (1985)

第十一章　商业、人权和腐败风险

摘要：本章概述了投资非洲采掘市场时必须仔细考虑的商业和法律风险。这些风险包括资源民族主义、赋予国家石油或矿业公司不公利益的不平衡合同条款、合同条款的任意变更、业务审批的延误、复杂的当地成分要求、人权文化薄弱以及高度腐败等。尽管其中一些风险并非非洲所特有，但正如本章将展示的那样，仅通过合同条款、内部监管和一致的商业惯例来应对法律风险的传统手段在非洲市场是不够的。本章将探讨投资者及其律师如何通过广泛的尽职调查和坚持不懈的合同谈判，尽早有效地应对此类风险。

11.1　引言

本书向率先在非洲各地进行采掘、勘探和生产的公司展示了具有经济潜力的领域以及获取利益的独特机会。然而，尽管有这些投资机会，非洲采掘业市场的企业往往面临法律风险，这些风险对采掘业投资的经济可行性构成巨大威胁。本章还讨论了一些可能有助于解决非洲采掘性投资可能产生的法律风险的更有效的尽职调查策略。

法律风险是指企业因有缺陷的合同安排或交易而可能遭受的财务、声誉或投资损失和（或）争议解决成本以及可能会承担的法律责任。[①] 在非

---

① See Olawuyi (2015); also McCormick (2010), pp. 1 – 3, Connor et al. (2018).

洲采掘业,这种风险包括资源民族主义、赋予国家石油公司不公利益的不平衡合同条款、合同条款的任意变更、业务审批的延误、复杂的当地成分要求、人权文化薄弱以及高度腐败等。虽然本章所讨论的一些法律风险并不是非洲所特有的,仅通过合同条款、内部监管和一致的商业惯例来解决法律风险的传统手段在非洲市场是不够的。因此,为了有效地管理合同谈判过程,防止法律风险,有必要给予更多的关注和法律尽职调查。通常,法律尽职调查包括在完成合同关系之前调查交易、实体或个人的事实、风险和机会。通过详细和谨慎的尽职调查,非洲市场上常参见的一些法律风险可能会得到全面管控。

如果考虑和管理不当,这种法律风险可能会影响迄今盈利的投资企业的积极经济前景并降低收益,并可能使首次投资的投资者感到沮丧。虽然这些法律风险被认为是对非洲采掘业投资的阻碍,但本书认为,这些风险并不意味着要对之屈服。相反,这些风险可以在合同谈判阶段得到有效管理。对非洲的投资者及其专业顾问来说,了解关键的风险点对于作出投资决策、运营策略和合同结构以减轻此类风险从而保护他们的利益是非常重要的。[②]

本章总结了在非洲采掘市场投资时必须仔细考虑的法律风险点。在本章结束时,读者应该能够理解非洲采掘业的法律风险的性质和来源,并了解投资者及其律师如何能够通过广泛的尽职调查和坚持不懈的合同谈判,尽早有效地应对此类风险。

11.2 非洲市场的主要法律风险

非洲的普通投资者通常关心的是如何获得勘探许可证和执照,成立当地子公司,不断回笼资金,并确保遵守国际反腐败公约等。然而,尽管这些要求本身是在任何非洲国家开展业务的关键,但许多非洲新兴市场

---

② Connor et al. (2018).

存在巨大的法律风险，迫使企业在满足进入要求的同时，必须采取积极主动的战略，消除或最大限度减少其他可能的法律风险。新兴市场法律制度的弱点迫使投资者采取一种全面的、主动的战略来最大限度地减少法律风险，而在这些风险之中只有一部分可以通过传统的合同文件进行管理。

普遍的问题包括适用于非洲部分地区的不同所有权制度。虽然这本身不是问题，但将非洲视为一个同一特性的区域往往给投资者带来问题，因为他们在开始做生意之前，没有考虑到每个非洲国家独特的法律要求和适用的制度。由于制定了不当的法律赋予了监管机构广泛的自由裁量权以商议不平衡的合同安排，并实施严格的参与制度，从而出现了具体问题。此外，隐晦和多样化的违法行为导致了较高的腐败风险，同时也催生了日益严格的反腐败要求。一般而言，仅凭合同条款不足以解决所有这些法律风险。尽管在合同条款中加入具体减轻这些风险的条款非常重要，但理解这些风险并采取详尽的措施来避免这些风险，将对保护非洲新兴市场的商业利益大有裨益。本节将探讨非洲市场的一些主要法律风险。

11.2.1　非洲国家不同的自然资源控制和所有权制度

正如在本书第四章中探讨过的，自然资源的所有权和对采掘资源的控制权因非洲国家而异，主要取决于该国的社会政治文化、历史和殖民背景、持久的法律制度和战略发展框架。因此，在进入非洲时，必须了解目标国家的具体所有权结构，即谁拥有和控制采掘资源？是中央政府还是联邦政府，是省级政府还是州政府，或者是否存在资源的私人所有权？对这些问题的回答因不同国家而异，有时可能超出其他外国司法管辖区的传统所有权规范。

一般而言，在许多制度中，资源的所有权属于国家，而参与企业所拥有的权利限于资源生产的使用权、经营权、控制权或受益权。[③] 根据土地制度,地下自然资源不存在私有所有权。[④] 然而,有较少的土地管辖权规定,地下矿产、石油和天然气的所有权可以是永久所有权和租赁权(多数由政府拥有,而一些是私人所有)。例如,1867 年加拿大《宪法法案》第 109 节规定,在加拿大,各省拥有和控制对在其各自边界内发现的所有矿山和矿物,包括石油和天然气的所有权。[⑤] 油气资源的权利由省级政府以政府租地地契或许可证的形式授予。除了政府租地地契外,阿尔伯塔省还有资源的私有权。阿尔伯塔省原居住者的受让人或后代是约 600 万英亩(占该省表面积的 4%)以下石油和(或)天然气的注册所有者。不动产租赁将生产权转让给承租人,而不动产所有者通常保留收取矿区使用费的权利。尽管租约通常使用由行业组织(大多数是加拿大石油租地人协会)起草的标准格式协议,但这些租约的条款各不相同,并且是与不动产所有者独立协商的。[⑥]

这一点区别是独特而重要的,因为在非洲的许多地区,国内所有的石油和天然气根本所有权和产权由中央政府所有。因此,省政府或州政府对石油和天然气的所有权并不普遍。此外,非洲国家并不普遍拥有永久所有权,因为所有的石油和天然气资源通常都由联邦政府拥有。在这些地区,投资者必须直接与政府或国家石油公司打交道。因此,了解这一看似微不足道的事实可能会节省与错误的机构和可能声称拥有永久所有权的无良个人打交道的成本和时间。

---

③ See Clerk and Kohler (2005), p. 40. See also Omorogbe and Oniemola (2009), pp. 115 – 117.

④ 在历史上,土地制度可以追溯到罗马的王权制度,根据该制度,矿产资源处于君主的绝对所有权和控制之下。它被视为是一项君主因其特权而享有的权利,它为收取矿区使用费(一种矿产生产的股权)提供了法律基础。公共所有权的主要理由是,矿产应被视为公共财产,应为全体公民的福利加以保存和管理。参见 Graulau(2011),第 14 ~ 15 页。

⑤ RSC 1985, App Ⅱ, No. 26. 阿尔伯塔省根据《自然资源转让协定》获得了石油和天然气所有权,《1930 年宪法法案》赋予该协定宪法地位。

⑥ Martin and Park (2010), p. 20.

此外,在一些非洲国家,即使在国家石油或采矿公司颁发了资源勘探许可证之后,这种许可证也必须得到议会的正式批准才能生效。这意味着只有获得议会批准才能开始投资。这一要求在许多外国司法管辖区并不常参见。例如,在加拿大,没有法律要求联邦或省议会对负责的能源监管机构批准的政府租地契约进行投票。许多非洲国家所需的议会批准可能需要几个月,在某些极端情况下可能需要几年。通过了解这些看似微小的要求,可能会让投资者免于在真正的议会批准之前过早做出投资承诺或计划的尴尬。

了解东道国当地能源监管机构和国家石油或矿业公司的控制权力的性质和范围也是非常必要的。例如,一些非洲国家的宪法和地方法规往往赋予国家石油公司过多的权力,让它们可以单方面取消或修改石油合同和许可证。另外,全球经济持续动荡意味着各国政府越来越多地依靠石油公司来弥补收入缺口,并通过增税、要求更大的国家股权和本土资本参与、重新谈判采矿合同中的稳定条款以及任意征收额外税款和"超额利润"来重新控制自然资源。例如,在几内亚、坦桑尼亚、刚果民主共和国和塞拉利昂等国出现了以下情况:政府参与增加;⑦任意没收石油开采许可证并将其国有化;⑧石油许可证或合同的单方面变更;⑨强制重新谈判合同;在授予

---

⑦　2011 年 9 月,几内亚通过了一项新的采矿法,将所有新采矿项目 15% 的股份授予国家,并规定国家有权再购买 20% 的股份。这导致必和必拓(BHP Billiton)等投资者撤出几内亚,该国作为投资目的地的评级表现糟糕。在 2013 年的资源民族主义指数中,几内亚被列为"极度危险"国家。在世界经济论坛(World Economic Forum)发布的《2012—2013 年度竞争力指数》(2012 - 2013 Annual Competitiveness Index)中,几内亚在投资者保护方面排名倒数第二。

⑧　例如,2012 年 9 月,坦桑尼亚能源部长宣布对所有现有的产量分成合同进行审查,以确保它们符合国家的最佳利益。此外,坦桑尼亚石油开发公司推迟了原定于 2012 年 9 月进行的 9 个深海石油和天然气区块的授权,直到议会就新的天然气政策进行投票。这些措施使投资者对坦桑尼亚许可证制度的未来方向产生了一些不确定性。

⑨　例如,塞拉利昂在 2008 年 3 月宣布,政府将审查所有现有的采矿公约。同样,在刚果民主共和国,政府最近成立了一个修订委员会,该委员会在审查了 62 个矿业公约之后,取消了 22 个公约并就其余 40 个公约重新进行谈判。

勘探权后追溯改变立法和许可制度;[⑩]国家石油公司违反合同。非洲许多地区的资源民族主义趋势往往会给那些投入资源建立石油业务的投资者带来财务风险,[⑪]其增加了国际石油公司面临的风险,且降低了预期的投资回报。

了解一个国家的所有权制度、许可证或执照的长期有效性以及许可证所附带的权利非常重要。调查和确定特定国家的所有权结构,赋予国家石油开采公司的立法权的性质,以及向潜在投资者保证的投资保护和保有权保障的性质,也应是尽职调查的重要组成部分。在合同谈判或核发许可阶段,还应确保将稳定性、适应性和外国仲裁条款作为与东道国的任何协定的一部分。

11.2.2 区域贸易协调机制的效应

如第三章所述,除国内法外,区域协调条约和组织也可能影响对目标国的投资。其中一些组织具有超国家性质,投资制度直接适用于成员方,甚至不需要转化或并入(例如非洲商法协调组织)。因此,必须核查东道国是否为任何区域贸易组织的成员或签署国,并就可能影响投资的关键条款征求法律意见。正如本书前面所指出的,非洲需要注意的主要组织如下。

北非:阿拉伯马格里布联盟(阿尔及利亚、摩洛哥、突尼斯、利比亚和

---

⑩ 2012 年 12 月 7 日,乌干达议会通过了《2012 年上游法案》,该法案对乌干达上游油气行业的制度和监管框架进行了一些影响深远的改革。同样,在莫桑比克,政府于 2012 年公布了石油法修订草案,目前预计将于 2013 年年底成为法律。该法律草案提出的关键变化包括为建设离岸设施引入一种新型特许协议,以及要求政府批准任何直接或间接转让特许协议中的权益。

⑪ 资源民族主义是指政府利用民族主义政策,在从事开采和加工本国自然资源的公司中获得更大的控制权、影响力或更大的收入份额。资源民族主义通常发生在一个国家认为外国投资者的投资不太划算的时候,尤其是当自然资源的价格上涨超过最初预期的水平时。在这些情况下,国家可设法对投资或外国投资者施加新的条款或条例,超越在合同谈判或许可阶段商定的条款或条例,以改善国家的地位。虽然资源民族主义是全球关注的问题,但由于许多非洲国家经常改变政策和变更政府,在非洲更为普遍。See Wilson(2015) and Pryke(2017).

毛里塔尼亚)；

西非：西非国家经济共同体、西非经济与货币联盟、非洲商法协调组织；⑫

中非：中非洲联盟经济团体、中非经济与货币共同体、大湖国家经济共同体、非洲商法协调组织；⑬

东非：南部非洲发展共同体、东非和南非共同市场。⑭

有必要确定这些区域贸易集团及其制度在多大程度上可以适用于成员方，以及这些制度是否对包括税收、报告义务、环境责任、公平贸易、资金汇回、当地成分等在内的诸多方面提出了更高的法律要求。

11.2.3 适用法律法规的多样化网络

如第四章所述，不同的法律来源支撑和管理采掘业，其中大部分分散

---

⑫ 西非国家经济共同体：西非国家经济共同体是一个15国集团(贝宁、布基纳法索、佛得角、科特迪瓦、冈比亚、加纳、几内亚、几内亚比绍、利比里亚、马里、尼日尔、尼日利亚、塞内加尔、塞拉利昂、多哥)，它的使命是促进经济一体化的"经济活动的各个领域，特别是工业、交通、电信、能源、农业、自然资源、商业、货币和金融问题，以及社会和文化问题"。西非经济与货币联盟：8个成员国(贝宁、布基纳法索、科特迪瓦、几内亚比绍、马里、尼日尔、塞内加尔、多哥)。其宗旨是：增强成员国在开放竞争市场中的竞争力，在人员、货物、服务和资金自由流通的基础上，在成员国之间建立一个共同市场，协调海关及外汇管制规例，协调以国家部门为基础的政策，包括采矿、电信、能源和基础设施。非洲商法协调组织：17个会员国(贝宁、布基纳法索、喀麦隆、中非共和国、科特迪瓦、刚果共和国、科摩罗、刚果民主共和国、加蓬、几内亚、几内亚比绍、赤道几内亚、马里、尼日尔、塞内加尔、乍得、多哥)。以上组织有8项统一的法律，这些法律都直接适用于在成员国的投资：一般商法、商业公司法案、证券法案、简化恢复过程法案、债务清偿的集体诉讼法案、仲裁法案、会计法案、公路货物运输法案。非洲商法协调组织共同法院和仲裁解决涉及统一法的事项的争端。非洲商法协调组织处理争端的结果是最终结果，不允许上诉。

⑬ 中非洲联盟经济团体：中部非洲国家经济共同体；大湖国家经济共同体：促进经济一体化的大湖区国家经济共同体；中非经济与货币共同体：中部非洲经济和货币共同体，6个成员国(喀麦隆、乍得、刚果共和国、赤道几内亚、加蓬、中非共和国)都寻求统一海关和外汇管制条例、国家部门政策，包括制药、农业、机场和教育。

⑭ 南部非洲发展共同体：为了促进南部非洲发展共同体(安哥拉、博茨瓦纳、刚果民主共和国、莱索托、马拉维、毛里求斯、莫桑比克、纳米比亚、斯威士兰、坦桑尼亚、赞比亚、津巴布韦、南非、塞舌尔)之间的社会经济合作和一体化以及政治和安全合作；东非和南非共同市场：在19个成员国之间建立一个共同市场和一个自由贸易区。东非和南非共同市场共同投资协定模板适用于东非和南非共同市场领域。

在不同的文件和立法文书中。其范围包括国际法和主要国内法、次要立法以及监管机构的指导方针和报告。除了有关所有权制度和结构的法律外，投资者还必须确保适当掌握适用于在目标国家采掘投资的其他法律网络，以避免遇到法律障碍。投资者必须了解关于资金汇回的法律、税收和关税制度、环境法律（天然气燃烧、回收、废弃和清理）、劳动法、竞争法律、合同法、交通法以及采掘业的具体法律（如能量法、采矿法、水电法和投资法）。特别是要了解规定采掘作业要求的具体法律，以避免出现任何违约的情况。

由于在许多非洲国家，特别是肯尼亚、坦桑尼亚和加纳等最近发现石油的国家，适用于资源开采的法律框架仍在不断变化，因此法律常有变化的情况并不少见。除了勘探法外，还必须仔细研究对环境责任、天然气燃烧、补救和清理提出要求的行业具体法律和法规，以确保遵守。正如上一章的研究，投资者可以通过了解这些法律规定的全部法律义务和要求来规避重大的法律风险、罚款和处罚。如果不了解一个国家独特的法律规定可能带来责任，可能导致产生本可避免的法律费用。

11.2.4 日益增长的当地成分要求

本书第九章讨论了非洲当地成分法律和政策的兴起，这些法律和政策规定外国投资者有义务确保当地参与资源勘探和开发。[15] 当地成分制度的关键目标是为公民创造就业机会，刺激工业发展，提高当地能力和技术知识，创造一个有竞争力的供应商基础，并最终促进国家经济发展。当地成分制度规定：在就业和培训方面必须首先考虑当地人，具体来说：只有本地人才能担任初级和中级干部职位；[16]必须反映社区利益，必须尊重和实

---

⑮ See for example Section 14 of the Petroleum (Exploration and Production) Act 1991 (Act 2 of 1991) of Namibia.

⑯ 例如，自 2011 年 12 月 7 日颁布第 63/2011 号法令以来，在莫桑比克，对外国公民的就业实施了配额限制。

现当地人在其土地上进行的投资活动享有事先知情同意的权利。[17] 除此之外，还有详细的国内法律禁止进口制成品和焊制产品；规定只保留地方金融机构的服务。授权在当地银行账户中保留业务总收入的一定比例；授权仅保留原籍当地的法律执业者或其办事处位于该国任何地区的国内法律执业者的律师事务所的服务。在大多数情况下，这些法律为与项目管理和咨询服务有关的法律服务规定了50%的当地成分门槛，为投资者建立了强制性的企业社会责任要求。

在许多非洲国家，违反当地成分要求是刑事犯罪。例如，在尼日利亚，运营商、承包商或分包商违反当地成分法案的规定进行任何项目，即属犯罪，一经定罪，可对每个犯下罪行的项目处以项目金额5%的罚款或取消该项目。

为了避免刑事责任和巨额罚款，投资者必须就东道国的当地成分要求寻求法律咨询。

11.2.5 商业和人权风险

第一章所讨论的，许多资源丰富的非洲国家人权文化薄弱，多年来未能尊重、保护和实现可能受到采掘活动影响的当地社区的权利。[18] 在非洲投资时，无论东道国的人权门槛有多低，采掘公司在项目设计、实施和材料采购方面都坚持强有力的人权原则，这在声誉、潜在责任和风险暴露方面都具有很强的商业意义。

多年来，外国采掘公司涉嫌加剧非洲国家的人权挑战，其形式包括未能解决其业务对人权的影响，或与东道国政府勾结，实行土地掠夺，贿赂地方官员掩盖环境污染，逃税，购买童工，不公平的定价政策，公司所有权的匿名持有，非法或不道德地采购原材料和自然资源，特别是从战争或冲突

---

⑰ 2009年南苏丹《土地法案》。

⑱ 许多非洲国家在人权保护和实现方面得分非常低。参见《人权观察》(2018年)。

地区采购原材料和自然资源,或为快速通道许可证程序等非法付款。[19] 与非洲采掘作业有关的这些人权问题导致对跨国公司和商业企业在其作业和价值链中尊重、保护和履行人权义务的需求增加,并得到了国际法的承认。这是广泛的全球合作努力的其中一部分,旨在系统地将人权和可持续发展目标结合起来,以确保协调和统一。[20]

联合国倡导的基于人权的做法强调处理和减轻资源开发项目对人权的影响。[21] 基于人权的做法旨在资源管理制度的改革,使其包括以下内容:公众参与、问责制度、平等和不歧视、信息获取途径,以及司法救济途径,以确保采掘项目中更大的透明度和对人权的尊重。[22]

2005 年任命的联合国人权与跨国公司和其他工商企业问题特别代表约翰·杰拉尔德·鲁吉(John Gerald Ruggie)作的报告,对国际法中基于人权的做法作出了最新阐述。[23] 经过 6 年的研究和广泛协商,人权理事会一致通过了特别代表约翰·杰拉尔德·鲁吉的最后报告——“商业与人

---

⑲ 由科菲·安南(Kofi Annan)领导的非洲进步小组(2013 年)强调了“逃税、非法转移财富和不公平的定价做法”如何剥夺了非洲发展所需的资金。根据这份报告,非洲在非法资金外流中的损失是其接受国际援助的两倍。该小组呼吁非洲各国政府在石油、天然气和采矿领域“制定一个大胆的国家议程,以加强透明度和问责制”。

⑳ Mining Working Group at the United Nations (2014); see MacKay (2004); Petersmann (2002), p. 626.

㉑ Office of the High Commissioner for Human Rights, *Claiming the Millennium Development Goals: A Human Rights Approach*, UN Human Rights, UN Doc HR/PUB/08/3 (2008) at 11 – 15, 37 – 39. (UNHCR, Claiming the Millennium Development Goals)

㉒ 联合国认为,在人权机构下必不可少的良好方案拟订做法的其他要素包括:(1)人们被认为是自己发展的关键行动者,而不是商品和服务的被动接受者;(2)参与既是手段又是目标;(3)战略是增强能力,而不是削弱能力;(4)对结果和过程进行监测和评价;(5)分析包括所有利益相关者;(6)方案重点放在边际化、处境不利和被排斥的群体;(7)发展进程由当地拥有;(8)旨在减少差距的方案;(9)在协同中使用自上而下和自下而上的方法;(10)利用情况分析查明发展问题的直接、根本和基本原因;(11)可衡量的目标和指标在方案拟订中很重要;(12)发展和维持战略伙伴关系;(13)方案支持对所有利害攸关者负责。See UNHCR, Claiming the Millennium Development Goals, 11 – 15.

㉓ United Nations, Press Release, SG/A/93 “Secretary-General Appoints John Ruggie of United States as Special Representative on the Issue of Human Rights and Transnational Corporations and Other Business Enterprises” (28 July 2005).

权指导原则：执行联合国‘保护、尊重和补救’框架”（以下简称鲁吉框架）——首次为预防和处理商业活动对人权造成不利影响的风险提供了一个全球标准。虽然没有法律约束力，但鲁吉框架就如何制定人权要求并将其纳入资源治理提供了规范性指导。鲁吉框架规定：如果规划不当，旨在推进经济目标的项目可能会侵犯人权。所以该框架鼓励企业在执行项目前进行“人权尽职调查”或“人权风险评估”，以证明人权得到了尊重。㉔

此外，2009 年，联合国发展集团启动了发展集团人权主流化方案，现在称为发展集团人权工作组。㉕ 发展集团人权工作组的目标是将人权规范和标准纳入所有联合国机构和方案的工作和活动的主流。㉖

同样，2012 年联合国可持续发展会议（以下简称“里约 +20 峰会”）呼吁各国认识到可持续发展与采矿和开采活动中的人权之间的相互关系。㉗在“里约 +20 峰会”确认以权利为基础的可持续发展办法是一种保证实现“里约 +20 峰会”相互关联的目标的办法——消除贫穷；改造不可持续的消费和生产；通过确保地方自治权和参与自然资源管理权来保护自然

㉔ Promotion and Protection of all Human Rights, Civil, Political, Economic, Social and Cultural Rights, Including the Right to development-Protect, Respect and Remedy: A Framework for Business and Human Right, HRCOR, 8th Sess, UN Doc A/HRC/8/5 (2008). See also Principle 17 of the Report of the Special Representative of the Secretary-General on the issue of human rights and transnational corporations and other business enterprises, John Ruggie, UNGA, 17th Sess UN Doc A/HRC/17/31 (2011 Ruggie Framework)，指出，为了查明、预防、减轻和说明如何解决其对人权的不利影响，工商企业应进行人权尽职调查。这一过程应包括评估实际和潜在的人权影响，整合调查结果并根据调查结果采取行动，跟踪回应，并就如何解决影响进行沟通。

㉕ 联合国发展集团成立于 1997 年，由 150 多个国家的联合国基金、计划署、专门机构、部门和办事处组成。工作组每年至少举行三次会议，就与国家一级协调有关的问题作出决定，以实现国际商定的发展目标。该小组的共同目标是在联合国系统内提供更协调、更有效和更有效率的方案。See UNDG, About the *UNDG*. The UNDG Human Rights Working Group (UNDG-HRWG) aims to facilitate the integration of human rights in the UN's development work: United Nations Development Group, "Human Rights Working Group".

㉖ See UNDG (2011), p. 9.

㉗ See *Final Report of the United Nations Conference on Sustainable Development* (UN Doc A/CONF. 216/16) (New York: United Nations, 2012) at paras. 9, 31, 227, 228.

资源。[28]

非洲层面的努力 跨国公司和商业企业需要考虑、预测和预防采掘项目对人权的影响,这一点在非洲区域层面也得到了详细的考虑和提及。自2006年以来,非洲政策领导人越来越多地开始在资源开采政策和制度中引入基于权利的治理模式和语言,或许是为了填补《非洲人权和民族权利宪章》中的这一空白。2009年,非洲人权和民族权利委员会(以下简称非洲委员会)成立了一个非洲采掘业、环境和人权侵犯问题工作组,以审查和处理有关非洲采掘业侵犯人权的指控,特别是在采矿、石油、天然气和木材开采方面。[29] 该工作组的一般任务是监测和报告采掘活动如何影响非洲人民的人权和环境,并向非洲委员会通报采掘公司在采掘作业和项目中侵犯人权和人民权利的可能责任。[30] 这个工作组整理了一些指导原则和文件,使非洲国家能够在采掘业或项目对当地社区造成负面环境和人权影响时,追究采掘业公司违反《非洲人权和民族权利宪章》规定的责任。[31] 该工作组的活动突出强调了在非洲经营的采掘业公司预测、衡量和解决其活动对人权和环境的影响的义务。[32]

此外,非洲委员会于2012年4月18日至5月2日在冈比亚班珠尔举行的第51届常会上通过了一项关于以人权为基础的自然资源治理办法的决议——《2012年决议》。[33]《2012年决议》可以说是迄今为止非洲各国政府在承认、采纳人权语言并将其纳入自然资源开发和使用主流的最重大的地区性尝试。除此之外,它呼吁各国政府确保在自然资源勘探和开采、有毒废物管理等所有事项中普遍尊重人权。该决议的总体目标是确保系统地将人权纳入非洲的采掘业项目和政策。《2012年决议》希望协调、加强

---

[28] Ibid. See also United Nations Conference on Sustainable Development (2011).

[29] African Commission on Human and Peoples' Rights (2009).

[30] Ibid.

[31] See Manirakiza (2012, 2013, 2015).

[32] Azu (2016).

[33] African Commission on Human and Peoples' Rights (2012).

和发扬非洲各国政府先前在将人权概念引入资源管理方面的努力。

作为《2012 年决议》的基础，在非洲有三个重要的优先区域努力，包括：《西非经共体指令》、[34]《泛非议会宣言》[35]和《愿景报告》[36]。《2012 年决议》希望将以前的这些努力结合起来，以确保连贯性、协调性和一致性。

首先，2009 年《西非经共体指令》强调了利益相关者参与和磋商在资源开发中的重要性，该指令适用于西非国家经济共同体的 15 个成员国。[37]《西非经共体指令》为协调各成员国之间的采矿管理制度制定了指导原则，并对西非国家经济共同体成员国具有约束力。它呼吁成员国尊重地方社区的自由、事先和知情同意权利，这些社区面临着采矿、碳氢化合物开发或更广泛的自然资源项目的潜在负面影响。该指令敦促各国在社区受到矿物或碳氢化合物项目影响时，确保获得自由、事先和知情同意的权利。具体地说，它要求各公司在勘探开始之前以及在采矿的每个后续阶段和采矿后作业之前取得当地社区的事先知情同意。[38] 该指令强调了在整个项目生命周期（从开采前、开采操作、关闭和关闭后）中应用事先知情同意的重要性。此外，该指令对“矿物”的定义不仅包括工业矿物，而且还包括石油，从而使该指令适用于固体矿物及石油和天然气部门。因此，《西非经共体指令》可以说是非洲最重要的事先知情同意政策文件。它的目的是提高透明度以及保障利益相关者的咨询和参与矿物政策的制定、执行和决策过程。它还为各国制定准则，以便按照国际最佳做法，尽可能减轻资源开发对环境和当地社区的不利影响。

---

[34] Economic Community of West African States, Directive C/DIR. 3/05/09, *On the Harmonization of Guiding Principles and Policies in the Mining Sector.*

[35] Sixth Ordinary Session of the Pan-African Parliament, Addis Ababa, Ethiopia, "Recommendations and Resolutions" [Ref: PAP(2)/RECOMS/(Ⅵ)] (January 16 - 20, 2012).

[36] African Union (2009).

[37] 即贝宁、布基纳法索、佛得角、科特迪瓦、冈比亚、加纳、几内亚、几内亚比绍、利比里亚、马里、尼日尔、尼日利亚、塞内加尔、塞拉利昂和多哥。参见西非国家经济共同体，西非经共体委员会一览。

[38] 同上。另参见 Mayer Brown LLP (2010)。

泛非议会强调了其中一些人权问题,该议会日益推动旨在解决非洲资源利用方面的人权问题的区域努力。泛非议会是非洲联盟的立法机构,它有咨询和协商权力,可以主动或应大会或其他政策机构的要求审查、讨论或表达对任何事项的意见,并就与尊重人权有关的事项提出其认为适当的任何建议。[39] 泛非议会于2012年1月在埃塞俄比亚首都亚的斯亚贝巴举行的第六届常会上,对大规模土地收购的兴起以及国内外投资对土地、水和相关自然资源的影响表示关切。[40]

为了促进更多地参与资源开采项目的决策过程,泛非议会呼吁各国确保"与当地社区和受投资项目影响的人进行有效磋商,并确保任何投资都是在尊重受影响社区的自由意志以及知情权的基础上获得批准的"[41]。这些建议还呼吁加强土地认证和登记制度,在投资之前考虑牧民、妇女和社区权利。因此,泛非议会确认,非洲资源利用方面的人权问题由于男女、地方政府和被统治者、老人和年轻人、富人和穷人、土著和非土著、受过教育和未受过教育的人之间的权力关系的不平衡而更加严重。[42] 然而,泛非议会还有一个重大缺点是其尚未获得充分的立法权力,所以只能就排斥问题令人震惊的影响提出建议和发言,而不会对任何真正的立法或政策改变产生影响。

《愿景报告》的发布,进一步推动了将人权保护纳入资源管理主流的执行性和约束性政策转变。[43]《愿景报告》由联合国非洲经济委员会、非洲联盟、非洲矿业伙伴关系(负责采矿的非洲部长政府间论坛)、非洲开发银

㊴ 非洲联盟(2009年)。

㊵ 泛非议会第六届常会在埃塞俄比亚首都亚的斯亚贝巴举行,"建议和决议"[Ref: PAP(2)/RECOMS/(Ⅵ)](2012年1月16日至20日)。参见Greenspan(2014),第14页。

㊶ 泛非议会第六届常会,前注101,第6(d)段。

㊷ 同上,序言部分(提到泛非议会"对人权,特别是对妇女的负面影响,包括获取土地的不平等和获取水资源的中断"感到十分震惊)。

㊸ 非洲联盟(2009年)。

行、联合国贸易和发展会议和联合国工业发展组织共同编写。[44]《愿景报告》强调了采矿项目面临的人权挑战,特别是资源开采方面利益相关者参与和协商的不足,以及开采资源的社会和环境副作用。它对非洲旨在制定"新的矿业社会契约"的倡议进行了分类,以平衡地方利益和国家扶贫努力。[45]《愿景报告》还鼓励非洲国家制定新的法律文书,促进地方社区的参与;促进政府、私营部门和地方社区的多方利益相关者伙伴关系;并促进"公众参与,以确保政府和行业行动得到同意"。重要的是,《愿景报告》不仅将公众参与描述为磋商、信息共享和争端解决,还将其描述为"参与性决策"。[46]

2011 年 12 月,非洲联盟负责矿产资源的部长会议通过了一项行动计划,以执行《非洲矿业远景:关于非洲可持续采掘业的亚的斯亚贝巴宣言——从愿景到行动》(以下简称亚的斯亚贝巴宣言)。[47] 亚的斯亚贝巴宣言呼吁非洲国家加强透明度、问责制、信息获取,加强公众参与,并为当地社区、公民社会和立法机构提供能力建设方案,以便提供有效的监督,创建一个包容各方并受到利益攸关方赞赏的治理良好的采矿行业。该宣言呼吁所有非洲联盟成员方"通过加强环境、健康和安全标准,以及通过启用环境和社会基金,创建一个对环境友好、对社会负责的采矿行业"。[48]

总言之,《2012 年决议》是一项总括决议,旨在统一 2009 年《西非经共体指令》、《泛非议会宣言》和 2009 年《愿景报告》的主要目标,即增加利益攸关方在资源开采活动和项目的设计、规划和实施方面的参与和包容。《2012 年决议》还将其范围扩大到西非以外,并进一步讨论了自由、事先、知情同意原则以外的问题。它明确指出了威胁非洲国家资源利用可持续

---

[44] 同上,参见第 1 节。

[45] 同上,参见第 12、39 节。

[46] 同上。

[47] 非洲联盟委员会(2011 年)。

[48] 非洲联盟委员会(2011 年),第 32 ~ 35 页。

性的其他人权挑战,特别是在项目规划和实施方面缺乏有效的司法补救办法、公平补偿以及对土著人民权利和妇女权利的尊重。

《2012 年决议》为了将人权原则和标准纳入国家资源开发法律框架,呼吁非洲国家执行四项重要的行动计划。第一,它呼吁非洲国家加强提到的区域努力,例如 2009 年《西非经共体指令》和非洲委员会采掘业与人权工作组,以促进自然资源立法,尊重所有人的人权,并要求社区透明、最大限度和有效地参与决策,确定优先次序和规模,以及从其土地或其他资源上的任何开发或对其产生重大影响的任何开发中获益。[49]

第二,它呼吁非洲国家"为可持续发展建立一个明确的法律框架,因为它会影响自然资源,特别是水,这将使实现人权成为可持续发展的先决条件。"[50]第三,它呼吁非洲国家"建立独立的监督和问责机制,确保在活动主办国和合法住所国,人权问题可由法院裁决,采掘业和投资者可承担法律责任"。这鼓励非洲国家在设计和实施资源开发项目时审查、监测和强制遵守人权标准和义务的遵守情况。[51]《2012 年决议》提出的第四个要素是各国确保独立的社会和人权影响评估,包括:是否出于自由意志、知情权是否得到充分保障;是否有有效的补救措施;是否得到公平的补偿;妇女、土著和传统人民的权利是否得到保障;环境影响评估;对社区存在的影响,包括生计、地方治理结构和文化,以及公众参与程度;保护非正规部门的个人;经济、文化及社会权利是否得到保障。[52] 这一门槛要求各国指出资源开发项目对基本人权可能产生的影响,并展示或说明为减轻或避免这些结果而作出的努力。这将包括评估实际和潜在的人权影响,整合调查结果并根据调查结果采取行动,跟踪回应,以及沟通如何解决影响。

国际、区域和国家各级日益认识到商业和人权之间联系,这表明,商业

---

[49] 非洲人权和人民权利委员会(2012 年)。

[50] 同上。

[51] 参见 Hammer et al.(2011),第 22 ~ 25 页。

[52] 非洲人权和人民权利委员会(2012 年)。

企业期望在采掘投资和项目中保护、尊重和实现人权已不再是一种选择，而是一种必要。投资采掘项目的企业和组织可以将人权尽职调查纳入企业风险管理过程，从而避免与此类项目相关的反弹。在成本、声誉和效率方面，这样做有很强的商业理由。不能有效地管理与采掘项目有关的人权问题会带来重大的财政、法律和声誉风险。这些风险可能包括健康和安全风险、项目建设中断以及对员工潜在伤害等方面的风险。同时，也可能存在与质疑项目的监管行动相关的法律风险，以及与安全部队在应对抗议情况时造成的人员伤亡相关的声誉风险。如果不能有效解决人权风险，就应对危机所需的管理时间而言，可能会导致巨大的花费，导致监督机构以高昂的代价暂停或关闭项目，并可能影响公司从碳金融机构或出口信贷机构获得项目资金的能力。利益攸关方（包括金融机构和监管机构）将根据为预测和管理与公司投资和项目相关的人权风险而制定的内部程序、做法的实力，对项目开发单位进行评估和评判。此外，采用健全的内部人权审查程序作为企业风险管理框架的一部分，可以帮助企业建立和保持强大的社会许可，并在相互尊重、接受和信任的基础上培养与社区、客户和其他利益攸关方的关系。

在采掘项目和投资中代表公司和投资者的律师在提供咨询时必须强调人权尽职调查的重要性。法院日益坚持对那些可能受到拟议项目影响的人享有信息、公众参与和利益分享的权利，这应促使律师向他们的客户建议，在气候投资和项目中尽早遵守人权要求是明智的。几乎所有关于采掘项目的冲突都是由于没有同当地社区进行适当协商而执行的项目引起的。这些社区一般不反对采掘项目或投资，但他们知道并坚持自己的权利，即使政府和监督机构不愿或无法保护这些权利。

11.2.6 腐败风险

腐败是全球可持续资源治理的主要障碍之一。根据经济合作与发展组织的外国贿赂报告,腐败的成本相当于全球国内生产总值的5%以上,每年支付的贿赂金额超过1万亿美元。[53] 经济合作与发展组织还估计,1/5的跨国贿赂发生在采掘业。[54] 采掘业的腐败问题在非洲国家尤其具有系统性和地方性。[55] 例如,据估计,自1960年尼日利亚独立以来,至少有4000亿美元的石油收入被挪用或滥用。[56] 刚果民主共和国也存在明显的腐败问题。刚果民主共和国除了拥有世界上最大的钴储量外,还生产世界上一半以上的钴。[57] 尽管如此,刚果民主共和国仍然是地球上最贫穷的国家之一。[58] 这主要是因为刚果民主共和国钴矿开采产生的收入中只有6%进入了国库。[59] 来自采矿的其他收入已经被腐败行为挪用和窃取。因此,全球越来越关注企业、跨国公司和采掘业其他非国家行为者在非洲投资时预测、处理和消除各种形式的腐败行为的必要性。

2008年《联合国反腐败公约》第16条将腐败行为定义为向外国公职人员或国际公共组织的官员承诺、提供或给予不当利益,以获得或保留与开展国际业务有关的业务或其他利益。它还鼓励各国考虑通过立法,规定外国公职人员索要或接受这种付款或不当利益是非法的。[60] 同样,《非洲联盟预防和打击腐败公约》第4条将腐败定义为直接或间接索取或接受任何货物或货币价值或利益,如礼物、恩惠、承诺或利益,以换取履行某项作为或不作为。这包括公职人员挪用财产、利用影响力进行交易、非法致富、

---

[53] 经济合作与发展组织(2014年)。

[54] 同上。

[55] See AU/UN Economic Commission for Africa (2014), Africa Progress Panel (2013), also Chikwanha (2016), pp. 2 – 4.

[56] Annan (2012).

[57] Ibid.

[58] 刚果民主共和国在联合国人类发展指数187个国家中排名第176位。参见联合国开发计划署(2017年)。

[59] Kazeem (2017).

[60] 《联合国反腐败公约》(UNAC)/58/422(2003年10月31日通过,2005年12月14日生效)。

洗钱和藏匿财产等。[61] 该公约创建了“预防、发现、惩罚和消除公共和私营部门腐败和相关犯罪所需的机制”[62]。这些定义反映了国际和区域文书中对腐败的广泛分类，即向公职或私人官员支付任何形式的不诚实或非法付款，以获得与商业行为有关的利益或优待。[63]

在非洲，腐败风险表现为对采掘价值链各个环节（从采矿、石油和天然气权利的许可证招标和授予程序，到采掘、运输、物流、运营、监管和税收征收阶段）的贿赂和疏通费的需求。[64] 非洲采掘业其他普遍存在的腐败现象包括：隐瞒采掘业收入或产量、通过代理人给予或接受报酬、以欺诈手段获取或收受财产、作出虚假陈述或申报、逃税、洗钱、海关欺诈、走私、转让错误定价、滥用职权、利用影响力徇私舞弊敲诈勒索以及通过一系列离岸交易进行非法支付。[65] 石油公司无论是在非洲还是在其本国司法管辖区，不管是故意、疏忽还是无意地卷入了在非洲煽动、便利或参与腐败交易或行为的事件都面临着巨额的监管罚款、处罚甚至会被吊销执照。[66]

石油公司不能再低估将强有力的风险识别和管理框架整合到其在非洲的采掘业务中以避免卷入腐败事件的商业意义和价值。公司治理和商业道德标准在全球范围内变得越来越严格。最近，全球，特别是在非洲国家，越来越关注采掘业投资中的腐败行为。这给腐败和其他形式的非法活

---

[61] 《非洲联盟预防和打击腐败公约》，2003 年 7 月 11 日，第 43 届国际法委员会第 5 次会议。

[62] 同上。

[63] 另参见《美洲反腐败公约》（1996 年）；《经合组织关于在国际商业交易中打击贿赂外国公职人员的公约》（1997 年）；《联合国打击跨国有组织犯罪公约及其议定书》（2000 年）；欧洲委员会，《关于建立国家反腐败集团的协定》（1999a）；欧洲委员会，《反腐败民法公约》（1999b），欧洲委员会，《反腐败刑法公约》（1999c），欧洲 T. S. 173 号。

[64] 经济合作与发展组织（2016 年）。

[65] 《非洲进步专家小组报告》（2013 年）强调了采掘业的“逃税、非法转移财富和不公平的定价做法”如何剥夺了非洲发展所需的资金。根据这份报告，非洲在非法资金外流中的损失是其接受国际援助的两倍。它呼吁非洲各国政府“制定一个大胆的国家议程，以加强石油、天然气和采矿部门的透明度和问责制”。See also Annan（2012） and Chikwanha（2016）.

[66] Olawuyi （2015）；Ndikumana （2013），pp. 1 – 5.

动历来是全面且猖獗的非洲市场带来了特别重大的风险。例如,在多起案件中,加拿大和美国的跨国石油公司官员因在非洲做生意时为贿赂和腐败提供便利而被起诉和监禁。又如,哈里伯顿的前子公司凯洛格·布朗·鲁特公司与母公司一起被指控在2002年至2003年向尼日利亚政府高官行贿共计1.8亿美元。[67] 据称,行贿是为了获得在尼日利亚盛产石油的尼日尔河三角洲地区建造邦尼液化天然气工厂的合同。在美国司法部就美国刑事和民事指控达成和解后,哈里伯顿同意支付尼日利亚总计5.79亿美元以达成和解。同样,总部位于巴黎的工程和建筑公司法国德西尼布集团(Technip S. A.)在邦尼液化天然气案中达成暂缓起诉协议并同意支付2.4亿美元的刑事罚款。在另一起腐败案中,英国BAE系统公司承认在与沙特阿拉伯和坦桑尼亚的交易中出具了虚假报表和做出了不当的会计行为,并在2010年同意支付4.5亿美元(合2.88亿英镑)的罚款。英国BAE系统公司被责令向坦桑尼亚人民偿还2950万英镑,以及因向坦桑尼亚官员行贿而被罚款50万英镑。[68]

这些例子说明,如果一家公司在投资外国采掘资产时,没有谨慎地采取严格的内部控制措施和管理人员的行为准则,以避免落入腐败之网,那么该公司可能面临的责任、罚款或损失将有多大。这些案例还凸显出,单单确保一家公司在新兴市场的员工遵守法律是不够的。为避免因贪污而引致的法律风险,公司亦须评估当地外国合作伙伴的诚信和商业行为,并确保这些合作伙伴遵守适用于公司的法律、行为守则及其他内部政策。

第一步是确定哪些行为属于"腐败行为"。如果没有这些知识,石油公司很容易提供或接受所谓的"招待费或娱乐费"或"便利费",而根据国际和当地的海外腐败法,这些款项很可能属于贪污腐败。许多腐败案件的根源是:非法向政府官员支付款项,违反法律规定的会计和内部控制,利用

---

[67] 参见有线电视新闻网(2009年);另参见尼日利亚石油和天然气公司。

[68] Whitehead (2011) and Olawuyi (2015).

咨询进行谈判并减少纳税评估，在当地账簿和记录之外向官员支付海外款项、招待和送礼，公司未自行报告犯罪行为，以及支付属于贿赂的便利费用。所有这些行为都属于腐败的广义范畴，而大多数非洲国家的国内立法都将腐败定为非法。[69]

除了将腐败定为刑事犯罪的非洲国内法外，加拿大《外国公职人员腐败法》、美国1977年《反海外腐败法》和英国2010年《贿赂法》明确将贿赂外国官员定为刑事犯罪并予以禁止。根据《反海外腐败法》，为了获取或保留业务而向外国官员提供任何东西都是违法的。该法承认，旨在加快或保障政府日常行动的"便利费支付"是合法的。相关海外法律也承认与"推广、展示或解释的产品或服务"和"海外政府和其机构履行合同的执行"直接相关的支付都是合法的或合理善意取得的。但贪污腐败并不是唯一的法律风险。根据美国最高法院最近的一项裁决，可以依据《反海外腐败法》对违反海外法律（通常是刑事逃税、洗钱、贿赂或其他金融犯罪）提起诉讼。该法将欺诈和洗钱定为刑事犯罪。此外，《反海外腐败法》还规定，在美国证券交易所上市的公司必须遵守适当的会计准则。

---

[69] 例如，尽管尼日利亚的采掘业腐败盛行，但该国拥有最全面的法律网络之一，并将所有形式的腐败定为刑事犯罪。参见尼日利亚2004年《经济和金融犯罪委员会成立法》，该法禁止尼日利亚的所有经济和金融犯罪。2000年《独立腐败及其他相关犯罪法》将贿赂以及意图贪污、欺诈、敲诈勒索和洗黑钱定为刑事犯罪。2006年《预付款欺诈及其他欺诈犯罪条例》将互联网诈骗和货币欺诈列为非法行为。该条例规定，任何人以虚假伪装和意图诈骗，为他或她本人或为任何其他人取得财产，诱使另一人向第三方交付财产，或为与犯罪有关的任何目的邀请或引诱另一人访问尼日利亚，均属犯罪。另参见2012年《反洗钱法》，该法禁止对犯罪收益或任何犯罪或非法活动进行洗钱，并对洗钱违规行为作出适当处罚；1999年尼日利亚联邦共和国《宪法》附表5《公职人员行为守则》禁止公职人员收受贿赂和不当好处；2010年《财政责任法》，设立了财政责任委员会，有权迫使任何个人或政府机构披露与公共收支有关的信息，并建议对任何腐败交易进行刑事罚款和处罚。1983年的《其他罪行法》，将提供或伪造流通票据的行为定为犯罪。该法第8节还禁止未经有关国家当局许可的任何非法进口、出口或购买矿物。第17条禁止在尼日利亚非法进口、出口、销售或分销原油、石油或石油产品，而第18节将石油掺假定为刑事犯罪。《刑法典》（LFN 2004年）尼日利亚北部的贿赂、腐败和预付费用欺诈列为应受惩罚的刑事犯罪；以及《刑法典》（LFN 2004年）规定了尼日利亚南部与贿赂、腐败和预付款欺诈有关的罪行和处罚。更重要的是，尼日利亚《采掘业透明度倡议法案》包含要求采掘业公司报告和财务披露的透明度和问责制的条款。

与美国的法律不同，加拿大的《外国公职人员腐败法》禁止为加快或促进许可证和执照等例行交易而进行的“便利付款或贿赂”。2017年，加拿大政府宣布，根据《外国公职人员腐败法》，在海外运营的加拿大公司现在要为支付“便利费或行贿”的腐败行为承担责任。[70]

然而，《外国公职人员腐败法》为海外法律允许或要求的与“推广、展示或解释的产品或服务”和“海外政府和其机构履行合同的执行”有关的付款提供辩护。

显然，在那些制定了更严格的反腐败法、禁止此类支付的国家，支付便利费或好处费的行为很容易被认为是贪污腐败。这就是为什么在支付这类款项前必须寻求充分的法律咨询。为了避免法律风险，公司应查明是否有法律、法规或政府行为守则明确限制或禁止向政府官员和（或）公务员送礼、提供便利或款待？如果有，该等规定或监管机构的相关指引中是否规定例如具体的货币限制？对于违反这些规定或货币限制的人可能会受到什么惩罚？此外，是否有义务在发现公司或其他人的罪行后，自行举报？不这样做有什么惩罚？正确的做法应该是什么？

公司实施适当的内部控制和遵守方案也很重要，这有助于降低腐败风险。无论是收购现有实体，建立合资企业，还是从头开始建立业务，尽职调查可能需要的不仅仅是简单地评估业务本身的管理和控制。此外，仔细评估和监测与代表公司与政府打交道的供应商（如顾问和经纪人等）之间的关系也非常有必要。一旦公司开始在非洲国家开展业务，重要的是要确保有效和适当的内部控制。这就可能不只是需要适当的内部政策和控制程序；管理层还可能有必要设定基调并制订适当的员工培训计划。一旦开始投资，对这些项目的持续监测和审查有助于进一步降低风险。

---

[70] 加拿大政府（2017年）。

11.2.7　不平衡或不公平的合同条款

在与国家当局就合资企业或石油共享合同进行谈判时，重要的是要警惕不公平或不平衡的合同条款，这些条款可能授予东道国政府单方面改变合同条款的绝对权利、制定不公平的财政条款，或者允许国家对项目的参与不足。例如，合同中已包含如下条款：规定执照持有者有义务在合约期内向政府免费供应天然气（石油共享合同的标准条款是要求石油公司按“市场价格”供应天然气以满足国内市场需求）；规定执照持有者有责任销售所有生产的天然气或石油，包括政府的份额（通常情况下，执照持有者只有权销售自己的生产份额）。

确保石油和天然气合同不会向国家石油公司或东道国政府倾斜是非常重要的。还应确保双方公平地谈判合同，使之包括可以消除东道国任意行事的权力的不可侵犯的机制；保护投资不适用于新法律法规；建立保证投资回报的公正、公平的合同条款；确保使用权的稳定和安全。

11.3　通过广泛的尽职调查降低法律风险

与在任何地区开展业务一样，降低在非洲投资所涉及的法律风险需要广泛的法律尽职调查。通过细致和全面的尽职调查，投资者可以确定当地的法律、权利、义务、相关各方的角色，以及拟议投资的合同风险和法律责任的性质。这种审查也将提供关于东道国法律和政治制度、投资环境和一般腐败情况的背景资料。这些信息如果经过有经验的法律专家的整理和审查，将有助于公司在进入一个国家之前做出准确的投资决策。本节讨论五个主要的尽职调查步骤，使投资者能够在投资非洲市场时做出明智的决定。

11.3.1　相关法律法规的调查与回顾

有效的尽职调查首先要与精通非洲法律的国际律师事务所合作，对在目标国家开展业务的法律要求进行详细审查。这样的审查将揭示在该国开展业务的一般立法要求以及对碳氢化合物投资的具体要求。通过审查适用的立法、条例、机构、审批结构、勘探权范围、陷阱和风险以及投资活动的净潜力,法律顾问能够更好地确定和建议是否进行投资,考虑投资决策,调整投资计划以减轻或避免风险;或者即使收购价大幅降低的情况下,也可以继续进行投资。

这种法律审查的范围必须尽可能全面。全面的审查过程将为投资者提供适当的信息,以决定是重新考虑投资决定、调整投资结构以减少法律风险,还是在谈判期间推动调整收购价格。审查还应建议必须采取的必要法律合规步骤,以便业务顺利进行。是否有必要在当地成立公司?国家是否有规定的合同范本?国家是否要求合同用当地语言书写?碳氢化合物活动有哪些规定和具体的监管机构?开始勘探活动需要哪些具体的许可或许可证?是否需要当地参与?国内油气供应义务是什么?对生产资料是否有进出口限制或征税?资金汇回程序是什么?投资者在石油生产方面将获得哪些权利?关于放弃和退出有哪些要求?政府可否取得投资权益?以及投资受到何种程度的保障?在合同执行之前,尽早准确地确定这些问题的答案是非洲国家勘探成功的关键。

11.3.2 谨慎谈判

采掘性投资必须稳定,才能在长期产生回报。采掘业的投资者必须通过谨慎的合约安排来保护自己,以免中途改变“游戏”规则。除此之外,谈判阶段也是推动纳入稳定条款和调整规定的大好机会,这些条款可以保护投资者免受许多非洲国家常参见的政治和法律变化的影响,特别是在投资者向项目投资后,可以免受政府的频繁更迭或财政和政策制度的变化的影响。这些风险还包括:政府在股权参与方面的干扰(通过股权稀释或征用的方式)、强制重新谈判合同、强制合同和采购程序、避免已约定的承诺、修订法规或任何可能影响优先事项和打乱业务计划的政治或文化变化。[71]

促进稳定的法律安排以管制性征用原则为基础。[72] 管制性征用原则倡导契约保障,以保护私人投资者不受政府无理征用财产的侵害。根据管制性征用原则,如果规则或规章的改变破坏了一项投资的商业可行性,则可被视为财产征用,并要求东道国支付补偿。[73] 虽然这一原则已成为美国和加拿大等国区域投资条约和国内财产立法的主流,但许多非洲国家缺乏强有力的"管制性征用"立法,用以防止政府无偿地任意征用私人财产。[74] 即使有这样的规定,它们也经常受到政府的随意处理,这为在没有正当程序或适当补偿的情况下征用土地创造了途径。因此,为了实现稳定,重要的是就合同条款进行谈判,防止国家以影响投资的经济平衡的方式改变监管框架,并在这种情况下补偿投资者。[75] 它还应防止倾向于向东道国倾斜的不公平或不平衡的安排。合同关系中的总体经济平衡可以通过稳定条款、无形或不可变性条款以及健全的争议解决和仲裁条款来实现。下面将讨论所有的起草机制。

稳定条款　稳定条款是一种合同起草技巧,用于减轻新兴市场中常见的法律和政治风险;它主要解决项目周期内东道国法律变更的问题。[76]

---

[71] See Irwin (1998).

[72] 美国最高法院在 1922 年"宾夕法尼亚煤炭公司诉马洪"案[《美国最高法院判例汇编》第 260 卷,第 393 页(1922 年)]中首次承认监管征用。一般来说,在"阿姆斯特朗诉美利坚合众国"案[《美国最高法院判例汇编》第 364 卷,第 40、49 页(1960 年)]中,征用条款被描述为"旨在禁止政府强迫某些人单独承担公共责任,在所有公平和正义的情况下,这些责任应由公众作为一个整体来承担"。

[73] Treanor (1995).

[74] 例如,《北美自由贸易协定》关于征收和补偿的第 1110 条规定,北美自由贸易协定缔约方不得"直接或间接将另一缔约方投资者在其领土上的投资国有化或征收,或采取相当于将此类投资国有化或征收的措施"。《北美自由贸易协定》在第 1105 条第(1)款中作了例外规定,即政府在非歧视的基础上,根据适当的法律程序,并在支付赔偿的情况下,为公共目的征用财产。See North American Free Trade Agreement, U. S. ,-Can. -Mex. , art. 1105,¶1, Dec. 17, 1992, 32 I. L. M. 289 (1993).

[75] Berger (2003); also Maniruzzaman (2005), pp. 96 – 100.

[76] Comeaux and Kinsella (1994).

合同稳定条款保护合同的神圣性，使之不受修改法律的主权权利的侵犯。一般来说，稳定条款可分为两类，即冻结条款和平衡条款，它们在一段时间内保留合同及其法律和财政条款。根据冻结条款，政府同意不改变适用于合同的法律。[77] 因此，冻结条款"冻结"自合同签订之日起"生效"的法律，或规定今后可能征收更高的税率或承担更大的责任的法律不适用于投资者。[78]

另外，经济平衡条款允许制定新的法律，但要求重新谈判协议的经济条款，这样尽管法律有任何变化，也能保持投资者的原始经济地位。在这种情况下，新的法律或法规仍然适用，但其对投资者的影响可能会得到缓解。例如，通过推迟实施新法律，赔偿外国投资者所有或部分相关损失，或降低矿区使用费和税率以抵销成本。[79]

虽然稳定条款使合同关系免受法律上任何重大不利变化的影响，但它们仍然不能完全保证国家不会行使主权权力。不过，与没有这项条款的情况相比，这些条文可为受屈的投资者提供非常有力的理据，让他们就合约违约寻求及取得高额赔偿。

不可修改性条款 不可修改性条款，是国家同意在未经缔约双方同意的情况下不修改或终止合同。这项条款通常使合同关系免受任何可能单方面修改或改变合同及其财政制度的政府立法或行政措施的影响。[80] 其

---

[77] 提供以下内容的合同就是一个很好的例子：

> 如果纳米比亚法律有任何新规定或变更或修正，对承包商施加与本合同项下明确适用于被许可人的新的或更高的税收，关税，权利，付款或任何其他义务，则各方同意修改合同以相应地调整利润分配百分比，以保持本合同的经济平衡。

请参见《应用指引》，"理解国际投资协定中的稳定条款：对稳定条款的批评"。

[78] See Alexander (2009), p. 244.

[79] 《应用指引》，"理解国际投资协定中的稳定条款：经济均衡条款之例"。

[80] 例如，一项具有平衡稳定条款的尼日利亚合资合同规定：

> 双方同意，本合同的商业条款和条件以现有财务条款为基础，符合 1999 年《深海和内陆盆地产量分成合同法》的规定。如果此类财务条款发生变化，双方同意在符合第 27.3 条的前提下，审查受此类变更影响的本合同条款和条件，以使该等条款和条件与财务条款保持一致。

实质目的是冻结合同缔结时石油合同中的经济、法律、金融和财政制度,以便剥夺东道国政府在中途单方面改变合同条款的权力。

简言之,不可修改性条款规定东道国政府不能单方面将项目国有化或修改投资合同,任何变化都需要征得投资者的同意。

不可修改性条款使投资者相信,投资不会因为非洲经常以惊人的速度发生的政府更迭或许多非洲国家常参见的资源民族主义、政策空转和逆转而受到单方面合同条款的约束。合同还应包括如重新谈判、赔偿或仲裁等实用手段,以便在不可避免的情况下对这些变化进行适当的管理。

11.3.3 中立的争端解决机制

避免风险的策略之一是纳入避免适用东道国法律制度或争端解决机制的合同条款,该条款明确规定因合同引起的争端,将根据中立方的法律解决。最重要的是,一个拥有完善的商业交易法律和合同解释的司法权,有助于抵消东道国在发生争端时影响有利于其的法律和司法程序的任何可能性。中立的争端解决机制为各方提供了在一个不受政府影响的公正和称职的论坛之前解决争端的最佳机会。

一般来说,除非合同明文规定其首选的争端解决机制,否则合同引起的争端将通过东道国的司法机构解决。[81] 这可能会损害外国投资者的利益,因为他们对东道国法律制度的内部运作并不了解,而且他们还涉及政府对国家当局的影响问题。因此,逃避东道国的争端解决机制的应用,重要的是提供仲裁条款,说明争议将在中立的地点解决,并可能按照联合国国际贸易法委员会 1976 年通过的《贸易法委员会仲裁规则》解决。《贸易法委员会仲裁规则》提供了一套全面的程序规则,当事各方可就因其商业

---

[81] 参见罗马一号条例(石油公司)第 593/2008 号第 3.1 条,其中规定合同应受当事人选择的法律管辖。当事人的选择应当在合同条款或者案件情节中明示或者明确说明。当事人可以自行选择适用于合同全部或者部分的法律。

关系而引起的仲裁程序的进行达成协议。该规则提供了涵盖仲裁程序所有方面的仲裁条款范本,并规定了有关任命仲裁员和进行仲裁程序的程序规则,还规定了裁决的形式、效力和解释。[82] 同样,《伦敦国际仲裁法院规则》也经常被用于现代石油和天然气合同。国际商会仲裁规则也规定了缔约方在谈判石油协议时可以探索的仲裁程序。[83] 总体而言,仲裁条款提供了中立的、称职的和透明的选择,使商业纠纷免受东道国的影响和一时兴起的念头的影响,也使商业纠纷免受根据当地法律可能出现的难以判断的执行问题的影响。[84]

11.3.4 国际保险

一个同样重要的策略是在对潜在的脆弱和政治风险经济体(如非洲市场)进行巨额投资之前,获得国际保险。[85] 在过去十年中,相当大比例的非洲国家经历了一次重大的政治动乱或冲突。从尼日利亚的“博科圣地难题”,到利比亚、埃及、阿尔及利亚、科特迪瓦、突尼斯、苏丹、南苏丹、津巴布韦和马达加斯加的政治动乱,以及刚果民主共和国、利比里亚、卢旺达、埃塞俄比亚和索马里的战争和紧张局势;这些政治挑战和不稳定危害了非洲市场的投资环境,任何投资者都必须努力保护其投资不受政治不稳定可能产生的法律风险的影响。

因此,非洲的采掘业投资者将受益于为其投资提供全面的国际风险保

---

[82] 《贸易法委员会仲裁规则》。

[83] 参见《国际商会规则》第21条:“双方应自由商定仲裁庭对争议的是非曲直应适用的法律规则。如果没有任何这种协议,仲裁法庭应适用它认为适当的法律规则。”

[84] 例如:

> 任何因协议引起的或与协议相关的争议如未由双方友好解决,应最终提交并根据伦敦国际仲裁法院规则通过仲裁解决,这些规则被视为通过引用纳入协议。仲裁地点或法定地点为英国伦敦。仲裁庭由三名仲裁员组成。每一当事方应由伦敦国际仲裁法院任命。审裁处庭长应有至少十年的航运和能源贸易方面的经验。

参见能源研究所(2016年)。

[85] See Torrado (2005), p. 301.

险。例如,世界银行的多边投资担保机构提供政治风险担保,帮助投资者保护外国直接投资免受发展中国家的政治和非商业风险。尽管承保范围限于2.1亿美元,但它提供了某种形式的保护,以防止出现货币不可兑换和转让限制、政府征用、战争、恐怖主义和内乱、违反合同,以及不履行主权金融义务等情况。风险保险通常是针对一个国家的普遍风险量身定做的,以便将这种政治风险从被保险人转移到保险人身上。世界银行还提供部分风险担保,涵盖贷款人不承担政府不履行对特定项目的合同义务的风险,例如东道国政府不付款的风险、法律或监管变更风险、征用风险等。

这些国际保险计划可以让投资者相对安心,因为他们知道,一旦出现政治动乱,他们能够收回部分投资。[86]

11.4　小结

非洲国家无疑向投资者提供了独特的机会,使他们能够率先发现新的油田,并巩固以前勘探过的油田,特别是边际油田的勘探和生产。尽管存在这些潜力,但在非洲的采掘业投资伴随着独特的法律风险和挑战,投资者必须谨慎减轻这些风险和挑战。因此,投资者面临的一个反复出现的难题是,如何在减少法律风险的同时最大限度地增加在非洲的投资机会。本章研究了一些此类独特的法律风险,并就如何减轻这些风险提供了见解。

总言之,正如俗话所说,预防比治疗更为重要。在为非洲市场制定投资计划时,广泛的尽职调查非常重要,其中包括谨慎的综合调查和了解适用的法律制度、谈判保护性合同条款、明智的投资整合、积极管理政治风险以及为政治风险提供充分的保险保护。通过与在非洲有经验的法律顾问合作,投资者可能会更好地作准备,以避开可能阻碍有价值的投资活动的陷阱和挑战。法律顾问应就目标国家的法律框架以及谈判和纳入平衡和

---

[86] 参见贷款人需要知道的关于政治风险保险的内容:赔偿条件;另请参见在根据政治风险保险单提交索赔时需要考虑的问题。

保护主义条款的必要步骤向投资者提供咨询，以便在出现投资法律风险时将其影响降至最低。这些条款包括稳定、不可修改和替代争端解决条款。适当的风险规划还包括获得风险保险，以确保在发生政治动乱时以某种形式收回成本。

除风险规划外，投资者还应抓住机会，通过采取增加社区发展举措，提供直接的社会福利，如增加当地就业、新的基础设施、改善对东道国的医疗服务，来展示他们对东道国的投资价值。虽然这些举措可能不会直接降低所有风险，但它们可能会增加公众对投资者给当地社区带来的价值的看法。它们还可以帮助欧盟保留其在一个国家运营的社会许可证。

此外，降低法律风险不应被理解为仅仅是投资者的事情。东道国政府必须将其同样理解为采掘性投资蓬勃发展创造有利的法律制度和条件的重要性。来自外国采掘投资的技术和金融投资无疑是非洲各地开发资源矿藏所需的技术转让和收入的重要来源。因此，非洲必须在创造有利的投资框架方面保持竞争力，以确保外国采掘投资持续流入非洲。随着墨西哥、委内瑞拉和印度尼西亚发现的石油和天然气越来越多，投资者可能会寻找有吸引力的投资地点。因此，非洲领导人应该认识到，有必要在与投资者相互尊重的基础上，通过减少已确定的法律风险和阻碍非洲采掘性投资机会的障碍，发展一种更加稳健和平衡的关系。

参考文献

Africa Progress Panel（2013）Equity in extractives：Stewarding Africa's natural resources for all. Africa Progress Panel, Geneva, Switzerland

African Commission on Human and Peoples' Rights（2009）Resolution 148（XLVI）09 *on the Establishment of a Working Group on Extractive Industries, Environment and Human Rights Violations in Africa*, adopted during the 46th Ordinary Session of the Commission, held in Banjul, The

Gambia, from 11 to 25 November 2009. http://old. achpr. org/english/resolutions/resolution148_en. htm. Accessed 2 May 2018

African Commission on Human and Peoples' Rights (2012) Resolution on a Human Rights-Based Approach to Natural Resources Governance, African Commission on Human and Peoples' Rights, 51st Sess (2012)

African Union (2009) Africa Mining Vision. africaminingvision. org/amv_resources/AMV/Africa_Mining_Vision_English. pdf. Accessed 12 June 2018

African Union (2011) African Development Bank & United Nations Economic Commission for Africa, Building a Sustainable Future for Africa's Extractive Industry: From Vision to Action. Action Plan for Implementing the African Mining Vision

African Union/UN Economic Commission for Africa (2014) Conference of Ministers of Finance, Planning and Economic Development, Illicit financial flow report of the High-Level Panel on Illicit Financial Flows from Africa. www. uneca. org/publications/illicit-financial-flows. Accessed 2 May 2018

Alexander F (2009) Comment on articles on stabilization by Piero Bernardini, Lorenzo Cotula and AFM Maniruzzaman. J World Energy Law Bus 2:243 – 258

Annan K (2012) Momentum rises to lift Africa's resource curse. https://www. nytimes. com/2012/09/14/opinion/kofi-annan-momentum-rises-to-lift-africas-resource-curse. html4 September 2012. Accessed 2 May 2018

Armstrong v. United States, 364 *U. S.* 40, 49 (1960)

Azu M (2016) A review of the work of the African Commission's Working Group on Extractive Industries, Environment and Human Rights Violations in Africa. https://africlaw. com/2016/04/26/a-review-of-the-work-of-the-african-commissions-working-group-on-extrac- tive-industries-environment-and-human-rights-violations-in-africa/. Accessed 2 May 2018

Berger K (2003) Renegotiation and adaptation of international investment contracts: the role of contract drafters and arbitrators. Vanderbilt J Transnatl Law 36:1347 – 1364

Chikwanha A (2016) Combating corruption in the extractive industry in Africa. https://issafrica. s3. amazonaws. com/site/uploads/iss-sida – 1. pdf. Accessed 2 May 2018

Clerk A, Kohler P (2005) Property law, commentary and materials. Cambridge University Press, Cambridge

CNN (2009) KBR charged with bribing Nigerian officials for contracts. CNN. http://www. cnn. com/2009/US/02/06/KBR. bribery/index. html. Accessed 12 June 2018

Comeaux P, Kinsella S (1994) Reducing political risk in developing countries: bilateral investment treaties, stabilization clauses, and MIGA & OPIC investment insurance. N Y Law School J Int Comp Law 15

Connor R, Heffron RJ, Khan AA, Perkins E (2018) Legal strategies for the mitigation of risk for energy infrastructure projects. J Energy Nat Resour Law

Council of Europe (1999a) Agreement Establishing the Group of States against Corruption (GRECO), May 1, 1999. https://www. justice. gov/sites/default/files/criminal-fraud/leg-acy/2012/11/14/grecoagree. pdf. Accessed 12 June 2018

Council of Europe (1999b) Civil Law Convention on Corruption, Nov. 4, 1999, Eur. T. S. No. 174

Council of Europe (1999c) Criminal Law Convention on Corruption, January, 27, 1999, Eur. T. S. No. 173

Criminal Code Act, Cap C38, Laws of the Federation of Nigeria, 2004

Economic Community of West African States. The ECOWAS Commission at a Glance. afcac. org/en/index. php? option = com_content&view = article&id = 57: economic-community-of-west-african-states-ecowas&catid = 38:official-recs&Itemid = 149. Accessed 12 June 2018

Economic Community of West African States, Directive C/DIR. 3/05/09. On the Harmonization of Guiding Principles and Policies in the Mining Sector. http://documentation. ecowas. int/download/en/publications/Ecowas%20Directive%20and%20policies%20in%20the%20min-ning%20sector. pdf. Accessed 12 June 2018

Energy Institute (2016) Model general terms and conditions for Free on Board (FOB) sale and purchase of crude oil. https://publishing. energyinst. org/topics/hydrocarbon-management/hm-80-model-general-terms-and-conditions-for-free-on-board-fob-sale-and-purchase-of-crude-oil. Accessed 12 June 2018

Government of Canada (2017) Canada repeals facilitation payments exception in Corruption of Foreign Public Officials Act. https://www. canada. ca/en/globalaffairs/news/2017/10/canada_ repeals_facilitationpay mentsexceptionincorruptionofforeig. html. Accessed 12 Aug 2018

Government of South Sudan, The 2009 Land Act of South Sudan

Graulau J (2011) Ownership of mines and taxation in Castilian laws, from the middle ages to the early modern period: the decisive influence of the sovereign in the history of mining. Contin Change 26

Greenspan E (2014) Free, prior, and informed consent in Africa: an emerging standard for extrac-tive industry projects. Oxfam America. https://www. oxfamamerica. org/static/media/files/com-munity-consent-in-africa-jan – 2014 – oxfam-americaAA. PDF. Accessed 12 June 2018

Hammer M et al (2011) Pathways to accountability Ⅱ, the revised global accountability frame-work. One World Trust, London. https://acfid. asn. au/sites/site. acfid/files/resource_document/Pathways-to-Accountability-Ⅱ. pdf. Accessed 12 June 2018

Human Rights Watch (2018) World report 2018: our annual review of human rights around the globe. https://www. hrw. org/world-report/2018. Accessed 12 Aug 2018

Irwin W (1998) Political risk: a realistic view toward assessment, quantification, and mitigation. In: Moran T (ed) Managing international political risk, pp 57 – 69

Issues to Consider When Submitting a Claim Under a Political Risk Insurance Policy. Practical Law. http://us. practicallaw. com/0 – 505 – 3583. Accessed 12 June 2018

Kazeem Y (2017) Two investigations into corruption in resource-rich DR Congo show why it stays so poor. Quartz Africa. https://qz. com/1038143/two-investigations-into-corruption-in-resource-rich-dr-congo-show-why-it-stays-so-poor/. Accessed 12 Apr 2018

MacKay F (2004) Indigenous peoples' right to free, prior and informed consent and the World Bank's extractive industries review. Sustain Dev Law Policy 4(2)

Manirakiza P (2012) Report of the Working Group on Extractive Industries, Environment and Human Rights Violations in Africa presented on the occasion of the 25th anniversary of the African Commission on Human and Peoples' Rights, commemorated as part of the 52nd Ordinary Session of the Commission, para 13, available at http://www. achpr. org/sessions/52nd/intersession-activity-reports/extractive-industries/. Accessed 28 Oct 2015

Manirakiza P (2013) Inter-session report submitted to the 54th ordinary session of the African Commission on Human and Peoples' Rights, paras 20 – 24, available at http://www. achpr. org/sessions/54th/intersession-activity-reports/pacifique-manirakiza/

Manirakiza P (2015) Inter-session report presented at the 56th ordinary session of the African Commission on Human and Peoples' Rights, para 13, available at http://www. achpr. org/files/sessions/56th/inter-act-reps/227/56os_intersession_report_comm_manirakiza_en. pdf. Accessed 19 Oct 2015

Maniruzzaman A (2005) Some reflections on stabilisation techniques in international petroleum, gas and mineral agreements. Int Energy Law Tax Rev 4:96 – 100

Martin AT, Park JJ (2010) Global petroleum industry model contracts revisited: higher, faster, stronger. J World Energy Law Bus 3

Mayer Brown (2010) Developments: recent legal developments in the mining sector of West Africa States. mayerbrown. com/files/Publication/a10390b1 – 79cb – 4dee-b6bb – 16bd5af12d96/Presentation/PublicationAttachment/653da675 – bc14 – 439a-bc79 – 87abeb85ccbb/NEWSL_ MINING_JAN10_BULLETIN_WEST_AFRICA. PDF. Accessed 12 June 2018

McCormick R (2010) Legal risk in the financial markets. Oxford University Press, Oxford

Mining Working Group at the United Nations (2014) A rights-based approach to resource extrac-tion in the pursuit of sustainable development. Advocacy Brief

Miscellaneous Offences Act of 1983, Cap. M17 Laws of the Federation of Nigeria, 2004

Money Laundering Prohibition Act 2012, Laws of the Federation of Nigeria, 2004

Ndikumana L (2013) The private sector as culprit and victim of corruption in Africa. Massachusetts Amherst Working Paper Series No. 330

Nigeria (2004) Economic and Financial Crimes Commission Establishment Act 2004 Cap E1 Laws of the Federation of Nigeria, 2004

Nigeria (2006) Advance Fee Fraud and Other Fraud Offences Related Act 2006, Cap. A6, Laws of the Federation of Nigeria, 2004

Nigerian Extractive Industries Transparency Initiative Act, Cap N159 Laws of the Federation of Nigeria, 2004

Nigerian Local Content Development Act, Nigeria

North American Free Trade Agreement 1993

OECD (1997) OECD Convention on Combating Bribery of Foreign Public Officials in International Business Transactions, Dec. 17, 1997, S. Treaty Doc. No. 105 – 43

OECD (2016) Corruption in the extractive value chain: typology of risks, mitigation measures and incentives. OECD. http://www. oecd. org/dev/Corruption-in-the-extractive-value-chain. pdf. Accessed 2 May 2018

OECD Foreign Bribery Report (2014) An Analysis of the Crime of Bribery of Foreign Public Officials. https://doi. org/10. 1787/9789264226616 – en. Accessed 21 Apr 2018

Office of the High Commissioner for Human Rights (2008) *Claiming the Millennium Development Goals: A Human Rights Approach*, UN Human Rights, UN Doc HR/PUB/08/3

Olawuyi D (2015) Legal strategies and tools for mitigating legal risks associated with oil and gas investments in Africa. Opec Energy Rev 39(3): 247 - 265

Omorogbe Y, Oniemola P (2009) Property rights in oil and gas under dominial regimes. In: McGarg A, Barton B, Badbrook A, Gooden L (eds) Property and the law in energy and natural resources. Oxford University Press, Oxford

Organization of American States (1996) Inter-American Convention Against Corruption, March 29, 1996, S. Treaty Doc. No. 105 - 39, 35 I. L. M 724

Pan-African Parliament (2011) Sixth Ordinary Session of the Pan-African Parliament, Addis Ababa, Ethiopia. 2011. Decision on the Implementation of the Previous Decisions of the Executive Council and the Assembly Doc. Ex. Cl/623 (Xviii). https://au. int/sites/default/files/decisions/9645 - assembly_en_30_31_january_2011_auc_assembly_african_union_sixteenth_ ordinary_session. pdf. Accessed 12 June 2018

Pan-African Parliament (2018) https://au. int/en/organs/pap. 12 June 2018

Penal Code (Northern States) Federal Provisions Act (No. 25 of 1960). Laws of the Federation of Nigeria, 2004

Pennsylvania Coal Co. v. Mahon, 260 U. S. 393 (1922)

Petersmann E (2002) Time for a United Nations "Global Compact" for integrating human rights into the law of worldwide organizations: lessons from European Integration. Eur J Int Law 13(3)

Petroleum (Exploration and Production) Act 1991 (Act 2 of 1991) of Namibia

Practice Note. Understanding Stabilization Clauses in International InvestmentAgreements: Criticisms of Stabilization Clauses. http://us.practicallaw.com/1-501-7863. Accessed 12 June 2018

Promotion and Protection of all Human Rights, Civil, Political, Economic, Social and Cultural Rights, Including the Right to Development, Protect, Respect and Remedy: A Framework for Business and Human Right, HRCOR, 8th Sess, UN Doc A/HRC/8/5 (2008)

Pryke S (2017) Explaining resource nationalism. Global Pol 8(4): 474-482

Resolution on a Human Rights-Based Approach to Natural Resources Governance(2012) African Commission on Human and Peoples' Rights, 51st Session. achpr.org/sessions/51st/resolutions/224

Resolutions. Ref: PAP(2)/RECOMS/(Ⅵ). http://www1.uneca.org/Portals/lpi/Documents/Recommendation-Committee-on-agriculture.pdf. Accessed 12 June 2018

Rome I Regulation (EC) No 593/2008

Ruggie J (2011) United Nations Guiding Principles on Business and Human Rights: Implementing the United Nations "Protect, Respect and Remedy" Framework. UN Document A/HRC/17/31

Torrado PM (2005) Political risk insurance and breach of contract coverage: how the intervention of domestic courts may prevent investors from claiming insurance. Pace Int Law Rev 17

Treanor WM (1995) The original understanding of the takings clause and the political process. Colum Law Rev 95:785-797

United Nations (2005) Press Release, SG/A/93 "Secretary-General Appoints John Ruggie of United States as Special Representative on the Issue of Human Rights and Transnational Corporations and Other Business Enterprises". https://www.un.org/press/en/2005/sga934.doc.htm. 12 June 2018

United Nations (2012) Final Report of the United Nations Conference on Sustainable Development. 2012. UN Doc A/CONF. 216/16. United Nations, New York

United Nations Commission on International Trade Law (1976) UNCITRAL Arbitral Rules. http://www.uncitral.org/uncitral/en/uncitral_texts/arbitration/1976Arbitration_rules.html. Accessed 12 June 2018

United Nations Conference on Sustainable Development (2011) The need for a rights-based approach to sustainable development. https://www.ohchr.org/Documents/Events/Rio20/Rio + 20OHCHRPositions20.pdf. Accessed 12 June 2018

United Nations Convention Against Corruption (UNAC) (2005) UN Doc. A/58/422. Adopted 31 October 2003, In force on14 December 2005

United Nations Convention Against Transnational Organized Crime and its Protocols, December 13, 2000, S. Exec. Rep. No. 109-4, 40 ILM 335 (2001); UN Doc. A/55/383 at 25 (2000); UN Doc. A/RES/55/25 at 4 (2001)

United Nations Development Group (2011) UNDG Human Rights MainstreamingMechanism: Operational Plan 2011 - 2013. mptf.undp.org/document/download/7508. Accessed 12 June 2018

United Nations Development Group. About the UNDG. https://undg.org/about/. Accessed 12 June 2018

United Natons Development Programme (2017) Human Development Index and its components. http://hdr.undp.org/en/composite/HDI.

Accessed 12 Aug 2018

What Lenders Need to Know About Political Risk Insurance: Conditions for Compensation. Practical Law. http://us. practicallaw. com/9 - 505 - 3828. Accessed 12 June 2018

Whitehead F (2011) BAE urged to pay £ 29. 5m fine to Tanzania. The Guardian. http://www. the-guardian. com/global-development/2011/jul/22/bae-tanzania-sfo-fine-delay. Accessed 12 June 2018

Wilson J (2015) Understanding resource nationalism: economic dynamics and political institu-tions. Contemp Polit 21(4):399 - 416

World Economic Forum (2012) Global Competitiveness Report. http://www3. weforum. org/docs/WEF_GlobalCompetitivenessReport_2012 - 13. pdf. Accessed 12 June 2018

图书在版编目(CIP)数据

非洲采掘业法 / (尼日利) 达米罗拉 · S. 奥拉乌依著;
李雪冬, 刘明萍译. -- 北京 : 法律出版社, 2023
(非洲法律翻译及研究丛书 / 吴卡主编)
书名原文: Extractives Industry Law in Africa
ISBN 978 - 7 - 5197 - 8477 - 5

Ⅰ. ①非… Ⅱ. ①达… ②李… ③刘… Ⅲ. ①矿山开采—法律—研究—非洲 Ⅳ. ①D940.26

中国国家版本馆 CIP 数据核字(2023)第 206487 号

非洲采掘业法
FEIZHOU CAIJUEYEFA

[尼日利]达米罗拉 · S. 奥拉乌依 著
李雪冬 刘明萍 译

策划编辑 田亚飞
责任编辑 田亚飞
装帧设计 鲍龙卉

出版发行 法律出版社
编辑统筹 法律考试 · 职业教育出版分社
责任校对 王 丰
责任印制 胡晓雅
经　　销 新华书店

开本 710 毫米 × 1000 毫米 1/16
印张 30.5 **字数** 348 千
版本 2023 年 12 月第 1 版
印次 2023 年 12 月第 1 次印刷
印刷 北京建宏印刷有限公司

地址:北京市丰台区莲花池西里 7 号(100073)
网址:www.lawpress.com.cn
投稿邮箱:info@lawpress.com.cn
举报盗版邮箱:jbwq@lawpress.com.cn

销售电话:010 - 83938349
客服电话:010 - 83938350
咨询电话:010 - 63939796

书号:ISBN 978 - 7 - 5197 - 8477 - 5
定价:118.00 元
凡购买本社图书,如有印装错误,我社负责退换。电话:010 - 83938349